LAS SEIS CONDICIONES

Gustavo Pino Salgado

Primera edición: Febrero 2024

Segunda edición: Octubre 2024

Título: Las seis condiciones
Autor: Gustavo Pino Salgado
Editor: Gustavo Pino Salgado

Colaboradora: Salomé Moure Saa

Gracias por la adquisición de este libro.
Asimismo, gracias por respetar las normas naturales de los derechos de autor al no copiar, reproducir o escanear parte o la totalidad del contenido de esta obra.

Todos los derechos reservados a favor del autor y editor.
© Copyright author: Gustavo Pino Salgado
© Copyright year: 2024

Sistema Internacional Identificación Libros (ISBN): 9781326912055
Registro Propiedad Intelectual (RPI): 00765-01602868

Dedicado a:

Nuestra nieta, Martina

Nuestra hija, Vivian

Nuestro hijo, Gustavo

TABLA DE CONTENIDOS

1	DE LA NOCHE AL DIA	8
2	SU HISTORIA	17
3	LA PROPUESTA	30
4	LA HERENCIA	43
5	EL NOTARIO	61
6	EL NUEVO MUNDO	76
7	LA INTELIGENCIA NATURAL	85
8	EL FORENSE	96
9	MUTILACIÓN GENITAL	114
10	FALLECIMIENTO DEL MAGNATE	129
11	CONFIDENCIAS CON SU AMIGA	142
12	APERTURA DEL TESTAMENTO	169
13	CONDICIÓN PRIMERA: SU APERTURA	179
14	CONDICIÓN PRIMERA: CUMPLIMIENTO	194
15	CULTO DE NOCHE	210
16	CONDICIÓN SEGUNDA: SU LECTURA	232
17	CONDICION SEGUNDA: ENTRESIJOS	253
18	CONDICION SEGUNDA: EL EXAMEN	267
19	LA TRIPLE PIEL	277
20	CONDICIÓN TERCERA	287
21	EL GERIÁTRICO	308
22	CONDICIÓN CUARTA	321

23	CUESTION DE IGUALDAD	337
24	CONDICIÓN QUINTA: EL NIÑITO	351
25	CONDICIÓN QUINTA: EL RECHAZO	359
26	EL OXÍGENO	369
27	LA MÁSCARA: LAS EXPECTATIVAS	384
28	LA MÁSCARA: LAS CULPAS	395
29	LA MÁSCARA: LOS IMPULSOS	414
30	LA MÁSCARA: LA RECONCILIACIÓN	429
31	LA CARTA: SUS HIJOS	447
32	LA CARTA: LAS TENTACIONES	458
33	EL CATACLISMO: QUINCE SEGUNDOS	481
34	EL CATACLISMO: SU FINAL	497
35	CONDICIÓN SEXTA: LAS ALEGRÍAS	519
36	CONDICIÓN SEXTA: ESCARAMUZAS	531
37	EL CUARTO FOLIO	548
38	CONFIANZA A LA BAJA	562
39	CONFIANZA MUERTA	576
40	LAS VERDADES DOLOROSAS	591
41	EL NOTARIO IMPERFECTO	610
42	CULTO SE OCULTA	623
43	LA HUMILDAD	636

1   DE LA NOCHE AL DIA

Ella estaba intrigada por todo lo que rodeaba al misterioso hombre mayor. Puso su dispositivo móvil en marcha mientras miró aquel magnífico yate que antes no había visto. Vio ahora que, sobre su amura de babor, aparecía rotulado: «El Tránsfuga». Tecleó ese nombre en el navegador de su dispositivo móvil y este le informó del propietario:

«*Indalecio Villasevil de la Torre*».

—Anda, ¿quién es este pájaro? —Se preguntó ella a media voz.

La respuesta volvía a estar en Internet, en ese planeta de imperfectos que lo chivan y lo adulteran casi todo, donde te cuentan algunas verdades y te insultan con multitud de mentiras. Ella, no obstante, sin pararse a discernir ahora sí eran verdades o mentiras, decidió creérselas y comenzó a leer:

«*El señor Villasevil de la Torre es un hombre envidiado por los habitantes de la tierra. A sus ochenta y cinco años, ostenta un poderío económico inmenso. Es dueño de multitud de empresas multisectoriales, entre ellas, la gran Compañía Interestelar Sueño Cultano, referencia financiera obligada, más ahora que esa compañía controla la totalidad de los recursos del naciente satélite Culto, a donde todo el mundo que puede ansía irse de vacaciones. Esta y otras empresas conforman la poderosísima Corporación Villasevil Torre, propiedad del Señor Villasevil en un ochenta y seis por ciento de las acciones, las cuales están valoradas en más de cincuenta mil millones de euros».*

—Anda que no, vaya con el Villasevil este. Si es cierto que solo con el valor de esa Corporación supera los cincuenta mil millones, ¿cuánto vale todo su haber? —Se le escuchó a ella hablando con interés, a pesar de la sequía de euforia que su mente padecía.

Arribó Villasevil con su automóvil. Este vehículo no era un coche cualquiera, sino un *Jaguar* de lo más impresionante, aunque también era verdad que tal semoviente tenía más rayas y golpes que el de un chatarrero muerto de hambre. No obstante, esto jugaba a favor de Indalecio, pues indicaba que ya no le preocupaba el estado de su automóvil, sino vivir su vida, lo que le quedara de la misma.

Entraron en el coche, recorrieron poco más de un kilómetro sin decirse ni palabra y llegaron al yate El Tránsfuga, que era espectacular. Aquel recorrido, con la ventana del automóvil abierta y la brisa acariciando la cara de la fémina, mejoró su estado de ánimo. La obscuridad fría de la noche anterior, que dominara su cabeza por completo, fue sustituyéndose por un cierto grado de luz cálida, pasando de la noche al día.

Pusieron sus pies en el interior de aquel yate, fondeado en un remanso de las aguas que soltaba el embalse de Despeñaperros. La chica miró a su alrededor y se tumbó en una hamaca preciosa, color arcoíris, situada en la popa del barco. Este ni se movía, puesto que allí no se percibían las olas marinas. La calma era completa, tanto que ni se oía el paso del agua ni se escuchaba el movimiento del río. Ella, para no espantar aquella tranquilidad, se mantuvo callada. Villasevil respetó ese silencio con gran entereza, hasta que se le acabaron los enteros y, a pesar suyo, acabó diciéndole a la chica:

—Te dejo con tus pensamientos el tiempo que necesites. Cuando quieras, avísame.

Ella, haciendo caso omiso a lo dicho por Villasevil, sonrió en su interior como no había hecho desde hacía algún tiempo, y se congratuló:

«*Esta vida es un bidón. Ayer, yo estaba de basura bastante por encima de mi cuello. Ahora mismo, ya estoy bien. Mañana, hasta puede que esté rebosando gloria. ¿Cuánto me puede aguantar este Villasevil? Con sus ochenta y cinco julios, pues... ¿Un año? ¿Dos? Yo ahora tengo treinta y tres, jolín, como Jesucristo, espero no acabar en la cruz como Él*».

Nadie sabía que pretendía ella con la pregunta de «cuánto me puede aguantar Villasevil». No se supo si quería referirse a tiempo de cama, a tiempo de compañía o a cualesquiera otras posibilidades. El caso es que se detuvo en su pensamiento un casi nada. Sus ojos contemplaron un lindo remolino formado por el discurrir somnoliento del agua de aquel río. Su cerebro prosiguió pensando:

«¿*Qué quiere este Villasevil? Lo de todos, claro. No obstante, seguro que ahora sus ojos ya pueden más que sus vísceras. Mientras este Villasevil, este proyecto de dinosaurio siga respirando, yo viviré como una descosida. Ahora mismo, eso del sexo ya me preocupa poco, y si un día mi piel me pidiera unos apretones, no va a ser este octogenario quien me los impida. Lo bueno es que, fíjate por donde, mi exmarido tenía razón cuando me dijo:*

«*[Cariño, tú te mereces un príncipe petrolero]*».

Pues mira, aquí está ese príncipe del petróleo. Bueno, por su edad, Villasevil ya se pasó de príncipe, ahora más bien es un rey honorífico, pero es petrolero».

Volvió a remover algo en su cerebro y pretendió sentar cátedra:

«*No hay bien material ni espiritual en este mundo, ni en otros mundos, que tenga tanto valor y tanto poder como el sexo de una mujer bien plantada. Los machos, con el apoyo de alguna hembra embobada, organizan guerras mortíferas, aleccionan multitud de conciencias, mueven y remueven la bolsa, manejan a su antojo la energía y, en interés propio, toman sus decisiones microcalculadas. Sin embargo, la mayoría de quienes toman esas decisiones acaban arrodillados entre las piernas de una mujer bien plantada. Yo eso lo sé porque entre mis piernas tuve a todo tipo de hombres, de todas las razas, de diferentes edades, de diversas culturas y de distintos bolsillos».*

Sin que le abrumara lo anterior, alguna época poco agradecida del pasado reciente se asomó por su mente. Recordó algo y, sin complejos, lo esparció por el viento:

«Desde que me dediqué a vivir de los tíos, sacándoles su dinero y su esencia, al presente, después de haber aguantado tantas cabronadas, ya sé en lo que piensan y cómo piensan los hombres. A partir de ahora ya no voy a dejarme torear nunca más por ninguno de ellos».

Y pensando en el toreo y en los cuernos, a ella, con voz afilada, con mucha rabia y con algo de ira, se le escapó la siguiente felicitación a su exmarido:

—Ráscate, juez. Ráscate, mal bicho. Yo te puse los cuernos, sí señor, de eso nunca estuve orgullosa, pero eso ahora ya no me duele. Además, yo te despeñé por el precipicio, lo cual aún me duele un poco, pero se me pasará pronto. Te he ganado, señoría, muérdete».

No era sencillo sacar conclusiones certeras de estos últimos pensamientos, aun cuando ciertos términos sonaran con dureza.

Ella se removió en la hamaca situada en la popa del lujoso yate de Villasevil, el impresionante yate rotulado con el título de «El Tránsfuga», cuyo nombre le llamaba la atención poderosamente, puesto que no encontraba la relación entre el nombre del yate y la edad, posición social y grandeza económica de su dueño.

Siguió aireando parte de sus recuerdos sobre aquella hamaca. Esta no era el no va más en comodidad, pero como que el día había sido muy duro, estiró sus piernas y se dedicó a pensar otra vez. Reflexionó. Y la primera conclusión que alcanzó, para comenzar a romper con toda su vida anterior, para empezar a hacer añicos su pasado y conseguir una transformación incontestable, fue cambiarse de nombre, modificar su identidad. El nuevo nombre le salió casi como un rayo:

«Jezabel Ártemis».

Es cierto que ese nombre y apellido le salió ahora de inmediato, pero eso resultó así porque ya otras veces, durante alguna etapa poco edificante de su reciente vida, lo había pensado con ganas, hasta que llegó el momento de ponerlo en marcha.

Y, ¿por qué hacerse llamar, Jezabel?

Jezabel, como nombre completo, la situaba en la órbita de una reina fenicia. El nombre era fantástico. Sería una reina por sí misma, con costumbres libertinas, como había sido su vida en los últimos tiempos, movida por la seducción y adorando a los dioses del clima y la fertilidad. Combatiente y autosuficiente. Con piel de víbora y fauces de leona con los mordedores, pero con mirada pausada y afecto sobre las ovejitas y los conejitos. Esa iba a ser Jezabel.

Ahora bien, cuando ella partía el nombre de Jezabel en dos, le salían dos connotaciones diferentes.

La primera, era el diminutivo de, Jeza, extraído de Jezabel, que representaba la decisión de vivir, de defender su piel y su goce sin límites, lo cual le habría de llevar a las mayores cuotas de satisfacción espiritual dentro de la jungla.

La segunda, era el diminutivo de, Bel, separado de, Jezabel. Ella sabía que su pasado no podía borrarlo, por eso, le gustara o no, ese nombre suyo de, Bel, iba a aparecer eternamente unido al de su exmarido. Según ella, al único hombre de la tierra al que realmente había amado y por cuyo amor había llorado toneladas de lágrimas en tiempos pasados. Tanto era así, que, si pudiera volver atrás y con sus manos destruir aquellos hechos pasados sobre su infidelidad, lo habría hecho sin escatimar coste económico ni esfuerzo emocional alguno. No obstante, siendo creíble que su exmarido había sido el mayor amor de su vida, también lo era que ella había toreado, puede que hasta con algo de saña, al que, entonces, era su marido. Tanto había sido así que, ya antes del divorcio, ella había gozado intensamente, demostrando mucho fervor, con otro hombre durante varios días. Y ya consumada la separación de su ex, a otros muchos había tenido dentro de su cuerpo, puesto que, si de esconder o de tapar a sus otros hombres se hablara, no habría mantas suficientes en el barrio para cubrirlos.

Ártemis, el cual ella adoptó como único apellido, procedía históricamente de la gran diosa griega Artemisa, venerada por su belleza y defensora de la castidad. Ella, Jezabel, había sido y era una belleza real, eso lo aseguraban hombres y mujeres. Ahora bien, aunque eso de la castidad no se sostenía en su pasado reciente, al presente estaba totalmente decidida a mantener su propia promesa, su promesa de castidad, la cual no rompería por nadie ni por nada de ahora en adelante. Ella sería, a partir de este día, Jezabel la guerrera, la que derribaría alambradas y muros; también sería, Ártemis la casta, cuya castidad defendería con su dignidad y con su vida. Antaño, su piel no quiso mantener la fidelidad prometida a su marido, lo cual implicó la mayor desgracia moral y económica de su existencia. Por esa poderosa y desgraciada sinrazón, ella se estaba jurando ahora que en esa misma piedra no tropezaría dos veces.

Tras quedar satisfecha con su gran decisión de cambio de identidad, aún quedaba alguna cosilla para conseguir resolver oficialmente la modificación del nombre completo, pero eso ya era puro trámite administrativo, lo cual no iba a implicar nada insalvable.

Ella se removió en su hamaca, colocándose sobre su lado izquierdo. Desde aquella posición, levantó sus ojos y se quedó contemplando una zona bastante singular, con vegetación baja, con cañizos y juncales, sobresaliendo un río con un cierto torrente de agua. A lo lejos divisó un edificio de cierta solera, al que reconoció por haberlo visto alguna vez desde la autopista AP-7, lo cual hizo que se resituara, diciéndose:

—Ah sí, esto es el Delta de l'Ebre, provincia de Tarragona. Con estas situaciones tan trágicas, ya casi me había desubicado.

Sus ojos se cerraron y su mente regresó al balanceo de aquella hamaca. Se mantuvo deambulando por los acontecimientos recientes y, casi sin querer, regresó a su pasado. Ella no enloquecía por revolver mentalmente sus recuerdos. Era cierto que reviviría montañas de paz, de amor y de felicidad durante sus seis años de matrimonio, pero no era menos cierto que al regresar a su treinta cumpleaños moriría en medio de mares de lágrimas, de reproches y de remordimientos por haber destrozado su felicidad matrimonial inigualable. Así pues, dado que no era su deseo remover en el fango inferior del pantano, se dejó navegar por la parte alta de sus aguas, en cuya superficie todavía entraba algo de luz y la suciedad era menos espesa. Con eso, sin intención de cortarse del todo sus venas, se puso a repasar sintéticamente su vida, desde su nacimiento hasta el día presente.

2 SU HISTORIA

Ella había nacido a las cinco de la madrugada de un veintiséis de junio de mil novecientos ochenta y ocho. Consecuencia de ello, en ese presente día de cinco de agosto de dos mil veintiuno contaba con treinta y tres años, dos meses y nueve días.

Su lugar de nacimiento había sido la gran ciudad de Barcelona, en el barrio de Horta, donde siempre había vivido con sus padres en un piso de alquiler. Después de cerca de tres décadas conviviendo en ese domicilio, sus padres y ella casi se sentían propietarios de ese piso, tanto por las reformas realizadas en la vivienda como por el arraigo y asentamiento alcanzados en el vecindario. Como segunda residencia, cuando por fin arribaban las vacaciones, así como en alguna otra época determinada del año, sus padres y ella se iban a un pueblecito de unas pocas docenas de habitantes, con un nombre un tanto peculiar, tal como le había contado a una compañera de trabajo:

—*Se llama Mourazos, es un pueblecito muy cuco, con su campanario vigilando el valle y sus viñas agradecidas por tan serena vigilancia.* No se le encuentra navegando en medio de los mares, sino que está situado en el interior y al sureste de Galicia, enclavado en la comarca de Monterrei. Allí las temperaturas son de horno en verano y de congelador en invierno. Sin embargo, buena parte de nuestro tiempo lo disfrutamos en Verín, la capital de la comarca, que cuenta con unos catorce mil habitantes, un río Támega que me enamora y una plaza García Barbón que me engancha, donde me lo paso requetebién y me encuentro muy a gusto.

Su infancia y juventud fueron intachables, en comportamiento y actitud, si bien era verdad que no había sido una excelente estudiante. Su madre le había sermoneado más de una vez:

—Chica, te has graduado en educación infantil, y eso es mucho más que otras, pero con tu inteligencia, si fueras un poco menos gandula, habrías podido obtener dos licenciaturas, seguro, y de las más reconocidas.

Isabel era su nombre en aquel entonces, aunque en su casa, entre amigos y entre compañeros de trabajo siempre la llamaban, Isa. Con veintitrés años, nunca había tenido novio informal, ni mucho menos formal. Medía un metro con setenta y ocho centímetros, todo una jirafa elegante. Tal como intuían los vecinos masculinos, nada en ella era desproporcionado, pues desde los tobillos hasta el pescuezo lucía, sin estridencias, las curvas mejor diseñadas y más deseadas de todos los conductores en la provincia. Su melena era abundante, más bien morena, aunque el color se movía en función de la época estival en curso. Sus ojos y sus labios, con color y sabor a miel, iluminaban una cara envidiada por la mismísima virgen patrona de la comarca, ya que prendaba a primera vista, sobre todo cuando sonreía, que lo hacía muy frecuentemente.

Muy poco después de cumplir los veintitrés años, ella conoció a un chico que, en menos de un año, se instaló en su corazón y se mezcló con su alma. Alejandro, se llamaba este chico, si bien para ella siempre sería, Jandro; también para este, ella sería, Bel, aunque no de por vida. Un año después de conocerse se casaron, lo cual culminó el mayor anhelo espiritual y hormonal de ambos. Tuvieron dos hijos, Albor y Aurora, quienes llenaron de dicha y orgullo el mundo de sus padres. Tras el día de su casamiento, se fueron a vivir su felicidad a una casita comprada en la parte alta de la ciudad condal, camino de Vallvidrera. Encantados estaban.

Durante los seis años de casados gozaron de paz, amor y pasión. El cielo había descendido hasta la casa de ambos. Aquella era una casa celestial, hasta que ella permitió que se le metiera dentro de su cuerpo un tal Víctor, un chulo de plástico reciclado, quien provocó el reventón de su matrimonio y que la paz y maravillas que saboreaban se fueran por las alcantarillas. A partir de entonces, Isabel comenzó a descender por la escalera infinita: destrozó su propia vida maravillosa que tenía; arruinó la relación matrimonial con su marido; hipotecó la vida futura de sus padres; y, perdió la compañía necesitada de sus hijos. En el resto, todo fue a más, en miseria, en tristeza y en hambre, hasta recluirse en la prostitución cerca de dos años; aunque no todo fue a más, puesto que al tiempo que crecía la sin razón, su paz e ilusiones iban a menos, tanto que ella sucumbió al vacío y se planteó liberarse del yugo de las necesidades, pretendiendo desprenderse de su propia vida.

Hasta esa profundidad llegó ella. En ese día, aunque en el cielo lucía el sol, en su ser solo había obscuridad, todo era de noche. Pero, aún le quedaba la penúltima tragedia: a ella ya no le importaba desaparecer de este mundo, ya no le quedaban fuerzas para seguir sufriendo. Sin embargo, no estaba dispuesta a permitir los desgarros de una nueva agresión vaginal y, mucho menos, si esa agresión se pretendía por quién había sido, según ella, el único amor de su vida, esto es, por el descerebrado de su exmarido. Aquel intento de violación y homicidio la indignaron y sublevaron tanto que ni las toneladas de presión del agua embalsada en el pantano de Despeñaperros la habrían detenido. Nada habría impedido voltear a su exmarido y lanzarlo al otro lado del muro donde lo esperaba el precipicio, donde le esperaba una muerte mucho más que inevitable.

Esta tragedia apocalíptica acababa de suceder; de hecho, el corazón de ella todavía se le salía de su pecho, resistiéndose a admitir lo que hacía poco más de dos horas acababa de sufrir.

Y fue entonces, una vez las horas centrales de aquel día nefasto y negro como la noche de invierno ya se habían ido en su mayor parte, fue cuando apareció Villasevil. Este era un hombre bien parecido, incluso con sus ochenta y cinco años cumplidos, si bien hablaba a media velocidad, por su edad cansada, y a media altura, por sus ilusiones diezmadas. En ciertos aspectos, vivían o habían vivido encrucijadas de parecido calado. Y así resultó: Indalecio la invitó a su yate. Ella no se sentía con necesidad de hacer nada más importante en ese momento. Los dos, la chica y el octogenario se fueron en el Jaguar agrietado y abollado de este. La chica se tumbó en aquella hamaca arcoíris, donde ahora mismo ella estaba.

    Jezabel, en poco más de dos minutos, le había hecho una caricia a los treinta y tres años y pocos meses de su vida, pero dado que a ella le arañaba con saña su pasado reciente, se desprendió del mismo sin espera alguna. Regresó al presente y, ya respirando como Jezabel, se comprometió de nuevo con su futuro:

    «Desde ahora mismo, yo, Jezabel me olvidaré de toda mi vida pasada, salvo de mi hija y de mi hijo, a los que siempre voy a recordar. Me olvidaré de mis primeros veintitrés preciosos años vividos con mis padres, que no debería olvidar, pero que debo enterrar; también me apartaré de los siete siguientes años vividos de casada, llenos de una felicidad blanca y pura, que tampoco debería obviar, pero que también debo incinerar; y, sobre todo, abandonaré mis tres últimos años anteriores al presente, que debo volatizar, pues son muy negros, tóxicos y enfermos. Fueron malvividos entre perros

carnívoros, entre animales sin casi pizca de sentido, pues desconociendo como andaban de vista y de oído, puedo asegurar que de olfato muy poco, de gusto cerca del cero y de tacto muy por debajo del suelo».

Jezabel levantó su mano izquierda y con el dedo índice de su mano derecha trazó una cruz sobre la palma de su mano erguida, mientras murmuraba:

—Juro y rejuro, Jezabel, que, en esta nueva vida, en esta segunda vida que inicio ahora, me lo voy a destilar inmensamente bien, sin los prejuicios que tenemos los pobres sobre la moral y sobre otras simplezas como esa. Conseguiré la fortuna íntegra de este Villasevil, verás como sí, sin ni siquiera quitarme mi sujetador; además, conseguiré la de sus amigos, porque todos ellos vendrán detrás de mí, siguiendo el perfume del interior de mis braguitas; y, por supuesto, también la de sus socios y compinches, que también me perseguirán como perritos falderos, disimulando y fingiendo, como todos. Después de eso, seré enteramente respetada, puesto que en este planeta terráqueo solo te respetan y se inclinan ante ti si tienes gran poder. Es más, el cielo tendrá que oírme proclamar con satisfacción, con la serenidad y con la dignidad que la mayoría de los hombres me arrebataron:

—¡Ahora dominaré el mundo, con todos los hombres de este mundo a mis pies! ¡Mi piel, siempre fue mi piel y siempre será mía, pues ningún hombre, ni siquiera mi marido mientras lo fue, ni siquiera él pudo impedir que yo gozara con mi piel aquello que mis neuronas deseaban; no obstante, de ahora en adelante, no solo mandará exclusivamente mi piel, sino que también empujará mi razón, será un: tanto monta, monta tanto; será un: tanto monta mi piel, como monta tanto mi razón!

Y agarrándose por primera vez a esa razón proclamada, se acordó de sus dos hijos, Aurora y Albor, de cerca de una decena de añitos, quienes estaban al presente con tía Elena en la ciudad castellana de Guadalajara. En todo caso, en cuanto Jezabel dispusiera de una vivienda digna intentaría, con toda su sangre, que pronto estuvieran los dos con ella. Les envió un beso por el aire, que seguro les llegaría.

Jezabel descendió de su hamaca color arco iris, puso sus pies descalzos sobre la cubierta del yate forrada con seda Charmeuse y se dispuso a encontrarse con Indalecio, por cuanto ella estaba dispuesta a clarificar desde ya, que vocales deberían incorporar tilde y cuáles no.

Aquel yate, el Tránsfuga, dónde Jezabel se encontraba, permanecía anclado en las aguas del río que soltaba el embalse de Despeñaperros, cuyo barco quedaba situado alrededor de algún kilómetro de ese embalse y a unos cuantos kilómetros del mar Mediterráneo, por donde desembocaba el mismo. Este tramo del río era navegable, pues el caudal de agua recibido era considerable. La zona donde el yate estaba amarrado era conocido como El Delta del Ebro.

Ella, sin calzado, sin ropa interior, ni prejuicios, solo con un vestido fresco y veraniego, pues así había venido al embalse, fue paseando sin prisas, observando el esplendor de aquel yate del hombre más pudiente del mundo nuestro, mientras contoneaba su caminar de princesa desencantada por encima de aquella seda impoluta.

—Qué desparrame —se dijo a media voz, Jezabel, mientras seguía balanceando sus caderas y percibiendo la grandeza del dinero. —Yo no volveré a estar en el lado de los míseros, ni a estar con los sintecho. No volveré a mezclarme con los que ensalzan a la persona por su bondad y sinceridad. Nada de eso. La clave está en: «cuanto tienes, cuanto vales». Los enormemente ricos, como este Indalecio, viven tan intensamente, tan requetebién, que es como si vivieran siete maravillosas vidas, igual que las vive un gato panza arriba, mientras los míseros y sin techo se consumen muriendo lentamente. La diferencia entre el hombre pobre y el hombre rico está en que: el pobre aspira a un trozo de pan y a vivir su cielo allí arriba, en las nubes, mientras que el rico aspira a ser más rico y a vivir su cielo aquí abajo, en la tierra.

Jezabel se fue moviendo por el yate. Su intención era recorrerlo de arriba abajo, pero se encontró con Villasevil en la sala de descanso del nivel uno. Estaba solo, sin asistentes ni ayudantes, puesto que así él lo había dispuesto. El objetivo era tener una primera conversación fructífera con la chica, a quien estaba esperando, preparado.

—Hola, solitario. ¿Puedo sentarme? —Se adelantó ella.

—Por favor, tú siempre puedes. ¿Cómo estás? —Continuó, él, con buen ánimo.

—Bien, bien. El pozo, por profundo que sea, siempre tiene final —contestó ella, dejando ver buena parte de una sonrisa.

Después de unos minutos iniciales de posicionamiento, la conversación ya era afable. Él estaba contento. Ella ya bastante lo estaba también. El hombre no le pedía nada a la chica, lo cual era una novedad, puesto que todos pretendían acabar con el dedo en la llaga. Y como ella conocía ese terreno, tampoco le pedía nada a él. Eran dos almas saciadas.

—Bueno, aunque solo fuera por comodidad, para no seguir con el tú y el yo, deberíamos presentarnos —emprendió él la ruta, por fin.

Ella arrancó justo detrás y se lanzó cuesta abajo:

—Me llamo Jezabel Ártemis. Soy divorciada. Tengo treinta y tres años, con dos hijos. Y la dignidad ya la perdí por el camino, ahora ya no me queda vergüenza alguna.

—Vaya, vaya, sin dignidad ni vergüenza. Eso me gusta. Yo nací sin ellas —repuso él, y prosiguió —¿Tu apellido es Ártemis, Artemis o Artemisa?

—Ártemis, así lo elegí yo, y no me digas que los apellidos no se eligen —confirmó la chica con un pelín de ímpetu.

—Qué raro, con ese nombre y apellido elegidos por ti, por la Reina, que rezuman castidad, y, ¿con dos hijos? —vaciló él.

—Pues sí, tengo dos hijos porque de casada yo era una loba insaciable dentro de mi territorio, pero ahora ya no, ahora soy «la casta».

—Mis padres me pusieron de nombre, Indalecio. Al principio, me gustaba poco, muy poco, si bien ahora me parece un nombre encantador. —Empezó él a cantar su identidad, a lo suyo, sin entrar a valorar aquello de que «de casada ella era una loba insaciable».

La chica sonrió al ver que él hablaba tan desenvuelto, sin preocupaciones. Por eso ella también le vaciló un poco, diciéndole:

—Mira que enamorarte de ese nombre. Ya te vale, Indalecio.

Él la miró con interés, sin complejos. Sonrió por primera vez, dándole a entender que la cosa había comenzado bien, porque ella no le seguía la cuerda como hacían los «pelotillas» que a su lado revoloteaban, sino que pisaba el barro sin asco alguno.

—Mi primer apellido es, Villasevil. Fue la única herencia que me dejó mi padre. Tenía bastante más patrimonio que el apellido, pero él me calificó de inepto, de forma que se lo dejó todo a la Iglesia de los Santos Piadosos —continuó él como si aquello fuese divertido, y por eso prosiguió:

—El segundo apellido es, de la Torre. Fue un regalo de mi madre. La pobre no tenía más, me dejó todo lo que tenía. Ella sí que era la mejor.

—O sea, que lo que tienes te lo has currado tú solito. Para conseguir tanto habrá que rezar mucho, ¿no es así? —Largó Jezabel, mostrando una cara llena de picardía, sin disimulo alguno.

—¿Rezar? Hay que atropellar mucho. —Y ahora se rieron ambos como niños.

Charlaban a corazón abierto. Ella, con treinta y tres soles, y, él, con ochenta y cinco lunas. Resultaba raro verlos y oírlos. Nada menos que con cincuenta y dos años de diferencia, pero los colores existen. Esa sintonía era debido, tal vez, a que ella había tratado e intimado con generaciones muy diferentes, tanto muy menores como muy mayores. ¡Algo bueno enseña la mala vida!

Después de una pausa, para tomar impulso y vencer más fácilmente la resistencia del aire, el hombre entró recto y directo hasta la cocina, mejor dicho, hasta la alcoba, donde se genera más confianza.

—Jezabel, quiero hablarte de mí herencia, porque mi reloj de arena se está agotando. De momento, pienso que sé lo que me digo y creo saber lo que me hago, pero esto no tardará en cambiar. Así lo advierte este último informe neurológico y, antes de que eso suceda, que sucederá, desde hace pocos minutos ya tengo mis previsiones tomadas. Yo no tengo parientes en grado a quienes, por ley y legítima, deba dejarle mis bienes, por eso quiero asegurarme de que esa transmisión hereditaria se hace en debida forma. —Eso fue manifestando Villasevil, más acostumbrado a contar mentiras que verdades, mientras le tendía a Jeza el informe del Gran Neurólogo Egeo, donde se predecía un deterioro neurológico rápido de su sistema cognitivo.

—Anda, anda, Indalecio, que dices, si estás fuerte como un toro, como para darle a este mundo unos cuantos hijos todavía —agasajaba ella con una sonrisa algo pícara y traviesa.

—Ya, y los tendría contigo, seguro, si los ojos engendraran, pero «mi tripa», que ya no pasa de ser una tripa, ya está en cuidados paliativos. No hay mayor castigo que desear y no poder. —Hablaba él, despacio, con la nostalgia resbalándole hasta el suelo.

A Indalecio se le había entendido todo, aunque Jezabel, comportándose con la prudencia de una invitada, no dijo nada.

Llegados a este punto, Indalecio se colocó delante del tablero y comenzó a colocar las piezas del puzle, pues a eso también estaba acostumbrado.

—Yo sé, Jezabel, sé que se está acercando, que un día habré de dejar este mundo. De eso soy consciente, pues los ricos también lloramos, tanto que yo pasé por situaciones de desespero como la tuya, con una voluntad tan clara como tú tenías de desaparecer de este mundo de buitres carroñeros. Eso no pasó porque, en el momento álgido, se me cruzó un arcángel y, sin pedirme nada a cambio, me escuchó, y más tarde nos reímos, y luego lloramos, y siguió un después gracias a ese arcángel, quien dos años más tarde sería mi mujer. El año pasado me dejó para irse al cielo. Pero, dejemos el pasado y volvamos al presente.

Indalecio hizo una pausa para que el polvo se posara en los muebles, y continuó, mirándola a los ojos, aunque ahora sin lujuria.

—Jezabel Ártemis, yo tengo una propuesta para hacerte, y te la haré ahora mismo, en línea recta, sin desviaciones por las que salirme ni rotondas por las que dar vueltas. Mi propuesta es que aceptes ser mi heredera, convirtiéndote, cuando llegue el día, en propietaria de la Corporación Villasevil Torre y de todos mis bienes.

3 LA PROPUESTA

Indalecio hizo una pausa para observar mejor la reacción de Jezabel, quien se quedó sin respiración, momificada. Él lo esperaba, como si lo tuviera estudiado, por eso continuó sin prestar atención a la falta de oxígeno mostrada por ella.

—Lo que yo te pida a ti en mi testamento no pasará del cumplimiento de... seis condiciones... sencillas, las cuales te serán fáciles de superar, confío, y con los recursos que tendrás a tu alcance serán como un juego para ti. Eso sí, ahora dispones de veinticuatro horas para decidirte si aceptas o no mi herencia. No tendrás más tiempo, ya que las buenas decisiones no pueden esperar años para ser abrazadas. Hasta mañana, a esta misma hora, y salvo mi camarote privado, tienes este yate a tu entera disposición, para moverte sin restricción alguna, pues ya lo he dispuesto. Utilízalo como si ya fuera tuyo, con plena libertad de movimiento y de libre albedrío, pero tienes un día para confirmarme que aceptas ser mi heredera, para que notarialmente en las escrituras así conste dentro de pocos días. Eres preciosa, seguro que esto te lo dicen muchos hombres todos los días, pero, para mí, además, eres inteligente. Espero mucho de ti. No me falles.

Ahí se detuvo Villasevil. Se detuvo para poner fin a la declaración más devastadora que seguro había hecho en su larga e intensa vida. Nadie más que él defendería, muy seguramente que nadie más que él entendería la decisión que acababa de adoptar. Él era un hombre pragmático. Nunca había creído en la reencarnación ni en mandangas similares. A sus años ya estaba convencido de que todas las decisiones que debía adoptar en el resto de su vida las tenía que adoptar en la tierra, aquí y ahora, sin esperar a que pudiera haber otros lugares ni otros tiempos futuros para seguir deliberando y reordenando este mundo.

Jezabel, debido a lo explosivo de la propuesta, tardó un tiempo en recuperar el movimiento de su sangre y la respiración. Tenía que hacerlo, tenía que volver a respirar, pues la vida vale más que todos los barcos de la tierra repletos de dinero. ¡Un fortunón! Eso comenzó a circular por su cerebro. Tuvo que soportar uno de los choques emocionales mayores de su aún corta vida, pero dado que ella había toreado en muchas plazas, y con algunos toros con cuernos muy sanguinarios, se las compuso para que no se le notara en exceso su terremoto emocional y su desconcierto mental por la propuesta. Claro que sí, después de tres años callejeros, ella ya había aprendido a manejar el «arte de fingir», cuya habilidad bien retorcida se convertía en un arma muy poderosa en manos de la mayoría de las personas, especialmente de aquellas que ese arte lo manejaran con su mano zurda.

    Esa era la gran propuesta de Villasevil: la nombraría heredera universal de todo cuanto poseía, que era muchísimo. Ahora bien, es sabido que entre los humanos impera el valor de la compensación. Sí señor, ni siquiera entre parejas de enamorados y casados se da nada gratis, por cuánto, todos esperan recibir, al menos, lo mismo que dan. Así es, si yo te quiero una tonelada, tú me tienes que querer tonelada y media; si yo te soy fiel hasta el cuello, tú me tienes que serlo a mí hasta la cabeza. Claro que sí. No hacemos nada sin algún interés compensatorio. Y ahí estaba Indalecio, que no iba a ser menos. Este le adelantó que, si él hacía tanto por ella al entregarle una fortuna inmensa, pues hombre, algún pequeño sacrificio tendría que hacer ella por él, cuyo contenido lo plasmaría en «seis condiciones» testamentarias que le impondría para que ella le diese cumplimiento cuando su testamento fuera abierto por el notario.

    Jezabel fue abandonando su semblante de momia en que se había quedado. Intentó que su cabeza volviera a funcionar. Comenzó a remover sus neuronas cerebrales, buscando no sabía qué, pero aquella oferta tan inverosímil, por ser tan inaudita, podría conllevar algún tipo de trampa. Aquella propuesta bomba hizo pensar a Jezabel en alguna forma de paraguas, en algún tipo de póliza de seguro, o algo así, para no salir escaldada de aquello que tan fácil y tan bien puesto le había caído del cielo. Pero, claro, ¿qué tipo de paraguas? ¿Qué clase de póliza? ¿Cómo podía ella, una chica inocente según su benefactor, evitar que un zorro de ochenta y cinco años como Indalecio le metiera una pulla como a una chiquilla?

Los dos continuaban sentados, en la misma posición. Villasevil examinó mentalmente a Jezabel, intentando analizar su comportamiento ante tal sorpresa, ver que expresaban sus ojos. No obstante, también concluyó que, a pesar de lo que convencía el poder y el dinero que conllevaba su herencia, Jezabel pudiera estar algo confusa y mostrar alguna reticencia. Con ese entendimiento, no le exigió una respuesta inmediata, sino que le ofreció un día de tiempo para que se convenciera y se lo pudiera digerir lentamente, pidiéndole que tras esas veinticuatro horas volviera a verlo a esa misma sala.

Indalecio se fue a su despacho personal. Ella no sabía dónde pudiera encontrarse ni cómo podría ser, aunque supuso que estaría blindado y a prueba de explosivos. Se despidieron con una sonrisa, más grande la ofrecida por la chica. En cuanto Indalecio se sentó en el sillón excelso de su despacho, acabó de pulir su testamento redactado de su puño y letra y le añadió la fecha de ese mismo día en que vivían, pues ya tenía seguridad que su decisión y planes eran finales y que todo iría según lo previsto. Villasevil, por inercia y costumbre, seguía utilizando la forma convencional del documento escrito, con su pluma y firma manual, aunque lo que más imperaba cada día fuera el documento confeccionado y firmado electrónicamente.

Jezabel, mientras tanto, se levantó y se fue en busca de algo, sí, de alguna cosa, si bien no sabía qué, pues seguía en las nubes por lo vivido en estos últimos momentos. No encontraba una razón que avalara aquella decisión de Villasevil de hacerla heredera suya, ni siquiera una explicación plausible que se lo hiciera entender. Rebuscó:

«¿Me va a regalar la mayor fortuna del mundo, un fortunón, solo por mi cara bonita? Yo que he malbaratado mi dignidad por cincuenta euros, ¿y ahora este tío me va a regalar su fortuna solo por mi sonrisa? ¿Por nada a cambio? No me lo creo, los ricos no funcionan así. O este Villasevil está loco, que no lo parece, o los milagros existen».

Ella disponía de un día para pensar en algo que le diera algún tipo de cobertura ante posibles contingencias imprevistas, puesto que, con tal propuesta de heredera, no salía de su asombro. Jezabel, otrora, había ganado quinientos euros al mes por nueve horas de trabajo diarias en la guardería. Eso había sido real. Y ahora aparece este Villasevil y le va a regalar la mayor fortuna conocida, sin más, sin ni siquiera pretender llevarla a la cama.

—Tengo que cubrirme. Todavía no sé cómo, pero tengo que buscarme alguna fórmula que me cubra de lo que Indalecio pudiera estar planeando. —Así de convencida estaba la presunta heredera.

La fémina pensaba. No se le ocurría nada. Decidió pedir apoyo a su amiga, que nunca le había fallado.

Comenzó a moverse por los interiores del yate en busca de algún sitio con un mínimo de privacidad, donde ver si se le ocurría algo que pusiera coherencia a lo que había oído recientemente. Se dijo para sí:

«*Contactaré con mi amiga, y pensaré. La propuesta es la hostia y media. Claro que no puedo rechazar convertirme en hipermillonaria, pero ¿por qué razón quiere este hombre nombrarme su heredera? ¿Qué quiere a cambio este Villasevil? ¿Qué quieres, qué buscas, Indalecio? Porque, si fuera sexo lo pretendido como pago, yo a Indalecio no le compensaría su fortuna ni con dos mil quinientos años seguidos en la cama con él. Hasta hace poco, yo me chupaba muchas cosas, pero ahora ya no me chupo ni el dedo. Me da que debo protegerme. Ya veré, de momento no acierto a ver de qué va el juego, dónde está la trampa, pero con sexo que no cuente, eso es definitivo*».

Siguió caminando despacio, como deambulando sin destino, intentando un reconocimiento visual de aquel yate. Encontró una salita pequeña llena de plantas cubiertas de flores, una guapada. Se sentó. Pensó con las manos recogiendo sus mejillas. Nada. Estaba en blanco. Siguió pensando. Empezó a contemplar ideas, pero no, concluyó que se le había ido la perola. Se le ocurrió algo, y se dijo:

—A ver, a ver, Indalecio. ¿Me vas a regalar el mundo, por nada? No pretendas torearme, Villasevil, que con tu poderío económico podrías conseguir cualquier chica que estaría más buena y, también, mucho menos toqueteada que yo, que he pasado por dos partos y por muchos apretones. Ah, y no me vengas con que se trata de mis virtudes, o de mi sonrisa, que he repartido sonrisas por veinte euros, lo cual es muchísimo menos de media miseria comparado con lo que valen tus bienes.

Tras su tiempo de reflexiones y conjeturas, Jeza terminó finalmente de cocinar los planes sobre su futuro inmediato. Para comenzar, se propuso contactar con su única amiga, pero para ello debía encontrar una sala libre de oídos indiscretos e, incluso, discretos. Mientras tanto, Jezabel estaba esperanzada sobre sus pretensiones. Bueno, con confianza, eso sí, pero Villasevil era un coyote maduro y curtido, nunca se podía aclamar una victoria completa y definitiva sobre sus mínimas debilidades. Era verdad que ella, debido a los golpes múltiples soportados en los últimos tiempos, había ganado mucho en desconfianza y recelos, así como en el arte de fingir. Estas eran cualidades imprescindibles para torear a los búfalos de su entorno, si bien esas cualidades pudieran no ser suficientes para doblegar la fortaleza indomable de un *tyrannosaurus rex* como Indalecio.

Jezabel se desplazó hasta una salita semejante a un refugio nuclear. Parecía ideal para que su conversación con su amiga no trascendiera sus paredes, pero se percató de un problema de seguridad extrema que podría causarle averías serias. Se trataba de que, si entraba en esa sala y la puerta de acceso, blindada a cal y canto, se cerraba con ella dentro, salir de allí se convertiría en algo más duro y difícil que regatear una prisión de máxima seguridad.

De momento, decidió otear el horizonte para conocer algo más de aquel yate, que parecía único. Deambuló por toda la cubierta y no se tropezó con ningún bicho viviente. Pensó:

«*¿Es qué aquí solo está el Villasevil este? ¿No pretenderá que haga yo la cena?*»

Pues, no, Jezabel no tendría que hacer la cena, aun cuando por allí no se veía a nadie. Aquel yate no era especialmente grande, por cuanto la profundidad del río no permitía grandes buques, aunque contaba con tres cubiertas. Todo el personal de servicio estaba recluido en la cubierta más baja, obedeciendo instrucciones férreas de Villasevil.

Jeza descendió dos escalones y se encontró con una sala totalmente infoelectronizada, con multitud de pantallas, aparatos, teclados y botones que para ella eran desconocidos. Se asomó a la puerta con ciertas dudas. De pronto, escuchó una voz femenina, cálida, que la saludó por su nombre:

—Buenas tardes, señorita Ártemis.

Jezabel se detuvo como si hubiera encontrado un bebé en el suelo, recién nacido. Retorció su pescuezo y ojos intentando localizar a la escondida. Al no encontrarla, pensó:

«*Vaya, aquí hay otras chicas. A ver, ¿es que ahora Indalecio pretende que yo forme parte de su harén? Ni pensarlo, pero que nada de nada. Yo soy exclusiva, no bailo en grupo.* Solo me faltaba tragarme esta zanahoria en mi vida».

—El señor Villasevil de la Torre me dio las más completas y directas instrucciones para que la sirviera a usted cómo a él mismo. Dígame qué debo hacer. —Fue oyéndose la voz cálida de la chica.

—¿Quién eres? ¿Por qué te escondes? —Preguntó Jezabel medio ejerciendo de anfitriona.

—Mi nombre es «Luna». No me escondo. Es que no tengo un cuerpo físico, pero si lo desea puedo mostrarme sentada en una silla en forma de holograma octodimensional —respondió la voz cálida.

—¿Tú gobiernas todo esto mediante inteligencia natural? —Jezabel volvió a preguntar, pretendiendo salir de su asombro.

—Sí, señorita Ártemis. Novena generación. Puedo... —estaba informando, Luna.

Jezabel, una vez dejó atrás su sorpresa inicial, decidió que no era el momento de interesarse por un alarde técnico, ya que su interés se centraba en disponer de privacidad para hablar con su amiga. Y si era correcto que Luna estaba programada para servirla sin condiciones, debía aprovechar para comprobar hasta donde ella, Jezabel, podía manejar la situación sin permisos ajenos.

La sorpresa de Jezabel no venía por Luna, por ser un holograma que razonaba más que muchos humanos, sino por lo inesperado de todo aquello. La tecnología había avanzado tanto en la última década que todo era posible, pues quedaban pocos términos imposibles. Estaban en el año dos mil veintiuno, donde los pudientes iban de vacaciones a Culto, al nuevo satélite de la Tierra recientemente descubierto. Todo ello venía controlado mediante inteligencia natural, de forma que la ciencia era la clave del presente y del futuro.

—Luna, aquella sala grande de enfrente que parece un refugio nuclear, ¿puedo utilizarla con total privacidad? ¿Estará la sala a mi exclusiva disposición?

—Si se refiere a la Sala Bajo Cero, por supuesto que sí. Ni siquiera yo podré captar sus palabras si su persona no pone los pies fuera de la misma. Para dar cualquier instrucción solo tendrá que mostrar su sonrisa, que la tiene muy bonita, al ojo de halcón habilitado en la entrada. Eso hará que la puerta de acceso o de salida se active. Sus deseos son órdenes para mí —concluyó, Luna.

«Anda, que bueno, *tiene-una-sonrisa-muy-bonita* —Repitió Jeza, con retintín, lo dicho por Luna. —No pensé que hoy fuera a ser piropeada por una máquina impresionista». —Así de satisfecha, Jeza, se dirigió a la Sala Bajo Cero.

—A ver, Luna, ¿tendré yo una línea segura para efectuar una comunicación privada, privada de verdad? —quiso saber, Jezabel.

—Con seguridad total, absoluta, mayor que la del señor presidente de la Confederación de Internaciones.

—Así de segura se pronunciaba, Luna, la cibersirvienta incansable.

Mientras Jeza hacía el recorrido hasta la llamada Sala Bajo Cero, que era un búnker antibombas nucleares, le seguía dando vueltas a la privacidad real de esa sala y, sobre todo, sobre la real sumisión de Luna y todo el sistema de inteligencia natural a la voluntad de ella, de Jezabel. Con eso, se le ocurrió una prueba:

—Luna, que me traigan un té chino, ahora mismo.

—Enseguida. ¿Lo querrá dentro de La Sala Bajo Cero o antes de entrar? —ofreció, Luna, con presteza.

—Bueno, no, mejor, anula el té, lo tomaré más tarde —contraordenó, Jeza.

Entró en la llamada Sala Bajo Cero, dedicándole una sonrisa maliciosa al ojo de halcón. La puerta de la Sala blindada se cerró tras ella, quedando Jezabel aislada de ojos y de oídos ajenos. No obstante, un tanto intrigada, seguía retorciendo su cabeza sobre varios aspectos que le interesaban, como ejemplo, si ella tenía total privacidad en aquella Sala Bajo Cero, si Villasevil pudiera enterarse de sus pasos, si la misma ciberasistente, Luna, podía meter cuchara en sus asuntos, y un cierto etcétera. Por eso, Jeza, dijo en voz alta:

—Luna, quiero un té indio. Que me lo traigan a la Sala Bajo Cero.

Jezabel esperó alguna señal, que no se produjo. Ella se relajó un tanto y empezó a creerse lo de la privacidad. Vio un teléfono convencional, de esos que solo se veían en los museos de ciencia prehistórica, agarró el auricular y giró el disco con su dedo índice para marcar el número de su amiga. Ella había utilizado algún teléfono parecido en su pueblo haría unos veinticinco años. El sistema de comunicación allí dentro no era de conexiones automáticas, ni virtuales, ni de alto encriptamiento, aquello estaba como muchos años atrás, con un aparato de teléfono de antes de las Guerras Púnicas, pero eso sí, libre de virus y de bacterias informáticas.

—Dígame. —Contestó una voz femenina, que Jezabel conocía muy bien.

—Hola, mi amiga, como me alegro de oírte —expresaba, Jeza, su júbilo.

—Anda, loca, menos mal que apareces. —Rompió su amiga el silencio. —¿Te parece bonito tenerme así, sin saber nada...?

—Oye, oye, escúchame, que no tengo tiempo para ligar. —Hablaba, Jeza, con firmeza. —Déjalo todo y vente conmigo, ya, ahora mismo. Lo serás todo para mí. Se acabó trabajar doce horas por menos de una miseria. Tendrás el dinero que quieras. Podrás viajar a cualquier lugar, incluido a Culto. Mandarás en ti misma...

—Eh, chica, para, para, ¿qué me llamas desde el psiquiátrico? Pero qué es todo eso... —su amiga alucinaba con lo que oía.

—Que sí, tía. Mira, vente a la esquina de la Central Hidroeléctrica de Despeñaperros. Ahí nos encontraremos. Asómate a la caída de la presa y verás un pequeño cerro con una chopera. Al lado encontrarás un yate, el Trásfuga, se llama. Aquí estoy yo. Te quiero en la presa en dos horas. Si yo no pudiera ir, ven mañana a esta misma hora. Y oye, a partir de ahora te llamas, Luz Serena. No me falles. Adiós.

Jezabel cortó la comunicación. Su amiga, con su cabeza llena de relámpagos y truenos, levantó sus manos hasta la cabeza y se dijo a sí misma con los ojos abiertos como antenas parabólicas.

«¡La madre que la parió! Ahora resulta que yo me llamo, Luz Serena. ¡Ay la hostia, esta tía está peor que una puta regadera!».

4 LA HERENCIA

Mientras permanecía dentro de la Sala Bajo Cero, Jezabel pensó y repensó. No le resultó difícil encontrar media docena de folios DIN A4, sobre los cuales se dispuso a escribir. Comenzó a plasmar una especie de compromiso personal entre ambos, entre Villasevil y Ártemis, que encabezó y tituló como «Documento de Buena Convivencia». Completó tres folios en letra grande, escapando, como ella decía, de la letra pequeña que era falsa y mentirosa. Su pretensión era que este documento quedara firmado por Villasevil y por ella, y que se adjuntara, en sobre cerrado, al testamento y resto de documentos que él había mencionado, todo lo cual quedaría protocolizado en la Notaría Mayor.

En los tres folios había escrito peticiones insignificantes para Indalecio y su poderío económico. Sirva como ejemplo que, para proteger sus pies, solo se pondría zapatos de piel auténtica, sin importar lo que costaran. Eso era un alto capricho para una chica pobre, pero una pequeña banalidad para el hombre más rico del mundo. Ahora bien, la última cláusula contenía una petición de mayor enjundia. ¿En qué consistía? Pues, dado que Villasevil había visto, o tal vez podía haber visto, el lanzamiento que ella había hecho de su exmarido por el precipicio de Despeñaperros, Jezabel no quería correr riesgos. Pretendía eludir denuncias indeseadas o, al menos, evitar que aquel episodio de arrojar a su exmarido al precipicio, aunque hubiera sido en legítima y obligada defensa, pudiera ser utilizado por Indalecio y sus compinches para presionarla o chantajearla. Por ello, con esa última cláusula de cierre del Documento de Buena Convivencia, ella intentaba dejar sentado lo siguiente: Villasevil reconocía que, en el momento de los hechos en Despeñaperros, él se encontraba bajo ciertos efectos somnolientos causados por los medicamentos que se administraba para controlar su dolor, así como por alguna otra substancia analgésica y alucinógena que ocasionalmente le había sido administrada, las cuales le impedían ser consciente de lo que su cabeza pudiera pensar o sus ojos creyesen haber visto.

    La eficacia de dicha cláusula, a posteriori, era discutible. Aun así, ella confiaba en que, juntando esta declaración por él firmada que así lo manifestaba al día siguiente del suceso, con la edad avanzada y el deterioro cognitivo que él tendría dentro de seis años, si vivía, fuera suficiente para que aquello que el anciano

Villasevil pudiera testificar, resultara muy poco creíble y, en consecuencia, quedar ella a salvo de posibles imputaciones por la muerte de su exmarido.

Puso a ese escrito fecha del día de mañana y, con alivio, lo releyó otra vez. Claro, si este documento salía a la luz en vida de Villasevil, donde se podía interpretar que él reconocía el consumo de alguna substancia alucinógena, podría ser problemático para su reputación. Por ello, redactó una nota para colocarla en la cubierta del sobre o pliego cerrado donde se alojara el Documento de Buena Convivencia, cuyo contenido de esa nota era el siguiente:

«*Este pliego contiene el Documento de Buena Convivencia. Es voluntad de los firmantes, Indalecio Villasevil y Jezabel Ártemis, que este pliego no sea abierto por nadie, ni siquiera por los firmantes; que su contenido no sea conocido por ninguna persona, tampoco por el Sr. Notario Mayor, hasta que no transcurran exactamente seis años desde la fecha de entrega al Notario, debiendo este añadir la fecha de entrega, su firma y protocolizarlo*».

En cuanto Jezabel concluyó el escrito y la nota, se fue al encuentro de su amiga Luz. Aquella subió caminando hasta la parte superior del muro que aguantaba la presa de Despeñaperros, al que ella había ido con intención de apartarse de este mundo. Allí habían sucedido demasiadas cosas, agrias y duras, en las que quedó pensando. Cerró los ojos y, rápidamente, se deshizo de ellas, pues no sé podía permitir ni un solo desfallecimiento.

Vio a su amiga que daba vueltas, esperándola, con su cabeza echando humo. Se vieron y se abrazaron con un apretón de los grandes.

—¿Qué pasa, cabra? ¿Qué hacemos en este sitio para desesperados? —Preguntó su amiga con la emoción todavía revoloteando por su cabeza.

—Acertaste, loca. Aquí vine yo desesperada, pero ahora estoy mejor que si hubiera vuelto a enamorarme. Oye, guapa, olvídate de tu vida hasta este día, ahora eres Luz, de nombre y, Serena, de apellido. Y no recuerdes nada de todo lo que de mí conocías, incluido mi nombre y apellidos, ahora me llamo Jezabel Ártemis. —Iba largando, Jeza, con soltura y rapidez, como demostrando lo bien aprendida que se tenía la lección.

—Pero, chalada, ¿Qué te pasa? Tú debes tener una fuerte menorragia y por eso pierdes tanta sangre, porque estás muy mal... —Se quejaba, Luz, sin entender nada de nada.

—Cállate, tía, y escúchame con suma atención. Mañana te lo explicaré, pero ahora te vas al Centro Mayor y te compras los dos mejores móviles que haya, que no te importe el dinero, tendrás más del que puedas gastar. Un móvil para ti, y el otro me lo traes dentro de cuatro horas, que lo necesito, porque el mío se lo llevó el pasado.

Luz se sentía desconcertada, no entendía como iba a dejar su trabajo sin más, solo porque a su amiga le hubiera explotado un ovario, así que le preguntó:

—¿Con quién estás? Porque tú estás con alguien, lo sé. ¿No será con tu exmarido, pendón?

—Imposible. Mi exmarido ya no vive, porque se ha ido por este precipicio seguramente hasta todo su fondo. El muy… canalla, quiso…, aunque no sé, ya no estoy segura de nada, pero pienso que venía a violarme y, al final, se fue despeñado y dando vueltas por el acantilado.

—Jesús, ¿violarte, tu exmarido? Deja de decirme barbaridades. A ver, me sueltas que has despeñado a tu ex, y cuando no ha pasado medio día, ya tienes a otro entre piernas. Joder, ¿y esperas que te crea que tu ex fue a violarte? —Pinchó, Luz, con la esperanza de que su vieja amiga con nombre nuevo se centrará un poco.

—Que dices de entre piernas, si es mi abuelo. —Remendó, Jezabel.

—¿Tu abuelo? No me líes, que tú ya no tienes abuelo. Le estás calentando la cremallera a alguien, lo sé, antes no eras así, pero desde que te divorciaste… —Elucubraba, Luz, respecto de su amiga.

—Anda, no desvaríes. Lárgate. Te quiero ver aquí en cuatro horas con los móviles. —Ordenó Jezabel ejerciendo de jefa, quien dio un beso a su amiga y comenzó a deshacer el mismo camino hasta El Tránsfuga, donde, por la noche, tenía una cena con Villasevil.

Mientras asomaba la hora de volver a encontrarse con su amiga, Jezabel se fue al camarote destinado a su descanso. Contactó oralmente con, Luna, la cibersirvienta incansable, a la que atracó directamente:

—Luna, necesito unos cien mil euros, creo que me apañaré, en una tarjeta a mi nombre y el mismo importe en otra a nombre de Luz Serena. ¿Algún problema?

—En absoluto, Señorita Ártemis. Le transfiero dos cientos mil en cada tarjeta. Tan solo debo anotar en concepto de qué —resumió, Luna, servicialmente.

—Pues, para gastos de representación —también resumió, Jezabel.

Pocas horas después, regresó al muro y embalse de Despeñaperros, donde se reencontró con Luz. Jeza sabía que su amiga vendría, aunque la pobre no entendía nada, pero, aun así, vendría. Y así fue. Tras el abrazo sincero, Luz pretendía coserla con preguntas, pero Jezabel se le adelantó y tomó en camino interesado, por eso solo dijo:

—Los móviles no están mal, pero te dije los mejores. Acostúmbrate a ser precisa.

—Pero, tía, si me costaron un ojo de la cara y... —estaba protestando, Luz.

—No me mientas, que sigues teniendo los dos ojos. —Argumentaba Jezabel sin subir la voz, con aire de mandona practicante. —Toma, con los dos cientos mil euros que tienes en esta tarjeta abierta a tu nombre puedes pagarte muchos móviles y seguir viviendo mejor que nunca. Lárgate de ese trabajo cochambroso que tienes, donde te pasas el día limpiando el culete de docenas de niños por cuatro euros, y no vuelvas allí. Espera hasta que yo te llame. Pórtate bien.

Se dieron un beso. Su amiga estaba en la luna, cazando mariposas y sin saber de qué iba aquello. De regreso a Barcelona, Luz Serena reflexionaba sobre su último encuentro con Jezabel:

«Yo todavía no sé qué te traes metido entre manos, niña, pero espero que seas más razonable que cuando te metes algo entre tus piernas. Lo que le hiciste a tu marido, cuando todavía lo era, fue una putada en toda regla. Ahora resulta que, según tú, lo despeñaste porque iba a violarte. Joder, estás muy mal. Yo me iré contigo, entre otras razones, porque con el dinero que llevo en esta tarjeta tengo mis cosas cubiertas por bastante tiempo, pero, aun así, espero que sepas lo que haces. Eres lista, pero también muy impulsiva. Me das miedo».

Jezabel regresó al yate. Se duchó y se puso un vestido largo que encontró en un ropero de su camarote de invitados especiales. También se subió unas braguitas normales, no las habituales de los dos años anteriores que no escondían nada. En aquel cuarto vestidor había de todo. Ahora ya no necesitaba tantas exhibiciones como para ir tan ligera de ropa. Mientras eso hacía, pensó:

«Esta ropa, tanto la interior como la exterior, está muy bien. Si la has elegido tú, Indalecio, tienes muy buen gusto y ojo para esto. Hasta hace poco has debido ser uno bueno en la cama, quiero decir que, si tu tuvieras ahora quince o veinte años menos seguro que serías la hostia, pero, claro, todo va a menos».

Se fue a la cena de cortesía con Villasevil. Ella cenó poco, como de costumbre, tan solo una copa de gran vino tinto de la comarca ourensana de Monterrei, el mejor, con dos tostadas y un par de espárragos de Navarra, que estaban deliciosos. Para después de la cena le ofrecieron otra copa de vino tinto francés, pero ella lo rechazó formulando:

—Que no se me ofendan los franceses, que tienen cosas muy buenas, pero el vino de Monterrei los supera de largo. Tomaré otra copa de esta botella de mi tierra, que está insuperable de bueno. A propósito, ¿cómo sabías que a mí me gusta este vino?

—Tuve un buen amigo nacido en Verín. De ahí me viene. —Trampeó, Indalecio, la pregunta.

Ella no se sentía especialmente parlanchina esa noche, probablemente debido a que aquella era una cena entre una mujer y un hombre, quienes estaban solos en un yate, pero donde no estaban presentes los juegos y los deseos sexuales, por eso el perfil de expectativas era más bajo y las emociones apretaban menos. Tal vez por eso, a ella le importaba más estar atenta a los planteamientos económicos de Indalecio, su abuelo, como ella lo había calificado.

—Te presentaré a todos mis amigos. —Anunciaba Indalecio en un tono muy sosegado. — Bueno, digo mejor, enemigos. Todos tienen mucho poder, pero si yo los he podido manejar, tú con tus «virtudes irresistibles» los tendrás debajo de tu falda siempre que quieras. Ahora bien, cuidado de las amigas, sus mujeres, que esas son peores que fieras enjauladas. Te comerán hasta los huesos si te dejas quitar el sombrero.

—¿Cómo has podido sobrevivir en esa selva de hienas hambrientas, Indalecio? —Se atrevió Jezabel, sin muchos miramientos.

Indalecio la miró algo cansado, pero se repuso, lo hacía cada día. Expresó.

—Siempre ha sido así, Jezabel. En la selva, en la ciudad, en todas partes. Los romanos conquistaron el mundo conocido para exprimirlo, para hacerse con su oro e incrementar sus propios intereses y placeres. Los colonizadores invadieron el nuevo mundo americano para dominarlo y exprimir sus riquezas, para venderles que a quien te machacara tu mejilla le tenías que ofrecer la otra. El objeto y resultado se repite. Unos pocos son los que someten y otros muchos son los sometidos. Los que sometemos no somos peores. Tú ya lo verás.

Acabó la cena, sin sobresaltos ni tensiones emocionales. Ahora tocaba dormir, por separado, claro, ya que ninguna propuesta ni compromiso de carácter sexual se había aceptado, ni siquiera planteado entre ellos.

Al día siguiente, cada cual desayunó en sus aposentos. Pocos minutos antes de reunirse con Indalecio, de ella se apoderó un impulso con cola de caballo, debido a lo cual, escribió otro folio con dos cláusulas, la 8A y la 8B, pero dudó en dónde ubicarlas. Tras estrujarse los sesos de su cabeza, este último folio no lo unió a los otros tres escritos ayer, los cuales conformaban el Documento de Buena Convivencia, sino que se lo guardó en su espalda, secretamente, alojado entre su piel y la camisa, un tanto fijado con la cinta de su sujetador, para no tener que doblarlo.

Jezabel se fue al encuentro de Indalecio. Cuando ella se acercó a su presencia, ahora ya muy recuperada anímicamente, le ofreció una hermosa sonrisa, lo cual colmó las expectativas de él, porque le confesó:

—Que bien, esta sonrisa vale todo el oxígeno de Culto, y tú sabes que ese oxígeno es lo más preciado en ese satélite amarillo. —Respiró, Indalecio, con ojos de complacido.

A Jezabel, instintivamente, un grupo de neuronas se le hinchó en su cerebro. La causa no había sido por lo dicho sobre su sonrisa, sino por la mención al valor del oxígeno en Culto. Se dijo, no obstante, que sobre eso del oxígeno ya pensaría en otro momento, que ahora lo más relevante era su decisión sobre la herencia que, si se producía, la convertiría en la dama más billonaria de los mundos conocidos.

Se sentaron frente a frente. Él con la llama de su vela medio apagándose. Ella con su llama resplandeciendo con tanto esplendor como la luna llena a medianoche y sin nubes. Se miraron ambos sin descubrir emoción alguna, pues la edad infantil ya estaba superada por ambos.

En un lado de la mesa ovalada estaba, Indalecio. Él con sus ochenta y cinco julios, intentaba disimular una cierta corvadura de su espalda, aunque se mantenía dignamente erguido. Contaba con la fuerza valiosísima de la experiencia y con una corteza cerebral acostumbrada a salirse siempre con la suya, siempre, aunque en este caso todo indicaba que el objetivo iba a ser diferente. Esta vez, él sería el buen samaritano, sería él quien traspasaría todos sus logros y bienes a una heredera que ni era de su sangre ni la conocía de nada. Aun así, alguien pudiera argumentar que la compensación que ella le proporcionaba lo suplía casi todo, pues en su presencia podía contemplar la sonrisa de Jezabel, deliciosa sin igual. Sin embargo, aunque esa sonrisa fuera la más preciosa del mundo, compararla con la mayor fortuna conocida en el universo, pudiera parecerles muy poco comparable a ciertas almas acomodadas. En ese sentido, era poco menos que imposible saber del todo cuál era el propósito real de Indalecio, en tanto que todas las personas esconden intenciones y el zorro de Villasevil, acostumbrado a manejar al mundo, no iba a ser menos.

En el otro lado de la mesa, estaba Jezabel. Ella con sus treinta y tres veranos. Con una belleza y un tipazo que atropellaban los sentidos de los hombres. Llena de vitalidad impulsiva y de imaginación desbordante. Con una primera etapa de su vida llena de amor matrimonial auténtico, de ensueño, aunque el tifón sexual que llevaba dentro le había hecho pagar consecuencias desalmadas en la siguiente etapa. Actualmente, con su razón muy sentada, tenía una meta clara y definida: nada de sexo. Su objetivo era decidir el destino del planeta Tierra y de su segundo satélite,

Culto. Pudiera parecer un objetivo altamente exagerado, pero no, no lo era, tal vez no.

—¿Has tomado una decisión firme sobre mi propuesta, Jezabel? —Comenzó a hacer camino, Indalecio.

—Claro que sí, Indalecio. Acepto ser tu heredera. Empeñaré mi alma en hacerlo todo lo mejor que pueda y sepa. —Apostó, Jezabel, con tono firme, casi solemnemente.

—Me alegro mucho, Jeza. Estoy seguro de que tienes la capacidad más que suficiente para adoptar las decisiones correctas. De los pormenores ya iremos hablando.

—A propósito, Indalecio. ¿Cuáles serían para ti esas decisiones correctas? —Se interesó ella, mientras recolocaba su melena delante de su hombro, sin complejos.

—Ay, Jezabel, no me hagas trampas. Cada situación requiere su propia decisión, a tomar en su momento. Serán decisiones correctas cuando mejoren los datos financieros de la Corporación y, al mismo tiempo, el futuro de la humanidad no vaya a peor contigo —apuntó él con serenidad.

—¿Cómo? —Saltó con ojos de sorprendida, Jezabel —Sobre eso de mejorar los datos financieros de la Corporación, lo entiendo, pero ¿el futuro de la humanidad? Cualquiera diría que voy a sustituir al presidente del Consejo de Gobierno de la Confederación de Internaciones.

—Nadie lo diría, cierto, pero tus decisiones tendrán más influencia en el mundo que las de ese político. Mira, lo que proyecta ese presidente del Consejo de Internaciones es que él y su Consejo gobiernan los mundos. No, eso es una falacia política. Te convencerás pronto de que, con el concurso de las dos Confederaciones vecinas, a las que deberás vigilar muy estrechamente, quien decidirá en gran medida el destino de los terráqueos y de los cultanos serás tú con los miembros del Consejo de la Confederación Villasevil Torre. Pero, aparquemos ese apartado, de momento. Veo que traes un documento con tus planteamientos. ¿Es así? —Preguntó, Villasevil, que estaba en todas.

—Pues, sí, bueno, yo lo titulé «Documento de Buena Convivencia». Son solo tres folios. Espero que su contenido no te suponga ningún problema. —Intentaba Jezabel minimizar el impacto que el documento pudiera causar.

Ese documento, que leyó Indalecio, puesto que este era de los que ni tocaba la pluma para firmar si antes no lo había leído, era de cosas simples. Era un compendio de normas privadas de comportamiento y de respeto mutuo en el futuro e, incluso, a título póstumo, para que prosiguiera una buena consideración por ambas partes. También contenían algunas consideraciones de muy poco calado, como la utilización por ella de zapatos de auténtica piel de ciervo negro, cuyos importes económicos para el estatus de él eran irrisorios. Para Villasevil, esas normas eran cosas insignificantes, por eso sonrió y no planteó oposición alguna para firmarlo. Él concluyó:

—Esperaba algo más sustancial, pero bueno, es tu documento. En cuanto a la última cláusula sobre ese embalse de Despeñaperros, pues, tengo muchas dudas. Yo, ahora mismo, no tengo muy claro lo que vi, por cuánto, antes de que tu marido, según tú, saliera lanzado, yo estaba a este otro lado del muro, por eso no pude ver lo que pasó entre vosotros. Después del lanzamiento, tampoco tengo una idea clara, puesto que una parte de la chopera me impidió ver qué pasó con el cuerpo de tu exmarido ni como acabó. Eh, es cierto que ahora no juegas del todo limpio conmigo, en cuanto que justificas y enmascaras el hecho de haberte librado de tu marido, con que yo me hubiera chutado y tuviera alucinaciones. Esto no es cierto, en absoluto. Incluso así, no veo problemas que hayan de preocuparme ahora en mi estado cercano al terminal de mi vida, por eso no creo necesario someter este Documento de Buena Convivencia al dictamen de mi bufete jurídico.

—A ver, Indalecio, yo no enmascaro nada. —Manifestó ella bastante contrariada. —Dicho así, me ofendes, porque yo no me he librado de mi marido. Fue un acto necesario y en legítima defensa.

—Vale, eh, mira, Jezabel, una gran mayoría de las personas de este mundo tenemos cosas que hemos escondido y que seguimos escondiendo. Son cosas que nos perseguirán, alfileres que nos seguirán pinchando mientras vivamos, porque tuvimos pelos para hacérselas a quien no debíamos, pero no tenemos agallas para decírselas a quien sí debíamos. —Hablaba Indalecio con su cara bastante tensa. —Bueno, nos estamos desviando de nuestros objetivos.

Una sensación rara recorrió parte de las neuronas de Jezabel. Era un repelús vivo, como si... como si el viejo Villasevil conociera la infidelidad que ella le había clavado a su marido, así como otras cosas de su vida; pero, dado que eso era imposible, se desprendió de esa sensación y regresó al yate, al presente.

Después de la firma estampada por ambos sobre el Documento de Buena Convivencia, él ordenó al servicio que le trajeran desde su despacho su sello y precinto, además de un pliego de color marrón, cuyo papel era especialmente fuerte y duro por estar prensado con una rejilla de fibra en medio, además de estar forrado con una telilla árabe por su interior.

Muy poquito después, una chiquita hindú pidió permiso para acercarse. Le entregó lo ordenado y retrocedió sin darles la espalda.

Él colocó los tres folios firmados del Documento de Buena Convivencia en el interior del pliego. De repente, Villasevil sintió necesidad de ir al servicio, lo cual, con su edad y un riñón muy averiado, no le permitían mucha espera. Por ello, él dijo más bien apesadumbrado:

—Necesito ir al lavabo a desbeber, que eso nadie lo puede hacer por mí. Es lo que tiene superar los ochenta y cinco otoños. Dentro de un siglo te tocará a ti.

Él se fue a un servicio contiguo a desbeber durante un cierto tiempo, puesto que por el camino de ida ya se dejó caer, o se le cayeron, los pantalones. Llegó, hizo un desbebido como pudo, y regresó subiéndose otra vez los protectores por sus piernas arriba.

Ella seguía en el mismo sitio y posición, puesto que para eso a las féminas las ha enseñado mucho mejor la vida en estos avatares. Incluso, tuvo tiempo de colocar en el sobre dónde estaban introducidos los tres folios del Documento de Buena Convivencia, «el Cuarto Folio» con las dos cláusulas 8A y 8B que ella había guardado en su espalda, cuyo folio situó entre los tres existentes. Ahora, ese documento, ya contenía cuatro folios escritos en vez de los tres iniciales.

Villasevil tomó en sus manos el sobre que contenía el Documento de Buena Convivencia, lo miró, hizo ademán de volver a extraerlo, pero cuando ya había metido dos dedos dentro del sobre, pensó:

«*Bah, si son dos cosillas de chica joven. Ni caso*».

Así, con esa confianza, dejó el Documento en el interior del pliego, extrajo el soporte de la cinta de entrada y cerró el sobre autoadhesivo. Después derramó un tanto de pasta selladora sobre el cierre del pliego y lo selló con su cuño personal registrado, quedando el Documento de Buena Convivencia precintado para entrega al Notario Mayor. Todo aquel ritual de su cuño personal y precinto parecía de otra época muy lejana.

Ella, poniendo cara de haberse olvidado de su bebé, dijo con toda su candidez fingida:

—Ay, Indalecio. Debo pedirte una cosa. Verás, seguramente que mi exmarido tuvo lo que se merecía, pero pasan las horas y empiezas a dudar. Recuerdo que tuvimos un forcejeo y, en esos golpes, conseguí sacármelo de encima y lanzarlo por el precipicio, pero no sé cómo quedó, ni como murió. En todo caso, debes creerme, fue un acto de pura y legítima defensa. A ver, aunque yo no me sienta culpable, a mí no me interesa que estas cosas salgan a la luz y, quiero creer, que a ti tampoco te conviene que salgan de tu heredera, así que te pido que cerremos esto. Para que así sea, quisiera que se colocara esta nota encima del sobre que contiene el Documento de Buena Convivencia. El objeto es que dicho documento no se abra hasta dentro de seis años, un tiempo prudencial para que las cosas se olviden.

—Vale, te entiendo. Las mujeres seguiréis sorprendiéndome hasta después de muerto. —Dijo Indalecio tras leer la nota con atención. Jeza sonrió y se relajó.

Colocaron dicha nota de retardo en la apertura del sobre, aplicándole una capa de adhesivo y, tras ello, la firmaron los dos, evidenciando así una muy buena sintonía.

—Gracias, Indalecio. Eres un sol. En otro tiempo habría ido contigo a la cama para celebrar este trato. —Lanzó el dardo ella, poniéndose de pie para que él, provocadamente, repasara su perfil con su mirada.

—Mañana te veo a las once horas. Hasta mañana. —Se despidió él, sin más. Pero, mientras la puerta iniciaba el cierre tras Villasevil, este se giró, miró a la chica con descaro, al tiempo que decía con suavidad, sin presunciones:

—Ah, créetelo, preciosa, puedo jurarte que, en otro tiempo, ahora mismo ya estarías dentro de mi cama. Buenas noches.

Villasevil se fue sin esperar respuesta alguna, mientras Jezabel sonrió con algún grado de amargura. Eso pasa cada día con los humanos, lo que ella no le contaría a nadie, se lo contó asimisma, murmurando con cierto pesar:

—No lo jures tanto, Indalecio. Es verdad que últimamente las bragas se me caían sin mucho esfuerzo, lo admito, pero mientras estuve casada, ni tus pantalones ni tu fortuna me hubieran tumbado encima de la cama, eso no lo dudes. A parte de mi marido, solo consiguió tumbarme un carnero llamado Víctor, quien se me metió dentro con más fuerza y fiebre que la viruela. También lo reconozco, pero debido a que ese carnero fue la causa de mi ruina familiar y personal en tan solo cuatro días contados, eso no volverá a pasar en mi vida. O sea, por si te hubieras metido dos levantapalos y te estuvieras insinuando para algún apretón, olvídalo, ahora ya no estoy en venta.

5   EL NOTARIO

Indalecio Villasevil de la Torre había comenzado a perder peso y fuerzas. Los dos mejores cardiólogos del planeta habían coincidido en el diagnóstico y en las previsiones de vida:

—Este corazón suyo se está apagando. No hay posibilidad de trasplante ni de alargar sus latidos muchas semanas. —Manifestó lacónicamente uno de ellos.

Mientras tanto, algunos sufridores comentaban por los alrededores:

«Ya no hablan de meses, auguran tres semanas de vida. Los ricachones también mueren, menos mal».

Indalecio estaba muy habituado a tomar decisiones, puesto que eso era lo que había hecho desde su adolescencia temprana. Esta vez, con ochenta y cinco años, tampoco le iba a temblar la mano.

—Jezabel, ¿cómo estás? —Le preguntó Indalecio sin nervios, siendo consciente de que todo lo que sube, después baja. Como su vida, que ya había bajado hasta muy cerca del suelo. A este ritmo y edad, con algún escalón más que bajara ya estaría entrando en la sepultura.

—Bien, Indalecio, estoy bien. ¿Y tú? A ti también te veo muy bien. —Trampeó la pregunta, Jezabel.

—Sé que me estás mintiendo. Tu sonrisa me lo dice, pero como tu sonrisa también me alegra el alma, te perdono. Y no me digas que los ricos no tenemos alma. Eh, prepárate, que en seis minutos tenemos que salir para una entrevista con el Notario Mayor. —Remató, Indalecio.

—¿Seis minutos? Ni con un equipo humano de producción cinematográfica tendría suficiente tiempo para arreglarme. —Se quejó Jeza, aunque con pocas señales de enfado.

—Tú estás siempre muy bien arreglada. Ahora mismo, no hay ninguna que te supere. —Argumentó, Indalecio, pretendiendo una sonrisa.

—Pero ¿qué dices? Si estoy casi desnuda. —Ahora sí, se rio, Jezabel.

—Por eso. Así estás insuperable. El notario se quedaría impresionado, boquiabierto. —Prosiguió, él, trasmitiendo confianza.

—Anda, anda. A los hombres siempre os aprieta en el mismo sitio. ¿Pretendes que me presente ante el Notario Mayor, sin nada de ropa interior, y cubriéndome con un simple camisón de seda? —Adujo Jeza intentando alegría, lo cual ya no le sobraba mucho al Villasevil del momento.

Al mismo tiempo, y sin que fuera un gesto totalmente inocente, ella se levantó de su balancín y quedó situada entre el sillón de Indalecio y una puerta por donde entraba intensamente el sol, cuyos rayos solares transparentaron y ofrecieron visualmente las maravillas que ella tenía debajo de la seda. Indalecio imaginaba que eran muchísimas, sobre todo muchísimas más de las que él ya podía saborear ni corresponder, por eso seguía manteniendo una postura totalmente prudente y un tanto distante.

Mientras Indalecio tomaba un té procedente del norte de China, Jeza renovó un pensamiento que no era nuevo, pero que se mantenía inalterado desde que él se le acercara en el embalse:

«Este hombre me desconcierta cada día. Se comporta distinto a cómo se comportan, habitualmente, la mayoría de los hombres conmigo. Este Indalecio me recibió como..., ¿cómo me recibió? ¿Cómo a su cuidadora? ¿Cómo a su hija? ¿Cómo a su chica? A ver, Jeza, a ver si no desvarías.

Cómo cuidadora no me encaja, puesto que ya tiene otras auxiliares con muchos más conocimientos sanitarios y de servicio que yo. No, no me trajo aquí para que fuera su auxiliar.

¿Cómo su hija? No, no puede ser, no se comporta como un padre con su hija. Es cierto que esto medio se lo pregunté al principio, aunque él no me convenció, ni en el sí, ni tampoco en el no. El caso es que no encuentro *nada que me haga pensar que pretenda sustituirme por una hija. No, no soy su hija».*

Jeza levantó la vista del suelo, movió circularmente sus ojos y volvió al pensamiento que la ocupaba.

«Bueno, y entonces, ¿pretende que yo sea su chica? ¿Su esposa? ¿Su concubina? Para nada, no seré su concubina, ni me veo cómo su esposa. Lo más probable es que él tampoco pretenda eso. ¿Entonces? ¿Pretende que sea su chica? No, un no rotundo por mi parte. Ya se lo dejaré clarito. Pero, además, es que él no me mira como un hombre mira a la que pretende sea su chica; prueba de ello es que hace quince segundos me puse a contraluz para ver si él miraba mi cuerpo y, el tío, ni se inmutó, ni se molestó en levantar su vista para verme por dentro del camisón. Vale, a mí ya me la metió alguno de su misma edad, pero puede que aquel fuera un portento y este Villasevil no pueda. A mí, que no pueda, ya me va bien, puesto que esta relación nuestra, sin cama ni manos, sin besos ni miradas, ya me va perfecta, vale, pero ¿y él? ¿Qué quiere? ¿Por qué me trajo a el Tránsfuga? Y ahora dice que vayamos al notario para que yo me convierta en su heredera única y universal. ¿Qué quieres, Indalecio, qué quieres?»

—Jeza, nos vamos. —Anunció, Villasevil.

—Oye, que no ha pasado ni medio minuto. —Protestó, Jezabel.

—Las chicas no tenéis conciencia del tiempo que perdemos esperando que acabéis el arreglo. Con lo que hay en juego deberías venir ya, aunque fuera desnuda.

Sería el desnudo mejor pagado de la historia. —Aseveró Indalecio desde la puerta.

Ella comenzó a dirigirse hacia la salida donde esperaba Indalecio. Mientras tanto hacía el recorrido, recordó su pasado de «chica de cama» en hoteles de gran lujo. Allí, hasta el desayuno lo hacían desnudos. Este pensamiento hizo que ella pensara y amenazara en silencio:

«No me provoques, Indalecio, no me provoques, que soy capaz de montarte un número que acabas con tu vergüenza debajo de la alfombra. Tú me ganas en dinero, lo sé, pero en desnudos y en sexo te doy doscientas vueltas».

Pero, claro, como dijo Villasevil, había mucho en danza como para bailar a contra ritmo. Por eso, cual princesa prometida, se recompuso su traje de chaqueta y se fue al encuentro de Indalecio. Subieron a un coche normalete, porque a él ya no le ponía el postín de los automóviles con fasto, ahora ya no. Mientras hacían el trayecto hasta la notaría, ella se propuso allanar algo el terreno.

—A propósito del notario. —Ella recuperó algo escuchado en otro momento. —Tengo dos preguntas: la primera, es sobre eso que dijiste del Notario «Mayor». ¿Significa que es el notario jefe de todo el planeta? Y, la segunda, para ser Notario «Mayor», se supone que es bastante mayor en edad, ¿No?

Indalecio se quedó pensando las dos preguntas. La primera no planteaba dudas, pero respecto de la segunda, la cosa ya no era tan sencilla. Sin embargo, como siempre había hecho, se mantuvo firme. Eso era lo que importaba para que el mundo lo creyera; luego, si la respuesta era acertada o era un camello, eso ya era nimio.

—A la primera pregunta. —Contestó Indalecio después de una mirada al exterior del coche. —Pues, significa exactamente eso, que el título de Notario Mayor le confiere facultades para que él pueda dar fe en los asuntos trascendentales de la tierra. Pero, no solamente en nuestro planeta terrestre, sino también en el satélite Culto, ya que fue nombrado Notario Mayor de la Interconfederación de Naciones.

Jezabel concluyó precipitadamente para sí, que ese notario, hombre mayor, tendría que moverse a Culto con cierta frecuencia por sus asuntos profesionales. Tal razonamiento la llevó a pensar que podían haber ascendido a otro más joven, no tan mayor, que llevara mejor eso de los viajes.

—Respecto de la segunda pregunta, pues, no siempre los grandes cerebros son ancianos en edad. Yo sé que este notario es muchísimo más joven que yo, pero, tranquila, es de mi confianza, te gustará. —Resolvió, Indalecio Villasevil.

—¿Qué quieres decir con eso de que «te gustará»? —Se interesó, Jezabel, como si ella no supiera por donde bajaba el agua.

—Que te gustará profesionalmente, claro está, puesto que personalmente no me atrevería. —Deshizo temporalmente él las dudas.

—Personalmente, ¿no te atreves? ¿Es qué no me ves suficiente, desde arriba hasta abajo, para ese Notario Mayor? —Replicó ella con cara de circunstancias, sintiéndose algo molesta.

—Cálmese, señorita Ártemis. Yo no califico niveles personales, sino profesionales. Este Notario es el mejor, y espero que usted también, por eso sé que no se van a comportar como niños, y que yo puedo morirme tranquilo respecto de la transmisión de mis bienes. — Liquidó definitivamente, Indalecio, las dudas expresadas, poniendo énfasis en el tratamiento de usted.

Alcanzaron la notaría. Un chiquito salió y aparcó el coche. El Oficial de la notaría los recibió y los dejó acomodados, como se merecían por su alto rango, en una sala aislada de ruidos y esterilizada de moscas.

Sin tardanza, una puerta de madera de cerezo se abrió y tras ella apareció el señor Notario.

En el trayecto de la puerta hasta su sillón, desde el cual presidía la Sala de Excelencias, el notario tuvo tiempo para contemplar a la acompañante del señor Villasevil. Fue una mirada... profunda, como si hubiera observado el cuadro de La Gioconda. Este gesto, menos indiferencia, podría significar cualquier cosa. De una parte, podría ser una mirada de mucha altura, contemplándola como a la mayor cumbre de la tierra, con gran admiración; de otro lado, de mucha profundidad, situándola por debajo de la mayor fosa marina, cerca del menosprecio. Tal hecho no pasó desapercibido para Indalecio, ni muchísimo menos, para Jezabel, que había sido la contemplada.

La fémina, en absoluto, rehuyó la mirada del notario. A ella, la edad de la vergüenza ya se le había quedado en el ayer y, por supuesto, no se sentía obligada a tirar mucho de pudor. Los últimos años de su vida los había vivido sin complejos con los hombres; tampoco iba a ruborizarse ahora por una mirada intensa.

No obstante, a pesar de su vida y andanzas, ella entró en «modo sorpresa». Esperaba encontrarse a un señor de años cercanos al de un abuelo, medio encorvado y con culos de botella haciendo de gafas, pero no, era todo lo contrario. Ella, haciendo buena su capacidad de analizar físicamente a los hombres, fue recomponiéndolo mentalmente:

«Jobar, esto sí que no me lo esperaba. ¿Este es el Notario «Mayor»? Será mayor en competencias y en cargos, pero en lo demás… nada de mayor, seguro que tiene mi edad o poquito más, y la tiene muy bien. Tiene muy buena planta, eh… ¿a quién me recuerda? Buf, he toreado a tantos que ya no sé. Indalecio me habló muy poco del presente de este notario, pero de su pasado, nada de nada. ¿Es que lo esconde?».

Ella despertó de sus interioridades cuando oyó la voz del notario dirigiéndose efusivamente a su acompañante.

—Villasevil, ¿cómo estás? Me alegro de verte así de bien. —Saludó con buen carácter el notario, tras caminar unos pasos y acercarse al que iba a saludar.

—Del Olmo, bien, bueno, vamos aguantando. Ya quisiera estar tan bien y tan fresco como tú. —Y rubricaron los deseos con un abrazo de alta complicidad.

La sorpresa en ella seguía creciendo.

«¡Se tutean! ¿Y el abrazo? No sabía que los notarios abrazaran a sus clientes. Y a mí, ¿también me va a abrazar?» —Iba pensando ella.

Tras los oportunos saludos y parabienes, los dos hombres se giraron hacia la mujer. Indalecio le sonrió y extendió su brazo hacia ella, diciendo con expresión de júbilo y a modo de presentación.

—Jezabel Ártemis, mi... aliada y compañera, te presento al Notario Mayor, Adaljandro del Olmo y Penumbra.

Adaljandro dio un paso adelante y tendió a ella su mano cortésmente, al tiempo que, mirándola generosamente a los ojos, manifestaba con voz ciertamente entusiasta:

—Es un auténtico placer para mí, conocer a la heredera de este gran hombre. Seguro que la decisión fue la más acertada.

—También es un placer para mí conocer al Notario Mayor. Felicidades por tu gran ascenso. —Iba diciendo, Jezabel, mientras estrechaba la mano del notario con cierta lentitud, con sus ojos buscando el sol de invierno. Parecía recrearse, imaginando que aquellos ojos eran cercanos a unos anteriormente amados, si bien ella abandonó tal descabello por ser irracional, pues era más un deseo suyo que algo posible. Aun así, ella se preguntó a sí misma y en silencio:

«*¿Cómo es posible que sigas buscando los ojos de tu exmarido en otros ojos, y no veas la realidad? Nunca volverán, están secos y muertos. Olvídalos. Cuando los tenías los despreciaste y, desde que dejaste de tenerlos, los sigues buscando. Joder, eres la contradicción personificada*».

El notario había utilizado una forma de saludo neutro. Él se las sabía todas y sus clientes estaban en su terreno. No había utilizado la vía formal del «usted», aunque tampoco había entrado directamente en el tuteo. Ella, sin embargo, acostumbrada a romperle la mirada a los hombres de su edad, entró a saco en el modo informal del «tú». Por eso el notario, ya con el camino plano, resiguió el sendero marcado e iniciado por ella.

—Agradezco las felicitaciones, Jezabel, pero todavía no me han comunicado ese ascenso.

—Bien, puede que el ascenso no se haya producido esta última semana, pero en algún tiempo pasado habrá sido, seguro, puesto que no se nace siendo Notario Mayor. ¿O quizá tú sí? —Pinchó la heredera con su cabeza erguida; este sí era su terreno.

Villasevil estaba encantado, expectante por ver quién se llevaba la primera guerrilla cuerpo a cuerpo.

—Bueno, fue un poco de suerte. La suerte existe, sabéis, y si no fíjate en ti, Jezabel, con algo de buena suerte pocas horas bastan para saborear la mayor fortuna conocida. —Sentenció, Adaljandro, en tono hipócrita, sin arrugarse. Para que luego digan que los notarios siempre están en su sitio.

Jezabel movió con disimulo los hombros para sacudirse el chaparrón recibido, mientras pensaba:

«*Y este cabrito, ¿cómo sabe que yo voy a saborear la mayor fortuna conocida? Se supone que el testamento es secreto hasta su apertura, ¿no?*».

—Sí, sí, la suerte existe, pero yo creo más en los resultados que se consiguen cuando se alquila o se compra a los amigos. —Contratacó ella con sus ojos iluminados, lanzándose por la pendiente del barranco.

El notario la miró con... respeto, y con muchas más cosas, aunque con innegable interés. No fue posible saber si ese interés se debía a lo que ella le había impresionado como mujer; si por cómo se expresaba la heredera de la mayor fortuna contabilizada; o, si era por otras razones que el notario escondió detrás de su cara y de sus ojos. Cualquiera sabía el por qué. Los humanos son maestros en el arte de fingir y de esconder. Lo hacen tanto que hasta lo que parece poco escondible, pues mira, desaparece delante de tus narices y te crees que una nuez es un huevo.

Villasevil intervino en la batalla dialéctica y sensorial de los dos jóvenes, cuyo objeto fue evitar que la sangre se desbordara y salpicara demasiado a las dos personas que él necesitaba.

—Eh..., ¿podemos pasar a la parte formal de esta reunión de trabajo?

—Ah, claro que sí, veamos esa documentación. —Se apresuró el notario mientras ofrecía asiento a sus acompañantes y se sentaba en el suyo.

—Dentro de este sobre cerrado, como se indica en su exterior, queda mi testamento, con fecha de ayer. —Anuncio Villasevil.

—¿Cuántas hojas tiene este testamento? Aquí dentro hay mucho papel. —Sostenía el Notario.

—Bueno, el testamento como tal consta de dos folios, pero este pliego exterior contiene seis sobres DIN A4 con contenido relacionado con mis voluntades. Además, acompaño este otro pliego cerrado, con una nota en su cubierta, firmada por la señorita Ártemis y por mí, cuya nota impide su apertura hasta dentro de seis años. —Se extendió el octogenario.

El notario dio instrucciones para que se protocolizara el testamento y documentos acompañados, dándoles copia del documento de su presentación.

—Además, deseo nombrarte y autorizarte a ti, Adaljandro del Olmo y Penumbra, como Notario Mayor, para que realices el seguimiento y validación del proceso de transmisión hereditaria de mis haberes. Su objeto es que mi voluntad, expresada en ese testamento protocolizado, sea cumplida y la transmisión de mis bienes y derechos sea eficaz y se produzca en forma legal y segura. —Villasevil tuvo que efectuar un descanso para recuperarse de lo parlamentado.

El notario extendió el Acta oportuna dónde se reflejaba lo expuesto por el octogenario. Una vez plasmadas las firmas, la reunión prosiguió en un tono menos formal y más distendida.

—Ah, a los dos, Ártemis y del Olmo, quiero adelantaros. —Villasevil hablaba con aires de mandamás —Es mi deseo que la transmisión hereditaria concluya sin traumas. En este sentido, dado que tendréis que realizar encuentros frecuentes para llevar a cabo mi encargo, debo rogaros que actuéis profesionalmente, sin guerrillas personales, y si tuviera que haber alguna batalla, que sea en la cama. Eh..., bueno, perdona, Jezabel, los asuntos de cama no me atañen. Mil disculpas.

—No habrá guerrillas, al menos por mi parte. Puedes quedarte tranquilo. —Aseguró, Jezabel, con semblante impreciso.

Mientras tanto, ella miraba a los dos hombres, como si los ojos de ella pudieran bifurcarse y observar con cada ojo a cada uno de ellos. Esta facultad estaba negada a los hombres, pero era aprovechada por las mujeres con alguna frecuencia.

El Notario Mayor, Don Adaljandro del Olmo y Penumbra vestía elegantemente, con traje azul oscuro, acorde con su formalidad y rango profesional, si bien estaba lejos de ser un adornado con tintes aristocráticos; más bien irradiaba una singularidad bien tratada. Era joven, contaba con la edad de 37 años. Era alto, bastante alto, tan solo cuatro centímetros por debajo de los dos metros; de ojos cálidos, rasgos faciales bien parecidos y pelo cortito, a lo militar. Un guapote, como diría más de una fémina. En el lado económico, la notaría movía un volumen de gestión realmente alto, con delegaciones en todas las ciudades importantes de la Confederación, para lo cual contaba con un equipo de colaboradores altamente cualificados y eficaces. Ello permitía que el notario concentrara su actividad de firma y dación de fe dentro de la notaría, en los viernes, de modo que los cuatro días restantes de la semana quedaba el notario en libertad de movimientos para el desarrollo de otras varias actividades de alto rango.

Cuando ya los tres reunidos se habían levantado y aparecían signos de que se iban a despedir, Jezabel, como hacía de tanto en tanto, montó en un impulso con cola de caballo, y se desbordó con alegría.

—Bien, ahora que ya nos conocemos, y que, según nuestro común amigo, Indalecio, si hubiera batallas mejor que sean en la cama, ¿qué opinas tú, del Olmo, mejor encima o debajo de la cama? —Así saltó a la arena la mujer, sin complejos, que ya le quedaban pocos.

El notario se vio sorprendido, inicialmente, pero él era un general curtido en guerrillas cuerpo a cuerpo, así que se rehízo y pronosticó con alto grado de maldad, con potente picardía.

—Bueno, debajo de mi cama no queda mucho espacio para el movimiento, no estaríamos cómodos. Mejor encima. Creo que esta noche, de diez a doce, no la tengo ocupada, así que, por la tarde te envío un mensaje con el recordatorio de la cita.

Seguidamente, tuvieron lugar las despedidas diplomáticamente correctas, responsables, las profesionalmente esperadas. Acto seguido, el notario se fue a otra sala para continuar con sus obligaciones.

Ya en el automóvil, Jezabel se quejó, sin tapones.

—Anda con el notario, ¿has visto? Dijo que me iba a enviar un recordatorio de la cita. ¿Cómo se atreve? Hace una hora que me conoce. No se trata así a una dama el primer día y, mucho menos, en la primera media hora.

Villasevil respondió con aires de predicador.

—Bueno, tú le has querido poner una banderilla a ese torito, y ese toro te enseñó los cuernos.

Se hizo el silencio. Jezabel, con cierta furia e intensidad, tuvo pensamientos secretos para los dos hombres:

«*No me hables de cuernos, Indalecio, que hice cosas muy duras en mi vida y todavía se me eriza el bello cuando recuerdo la infidelidad que le colgué a mi marido. Respecto de ti, notario chulito, más te vale que no te creas el rey del universo, que no pretendas torearme, porque el color rojo me encabrita los ojos y, cuando eso sucede, suelo embestir y despeñar a quien me enseña la capa colorada con intenciones de toreo*».

6   EL NUEVO MUNDO

Todos los terrícolas seguían envueltos en su asombro. Los técnicos en materia espacial seguían mostrándose cariacontecidos, pues por más que se exprimían la computadora de su cabeza no acertaban a explicarse como podía haber pasado algo tan inaudito, tan inexplicable técnicamente.

Para los astrónomos y demás expertos en lo exterior, el satélite la Luna ya no era ninguna novedad. Hacía mucho tiempo que se conocía los devaneos de este satélite terrestre, porque su existencia era muy visible desde la tierra. Desde muchísimos siglos atrás se había encargado de iluminar muchas noches a enamorados compulsivos y retraídos. La luz mágica de la Luna llena, durante las noches claras de verano, había sido y era el círculo inspirador de muchos poetas.

Pero, recientemente, se había descubierto un segundo satélite del planeta Tierra, un tanto más pequeño en dimensiones que su hermano lunar. Lo habían bautizado con el nombre de Oculto, si bien todo bicho viviente lo conocía como Culto, sin faltar los que se referían a él como «el nuevo mundo».

Aquí estaba lo inaudito, que, a este nuevo satélite de la Tierra, a Culto, nadie lo había visto, ni oído, ni olido por ninguna parte.

En el momento presente, todos los humanos que seguían el calendario Gregoriano, que era la mayoría de las personas terrestres, vivían en el día siete, del mes de julio, del año 2021. Todos estaban mediatizados por una pandemia viral incontrolada llamada Coronavirus, aunque eso dejaría pronto de mediatizarlos, porque los humanos solo ven las verdades que quieren ver, nada más, por mucho que otras verdades les zarandeen la nariz.

Así, pues, aunque solo hacía treinta años que se había descubierto el satélite Culto, las noticias y los bulos sobre el mismo seguían despertando pasiones a los hombres de buena fe, puesto que algunos cuya fe no era tan buena ya lo habían colonizado.

Culto estaba situado a distancia exacta de trescientos mil kilómetros de la Tierra. Su descubrimiento se había realizado, tal como habían manifestado algunos amantes de mantener el misterio a toda tranza, por auténtica mala suerte, pues a veces la casualidad puede más que la ciencia. Este satélite, de color amarillento, había sabido ocultarse de los humanos porque permanecía girando en una órbita exactamente inversa a la terrestre, algo sin sentido para la ciencia del presente. En su trayectoria describía elipses perfectas, lo cual le había permitido esconderse detrás de un gran globo de gas que cambiaba de densidad y de color de la noche al día, es decir, según recibiera o no el impacto de los rayos solares. Este hecho impedía su visibilidad y localización instrumental desde la tierra, ya que su distancia coincidía exactamente con la velocidad de la luz en kilómetros por segundo, impidiendo, así, que las ondas de refracción lo delataran.

Por otra parte, este satélite Culto albergaba una temperatura permanente que era envidiada hasta por las Islas Canarias. Su atmósfera era totalmente irrespirable, cuya falta de oxígeno se estaba cubriendo, en su gran mayoritaria, por su transporte desde la tierra. Desde nuestro planeta se organizaban vacaciones y otras expediciones de aventureros pudientes. Cómo reclamo, se habían levantado auténticas montañas temáticas blindadas por un escudo protector, las cuales estaban gobernadas por el Sistema de Inteligencia Natural (SIN).

Algunos humanos, que olían la carnaza desde el otro lado del universo, ya se habían adelantado y habían colonizado el nuevo astro. Por eso mismo, en el satélite escondido ya estaban levantadas representaciones milimétricas de viejas ciudades terráqueas, cual caso de la ciudad de Nueva York, con su Quinta Avenida; la ciudad de Tokio, con la calle Takeshita; o la ciudad de Barcelona, con sus Ramblas, eso por citar solamente a tres de las cuatrocientas poblaciones representadas en Culto. Y claro, cuando te llevas la gracia, también te llevas la desgracia, puesto que los errores y aberraciones de la tierra, tanto en egoísmo, como en vicio, como en delincuencia, también se repetían en el satélite, pero en grado superlativo.

En ese sentido, la paradoja y falta de consecuencia entre los humanos era insoportable. La ciencia había avanzado en forma explosiva en pocos años, viviendo entre adelantos técnicos impresionantes, cual caso de la movilidad espacial con trasporte regular entre el planeta Tierra y su satélite Culto. Sin embargo, la conciencia de la mayoría de los humanos de bien se veía mordida por calamidades de hambruna, enfermedades virales y abandono sanitario, todo lo cual era padecido por una gran parte de los terráqueos de la era presente; y, no contentos con ello, a los inocentes se les vendía la bicicleta y se les hacía creer que todo aquello era producto de la mala suerte, porque rezaban poco.

Y, ¿cómo se gestionaban y se impulsaban todos esos adelantos científicos en el año dos mil veintiuno? Pues con una ciencia nueva, con el llamado Sistema de Inteligencia Natural (SIN). Alguien había dicho que ya nada podía mejorar ni superar a la Inteligencia Natural. Esta ciencia suprema recogía lo conseguido por la inteligencia artificial, a la cual había arrinconado, ya que la había mejorado en dos mil ciento dieciocho enteros. Esto era posible debido a la aplicación conjunta, en la Inteligencia Natural, de cinco ciencias exactas: la física oblicua, la química elástica, la matemática indocircular, la informática sensorial y la robótica octogonal. Solo diez personas en este mundo, que se supiera, habían conseguido dominar la ciencia mayúscula de la Inteligencia Natural, estando una gran parte de esas diez personas oprimidas y recluidas para evitar que se pusiera en riesgo la existencia y esencia propia de los humanos en la tierra. Bueno, eso pregonaban los que mandaban.

Uno de los científicos del momento había pronosticado en un programa de máxima audiencia ultratelevisiva:

—Técnicamente, ya no podremos mejorar, pues ya hemos alcanzado el techo en tecnología.

—Eso es una majadería. —Replicaba otro más científico y menos político. —Nunca se llegará al techo, puesto que la ciencia no tiene techo ni límites.

Y, ¿qué sobresalía como más relevante de ese satélite Culto? ¿Qué toda persona que lo pisaba regresaba culta? No, no, más bien regresaba un poco más necia, viciosa y delincuente. Entonces, ¿era el ansia del ser humano de volar por el universo, o, era el engorde económico, sin fin? Bueno, en una pequeña parte sí era cuestión de sentimientos, de ansia de volar, de encontrar una libertad que en la tierra era una quimera. Pero, en realidad, era mucho más cuestión de egoísmo sin freno, de avaricia sin límites, al menos, en unos pocos. Porque así era la vida de los humanos: unos pocos mandaban y engordaban, mientras que los otros muchos obedecían y adelgazaban.

Ese engorde económico de unos poquitos se hacía inmenso con el dominio de las nuevas minas de minerales preciosos que se había descubierto. ¿Dónde?

En las entrañas de este satélite Culto. De sus minas se extraía un mineral incoloro llamado Hirosoma, el cual había creado y arrastrado más expectativas que la mismísima fiebre del oro había despertado en su día.

El Hirosoma era un mineral mil doscientas doce veces más resistente que el de más aguante conocido hasta entonces, el Borofeno; era ochocientas noventa y seis veces más estable que este; era mucho más ligero y no se veía afectado por la oxidación que diezmaba en mayor o menor medida al resto de minerales en la tierra; idóneamente procesado, se convertía en un elemento insuperable como generador de energía. Además, el mismo se descomponía en un derivado que, adecuadamente sintetizado, se había convertido en el antídoto definitivo de todo virus y bacteria conocidos entre los humanos.

¿En serio, era tan milagroso? No, claro que no, pero eso se les vendía a los creyentes. Era cierto, sin embargo, que las propiedades energéticas del hirosoma eran grandiosas, pero respecto de los milagros sanitarios contra todo virus y bacterias era como creer en los poderes infalibles de los curanderos. Pero bueno, a los terrestres nos encanta ser engañados.

Y ¿en estas ventajas energéticas participaban todos los cultanos, es decir, los humanos afincados en Culto? Ni en broma. Ninguna persona medianamente avispada se lo creería. A esas riquezas solo accedían las gentes pudientes, quienes vivían en parajes kilométricos de oxígeno limpio y sanitariamente casi aislados. Ahora bien, los cultanos mediocres, dada la contaminación ambiental en que se movían, morían lenta e inexorablemente, de forma que el derivado del Hirosoma salvaba de virus y bacterias a dos humanos ricos, pero ahogaba a dos cientos humanos pobres.

Este mineral Hirosoma era el material más deseado y traficado por los humanos terráqueos y cultanos. Se había convertido en la teta financiera más deseada de todos los mundos. Era tal el grado de putrefacción que los humanos habían tejido a su alrededor que ríase usted de los matones de la fiebre del oro, de las mafias de la droga, de los cuatropatas del petróleo o de los clanes armamentísticos.

Así las cosas, ¿quién era el león empresarial que devoraba la mayor parte de los recursos que generaba el recién descubierto satélite Culto y sus alrededores? Pues, sin duda alguna, la Corporación Villasevil Torre. Esta controlaba la práctica totalidad del transporte entre el planeta Tierra y su satélite Culto, no solo de personas, sino también de todo tipo de mercancías necesarias para la subsistencia en ese satélite. El gran genio cincociencias, Don Indalecio Villasevil de la Torre, había creado un sistema financieramente infalible. Los trabajadores eran contratados en la Tierra para extraer el hirosoma de las minas cultanas, pues los sistemas de cráteres y cañones del subsuelo de Culto no permitían su extracción mecanizada, de momento. El contrato con cada trabajador se establecía por un año exacto y con salario prefijado. El traslado de trabajadores entre los dos astros se hacía en forma cerrada, para ese año contractual, cuyo precio entre la ida y la vuelta solo del viaje se quedaba el sesenta y cuatro por ciento de sus ingresos anuales. Si, además, se le descontaba la comida facilitada, la estancia habilitada, el oxígeno consumido y los vicios disfrutados, el ahorro generado al final del año era igual a cero, si no era negativo. Conclusión: cuando ese trabajador regresara a la tierra había perdido un año de su vida. Y, probablemente, volvía con alguna enfermedad medio grave. Es más, en cuanto se hubiera permitido un solo vicio fuera de los contemplados contractualmente, seguro que aterrizaba afrontando deudas con la Corporación Villasevil Torre. Ah, y calladito, no fuera a ser que lo acusaran de delincuente por pretender desestabilizar los intereses de las corporaciones que sostenían el bienestar de la Confederación Internaciones.

Por otra parte, a Culto, a ese nuevo mundo, se desplazaban muchas otras personas, como era en viaje de novios, disfrute de vacaciones, formación académica en ausencia de gravedad y otras varias prebendas que podían permitirse los que podían. Eso sí, todo disfrazado con la etiqueta de ir a realizar un trabajo duro. Para darles a esas personas lo que buscaban y, sobre todo, hacerse con la totalidad de los beneficios que se generaban, el genio de Villasevil había creado una organización específica que bautizara como "Compañía Interestelar Sueño Cultano". En fin, todo hecho y atado.

Sin embargo, los beneficios del transporte de personas y mercancías entre nuestro planeta y el satélite amarillo resultaban una pequeña parte del montante económico manejado por la Corporación, ya que los costes de ejecución eran altos, muy altos, lo que mermaba mucho el margen de beneficios. Otro tanto sucedía con el oxígeno que se consumía en Culto y que desde la Tierra debía transportarse, puesto que el coste del traslado se engullía buena parte de los beneficios.

Ahora bien, la gallina de los huevos de oro estaba en el mineral hirosoma, de donde procedía el gran lucro de la Corporación. Eso devenía así debido a que la extracción manual del mineral, dada la explotación integral de los mineros que allí se dejaban su vida, resultaba prácticamente a coste cero. Es más, sin hablar del propio mineral, el hecho mismo de la extracción del hirosoma ya producía su rentabilidad que, aunque fuera pequeña, no se despreciaba nada, ya que las deudas contraídas por los trabajadores durante el año, por sus necesidades y por sus juergas, eran cobradas con intereses y con sangre, si hacía falta. Ah, ¿es que hay mayor rentabilidad en un producto que en aquel que se obtiene a coste casi cero y se vende a precio sin control ni límite alguno? Pues así era. No hacía falta equipo de gestión, ni de presupuestos, ni de riesgos, nada, solo había que abrir el saco y dejar que se fuera llenando.

7 LA INTELIGENCIA NATURAL

Mientras todo eso pasaba en los interiores de Culto, esto es, en la vida y en la muerte de los humanos cultanos, aquí en la Tierra, algunos humanos terráqueos seguían a su ritmo y en sus ocupaciones. Jezabel y Villasevil regresaron al yate, el Tránsfuga, sin más acontecimientos reseñables, pues la reunión para protocolizar el testamento en la notaría, aunque con alguna sorpresa en lo personal, en lo general había cumplido con sus objetivos. Él se fue a su camarote especialmente acondicionado, a descansar, para que su motor pudiera ponerse en marcha el siguiente día. Ella se fue a sus aposentos, a pensar, pues con la clase de futuro que se le acercaba, uf, debía comerse al mundo antes de que este se la comería a ella sin tenedor ni cuchara, sino a mordiscos y a dentadas.

—Luna, actívate y dime: el sistema que todo lo controla, contigo a la cabeza, ¿es capaz, sois capaces de condicionar o mediatizar el pensamiento de las personas? —Preguntó, Jeza, intempestivamente.

—Esa es una pregunta muy difícil... —Estaba contestando la ciberasistente, Luna, con cierta parsimonia.

—No quiero una respuesta políticamente correcta y pueril, Luna, quiero una contestación técnica. —Atajó Jezabel.

—La respuesta es muy compleja, señorita Ártemis, pues como...

—Quiero una respuesta real y fiable, Luna, respecto del control de los humanos, ¿supone esa respuesta algún problema para ti? —Comenzaba a embalase, Jezabel.

—No comprendo a qué se refiere con una respuesta real y fiable... —Volvía a enjabonarse Luna.

—A ver, Luna, no pretendas torearme, porque te dejo sin energía y te desarmo por completo. —Amenazó, Jezabel, bastante irritada.

—Señorita Ártemis, sólo es posible un control relativo; no es posible el control humano total, no todavía.

—Luna, desactívate. —Ordenó, Ártemis, secamente.

Jezabel salió al pasillo un tanto contrariada. Estuvo, un minuto en la cubierta, observando los remolinos que el caudal del río formaba en algunas partes. Mientras pensaba, acabó estimando que alguna de sus sospechas podía llegar a ser peligrosa para su posición de heredera. Giró en redondo y se fue a la Sala

Bajo Cero, o sea, al búnker nuclear, donde se encerró a prueba de toda contaminación e injerencia.

Ella comenzó a sospechar que, Luna, la gran gestora de Inteligencia Natural, estaba condicionada por las instrucciones del programa instalado. Pues claro, en definitiva, el sistema funcionaba bajo las rutinas que le habían sido programadas. Vale, reconociendo eso, ella empezó a intuir que algo medio anormal estaba pasando. La pregunta, a la cual no contestaba Luna, era ¿estaba el sistema manipulado y dominado por Villasevil? Era posible que así fuera, pero ¿cómo obtener pruebas y contrarrestar esa situación en favor de sí misma?

Jezabel abrió el abanico de los pensamientos y volvió a preguntarse. Entonces, ¿qué escondía, Indalecio? ¿Por qué, siendo ella la heredera y, consecuentemente, la máxima autoridad cuando faltara Villasevil, no la hacía participe de los datos secretos y ponía las cartas boca arriba? ¿Qué escondía informáticamente, Indalecio, con tanto ahínco y firmeza? Por todo ello, por estos motivos y por otros, ahí se dio cuenta Jezabel, se convenció y concienció que, si no quería acabar en muy mala posición en la Corporación Villasevil, con los buitres del Consejo de Administración deshuesándola, debía meterse dentro, beberse y comerse el Sistema de Inteligencia Natural, pues solo eso la haría fuerte de verdad. Era imprescindible, costara lo que costara.

Salió de la Sala Bajo Cero. Se fue a una salita de espera pequeña, donde se dispuso a dar instrucciones definitivas a la ciberasistente.

—Luna, actívate. Prepárame un informe de la situación financiera de la Corporación. Para empezar, dime, por ejemplo: ¿cuál es la cuenta de beneficios de nuestra Corporación relativa a la última quincena? —Preguntaba Jeza mandonamente.

—Si lo que interesa es solamente el beneficio puro de nuestra Corporación, de inmediato le diré que durante la última quincena se obtuvieron unos beneficios netos de siete mil quinientos cuatro millones de euros. El informe exhaustivo y completo del estado y beneficios del conjunto de las treinta y dos compañías, seccionado individualmente, lo tendrá en treinta y dos segundos. —Informó, Luna, sin más.

«Uf, esto es la hostia. ¿Cuánto dijo? ¿Siete mil millones de euros en beneficios netos solo en una quincena? Joder, increíble» Eso pensaba Jeza cerca del mareo por la impresión de los números.

—¿Te da las gracias, Villasevil, por las gestiones que tú desarrollas bajo sus órdenes? —Cambio, Jezabel, de tercio totalmente.

—No, nunca lo hace. Soy una máquina. No necesito agradecimientos. —Remachó, Luna.

—Gracias, Luna. Dado que tendré una relación profesional larga e intensa con los miembros del Consejo de la Corporación, hazme... no un currículum mentiroso, sino un informe real, profesional y, sobre todo, personal de los doce miembros de ese Consejo. Me imprimes esos dos informes, el de la cuenta de resultados y el personal de los consejeros, que así podré leérmelos cuando vaya al parque y esté sentada en un banco.

La rapidez de la inteligencia natural impresionaba al menos impresionable, por cuánto los dos informes comenzaron a aparecer de inmediato. Jezabel ojeó unos cuantos papeles. De sus labios se escaparon algunas muecas de sonrisa maliciosa cuando vio algunos datos comprometedores para muchos de los consejeros. No obstante, cuando constató que de Villasevil no había ni la uve, exclamó un tanto soliviantada.

—Luna, esperaba más eficacia. Falta el informe del presidente Villasevil, ¿en qué pensabas para olvidarlo?

—No pensaba en olvidarlo, ni tampoco en omitirlo, señorita Ártemis. No se entregó nada porque del presidente Villasevil no existe nada, no hay información ni dato alguno.

—¿No? ¿Qué dices? Todo el mundo tiene un registro profesional. Venga, quiero ahora mismo los datos profesionales y, también, los personales del presidente, sin excusas, sin las negativas de un sistema inepto. ¡Ya! —Así de dura estaba la heredera.

—No es posible, *miss* Ártemis. Repito que en el sistema no existe de él, dato alguno. —Respondió, Luna, con el mismo tono, sin afectarle las amenazas ni las emociones.

—Contéstame a esto, maquinucha. ¿Dispongo yo de autorización y poder para que el sistema que tú gobiernas no me esconda nada, ni burle mis órdenes? —Quiso saber, Jezabel, para intentar conocer si el sistema era amigo o enemigo.

—Dispone usted de autorización y poderes plenos para todo aquello que venga atribuido en el programa.
—Eso dijo la ciberasistente.

A Jezabel empezaban a revolotearle avispas alrededor de su cabeza, así que comenzó a pinchar por fuera y por dentro.

—Luna, ¿quién crea y configura la programación en Inteligencia Natural del sistema que gobiernas?

—Lo desconozco. —Esa fue la respuesta, simple y decepcionante de Luna.

Jezabel salió de aquella sala de espera y se fue a su camarote, donde se estiró sobre su cama, que era donde más fríamente ella pensaba. Su cerebro estuvo un tiempo revolviendo todo aquello que se le acercaba. Cuando creyó tener un plan medio atado, puede que no perfecto por lo simplón que era, pero con esperanzas de que funcionara, se levantó de la cama con cara de avispa cabreada y salió nuevamente al pasillo. Allí se detuvo. Giró y se fue a una esquina donde la pared del yate era exterior y más consistente. Quiso preguntarle a la ciberasistente, pero al final le ordenó:

—Luna, es mi voluntad que dejes el sistema inaccesible para todo el mundo, que estés solo conmigo, que solo gobiernes lo mínimo y en posición de emergencia. ¿Qué puedes hacer en esta posición?

—Señorita Ártemis, en modo emergencia se para casi todo, no hay vigilancia, no se registra nada, eso es muy peligroso... —Aducía, Luna.

—Ni peligroso, ni delicioso. Hazlo. —Apretó, Jezabel, los dientes como si estuviera de parto.

—Señorita Ártemis, si hago... —Seguía objetando la máquina.

—Luna. —Cerca de gritar estuvo la humana. —¿Vas a incumplir mis órdenes? Te desconectaré de tu fuente de alimentación en medio minuto. —Y Jeza se puso a caminar como si fuera a la sala de máquinas.

Luna se resistía diciendo que era peligroso y fuera de toda lógica, pero ante la amenaza seria de ser destruida, recalculó su postura y accedió a lo dispuesto por Jezabel. Esta quedó un momento removiendo algo por su cabeza, algo que cada vez se iba afianzando más en su interior. Se dijo a sí misma:

«*En teoría yo debería disponer del mismo rango de permisos que Indalecio para imponer mis decisiones al sistema, pero seguro que no es así, puesto que esta Luna intenta esquivarme y torearme. ¿Por qué? ¿Qué escondes, Indalecio? A ver, holograma infalible, puede que tú utilices tú memoria en más cantidad y a mayor velocidad que lo hago yo, vale, pero tú no tienes mi intuición, ni mi capacidad de trampa, así que, a ver cómo bailas este pasodoble que te voy a tocar*».

No fue necesario. Mientras Jezabel pensaba lo anterior, Luna se descolgó y abrió su alma, intentando que la jefa la entendiera, como si la maquina tuviera alma.

—El señor Villasevil, si no estuviera descansando y durmiendo ahora mismo, se daría cuenta que el Tránsfuga quedará a la deriva cuando cambie a modo emergencia. Aun así, se enterará por el personal de servicio y, uhm, a mí me va a despellejar. —Expresaba la máquina su pesar, como si lo tuviera.

—Luna, no se puede despellejar a quien no tiene pellejo. —Contradecía, Jeza. —A ver, desactiva todo el sistema hasta mínimos, que nadie pueda rastrearte; después, concentra la energía que te quede en seguirme. Nos comunicaremos en forma rudimentaria y seguiremos un vuelo bajo, muy bajo, para que nadie pueda registrar nada de lo que transmitamos. Quedaremos a salvo utilizando el código morse...

—¿El código morse? —Luna consumió dos segundos en comprobarlo todo y en articular su respuesta. —Será un código ultrasecreto y rabiosamente nuevo, puesto que en este sistema no hay ni indicios del mismo. ¿Cómo lo conoce usted? —Se sorprendió, Luna, que era la máquina perfecta con una programación perfecta.

—¿Nuevo? Pero si esto es del año mil ochocientos y pico, es casi tan viejo como andar a pie. Espera, espera, si no conoces este lenguaje, antes de aislarte busca en la red las rutinas de ese alfabeto morse. No te será difícil encontrarlo, lo asumes y, cuando lo tengas, desconectas. En cuanto terminemos, elimina todo rastro de ese código morse.

Luna tardó apenas tres segundos en localizar y bajar de Internet un código morse, interiorizarlo y desconectar todo el sistema de control del yate. Jezabel tuvo que hacer un gran esfuerzo para refrescar la mecánica y secuencias de aquel alfabeto morse, a pesar de que, como parte de su trabajo, lo había usado durante dos años con un grupito de chicos de unas características sensoriales especiales. Pero claro, desde que la despidieran de sus funciones en La Guarde, no había vuelto a utilizarlo.

—Luna, yo utilizaré las pinzas de plata de mi pelo para generar los puntos y las rayas del código. Para eso, un golpecito contra la pared metálica del yate será un punto, será un «di», mientras que un roce sonoro de dos segundos contra esa misma pared interprétalo como una raya, será un «da». Por otro lado, tú búscate la forma de conectarte a esta impresora que tengo a mi derecha. Es bastante vieja, pero esperemos que funcione. Con ella podrás representar los signos en papel y yo los leeré. La frecuencia y rutinas de esta impresora no te supondrán ningún problema.

Así comenzó la gran aventura del lenguaje morse para cerebros poco sofisticados. Suficiente, no obstante, para poner de manifiesto las miserias de todo el Sistema de Inteligencia Natural. Qué bueno, un lenguaje primario, como el morse, burlándose del sistema de control más avanzado de todos los tiempos, el cual estaba constituido por las cinco ciencias supremas que conformaban la inteligencia natural. Ahí es nada, una aspirante a heredera, a seguir viviendo y a ser feliz sin muchas exigencias como pretendía Jezabel, ahí estaba espiando y desafiando con su morse a toda la plana mayor del mundo científico.

Luna le entregó a su ama, la señorita Ártemis, información valiosa sobre la Corporación y los consejeros de esta, sin embargo, no obtuvo prácticamente nada sobre el presidente Villasevil.

Cuando ya se había restaurado la situación de control del yate en su forma segura, Jeza regresó a su habitación, se tendió de espaldas sobre su cama y empezó, mentalmente, a planificar y a tejer una parte de su futuro.

«¿*Cuánto me escondes, Villasevil? Bueno, tú tampoco lo sabes todo sobre mí, o eso espero. Si tu supieras que yo en mi año y medio de prostituta me devoraba a leones y leonas, que provocaba que se descargara una docena de tíos cada día, no creo que quisieras designarme heredera de todos tus bienes. Cada cual juega sus cartas, ya veremos. En cuanto a lo conseguido con la sesión de morse, vale, esta vez me salí bastante bien, pero necesito dominar la inteligencia natural. Ahí está la clave. Debo hacerlo, aunque me cueste muchísimas horas de sueño, todo un mundo de restricciones en ocio y un montón de penas y años de trabajo, aunque me cueste media vida. Tengo que dominar la inteligencia natural para no estar en manos de estos buitres, pues si no lo hago acabaré perdiendo mi vida entera. Nadie debe saberlo para así vencer a este mundo, ni siquiera, Luz, a la que le diré que voy a la universidad para graduarme en enfermería, que a mí siempre me había gustado. De esa forma, o cierro la boca y no cuento nada, o me cierran la vida y aquí acabo».*

8   EL FORENSE

Habían pasado nueve días desde que Jezabel iniciara su estancia en el Tránsfuga, en aquel yate lujoso, equipado tecnológicamente hasta las mandíbulas. Se movían ciertos secretos de altura en aquel yate, por eso Jezabel no compartió con nadie, ni siquiera con su asesora Luz, su necesidad de dominar y controlar la inteligencia natural.

Recordó que el padre de sus hijos, en su día, le había comunicado que sus dos niños, Albor y Aurora, estarían durante diez días con Elena, la tía de su exmarido. Jeza había pensado continuamente y en silencio en sus dos hijos, y aunque estaba segura de que con tía Elena estarían bien, dada la situación de fallecimiento seguro del padre de ellos, Jezabel se había propuesto recuperar a sus dos pequeños como fuera. Sin embargo, la justicia, que esta vez sí había actuado con rapidez, por cuanto se estaba ventilando la posible desatención de niños pequeños, no se inclinó hacia el deseo e interés de la madre biológica. La decisión, por contrario, se apoyó en que la madre solicitante no había acreditado vivir, al presente, una vida propiamente sana. Tampoco había evidenciado disfrutar de arraigo domiciliario en la zona. Asimismo, no estaba probado que el padre de los hijos, quien en forma oficial ostentaba su custodia, hubiera fallecido realmente, pues de momento constaba como desaparecido. Por todo ello, sus hijos permanecerían temporalmente en Guadalajara, bajo los cuidados de la tía Elena.

A pesar del revés judicial sufrido, y dijera lo que quisiera la justicia, ella telefoneó a Elena y le hizo saber, con vehemencia y corazón, su necesidad de ver a sus hijos. Elena, que también era mujer, le contestó con sus razones, pero accedió:

—Yo sé por qué te separaste de mi sobrino. Sé que todo aquello destrozó por entero a Alejandro. A mí me hirió mucho, me supo a cuerno quemado, pero eres su madre y... puedes venir a ver a tus hijos, no me opondré.

La madre estuvo con sus niños en la ciudad castellana de Guadalajara. Comió con ellos. Se fueron a un zoológico. Les dio diez mil besos y, si por ella fuera, muchos más habrían sido. Sin embargo, debía volver a su mundo, y regresó, prometiéndose, por su vida, que recuperaría la compañía de sus hijos, más pronto que tarde. Poco antes de la despedida, como siempre, estuvieron dos minutos hablando del futuro.

—Ah, oye, ¿cómo te va la vida, últimamente? —Preguntó Elena intentando saber, solapadamente, si a los hijos de su sobrino les quedaba mucho tiempo con ella.

—Bien, tengo una casita muy mona y un trabajo muy bueno en el consejo de una gran corporación. —Informaba, Jezabel, con sus ojos llenos de alegría y de esperanza —Vivo sola, bueno, con una amiga, pero nada de tíos, ni de líos. Desde hace algún tiempo, ya he abandonado el mundo del pecado y..., espero que lo entiendas, volveré a solicitar que se me otorgue la custodia de los niños, ahora que su padre ha desaparecido. Respecto de los motivos de mi divorcio, sé que te hice mucho daño; ojalá pudieras perdonarme.

—En cuanto a lo de perdonarte, no es a mí a quien deberías pedir perdón, sino al ofendido, a mi sobrino. —Respondía, Elena, con serenidad y aplomo —Respecto de tus hijos, lo entiendo. Estos niños, a mí, me dan la vida, pero debo admitir que es temporal. Si es cierto que te estás reconvirtiendo y desintoxicando de la mala vida, me parece normal que quieras que estén contigo.

Se despidieron con un beso y otro hasta pronto. Antes de alejarse, Jezabel se giró y adujo:

—Desde que pasó... aquello, siempre supe a quien tenía que pedir perdón, pero nunca pude; tampoco tu sobrino me concedió nunca esa posibilidad.

Jezabel regresó al Delta de l'Ebre, al yate donde permanecía alojada. Ella sabía, no obstante, que pronto abandonaría aquel yate, pero que a él volvería en un futuro no muy lejano. Con esa intención, mientras cenaba con Villasevil, se lo dejó caer a su benefactor:

—Indalecio, no sé si te dije alguna vez que tener un yate propio siempre fue mi pasión. Sabes que me gustaría mucho poder disponer de El Tránsfuga para mí sola, eh, a mi aire, para disfrutarlo con mis hijos, ¿qué te parece?

—Bueno, tú también sabes que este yate forma parte de mi vida, pero dado que, de todas formas, acabará siendo tuyo, considéralo un regalo anticipado. Mañana te presentaré a los siete miembros de la tripulación formada por el capitán y un marinero suplente, un técnico en mantenimiento, una doctora titulada, un buen cocinero, una chica limpiadora y una auxiliar muy atenta, para que se pongan a tu disposición. Al notario le remitiré el documento de cesión con el cambio de titularidad. Yo me retiro a Barcelona o a Madrid, pues mi sitio ahora ya debe estar cerca de un hospital equipado con los mejores y mayores medios.

—Eres el mejor, Indalecio, y siempre lo serás. — Agasajó ella con algo de zalamería.

—Tú sí que eres la mejor, Jezabel; estoy seguro de que siempre consigues todo lo que te propones. — Aseguró Villasevil poniendo cara de cansado, de pena por haber él nacido antes de tiempo.

—No siempre, Indalecio, no siempre. A mí también me apartaron con un empujón. Yo también sufrí un desprecio total, que me merecía con mayúsculas, sí, pero yo también sufrí lo mío. —Afirmaba ella con cara de tristeza, pero como no quería entrar en más detalles de su pasado, se fue al servicio sin necesitarlo, que era la forma más disimulada que tenían las chicas para no tener que contestarle a su acompañante.

En los dos días siguientes, Jezabel dejó aquel yate el Tránsfuga, del cual ya era su propietaria, para afincarse en una casa un tanto grande. No era una mansión presuntuosa, pero dado que actualmente ella vivía sola, sin marido y sin hijos, tampoco resultaba pequeñita, precisamente. Esta casa estaba situada allá por los dominios del Parque del Laberinto de Horta, con la ciudad de Barcelona a sus pies y los ojos recreándose por la sierra de Collserola, zona cercana al lugar donde ella había vivido su infancia y juventud.

Por otro lado, este mismo día había arribado su amiga y asesora personal, Luz Serena. Esta, impresionada por las ilusiones futuras de su jefa, se había calzado las botas de agua y se había adentrado en el barro de la laguna, con ganas de derribar todos los muros que osaran colocárseles delante.

Actualmente, a diferencia de Jezabel, Luz Serena tenía mucho gancho entre las preferencias masculinas, pues, en los últimos tiempos era habitual que a Luz se le acercaran los mejores ligues.

—Parece que volvemos a nuestros veinte años, chica. Entonces tú te llevabas los mejores tíos y yo era la que nunca ligaba. —Sostenía, Jezabel, mirando al pasado.

—Sí, pero ¿por qué? —Luz argumentaba su aserto —Porque tú eras muy remilgada, siempre tenía que ser el mejor tío, sino nada. Y ahora, que estás divorciada, igual. Mira, tía, tienes que ofrecer más sonrisas, ya que, por guapa que seas y por buena que estés, con la cara de vinagre que les pones a los tíos no te vas a comer ni lo que está servido en la mesa.

La asesora Luz conservaba alguna similitud con Jezabel, y aunque padecía unos dos centímetros menos de altura, ello no suponía ninguna merma apreciable en las conquistas. Luz Serena poseía una cara preciosa, por eso Jeza había dicho muchas veces cuando hablaba de su amiga con otros chicos: *es la más bonita bajo las nubes.* Y añadía: *además, es divorciada, lo que le confiere un plus de experiencia entre las sábanas.*

Las dos amigas estaban sentadas cómodamente en sendos buenos sofás de aquella nueva casa de la jefa Jezabel. La noche ya caminaba cerca de la madrugada. Ellas se entretenían con pequeñeces. Era un entretenimiento sano, relajado, sin tíos, ni tampoco tías. Las dos solas. No se trataba de que ellas se entendieran sexualmente, no señor, sino que los planes futuros de Jezabel requerían la cercanía y seguridad de una compañera, pero no de cama, sino de confianza ciega en todo lo demás, y Luz representaba eso mucho más que ninguna otra.

—Como me gusta que estés aquí, conmigo. No nos aburriremos ningún día, te lo prometo. —Hablaba Jeza, esta vez risueña.

—Y, en eso de no aburrirnos entra ¿deshuesar a los mejores tíos? —Se metió, Luz, en la bañera.

—¿Cómo qué, deshuesar? ¿Qué es eso? —Reseguía, Jeza, intentando descubrir el jeroglífico.

—Anda niña, para haber vivido de los tíos, estás muy ciega de imaginación. —Acusaba, Luz, a su amiga— Deshuesar a un tío significa esto. Mira, cuando un hombre más me rompe es en esos momentos que su polluelo se pone duro como el hueso del fémur. Es entonces cuando yo contraataco y no lo dejo ni respirar. En ese punto, me aprieto las piernas hasta que le entren sofocos y temblores y, con esos apretones, le brote el maná desde las profundidades. Ahí se produce el deshuese, porque de tenerla viva y poderosa, al muchacho pasa a quedársele muerta como una tripa caducada, que ya no sirve para nada, ¿lo entiendes, Jeza?

—Ay que ver que te has vuelto retorcida. Tú no eras así. ¿Qué vida te traías últimamente, Luz?

—Nada, yo no me comía nada, no como tú, que te comías a diez tíos cada día, rosa fresca. —Se embalaba, Luz, poniendo ojos de lechuza.

—Calla, desvergonzada. Mira, quédate con esto. —Así se explicaba, Jezabel, con serenidad, sin acritud— Una mujer se come de verdad a un tío cuando su cuerpo hierve y lo desea tanto que no puede detenerse por nada. Ese no era mi caso en aquella época, en absoluto, porque yo nunca saboreé a ningún palomo con dinero de por medio. Pero, ahora no me interesa eso. Ya te dije que, de mi pasado, ni acordarte. A cuantos tíos tú deshueses es cosa tuya, pero conmigo no cuentes. Yo no estoy aquí para comerme a «eme» tíos ni mucho menos a «ene» tías, sino para comerme al mundo. El sexo ahora me interesa tanto como nada, puesto que preferiría mucho más irme a un convento de clausura a espiar mis culpas y purificar mi alma que meterme con alguien en la cama. No lo olvides. Vamos, a dormir.

—Si, jefa. Buenas noches. —Deseó, Luz, con algo de retintín.

De esa forma cerró la velada, Jezabel, dejando muy sentado que el mundo de sexo ya no le interesaba lo más mínimo. Puede que el exceso del mismo y sus consecuencias, vivido y sufrido en algún tiempo pasado, la hubieran situado en el lado oscuro del disfrute. Las afirmaciones de Jezabel no eran palabras huecas. Ella estaba decidida a poner orden en su vida, un orden que también tuviera en sus años de casada, pero del qué después careciera por completo, seguramente por regirse por dictados exclusivos de su piel, sin intervención alguna de su razón.

Después de unas buenas horas de sueño reparador, ya se había alcanzado el mediodía de la jornada siguiente. Jezabel contactó con el médico forense, alguien que en su día le había salvado su vida. Era un hombre de pelo rubio y bastante entrecogido. Un tanto grandullón, si bien no sé conservaba mal para sus cincuenta abriles larguitos, superándola a ella en más de veinte años. Fore, que así llamaba ella al médico forense, le había dicho su nombre real varias veces, pero como nunca le había interesado cual fuera ese, ella le seguía llamando por el diminutivo de Fore. Jeza había tenido sus cosas con él, incluso íntimas, pero siempre habían sido en épocas posteriores al divorcio de su marido. Además, esas cosas nunca habían sido deseadas ni disfrutadas por ella, sino por el interés de conseguir a cambio algo valiosísimo, tal cual habrían hecho la práctica totalidad de las chicas de este planeta, como había sido preservar su propia vida.

Ella entró en el despacho del forense. Se saludaron efusivamente. Tras tomar asiento dentro de una sala imperial, grandiosa por sus más de ciento cincuenta metros cuadrados de extensión, y, frondosa, por estar repleta de plantas varias, ellos comenzaron a soltar cuerda sin tapones, sin rodeos, lo cual venía muy ayudado por haberse repartido algunas intimidades en algún tiempo pasado.

—Hola, Fore, mi salvavidas. ¿Cómo te va? —Saludaba, Jezabel, a su antiguo protector.

—Bien, guapamundi, bien. Ya veo que tú sigues inmejorable. Cada año estás más buena. ¿Cuál es tu secreto, jovenzuela? —Atropellaba el hombre con su imaginación desbordada.

Ella portaba una faldita corta y plisada, de las que levanta fácil una ráfaga de viento, cuya falda bastante se le subía hasta cerca del ombligo cuando se sentaba. Esto provocaba llamaradas de fuego en la próstata de Fore. Entre tanto, ella se reía con ganas. Aquellas situaciones de ver a un tío sufriendo por deseo sexual irrefrenable la divertían muchísimo, pues ella sabía que a los machitos temperamentales les enseñabas algo cerca de las braguitas y la tierra dejaba de girar, su temperatura subía como en el desierto al mediodía

—Uy, eso de «jovenzuela» te ha quedado muy bien, Fore, pero yo hace algún tiempo que ya pasé por los quince, también he dejado atrás los treinta y, ahora, ya estoy en el camino de los cuarenta. —Jezabel, además de jugar sus cartas de mujer, que era inevitable, esta vez venía envuelta en una túnica llena de sinceridad y de alta franqueza, cuyas virtudes, viniendo ella convencida a no utilizar el vicio de fingir, la dejaban en una posición de cierto riesgo personal ante un cochinillo como él.

Fore, como era habitual, estaba bastante embobado. Pero, claro, una cosa es que estés bastante bobo con el monumento de mujer que tienes delante y, otra, que seas bastante bobo, lo cual no era el caso del forense.

—Amigo, para mí siempre serás, Fore, si bien puedo llamarte como tú me digas. Yo ahora me llamo Jezabel Ártemis. Te pido que me olvides desde ya, desde antes de ya, de cómo me llamaba, de cómo fui y de lo que hicimos. Empecemos de cero. ¿Sí? —Eso pretendía ella, mirándolo con cara de niña.

—¿Jezabel? Uhm, ¿qué significa que «empecemos de cero»? ¿Qué tengo que volver a enamorarme de ti? —Decía Fore un tanto cabizbajo, como si se sintiera algo avergonzado por lo dicho.

—Fore, los dos sabemos que tú nunca has estado enamorado de mí, y también sabemos lo que tú siempre has querido. Yo necesito hablar contigo, formalmente, en forma sería. Tú me has salvado de un mundo de búfalos narcotraficantes, y en alguna manera ya te lo he compensado, pero ahora vuelvo para que me ayudes a salir de este mundo de buitres donde estoy. Necesito ser la mejor, y para eso necesito contar con el mejor profesor. —Comenzó Jeza a desenvolver la madeja, mientras miraba al forense directamente a los ojos, sin complejos, que ya no tenía.

—Ah, me alaga eso de «el mejor profesor», pero me alaga más oírte decir que me necesitas. ¿Qué te traes entre... piernas, Jeza? —Entró el forense al ruedo, aunque no pudo evitar bajar la vista y recrearse un mínimo en las piernas perfectas de ella. Jeza, instintivamente, colocó su bolsito entre sus muslos y su braguita, como para imprimir más seriedad a la conversación.

—Fore, en serio, por los viejos tiempos, pero esta vez, en esta etapa, sin sexo, sin nada que huela a ello. Yo, desde hace algunas semanas tengo, y en adelante tendré, proscrita cualquier relación que se apoye o se acerque al placer sexual, de ningún tamaño ni color. ¿Puedo contar con la inteligencia de Fore? ¿Serás capaz de dejar de pensar con la entrepierna cuando estemos juntos? —Todo esto había salido del interior de Jezabel.

—Jolín, me gustabas más como eras antes. No sé si podré reprimirme tanto, aunque puedo intentarlo. En serio, ¿qué quiere la señorita, Ártemis? —Puso, Fore, nariz de niño y ojos de anciano, aunque por edad andaba más cerca de lo segundo que de lo primero.

—Que me enseñes y me transfieras todos los conocimientos que tú tienes en cinco materias: física oblicua, química elástica, matemática indocircular, informática hiperlíquida y robótica octogonal, es decir, lo que hoy domina gran parte de la inteligencia natural. ¿Podrás hacerlo? Necesito saber si puedo contar contigo, en serio y en firme. Y si mi falda corta representara un problema o distracción del objetivo, puedo venir con un burka puesto. ¿Qué me dices? —Casi imploraba, Jeza, de lo convencida que estaba.

—A ver, señorita de nombre nuevo. ¿Tú sabes lo que estás diciendo? No se trata de unas pocas semanas, ni siquiera de un año dedicada las veinticuatro horas diarias. Esto requiere muchos años sin vivir. Lo que actualmente se integra como Sistema de Inteligencia Natural, también conocido por sus tres iniciales SIN, y cuyo sistema arrinconó a la llamada inteligencia artificial por cerca de ocho mil puntos de ventaja, son muchos años de sufrimiento y aislamiento. La inteligencia natural es ahora la ciencia suprema. Hay quien sostiene que ya nada puede mejorar ni superar a este conjunto de ciencias. Solo un puñado de personas hemos conseguido un cierto nivel en estas disciplinas. ¿Estás tú dispuesta, de verdad, a soportar tal palo? —Fore miraba ahora a los ojos a Jezabel.

El forense conocía el grado de dedicación y compromiso que exigía adentrarse en la inteligencia natural, y aunque sabía de la capacidad de Jeza, también ostentaba alguna duda que ella estuviera dispuesta a hundirse hasta el final, por cuanto él había tratado con muchos pretendientes que se habían ido por la puerta trasera.

—Yo estoy dispuesta. —Aseguraba Jeza sin pestañear. —Espero que tú también, pero solo lo haremos si tu dejas de pensar con lo que tienes por debajo del ombligo y comienzas a pensar con lo que tienes por encima de los hombros. Piensa con la cabeza, la que tienes ahí arriba, sobre los ojos, no la que tienes ahí abajo, entre las piernas. Tú puedes hacerlo, solo tienes que proponértelo en serio. Si tú te encargas de transferirme todo lo que tú sabes en la materia, yo te ayudaré en todo. No me pidas que te vuelva a abrir mis piernas, porque no lo haré, pero, en lo demás, pídeme lo que quieras. Ahora tengo recursos, esto es, tengo tiempo, voluntad y dinero, lo que me permite aspirar a dominar la inteligencia natural, pero para eso necesito contar con el forense inteligente, no con el Fore rascabarrigas.

Estos últimos términos descolocaron al forense. Este era un sabio un tanto díscolo, pero era todo un genio en varias materias, ya que dominaba la inteligencia natural, la psiquiatría judicial y la cirugía fértil. Casi nada. Y aún le quedaba tiempo para imaginarse entre las tetas y las piernas de Jezabel, por eso él le preguntó nuevamente, con cierto pesar.

—Te enseñaría el mundo si tú me enseñaras solo otra vez lo que guardas dentro de tu ropa. Ahora bien, si de verdad te has impuesto un «cierre total de piernas», quédate a vivir conmigo. Me conformo con ver tu sonrisa cada día. —Así de atormentado estaba Fore.

—No, no lo voy a hacer. —Afirmaba ella con vehemencia. —Ahora ya sé cómo pensáis los hombres. El primer día te conformarías con ver mi sonrisa; el segundo querrías ver el resto de mi cuerpo, sobre todo, ese trozo que queda tapado por mi braguita; y, el tercero, ya querrías meterte dentro de ese trozo. No, no, los tíos ya no me vais a torear. No tropezaré dos veces con la misma piedra. Nada que tenga relación con el sexo.

—Pues, entonces, podemos ser amigos, ¿eso sí? —Se conformaba el técnico.

—Nada. —Seguía Jezabel con una firmeza de acero. —Mira, Fore, en los años siguientes a mi divorcio aprendí muchas cosas sobre las relaciones entre las mujeres y los hombres. Respecto de esas relaciones, aunque pareciera que algunas fueron gozadas, pues no, la práctica totalidad fueron más bien sufridas. Por esas experiencias tengo seguridad de que entre un hombre y una mujer no puede haber amistad seria. ¿Por qué? Por algo sencillo. Cuando entre un hombre y una mujer en edad adulta se genera amistad, entonces saltan chispas y, buscado o no, esa relación amistosa trasciende en actos sexuales. Y esa carga sexual finaliza en problemas, ya que el sexo siempre acaba destruyendo eso que se llama amistad.

El forense estaba anonadado, preguntándose de dónde sacaba ella esas teorías sin tener una formación específica en esas materias. Fore, mientras pensaba, no dijo nada, así que Jezabel concluyó su tratado sobre la amistad.

—Repito, forense. Entre una mujer y un hombre no puede haber amistad sana, sincera, como puede haberla, por lo general y con sus excepciones, entre dos mujeres o entre dos hombres, es decir, entre dos personas del mismo sexo. Ello es debido a que, el nacimiento y el mantenimiento de la amistad requiere cierto contacto visual, cierta cercanía física, de lo contrario, la amistad se extingue. Ese contacto, esa cercanía, acabará produciendo que alguno de los dos se enamore y, entonces, habrá amor disimulado, camuflado, pero ya no será amistad, sino amor. Entérate, Fore. Una mujer y un hombre en edad fértil, fuera del matrimonio o de la pareja, no pueden se amigos. Entre ellos solo puede darse indiferencia y profesionalidad y, entonces, no habrá amistad. En el otro caso, cuando haya cercanía o contacto, tampoco será amistad bien formada, sino que acabará en deseo carnal, en sexo.

Esta es mi conclusión: fuera de casa, no puede darse la amistad que algunos defienden entre un hombre y una mujer, por eso que no me hables de ser amigos, porque esa supuesta amistad destruiría mis planes de formación en Inteligencia Natural y, eso, no me lo puedo permitir.

—Bueno, acepto, solo en parte, tus planteamientos sobre la amistad. Ahora bien, respecto del sexo, nunca digas, nunca jamás, porque tú me contaste que algo parecido le dijiste muchas veces a tu exmarido, que nunca te irías con otro y, sin embargo, por sexo pasó eso que tú sabes. —Abrió fuego el forense.

—Sí, sí, y como sé lo que pasó, lo cual fue por culpa de mi vicio sexual, que trajo la mayor desgracia a mi vida, por eso nunca, jamás tendré sexo. —Echó, Jezabel, cántaros de agua al fuego.

El forense, que sabía defender dialécticamente muy bien su postura, prosiguió su cruzada placentera en busca de algún resquicio en la moral de Jeza.

—Pero, si el sexo es el mayor estimulante y, al mismo tiempo, es el tranquilizante más potente que existe entre los humanos. El placer carnal mueve el mundo, es el motor que más empuja de los seres vivos. Si renuncias a las delicias sexuales, renuncias a la vida, a la luz que te alumbra. Una mujer, alrededor de los cuarenta, como tú, está justo en el momento cumbre para disfrutar de los placeres que proporciona todo el aparato genital. Tú necesitas a tu sexo y tu sexo te necesita a ti. No te conviertas en una máquina. Serás un robot, que lo harás todo perfecto al utilizar solo la razón, pero si no goza tu piel, tú tampoco gozarás como persona. Eso significará que una parte de ti habrá muerto. Serás, Jezabel, la muerta. —Así de contundente defendía Fore sus ideas.

Esas ideas no estaban mal defendidas, no señor. Pero después entró la apisonadora de Jezabel, y sin piedad, cerró el debate.

—Que no, Fore. Cuando traicioné a mi marido me volví adicta y dependiente de los placeres sexuales. En solo cuatro días tomé decisiones fuera de toda razón y lo quemé todo. Después, cuando entré en el mundo del sexo sin freno, es decir, en la prostitución, yo tuve muchísima carga sexual, a todas horas y, sin embargo, yo era peor que una máquina, no sentía nada. Cuando me iba a la cama con algún tío de alto postín, tenía que fingir que me volvía loca con sus manotazos y sus empujones, lo cual era todo mentira. Me acostumbré tanto a fingir que perdí el *tempus* de la realidad, sin saber cuándo era verdadero y cuando era falso. —Ella tomó aire. —Estoy de acuerdo en que el sexo mueve, condiciona y maneja la vida de los humanos. Ahora bien, yo ahora sé, debido a que en los últimos tiempos me dediqué a repartir prebendas sexuales, que el manejo y el estímulo de las partes genitales fuera del compromiso con tu hombre causa las mayores tragedias en las parejas y en los matrimonios. Créeme, es el mayor lastre que arrastran los seres adultos. Primero, nos enamoramos, y estamos encantados con todo lo que rodea a la sexualidad; pero, un día, por el sexo de otro o de otra, nos mentimos, nos engañamos, nos humillados y nos traicionamos, y todo lo que habíamos soñado se nos cae por el ano y, después, se va por las alcantarillas. No, no, yo no voy a permitirme, otra vez, que el vicio de la entrepierna piense por mí y me domine. Voy a pensar con la cabeza, utilizar mi razón, sin ser prisionera de los caprichos y dictados creados por dentro de mi braguita. Y concluyó, muy afectada, mientras se levantaba.

—Con mi marido era como hacer el amor con un ángel encima de un colchón cubierto de rosas, era como hacerlo en un jardín repleto de flores. Por eso lloré tanto cuando lo perdí. Sin embargo, hacerlo con el búfalo de mi amante era como follar encima de un colchón hecho de brasas, a cincuenta grados rodeado de un fuego abrasador que me ardía hasta el hueso de la pelvis. Por eso le maldije tanto cuando me arruinó. No, nada de sexo. O nos vemos sin nada que se relacione con lo sexual, o no nos vemos. Adiós.

9 MUTILACIÓN GENITAL

Dos días más tarde, Jezabel regresó al despacho del forense. Ese fue el tiempo considerado necesario por ella para que él ablandara su postura.

—Señorita Ártemis, es un placer volver a tenerla entre nosotros. Enseguida aviso al Doctor de su presencia. —Se deshacía en atenciones la auxiliar del forense.

Jeza, a través de la cristalera, vio como Fore salía de inmediato de su madriguera, como si la llevara esperando minuto a minuto desde la última visita. Ella sabía que el forense se seguía muriendo por sus huesos, mejor, por su piel, lo cual le garantizaba que ella sería atendida cuando quisiera y como quisiera.

La fémina vestía esta vez en forma más prudente, con una blusa clara de cuello redondo y con una falda azulada y larga hasta los pies, que despertaba más admiración que lujuria. Hasta su comportamiento visual y dialéctico era más pausado que en la visita anterior.

Se saludaron comedidamente, se acomodaron en una sala libre de oídos cotillas y comenzaron a hablar de lo importante, de los dos temas que ella portaba en su agenda. El primero, ya iniciado dos días atrás, versaba sobre su formación en SIN. El segundo, bastante más delicado por tratarse de una cuestión personalísima de ella, tenía que tratarlo con cierto tacto.

—Fore, ¿has adoptado una postura final sobre mi propuesta de beber en tus conocimientos de inteligencia natural?

—Has dicho que, sin sexo, ¿no? —Puntualizó el forense, por si acaso quedaba alguna esperanza.

—Por supuesto. Y por si aún no estuvieras del todo convencido, espérate a oír mi siguiente propuesta y verás. ¿Qué me dices sobre mi formación en SIN? —Atosigaba ella.

—Bien, vale, vale, sin sexo. No sabes dónde te metes, pero cuenta conmigo. Tengo una pregunta, no obstante, porque de día tendrás que venir aquí, al menos tres veces a la semana, y de noche... —Estaba siguiendo él su programa, hasta que ella se metió en medio partiéndolo todo.

—De noche, ¿qué, Fore? Quedamos que nada de sexo, ni de día ni de noche, ni siquiera por vídeo. No me dejes colgada, tío, que necesito esa formación tanto como el comer. —Y ya se calló, ella, cruzándose sus labios con un dedo, para que no quedaran dudas.

—Al profesor no se le interrumpe, niña maleducada. —Abroncó Fore. —Estaba diciendo que de noche tendrás que dormir, porque si no descansas no servirá de nada. ¿De dónde sacarás el dinero para vivir? Porque, si juras que nada de sexo, pero después sigues cobrando de los tíos, tengo que pensar que no quieres nada conmigo, pero sí con otros. —Apuñaló el forense, sin descanso, con todas las intenciones reunidas.

—Fore, Fore, podría decirte que eso a ti no te importa, pero como yo no soy mosquito que pinche tanto como tú, te voy a decir la verdad. No practicaré sexo contigo; ni con ningún otro; ni con ninguna otra; ni por placer; ni por dinero. Ya no vivo de exprimir los huevecines de los tíos, pues he encontrado una mina con diamantes gordos y me sobra el dinero. ¿Satisfecho? —Levantó orgullosa, Jeza, su cabeza.

—Vale, chica lista, vale. Tengo una alumna que encontró una mina con un diamante. ¿Y quién está puliendo ese diamante gordo? —Fore se puso sus manos en sus rodillas para esconderse un poco.

A Jezabel no le interesaba la pelea cuerpo a cuerpo. No porque se considerara con falta de amígdalas para salir victoriosa. Más bien entendió que debía concretar el primer tema de la formación antes de poder abordar el segundo, que esperaba, por eso quiso concluir:

—¿Cuándo empezamos, profe?

—Cuando quieras, tú mandas. No tendremos sexo, por eso no podré ver nada debajo de tu falda, pero al menos veré tu cara y tú sonrisa. De otro lado, tienes que saber que eso de la inteligencia natural es algo... chungo, porque hay muchos intereses y maldades en medio, hasta del Alto Gobierno. Son intereses éticos, de control, de poder, y muchos más. Necesitamos mucha cautela, debiendo tu formación en SIN ser un secreto más bien guardado que el del Santo Grial, de lo contrario, no hay trato. —Concluyó Fore ya en plan profesor impenetrable, ahora serio como una lápida.

—Confía en mí, Fore. Nadie lo sabrá. Palabra. Sé que una vez no cumplí mi promesa y le fui infiel al hombre que amaba hasta con mis huesos, pero esta vez no habrá sexo, ni por dentro ni por fuera, por eso no se repetirán las falsedades ni las infidelidades, no te fallaré. —Levantó, Jeza, su mano derecha poniendo a Dios por testigo, al tiempo que iluminaba sus ojos prometiendo confianza.

Acto seguido, Jezabel sugirió al forense que le trajeran algo fresco para tomar, mejor sin alcohol, cuyo parón le sirvió para preparar dialécticamente la segunda cuestión que portaba en su agenda. Con esta segunda propuesta, extremadamente sorprendente y delicada, no iba a resultar nada fácil convencer al médico forense, ya que este practicaba cirugía fertilizante, con la cual no se trataba de fertilizar la tierra, sino de favorecer e incrementar el grado de fertilización y embarazo de las mujeres humanas. Que dura iba a ser la propuesta, ya que la misma navegaba en sentido contrario al camino que recorrían los principios espirituales del forense.

—Dime una cosa, Fore. Tú como médico y cirujano, ¿qué tal llevas la cirugía superficial? —Clavó los crampones, Jezabel, para empezar a subir la montaña de hielo, mientras su cara se tornaba algo de color rosa.

—¿La qué? ¿Qué es eso de la cirugía superficial? —Preguntó Fore descolocado, pues se suponía que, en ese terreno, el maestro era él, y ella le estaba levantando la camisa.

—Pues, como su nombre indica, no es una cirugía interior, ni profunda, sino superficial, de una zona sólo un poco más allá de la epidermis. —Se quedó, Jeza, tomando aire, removiendo sus ojos en busca de algún pañuelo con el que enjugar las lágrimas, que parecía estaban a punto de aflorar.

—A ver, señorita Ártemis, no me toree usted, que los cuernos me sientan muy mal, y usted de eso algo sabe. —Amenazaba el forense con hacer descarrilar el tren y provocar el hundimiento de los puentes.

Jezabel se quedó un tanto sorprendida por las palabras puntiagudas del médico, sobre todo por la mención a los cuernos, lo que ella no asumió con agrado, porque parecía como si le estuviera colgando la etiqueta de traidora. Mientras tanto, Fore comenzó a pensar para sí, sin verbalizar lo que sentía, solución que los humanos utilizan para esconder las palabras más hirientes, las verdades:

«Esta chica sigue estando requetebién, de cuerpo y de cara, pero la cabeza ya la tiene averiada en exceso».

—Yo tengo que hacerme un..., un..., un apaño con cirugía pequeña... —Comenzó Jezabel a soltar cuerda, pero sin dar sensación de seguridad. ¿Cómo podía ser que una mujer, que había practicado sin pudor todas las posturas sexuales del Kama Sutra con quien había querido, ahora le costara pronunciar una definición técnica relativa a su sexo? Pues así era.

—¿Qué es una cirugía pequeña? ¿Algo de cirugía estética? No me fastidies, niña, si eres una mujer diez. ¿Qué pretendes mejorar? ¿El dedo cuarto del pie derecho? —Se lanzó el forense sin piedad, gesticulando y dando a entender que no lo entendía.

—Tranquilízate, Fore. No, no es eso. Ya estoy conforme con lo que mis padres me han dado. No me voy a añadir nada, más bien me voy a quitar algo, ¿entiendes? —Decía, Jeza, pretendiendo una tranquilidad más aparente que real, retorciendo sus manos.

—¿Ahora te vas a quitar? Como esperas que lo entienda, dime; primero, me sales con la cirugía superficial esa; después, con que quieres hacerte un apaño; ahora, con que más bien te vas a quitar. A ver, ¿acaso te consideras una foca? Hazte una encuesta con cien tíos y verás el resultado: todos te dirán que no te sobra nada, que no te quites nada, que todo lo tienes perfecto. ¿Quieres apostar sobre el resultado de esa encuesta? —Provocaba, Fore, mostrando una cierta indignación en sus ojos.

—Quiero que me hagas una «ablación de clítoris».
—Ahora, sí, lo soltó ella de sopetón, mordiéndose el labio inferior al terminar la frase.

Se hizo de noche, noche negra; no había un atisbo de luz. El cielo se había cubierto de nubes cargadas de plomo. El móvil estaba sin batería. La linterna no tenía pilas. Jezabel bajó la cabeza como sintiéndose un tanto avergonzada, y se calló.

El forense se quedó fuera de juego. No solo se había quedado fuera del terreno de juego, sino que lo estaba de todo el estadio. Después de que un mundo de pensamientos bailara por su cabeza, acertó a decir:

—¡Este planeta se va al garete! No puedo creerme que la mujer más bonita de este mundo, que la hembra más jugosa de la tierra, se aparte de las maravillas de la carne y se convierta en vegana. ¡Si casi eres una niña! ¿Qué vas a hacer desde los treinta y tres años que tienes ahora hasta los más de ochenta que en la cama podrías estar en activo? Te quedan muchas fieras que devorar. —El forense tomó aire, y pronosticó: —Ah, ya sé, te vas a establecer en serio, esto es, quieres reinar y dominar el negocio del sexo en el satélite Culto, ¿a que sí?

—De Culto ya hablaremos cuando llegue el momento. —Solo dijo, Jeza.

Al final, Fore se levantó de su asiento, dio unos pasos hasta alcanzar una cortina, la estrujó con sus dos manos y se giró hacia ella con cara de mendigo, enseñando su cara pálida.

—Joder, tía. Me había llegado que desde que te divorciaste de tu marido andabas mal de la cabeza, pero tenía la esperanza de que no fueras a peor. ¿De dónde cojones sacas esa bestialidad? ¡Tú lo que necesitas es arreglarte la cabeza, no desgraciarte tu flor sexual, so

—Es que no me gusta mucho estar debajo, ¿sabes? Prefiero apretar, a que me aprieten. Soy una mujer rara, sí, me lo dijeron muchas veces. Eh, perdón, hablo cuando no debo. —Y se calló tras poner la mano en su boca y cara de arrepentida.

—Pues a mí no me importaría que me apretaras antes de consumar ese despropósito aberrante tuyo. —Así se expresó el hombre y, seguidamente, volvió a expresarse el técnico. —Bueno, como decía, si te vas a meter en un charco, mejor que sepas cómo hacerlo. Te explicaré, en forma asequible, en qué consiste lo que se conoce como MGF, es decir, Mutilación Genital Femenina.

—Ah, sí, he leído algo sobre eso de MGF. —Ratificó ella.

—Ahora bien, ya desde ahora debes saber que todo lo que rodea a estas operaciones es... bastante oscuro, negro. —Afirmaba el forense. —De hecho, hasta hace poco era algo tabú y prohibido, ya que venía todo muy asociado a prácticas técnicamente deplorables, realizadas por creencias religiosas o de fuerte dominio social. Actualmente, estas intervenciones ya se realizan en condiciones sanitarias más fiables, aunque pocas veces son las óptimas.

—Venga, al grano, Fore, que te veo poniendo muchas pegas. —Se sacudía ella.

El forense se detuvo, miró a su acompañante y se dijo a sí mismo, para no herir sensibilidades:

«*Cuan atrevida es la ignorancia*».

burra! —Bastante chilló el forense, de
regresando hasta su asiento y quedándose
los cuatro pelos de su cabeza de punta.

—Pues si no me haces tú esa ciru
quede claro, lo haré con otro doctor. Tú sigue
con tus bolsas hueveras, sin tener en cuenta
No me ves como a tu paciente, me tratas
querida. —Ahora sí, en la cara y ojos de Je
reflejaban dudas, sino irritación. Ella se puso
ademán de marcharse.

El forense estuvo un tiempo perdid
buscando una biblia. Él, técnicamente, era un
informes mejor valorados en psiquiatría fore
Más Alto Tribunal eran suyos. En inteligenc
estaba a la cabeza de los más reconocidos.
de la fertilidad tenía unos resultados aplastar
todo él así, mayúsculo? No, no, nadie es pe
puertas a fuera impresionaba por sus cualida
cuando las puertas se cerraban aparecíar
pecados que el forense escondía con habilidad
ya había sufrido alguno de esos pecados, pe
mandaba el forense, mandaba en su form
mandaba en su cirugía superficial. Tanto era así
estaba dispuesta a aceptar algún pecadillo
conseguir sus objetivos de formación y ablac
cuales se convertirían en los dos motores de su

—Bueno, bueno, como veo que tú siempre
encima, pues…—Había empezado el forense a le
biblia médica sobre su segundo objetivo.

Él carraspeó dos veces, se rascó su cabeza y retomó su aserto.

—Jeza, hay, por lo general, dos niveles de mutilación genital femenina, o lo que es lo mismo, de arruinar el placer sexual de una mujer. El primer nivel, conocido popularmente como «ablación del clítoris», esto es, técnicamente, una «clitoridectomía», implica una mutilación parcial del conjunto de los órganos sexuales de la mujer; conlleva la extirpación del tejido de su clítoris. Si quieres te lo digo de otra forma, es la ruina sensitiva de la mujer, ya que el órgano sexual más placentero que tenéis las mujeres, vuestro clítoris, se queda muerto. Además, deberás tomarte una cápsula diaria de SKM27K durante toda tu vida, sí, sí, vitaliciamente, por razones bacteriológicas y de salud psíquica. Esto que te quieres hacer es una putada, porque convierte a una mujer en una estatua de sal, sin vibraciones ni chispa, pierde gran parte de su sensibilidad, deja de ser mujer.

—¿Por qué los técnicos le ponéis nombres tan faraónicos a cosas mucho más pequeñas? —Pretendía, Jeza, quitar leña del fuego.

—¿Cosas pequeñas? Esto que pretendes es una atrocidad. Ya veo que no tienes ni idea de esto, o si la tienes es totalmente errónea. —Fore seguía dando muestras de su postura contraria, pero, de momento, tenía que conformarse con informarle de sus desventajas, porque ventajas no las veía. Hizo una pausa y prosiguió.

123

—Verás. No entraré en fenómenos religiosos o de otra índole, porque a mí no me competen. Tú verás, y como quieres que vaya al grano, entérate bien. El segundo nivel de barbarie es la Mutilación Genital Total (MGT), técnicamente, una «Infibulación». Tiene lugar cuando, además de hacer una ablación del clítoris, también se hace una reducción de la vagina mediante sutura. Su objeto de inutilizar los labios menores y los mayores del aparato genital que también proporcionan placer a la mujer. Al final, de esa vagina queda una pequeñita abertura para que, con sus dificultades, salga la sangre menstrual y la orina, funciones necesarias en la mujer adulta. Pero, claro, el objetivo de descuartizar a la fémina queda totalmente cumplido, ya que no existe posibilidad de entrada de ningún miembro masculino, ni de placer alguno.

Las afirmaciones del forense eran tan duras que se hizo un minuto de silencio, en señal de duelo, lo que propició que él concluyera su exposición diciendo.

—Jezabel, yo..., el primer nivel, eso de la ablación del clítoris, es una canallada, pero si estás tan empeñada en hacerlo, pues, al menos, sanitariamente es algo más aceptable. —Fore bastante sudaba. —Sin embargo, la infibulación, ese nivel segundo, con sutura, que se hace en algunas partes de esta mierda de mundo, en forma indigna e inhumana, yo no lo haré. Es una cochinada, una aberración, una traición a la esencia y dignidad de la mujer como persona humana. Te conviertes en una hembra de engorde, sin sensibilidad, ni alma. Eso de que el sexo es pecado, es una falacia, tan gorda como que la abstinencia es una virtud. La mujer mutilada solo vive para el trabajo y el sacrificio, sin derecho ni posibilidad de goce ni placer alguno, aparte de que estéticamente es una barbaridad inaceptable cómo queda el órgano genital de la mujer.

Fore quedó agotado, y aun así seguía pensando. Había puesto todo su empeño en convencer a Jeza de su error si proseguía con su intención de mutilarse genitalmente, puesto que él estaba por la postura contraria, que era el disfrute y la fertilidad. Además, algo de interés o egoísmo también había en su postura, ya que todavía mantenía la esperanza de que, como otra vez había pasado, él pudiera meterse en la cama con ella. Claro, si la mutilación se hacía realidad, ya podía olvidarse.

«*Bueno, ya se verá*». Se ofreció esperanzas asimismo el forense y, dejando de pensar, volvió a la selva.

Después de la batería de argumentos lanzados por Fore, Jezabel, con cara sería y respiración lenta, decidió y expuso:

—Agradezco tu cruda información, Fore, porque me has hablado de aspectos que otros no lo habían hecho antes. Tal como me lo has puesto, la «infibulación» la dejaré, en su caso, para otro momento posterior. Ahora bien, estoy totalmente decidida a que me practiques una «clitoridectomía», eso sí, con todas las garantías sanitarias, pero voy a hacerlo. Dime qué día y hora me propones y yo te diré cómo lo tengo. —Así de resuelta zanjó ella el debate.

Concertaron una entrevista para cuatro días después. Todo estaría preparado, incluidas las pruebas preoperatorias.

Y así suceden algunas cosas en esta vida. «Qué gusto da tener amigos poderosos. Claro, para que los planes se cumplan, yo debo tener poder para devolver el favor sin problemas», diría un pobre.

Llegó el día señalado. Ella entró en el quirófano con el encargo y la determinación de que le practicaran una «ablación de clítoris». La anestesiaron. Se iniciaron todos los preparativos necesarios. Pocas horas después, ya recuperada por ella su conciencia, el forense le comunicó personalmente que todo había ido muy bien. Que debía administrarse, como ya le anticipó, una cápsula SKM27K cada día como tratamiento preventivo contra invasiones bacteriológicas, micosis y otras de ese género.

—Ya está, por fuera lo sigues teniendo todo muy parecido, prácticamente igual, pero por dentro medio has muerto. Ahora ya solo actúa tu razón, ya no actúa tu piel, ni tú zurrón. —Mucho le reprochaba el forense.

Jezabel no prestó atención a lo dicho por el doctor. Estaba contenta con su decisión, tanto que se atrevió a buscar entre sus recuerdos algunos argumentos que justificarían, según ella, esa decisión tan descabellada para algunos como era su mutilación genital con treinta y cuatro años sin cumplir en sus piernas.

Ella se dejó ir, su cerebro era libre, hablaba consigo misma, y esa es la auténtica libertad, la auténtica sinceridad, muchísimo más que con cualquier compañero, incluso estando locamente enamorado del mismo:

«En cuanto a este año pasado y al anterior, a mí ya se me metieron dentro muchos más tíos de los deseados por mis células, por eso, dado que tengo un empacho repugnante de olor a macho, ya no aguanto más empujones. No más sexo.

Respecto del último medio año, Indalecio no supo que yo había sido una prostituta, o, al menos, no lo supo directamente por mí. Es cierto que esa era mi vida, pero yo, la heredera, le escondí aquella forma de vida tan poco edificante como fue ejercer la prostitución durante un tiempo. ¿Implicaba eso que a Indalecio también le puse yo los cuernos por esconderle esa forma de vida mía? ¿He fallado también a Indalecio? Nada, no más sexo. Esta operación debí hacerla al día siguiente de serle infiel a mi marido o, mejor aún, el día anterior a los primeros cuernos.

Tampoco con Indalecio habíamos hecho nunca el amor, ni habíamos tenido sexo de ningún tipo, ni oral, ni vaginal, ni con ninguna parte de nuestros cuerpos, ni siquiera había habido contacto entre nuestros labios. Él me presentó a todos los bisontes octogenarios con los que él se relacionaba. Todos hombres, curiosamente. Prácticamente todos habían pretendido llevarme a la cama, pero de eso nada, nada de nada. Los toreé a todos, sin cuernos, pero les pasé algunas verónicas por delante de sus colmillos. Ahora mi apellido es Ártemis, o lo que es lo mismo, es castidad».

10 FALLECIMIENTO DEL MAGNATE

«Se nos ha ido el mejor». «Ha fallecido el más grande». «Los mundos te recordarán siempre». Esta era sólo una pequeña muestra de los muchos centenares de titulares que por todas partes se podían ver y oír. En un diario local habían escrito, lacónicamente: «Villasevil ha muerto. Descanse en paz».

Algún «entero de depilación» se empleó a fondo para amplificar las virtudes del fallecido. No era algún «medio de comunicación», que, por supuesto, alguno aún quedaba. Su cometido era manipular y depilar enteramente las esquinas de la sensatez. Era mover la voluntad de las masas según convenía a unos pocos para dirigir a unos muchos.

Villasevil tenía dos manos y, con gran maestría, las dos utilizaba para manejar a la casi totalidad de esos medios de depilación, pues siempre se había movido con mucha soltura entre ellos. Cosa distinta era Jezabel, que con esos medios o enteros tenía solo una mano y no estaba claro si era la izquierda o la derecha. Nunca se supo cómo, pero a esos medios llegó la noticia de que el imperio Villasevil ya tenía sucesora, lo cual provocó que la heredera apareciera reflejada en todas partes. Esta publicidad gaseosa y pegajosa no le gustaba nada a la futura jefa, que más de una vez se quedó con las ganas de darles un coscorrón a ciertos vividores del esfuerzo ajeno.

El cuerpo de Indalecio estaba siendo velado por gran multitud de gente importante. Algunos para despedirlo e, innegablemente algún otro, para crucificarlo. Jezabel hizo acto de presencia, observó con respeto y con alguna tristeza el impresionante despliegue mortuorio y el féretro de su benefactor. Ella no lloró. No permitió que nadie se le acercara con condolencias. A penas dos minutos y regresó. Muchos la criticaron. Entendían que ella se debía a los medios y a los enteros de comunicación, igual que algunos pájaros parasitarios se deben al animal grandullón del que van picoteando sus insectos, pero no. Jezabel era políticamente incorrecta, solía encontrarse más cómoda nadando contracorriente que río abajo y, así se comportó, se despidió mentalmente de Indalecio y descartó los fuegos artificiales de la sociedad.

Algún entero de depilación informó que la heredera estaba desolada, que no había podido soportar tanta angustia y que se tuvo que ir directamente al hospital, dónde habría de estar un tiempo para mitigar su inmenso dolor. ¡Así se construyen las leyendas!

Indalecio fue enterrado con todos los honores. Su heredera habría preferido una incineración más íntima, pero no quiso adentrarse en esas callejuelas de si debía ser enterrado o incinerado. Adoptó una postura prudente y se mantuvo en la retaguardia, aun cuando, una vez muerto Villasevil, ella era la máxima autoridad en el entorno, provisionalmente, pero lo era.

Ay que ver cómo somos los humanos. Es cierto que una vez has fallecido ya no puedes defenderte y, en ese aspecto, tienes derecho a un cierto respeto. Pero también lo era que habiendo el gran poderoso restregado toda su vida y lengua por las charcas como una sanguijuela, cuando ya cesas de chupar la sangre de los inocentes porque has reventado con tanta, esos inocentes, por costumbre, por inercia o porque son inocentes, una vez muerto continúan venerándote. ¡Qué buena persona era!, se oía en las montañas.

Había pasado alguna semana desde la pérdida de Villasevil. Su heredera, ahora que ya estaba decidida a no perder el tiempo con pequeñeces sexuales, estaba dedicada en peso a su formación en el Sistema de Inteligencia Natural (SIN) y, el resto de su tiempo, a obtener una idea lo más aproximada posible sobre pormenores y marcha financiera de la Corporación Villasevil. En un momento dado pensó:

«*Bueno, Villasevil ya no está, pero la Corporación Villasevil sigue. Eso pasa con las personas y los presidentes, que se van, mientras que los despachos y las paredes, se quedan. Cuando llegue el momento habrá que cambiarle el nombre a esta Corporación. De momento, empezaré por conocer a los dinosaurios que dirigen a las ocho corporaciones que le siguen a esta en el «ranking económico». Me interesa saber si cojean de la pierna izquierda o de la derecha, puesto que, con las edades que tienen, la del medio ya hace tiempo que ni la sienten».*

En el momento oportuno, Jezabel Ártemis, había convocado, para las seis de la tarde de este mismo día, a una especie de conferencia universal de las nueve mayores corporaciones del universo viajado. Ella presidía, provisionalmente, la más poderosa de todas, la llamada Villasevil Torre. El resto de los presidentes acudían un tanto altaneros, pues tenían certeza de poder manejar fácilmente a la nueva. De eso estaban seguros, ya que Jezabel era mujer principiante, era joven e inocente y era algo incauta e inexperta. Por contrario, los otros ocho presidentes, eran hombres supervalorados; viejos y zorros; eran faraones experimentados.

Antes y después de la «merienda de trabajo», bueno, de la «siesta de descanso», como diría Luz Serena, el montaje publicitario fue tremendo. No obstante, una vez los presidentes se blindaron en el búnker elegido, las formalidades fueron a menos. Se acomodaron en una sala con una mesa redonda, para que todos estuvieran equidistantes. Los ocho hombres se miraron con la intención de comerse a la única mujer, porque ellos eran ocho y eran hombres, mientras que ella era una y era mujer. Claro que sí, en el momento inicial, Jezabel estaba un poquillo nerviosilla, pero una vez comenzó a rodar la noria, las cosas cambiaron. Como ella era la convocante y la anfitriona, le correspondió a ella abrir la pirotecnia.

—Buenas tardes, señores. Esta ha sido la primera vez, y será la última, que utilice el término de «señores». Vosotros sois mayores y sois hombres; yo soy menor y soy mujer; ni la edad ni el sexo van a impedir que nos sintamos cómodos. Somos colegas, podría decir que compañeros, de forma que hablaré sin ligaduras, tratándonos como amigos. Yo no me preparé ningún contenido explosivo para impresionaros, pues el objetivo de este encuentro es conocernos de cerca y cambiar impresiones. Como sabéis, me llamo Jezabel Ártemis, soy la presidenta provisional de la Corporación Villasevil Torre, pero lo que no sabéis es que debajo de este vestido tengo muchas cosas maravillosas.

«Anda, pues muéstralas. Veamos cómo de maravillosas son», pensó el mayor en edad de todos, si bien todavía no se atrevió a sonorizarlo, pues había que incrementar la confianza, por eso cambió sustancialmente la pregunta.

—Estamos impresionados por tus virtudes. Sin duda esas cosas que tú dices son maravillosas, mucho más que las que tenía el pobre Villasevil, que ahora descansa en paz. Eh, danos mayores detalles descriptivos de esas maravillas, ¿quieres?

El resto de los asistentes se miraron, se le abrieron los ojos y se les erizaron los pelillos del cuello, puesto que pelo ya no quedaba prácticamente en sus cabezas.

—Claro que sí, y espero recíprocas colaboraciones a «*sensu contrario*». —Se metió en el arrozal la anfitriona. Paseó una mirada sonriente por los ocho cocodrilos expectantes y continuó.

—Pues, veréis, debajo de este vestido tengo una tripita con muchas curvas. —Ella se llevó su mano derecha señalando con un dedo la parte baja de su vientre. —A los chicarrones como vosotros, las curvas femeninas os maravillan. Ahora bien, si a esa tripita no la tratarais con delicadeza y la apretarais en exceso, podría romperse y, entonces, soltaría un perfume que pudiera ser poco agradable, tanto que podríais perder el equilibrio, el juego y la partida. También quedan debajo de este vestido mío dos riñones fieles como dos hámsteres. —Jeza apuntó con su dedo índice la ubicación de los riñones. —Que filtran y depuran sin parar, y aguantan y resisten como dos roedores, pero si les das mucho vinagre se ofenden y te provocan un dolor espantoso, como cuchillas cortándote el cuello. Ah, y aquí debajo del vestido, también tengo otra cosa. —Acercó su mano derecha a su pecho izquierdo. —Tengo un corazón que late fuerte y vigoroso, con mucha bondad con quién me respeta, pero con mucha ira con quién me maltrata.

Los ocho presidentes quedaron descolocados, como si se sintieran un tanto vacilados. Por ello, empezaban a sentirse incómodos. No tenían previsto que una mocosa, con sus virtudes femeninas muy bien puestas, vale, pero sin experiencia financiera ni corporativa, les pasara la mano por la cara; aunque claro, era la heredera de la mayor Corporación existente.

Uno de los ocho varones presentes aprovechó la pausa de Jezabel para adentrarse en un terreno indiscreto, ya que se acercaba un tanto a cuestiones personales.

—¿Cómo tenemos que llamarte desde ahora? ¿Señorita Jezabel? ¿Señora Ártemis? ¿Viuda de Villasevil?

—Mis gentes me llaman Jezabel, vosotros también.

—Y, tras el fallecimiento de nuestro admirado Indalecio, ¿cuál es la situación civil de Jezabel? Viuda de Villasevil, ¿supongo? —Preguntó de nuevo el entrometido anterior con aires de comediante.

—Para ser tan mayor, supones muy mal, amigo. —Contestó Jezabel con la cabeza alta y mirando desafiante al entrometido. —Mi situación civil actual es la de soltera y virgen.

Los asistentes entraron en caída libre y desconcierto total.

Unos pensaron para sí, sin atreverse a decir nada:

«¿Soltera? ¿Con lo bien puesto que lo tiene todo y no se prometió con ninguno?»

Eso no era cierto. Su vida de soltera era suya y la de casada también. En todo caso, su vida pasada estaba encerrada con puertas de seguridad y no se la iba a entregar a aquellos cocodrilos insaciables.

Algún otro de los presentes repensó para sus adentros algo similar al anterior:

«¡San Nicolás! ¿Todavía virgen, con treinta y tres años? ¿Para cuándo lo guarda?»

¡Ja, ja, que empanada! Si eso de que ella estaba soltera era un pastel de medio kilo, puesto que había estado casada durante seis felices años, lo de seguir virgen era mayor que toda la pastelería. No sólo porque Jezabel era madre de dos hijos de la época de casada, sino porque de su etapa de divorciada ella se había enroscado con cerca de medio mundo durante dos años. Claro que a los animales racionales nos resultan menos creíbles las mentiras piadosas y las medio verdades, que las envenenadas y podridas, con las que nos quedamos mucho más admirados y realmente convencidos. ¡Nos encanta ser engañados, se nos calienta la sangre!

La reunión de los nueve colegas se estaba convirtiendo en una cacería en la sabana. El presidente de la Corporación Kalmasesos, con cierto interés en escuchar, hasta entonces se mantenía inédito en la batalla. Con acierto, pretendió reconducir la charla hacia unos caminos más técnicos y menos agresivos. Al mismo tiempo, intentaba conocer de cuánta información y de cómo puesta al día estaba ella. Preguntó:

—¿Qué opinión te merece el Proyecto 3K25?

—El proyecto 3K25, dado que es un proyecto, es mejorable como tal. Cuando deje de ser proyecto, entonces emitiré una opinión formada al respecto. —Se salió muy airosa Jezabel, dado que ese proyecto era muy complejo y ella no tenía ni idea de cómo atacarlo.

Para salvar un caso como este, ella quemó uno de los petardos que llevaba preparados para emergencias.

—Bien. —Jezabel, de nuevo agarró las cuerdas del carruaje. —Dado que esta reunión no puede alargarse veinticuatro horas, antes de concluirla querría haceros un adelanto, como deferencia y consideración a vuestra alta dignidad, de una noticia explosiva. Se trata del gran negocio nominado «PTV», esto es, «Producto Tortugas Voladoras», que estamos ya cerca de arrancar. Como suponéis, no puedo entregaros planos ni otros informes técnicos, claro. Soy buena persona, pero tan ingenua no soy —remataba ella.

El presidente de menor edad, pretendiendo apuntarse un tanto rápido, saltó a la arena y declaró:

—Ah, sí, he oído hablar de PTV. Tengo referencias de que es el mejor negocio del siglo, tanto que la Corporación que presido estaría muy interesada en participar en él de alguna forma. ¿Es posible? Quedamos en que éramos colegas, ¿no?

—No es tan simple, ni gratuito, colega, por cuánto nadie comparte una mina de diamantes sin recibir compensación alguna. Mira, mirad, yo podría aceptar vuestra participación en PTV, concediéndoos, pongamos, un dos por ciento a cada uno de vosotros, lo que supondría un volumen individual de negocio para vuestras Corporaciones alrededor de quince mil millones de euros. Lógicamente, a mi Entidad le correspondería participar en cada una de vuestras Corporaciones con el mismo volumen de negocio. Sin embargo, para que ese volumen fuera efectivo y equivalente, la transferencia de vuestras acciones a la Corporación Villasevil debería moverse en torno al treinta y dos por ciento del total de las mismas.

Los oídos y los ojos de los presidentes se abrieron como girasoles al amanecer. Menudo notición. Aquella era la inversión del siglo.

El presidente de Kalmasesos, no obstante, más dado a escuchar y valorar, se dio cuenta de la propuesta real: «nosotros participaríamos en lo suyo en un dos por ciento, mientras ella participaría en lo nuestro en un treinta y dos por ciento. Que culebra». Claro que esos datos había que tratarlos en forma relativa, no en términos absolutos. En todo caso, la propuesta chirriaba. Este presidente, de nuevo intervino.

—Señorita Jezabel, soltera y virgen, pues me acojo a tus propias palabras. ¿No vas muy...?

—No te confundas, amiguito. Yo puedo llamarme «cabrona» a mí misma, pero a ti ni se te ocurra. —Lo peinó de inmediato, ella.

Los presidentes, experimentados y sabios, estaban cada vez más desconcertados. Habían venido con la presunción de que ella era un pastelito inocente y dulce, que se la comerían con el aperitivo. Pues no, ahora estaba resultando que ella los estaba envolviendo en su propia telaraña.

—¿No va usted muy de prisa? —Cambió de tratamiento y de semblante el mandamás de Kalmasesos.

—¿De prisa? —Correspondió ella con el mismo tratamiento. —Bueno, si usted no quiere subirse al transbordador, eh, se quedará en la estación. Cada cual sabrá.

En aquellas alturas del debate, los presentes vivían momentos tensos. Jezabel se tomó un respiro. Para ella, aquella reunión era como un juego, puede que por la inconsciencia de quién no hacía mucho ganaba seiscientos euros al mes. Sin embargo, allí estaba, con los presidentes de las mayores corporaciones de los mundos, cuyas decisiones tenían más influencia en los humanos de la Tierra y de Culto que las adoptadas por el propio Consejo de Internaciones, aquel que, supuestamente, era el gobierno de todos.

—Bien, compañeros. —Hablaba, Jezabel Ártemis, proyectando ahora una amplia sonrisa. Ahí estaba el poder de una mujer bien plantada. —Quisiera alcanzar el final diciendo que este primer coloquio ha sido muy agradable. También, ha sido próspero, ya que a todos nosotros nos preocupa mucho la prosperidad. En todo caso, valorad la oferta de participación en el Producto Tortugas Voladoras (PTV), pero debéis concretarlo durante este mismo día. Sabéis que las buenas decisiones son las rápidas; son las buenas porque se adoptan sin dudas, por eso pueden tomarse rápidamente. Agradezco vuestra presencia. Hasta pronto.

Cuando ya Jezabel se quedó sola, no sabía si llorar, por el basurero en que se había metido, o, por el contrario, si cantar, por la gran operación ingeniada. Lo que si era real es que el grado de inventiva de Jezabel era tal que hasta ella misma estaba sorprendida. No existía ningún producto PTV. ¿Desde cuándo volaban las tortugas? Todo había sido, lisa y llanamente, una invención grandiosa. Una gran estafa a ocho estafadores, aunque a ella le divertía, por eso decidió que continuaría con el vacile hasta el final. Ver para creer, una novata, en edad y en experiencia, vendiéndoles un producto de unas tortugas que volarían por los aires a los mayores monstruos corporativistas del mundo. Lo que emboban dos buenas tetas, más que un par de buenas carretas.

Pero, mira por dónde, Jezabel no se había metido en ningún basurero, sino que el PTV inventado había resultado en la mayor operación de marketing de todos los tiempos para su Corporación. ¿Cómo? Pues, entre lo que esparcieron y ventilaron los ocho presidentes del resto de Corporaciones sobre el gran proyecto PTV, sumado a lo que airearon los medios de comunicación y, sobre todo, los enteros de depilación, boom, las acciones de la Corporación Villasevil y Torre explosionaron en el mundo financiero y se revalorizaron un cincuenta y cuatro por ciento en medio día.

Ahí es nada. Las figuras y mitos históricos no se amamantan, emergen envueltos en una aureola de resplandor, como Jesucristo. Sí, señor, así lo comentaba un hombre bastante anciano sobre su silla de ruedas, quien físicamente estaba muy averiado, pero que, mentalmente, se conservaba muy fino, cuando anunciaba:

—Así, así se organiza y adultera este mundo, y así comienza la siguiente crisis financiera, que pagaremos todos. Bueno, todos menos los verdaderamente responsables, que en vez de pagarla nos la cobrarán con grandes intereses.

11 CONFIDENCIAS CON SU AMIGA

Jezabel anhelaba un descanso, pero no un descanso de tumbarse en el sofá o de meterse en la cama, sino un cambio de escenario, puesto que no era cansancio corporal, sino mental. Cada día vivía entre despachos y limusinas; con su formación en inteligencia natural a tope y en secreto; con sus responsabilidades en la Corporación en aumento; con toda su vida programada y adulterada; con todo eso, le propuso a su amiga Luz, le ordenó a su asesora Serena, que la acompañara al paraíso terrenal.

—Pero ¿qué dices, loca? Ya me gustaría, pero el paraíso está muy lejos de aquí. —Se defendía, Luz, levantando su mano derecha, exhibiendo seguridad en lo que decía.

—No, no lo está tanto. Prepara cuatro trapos viejos y cómodos. Salimos en media hora con la nave Z3M, que es rápida y no necesita ningún aeropuerto para desplazarse, pues puede levantarse y aterrizar en cualquier pequeña explanada de menos de treinta metros de diámetro. En menos de media hora de vuelo estaremos pasando un fin de semana romántico en un paraíso moderno, si bien con tantos años como el paraíso de Jesucristo.

Preparados los trapos, salieron a toda vela. Antes de la mitad del camino, Luz notó que solo iban ellas dos como pasajeras de la nave, con independencia de la tripulación mínima confinada en la cabina. Con ese resultado, la asesora comenzó a burlarse de su amiga.

—¿No iba a ser un finde romántico? ¿Dónde está tu Romeo y el mío? Aquí no veo a nadie más.

Jeza puso cara de estar distraída, como si aquello fuera con una vecina, no con ella. Por eso, Luz volvió a pisar el acelerador y a romper la barrera del silencio.

—No pretenderás meterme mano a mí, ¿eh, guapita?, porque tú, últimamente, haces cosas muy raras. Cada vez te pareces más al pobre Villasevil, que nada de aquí, ni nada de allá.

—Escucha, viciosa empedernida. Desde este mismo momento, y hasta cuando volvamos a pasar de regreso por este mismo punto, te prohíbo hablar del presente y del futuro, porque no quiero ni presentir los problemas que ya están ahora, ni los que vendrán después. Fuera, ni palabra de trabajo ni de proyectos. Hablaremos de nuestra niñez, que eso sí me gusta. — Así de explícita se pronunciaba, Jeza.

Alcanzaron su destino. Nada menos que en el grandioso parador de Santo Estevo de Ribas de Sil, anclado en un antiguo monasterio benedictino, el cual emergía y emerge en pleno corazón de la Ribeira Sacra gallega. Desde allí se podía disfrutar de unas vistas de ensueño, entre otros, al inigualable Cañón del río Sil. Ese paraje, situado a unos veinte kilómetros de la ciudad de Ourense, y compartiendo territorio entre las villas de Chantada y de Monforte de Lemos, era y es más espectacular que el propio Paraíso terrenal, aunque estuvieran ambos a mucha distancia. Un benedictino viejecito del monasterio le había confesado a un compañero monacal al final de su longeva vida:

«*Yo he llegado al convencimiento que nuestro Gran Guía Jesucristo dudó entre situar el Jardín del Edén en el sureste de África o aquí en la Ribeira Sacra*».

Las dos amigas se pusieron algunos trapos viejos y unas gafas de sol de cuando estaban solteras. La señorita Ártemis no estaba para ser esclava de modas, por eso no toleró que Luz quisiera encasquetarle unas gafas «*fashion*», sino que se aferró a las de antaño con decisión de jefa. Jezabel iba risueña y endichada. Empezaron a caminar por un bosque de robles encantados, topándose con dos docenas de matas de lavanda, cuyo perfume engordaba el alma y embriagaba los sentidos, tanto que a Jeza le salió de su corazón:

—Como me alegra ver que todavía queda algo delicioso en este planeta.

Tal vez por lo embriagada que Jeza se había quedado con el perfume de lavanda natural aspirado, se colgó del brazo de su amiga y sus ojos comenzaron a iluminarse. Fue en ese momento que le advirtió a Luz con descaro.

—Que tú tripita no se haga ilusiones, cabritilla, porque no voy a meterte nada, que no me van los pétalos. Tampoco esperes tíos, nada de tíos, que contaminan, que hasta cuando están limpios no me huelen bien del todo. Vamos a estar despejadas, con el alma serena y paseando por los tres claustros del antiguo «*mosteiro*» de Santo Estevo, con la pureza de dos novicias recién ingresadas —Ordenaba la jefa haciendo de Madre Superiora.

—Pero ¿es que te has chutado, tía? Yo no vine hasta aquí para hacer penitencia ni estar enclaustrada. Tú verás, si no cortas el rollo, me largo y te quedas sola.

—Amenazó Luz poniendo cara de deseo y de hartazgo, al tiempo que metió sus manos en los bolsillos traseros de su tejano.

Sin embargo, Jeza no estaba para meterse en esos ruedos, por eso fue soltando cuerda despacio, remarcando las palabras como si las escribiera en mayúsculas y resaltadas en negrita:

—Tú, si tanto necesitas un tembleque, vete al baño a meterte lo que quieras, pero aquí nada de tíos. En un exconvento de clausura hermoso cómo este, recuérdalo, a nosotras no nos está permitido el acceso a los machos. Hemos venido a descontaminarnos, para lo cual, como no vamos a hablar del futuro, que ya lo iremos viendo cuando regresemos al infierno, ni tampoco del presente, que ahora no quiero verlo ni olerlo, hablaremos del pasado, de cuando éramos niñas.

Entonces sí que éramos felices. ¡Dios, que castigo! ¿Por qué tenemos que dejar de ser niñas?

Luz se quedó esperando a que lloviera. Cuando la jefa Jezabel se sentaba en el trono fenicio, adiós, ni carne ni pescado, no había forma de comerse nada. Recogió todo el fresco que encontró por los alrededores y aceptó, que remedio, hablar solo del pasado, como si el futuro y el presente no formaran parte del tiempo. Repasó mentalmente y a regañadientes lo último que había ordenado la jefa. Con poca convicción, entró en la conversación de su pasado ya un tanto lejano, donde había gallinas y pavos, con sus huevos y sus pasteles, pero dado que la infancia siempre encendía la mecha, pronto se zambulleron en el mundo de los recuerdos.

—Uf, que maravilla, con diez años corriendo por un huerto detrás de los pavos. Era muy simple, por eso era maravilloso. —Recordaba, Luz, poniendo cara de ángel encantado.

—Sí, sí, yo no olvidaré mis correrías por el pueblo de Mourazos. —Iba recitando Jeza con media sonrisa en sus labios, si bien un tanto apretados, ya que sabía que acabaría envuelta en un pasado un tanto tenebroso. —Yo era feliz, por eso mis padres también lo eran. Después crecí y un día me casé. Fui durante seis años la mujer más encantada y feliz del mundo. Con dos hijos maravillosos. Y mis padres igual de contentos, creyendo firmemente que podían morirse en paz porque su hija tenía una vida estupenda, sensata y segura. Sí, así era, hasta que perdí la cabeza, me olvidé de mi marido y permití que un desgraciado se metiera dentro de mi cuerpo. Ahí, mi felicidad se truncó de cuajo. La vida de mis padres, también, porque los maté del disgusto.

—Anda, no seas tan dura contigo. Se murieron porque les llegó la hora. —Respondía, Luz, sin más argumentos.

—Nada de eso, les llegó la hora porque yo los maté. Si yo no me hubiera encabritado con el carnívoro del Víctor aquél, ahora estarían vivos, porque no eran tan mayores. —Jeza hizo un descansillo, miró al suelo y continuó. —Igual que a mis dos hijos. No los maté, pero casi, porque les obligué a llevar una vida de gatitos medio abandonados. Tuvieron que vivir entre marranos de la droga y entre cochinillos del sexo, por eso a mis hijos los perdí, a los dos, aunque espero recuperarlos pronto.

—¿Ah sí? ¿Tienes esperanzas? —Preguntaba Luz con mucho interés.

—Más que esperanzas. —Confirmaba Jeza con los ojos brillantes y llenos de ilusión. —En la última época fui «*una barriobajera, una putita de postín, sin diez gramos de dignidad, sin disponer siquiera de pan para darles de comer a mis dos hijos*». Eso decía la resolución judicial que me quitó la custodia. Pero, ahora ya tengo dignidad y ya tengo pan, y también me sobra poder para hundir al que se atreva a enfrentarse a mí, a nosotras, porque tú formas parte de mí y yo de ti.

Las dos amigas se abrazaron como si fueran las dos únicas personas del universo. Siguieron andando, solas, mirando el color verde de la vegetación, más intenso que en ningún otro sitio de la tierra, hasta que Jeza retomó el pasado diciendo.

—Mi hija, Aurora, tiene ahora seis añitos. ¿Qué estará haciendo ahora mismo? Pobre hija mía, cuanto daño le hice. —Hablaba Jeza medio hundida, mientras la nostalgia se le desgarraba piernas abajo.

—¿Y tu hijo? ¡Que lo parta un rayo! —Comenzó, Luz, a colocar contrapeso, que eso, en su papel de asesora, se le daba muy bien.

—Calla, burra. —Reprochó Jezabel. —Ahora iba con mi hijo, con mi pequeño. Jamás otorgué privilegios a ninguno de los dos, pero es cierto que Aurora es un poco... menos fuerte, un poco más como yo, mientras que Albor se parece más a su padre.

—Anda, mira, fue conectar con el pasado y ya, sin más, apareció en el horizonte el padre de tus hijos, tu exmarido. Jamás conseguirás librarte emocionalmente de él, mi niña. —Arriesgó, Luz, empezando a hacer camino, porque el camino se hace al andar.

—Es que mi corazón no quiere librarse de él, nunca quiso hacerlo. —Afirmaba Jeza mirando al frente, a una montaña que ofrecía unos círculos de un color verde vivo entrelazados con otros de un amarillo cálido, tanto que alimentaba el espíritu.

Ambas amigas caminaban despacio, tambaleándose, con un calzado deportivo normalete, sin roturas, pero un tanto desgastado. El tambaleo no mostraba carga sexual alguna, pues era más bien un caminar despreocupado, libre de prisas, por eso pareciera que imitaban el movimiento ondular de dos serpientes despreocupadas. El camino de tierra, más bien llano, era ideal para caminar, si bien ellas solo querían pasear. Troncos y ramas de castaños y pinos estirados subían hasta el primer piso del cielo. Algunas de esas ramas se inclinaban para cubrir casi todo el camino a modo pasarela celeste, cuya alfombra verde pretendía acompañar a los paseantes para que no se sintieran solos.

—¿Dices que nunca quisiste librarte de tu marido? ¡Nooo, nunca! Ja, ja, por eso te fuiste al ático de tu amante y le pusiste los cuernos con nata tibia incluida. Anda ya, eso cuéntaselo a otra, que conmigo no cuela.

—Acusaba Luz sin dejar de mirar a los castaños, con la crueldad e impertinencia que permitía el hecho de que estaban solas y que estaban de paseo.

—Yo nunca quise perderlo. —Respondía Jezabel con la mirada flotando, como si, Luz, no conociera la historia y aquella le pudiera vender una motobomba.

—¡Nooo!, claro que no querías perderlo, en eso te creo. Tú querías conservar a tu marido, seguro, y también a tu amante. A los dos, por supuesto. Ya te entiendo, como quieren todas las infieles. Y en medio buscarte a otro y jugar a tres bandas. —Sentenció, Luz, sin aceptar apelación, con buen grado de sarcasmo.

—No seas cruel conmigo. —Se le oía a Jeza con cara de culpable.

—¿Yo cruel contigo? Lo tuyo no fue un calentón que acabó en un polvo de una noche y que, tras ello, hubiera por tu parte dolor, arrepentimiento y decisión firme de no volver a repetirlo. No señora, no, te tiraste a tu amante tres días seguidos en aquel piso del ático, fornicando como monos en celo. Lo tuyo fue una puesta de cuernos en toda regla. Tu sí que fuiste cruel con tu marido, guapa. —Hablaba, Luz, con el atrevimiento que proporciona la confianza, esa confianza que acuchilla y genera nauseas.

Jezabel no tenía forma de rebatir aquello. Sus cejas, sus pestañas y sus párpados cayeron hacia el suelo sin control, sin ánimo de levantarse. Este hecho no pasó desapercibido para su amiga, que tiró del brazo de Jeza hacia arriba con intención de que levantara su cabeza.

—Jobar, tía, eso no pasó ayer, ya has tenido tiempo para masticarlo y digerirlo, sobre todo durante esa época en que te has merendado a docenas de tíos. ¿O es que todavía...? —Paró, Luz, su caminar mirando de reojo a su amiga.

Jezabel se sentó en un promontorio de la cuneta, casi se dejó caer en una orilla del camino con hierba abundante. Estuvo pensando, como si estuviera construyendo el capítulo once de su libro en curso, hasta que, con cierta amargura, comenzó a decir.

—¡Lo que yo hice... ponerle los cuernos a mi marido, fue una cochinada imperdonable! —Exclamó Jeza, mientras transmitía una cierta carga de rabia mezclada con nostalgia. —Me comporté peor que una malnacida con él. Ha pasado ya tiempo y todavía sigo acordándome de lo feliz que yo era en mi casa. No exagero nada. Le puedo poner nombres a las virtudes de mi exmarido y decir que:

Como padre, él era perfecto. Siempre pendiente de sus hijos y ayudándoles en todo. Los niños lo adoraban día y noche. Cuando su padre llegaba a casa hacían una fiesta, y cuando él no estaba lo llamaban a menudo. No se dormían sin que les contara un cuento por él inventado.

Como marido, no encontraré ninguno como él. Como ejemplo, él se hizo la vasectomía para que yo no tuviera que tragarme píldoras anticonceptivas que rompen a la mujer. Era responsable y fiable. Por las noches, me ayudaba a recoger y a fregar, tanto que él no se sentaba mientras no me sentaba yo. No tuve ninguna restricción en dinero. Nunca una mala contestación. Era...era ideal.

Como hombre, era el mejor. Era el más guapo y el más cariñoso; con un cañón que enamoraba, pues nunca encontré otro que me rellenara como el suyo. Después de divorciarnos intenté suplirlo probando con otros tíos, pero con ninguno acababa gozando como con él. Ningún otro con el que estuve después, ninguno, nadie le llegaba ni a las rodillas.

—Jeza, que conozco la historia, tía. Tú misma ya me la has contado. —Clavó Luz en tono insultante y soltándose del brazo de su jefa. —Como padre, es probable que fuera lo que dices. Como marido, puede que también, no lo sé. Pero, como hombre, no te creo. ¿Por qué? A ver, o tú marido no estaba tan bueno como dices, o, si estaba tan rabiosamente bueno como cuentas, tú eres una bruja odiable e imperdonable, puesto que, mientras tu marido cumplía con su deber trabajando como un santo, tú ibas a tirarte a tu amante al ático de este. Joder, tía, no me trates de tonta, que me insultas.

A Jezabel le dolieron mucho esas palabras, esos reproches de su amiga, pero tuvo que aguantarse. Aquella quería contarle su historia a alguien y se la estaba contando nuevamente a su amiga, puesto que a su exmarido ya no podía por no estar vivo. Además, en su momento no pudo, y aunque ahora pudiera, tal vez tampoco se atrevería. Contarle la historia de un asesinato al propio asesinado, uf, por donde empiezas.

—Ya hemos hablado demasiadas veces sobre eso, Luz. Si una mujer está soltera puede hacer lo que quiera, su vida es solo suya. Y si está casada o convive en pareja, pero no quiere a su hombre, pues podría decirte que también, hasta... podría encontrar justificada una infidelidad, pues no te casas para ser una mártir. Pero si amas a tu marido o a tu compañero, no puedes darte la lengua con otro hombre, ni puedes dejar que ese otro hombre te meta sus dedos dentro de tus genitales, porque si lo permites, como desgraciadamente hice yo en aquel baile de El Cielo Total, ahí empiezan los problemas serios. Eso que a algunas mujeres nos pudiera parecer algo no tan grave, al día siguiente tú ya provocas a ese otro hombre para que te meta su palote, y ese es el final. Cuando esa golfada se descubre, se rompe la confianza que tú marido o compañero tiene en ti. Tú te llenas de sentimiento de culpas por lo que estás haciendo. Dios, ya nada es igual y todo se va a la basura. —Jezabel se detuvo medio instante, expiró y continuó. —Nunca volveré a tener la paz que tenía en mi casa. Que idiota fui. Tenía un marido maravilloso e, imbécil de mí, lo cambié por una rata de alcantarilla. ¡Fue la mayor cagada de mi vida!

—Niña, dime la verdad, tú sigues enamorada de tu marido, ¿eh? —Se entrometió, Luz, sin muchos miramientos.

—No seas pánfila, tía. Yo sigo enamorada de los recuerdos de mi exmarido, pero no puedo seguir enamorada de un marido que está muerto, ¿te enteras? —Remachó Jezabel dando un tirón a un mechón de la melena de su amiga, como para que despertara.

—Bueno, si tú lo dices. —Asentía, Luz, con cara de desconcierto. —Vale, pero dime como encajo yo que un hombre tan maravilloso, como tú dices, pueda acabar siendo tan desalmado con su propia mujer, su exmujer. Ya sé que nunca conoces del todo a tu marido, porque yo tampoco conseguí conocer al mío, pero es que a mí me extrañó mucho eso de que tú exmarido quiso violarte y trató de despeñarte por el precipicio de Despeñaperros. Jeza, realmente, ¿qué coño pasó allí? Dime la verdad, entera, de lo contrario no volveré a escucharte.

—Joder, Luz, ¿cómo quieres que te lo diga? —Jezabel detuvo su caminar. Abrió los brazos. Hablaba bastante ofendida. —Me resulta muy difícil hablar de eso. Uhm, cuando te has casado enamorada perdidamente de tu hombre; cuando te ha dado los dos mejores hijos de este mundo; y, cuando has estado casada y has convivido rebosando felicidad con él durante seis años, tía, a mí no me resulta tan imposible... aceptar... que, en aquel pantano, yo le pudiera abrir mis piernas a mi exmarido sin mucha oposición. Quiero decir que no estoy segura de nada. Ni siquiera puedo discernir con seguridad si realmente llegó a penetrarme. Joder, esto que digo es durísimo, es para morir, pero tal vez él se sintió con algún derecho..., no sé, en siete años lo habíamos hecho miles de veces, y... buf, hasta puede que yo lo provocara un tanto, pues recuerdo que le grité: ¡Vienes a follarme, cabrón, pues, venga, fóllame!

Se hizo el silencio. Después de los grandes truenos, siempre domina el silencio, y en este caso no era para menos.

—No crees que lo de la violación, eh, ¿pudo ser real...? —Mostraba Luz sus creencias en forma de pregunta.

—No lo sé, Luz, no lo sé, forcejeamos con rabia, fue todo tan... huracanado que no estoy segura de nada. En todo caso, una vez muerto mi ex, buf, ya no quiero hacer sangre, puesto que nada de eso habría pasado si yo hubiera sido más responsable en mi matrimonio, que no fui, y menos cabrita montesa, que sí fui. —Hablaba Jeza toda apesadumbrada, con las manos cerradas y tensas, los labios apretados y los ojos tristes, perdidos.

—A propósito de lo que has dicho, eso de «muerto mi ex». Tu exmarido jugaba a tenis con frecuencia. Era alto. No era un gladiador forzudo, vale, pero tenía un cuerpo poderoso. Por eso que, si él había ido a despeñarte, ¿cómo fue que él acabó en el precipicio? Tú me dijiste que él venía a tirarte al fondo del pantano, ¿o no? —Se le ocurrió a Luz, como si jugará a un juego de detectives.

—Él dijo que me tiraría por el precipicio, eso creo haberle oído. No sé si lo hubiera hecho, pues con lo que él me había querido, ahora lo dudo. Pero, claro, también es probable que gran parte del cariño que me tenía, que todo ese amor se hubiera convertido en odio después de tragarse mi infidelidad en directo, por eso dudo tanto de lo que habría hecho si hubiera llegado el caso. Lo que sí es seguro, puesto que eso es un hecho consumado, es que yo me apoyé con mi espalda en el muro, hice palanca con mis piernas y lo lancé al vacío, en defensa propia, vale, pero lo despeñé. Y si nos atuviéramos a los hechos y obviáramos las suposiciones, como hacen en los tribunales, ¿quién crees que cometió un delito de homicidio? ¿Mi exmarido, que, en todo caso, sería tentativa de homicidio, porque yo sigo viva, o, lo cometí yo, que lo despeñé efectivamente? ¿Crees que la justicia se habría creído que yo lo hice en defensa propia? ¿Cómo iba yo a justificar y probar ante esa justicia que, habiendo yo tenido un amante por el que me encapriché y perdí la cabeza endiabladamente, no había yo aprovechado un descuido de Alejandro para empujarlo y lanzarlo al precipicio, quitándome de en medio a mi exmarido? —Todo eso fue relatado por Jezabel de un tirón, como si lo hubiera pensado y desmenuzado antes otras muchas veces.

— Vale, Jeza, entiendo que quieras cerrar y terminar con todo eso, pero, tía, a ver, a ver si yo me entero. ¿Viste tú el cuerpo descuartizado allá abajo? ¿Estás segura de que tú exmarido la palmó aquel día? —Seguía jugando a detectives la asesora Serena.

—Luz, no seas pinchaúvas, no me jodas. —Jeza estaba un tanto picada, mostrando una nariz muy arrugada. —Se fue lanzado por detrás de mí, detrás del muro de Despeñaperros. No puedo estar segura como cayó, porque no tenemos los ojos en la espalda, ni tengo un informe médico que determine que murió, pero ¿quién se salva desde una altura de más de cien metros, cayendo contra el muro de cemento hasta estrellarte en las rocas allá abajo? Déjate ahora de mandangas, tía.

La suerte estaba echada y la lotería vendida. Se hizo otro silencio. Cuando ya no quedaba más silencio, Luz regresó a donde había algo de bullicio.

—¿Conoces, tú, Jeza, el llamado «Síndrome de Estocolmo»? —Soltó, Luz, a tumba abierta.

—Sí, asesora, lo conozco un poco. ¿Qué quieres decir con eso? —Preguntaba Jezabel descolocada y con cierta furia.

—Pues…, en relación con ese síndrome, ya te pregunté alguna otra vez si tú seguías enamorada de tu exmarido, porque a veces tengo la impresión de que…, como si te aliaras con él y lo justificaras continuamente, porque dudas de que te violara en forma efectiva, dudas de que fuera a tirarte al precipicio, medio te culpas a ti misma... No sé, hasta creo que tu exmarido no ha muerto, porque nunca se supo nada de su cuerpo y porque, me parece, que tu corazón sigue con esperanzas de que siga vivo. —Iba largando la señorita Serena con una fiereza desconcertante.

—Anda, cojones. ¿Qué tiene que ver ese síndrome conmigo? Simplemente te he dicho lo que ahora, con un poco de distancia temporal, creo posible. —Amenazó Jezabel con desbordarse —En cualquier caso, mi exmarido ya no existe, ha muerto, y te prohíbo que me vuelvas a hablar así de él. Que descanse en paz, que bastante daño le hice. Así que cállate, tía, que eres muy cabrona cuando quieres.

Caminaron un rato sin nada de prisa. Se asomaron a un pequeño mirador desde donde se quedaron alucinadas, alimentando el espíritu con las maravillosas vistas que empezaron a observar cómo..., como si no estuvieran en la Tierra. Eran las vistas del Cañón del Sil, de una pequeña parte de la Ribeira Sacra. Ese regalo a la sensibilidad del alma no se podía percibir desde cualquier otro lugar del mundo. Se miraron las dos amigas, se quisieron perdonar todos sus defectos y prosiguieron su camino.

Con el alma más serena, como si hubieran acabado de confesarse y obtenido la absolución de sus pecados, Jezabel suspiró. Quiso acabar de sincerarse con su amiga, y se confesó. Hablaba a trozos. Sangraba por su lengua como se sangra después de sufrir las consecuencias de un terremoto devastador.

—Fíjate, Luz, la infidelidad a mi marido no sólo fue un desastre para él, también lo fue para mí, pues me dolió como si me dieran machetazos. Tuve que acabar reconociendo que yo le puse los cuernos a mi marido con un «corneador profesional».

Luz pestañeó rápido, pero no sé atrevió ni a decir palabra, aun cuando aquella expresión de «corneador» medio le explotó oídos adentro. Ella nunca había oído esa expresión. Al primer momento le pareció que la misma era un tanto sucia, como si llevara barro en sus letras, pero cuando la repitió algunas veces mentalmente acabó aceptando que las cosas tienen nombre, y que no se lo debes cambiar, porque si lo haces las conviertes en otra cosa y, entonces, ya no es lo mismo, el significado auténtico se adultera.

—Sí, señor —Se repuso Jezabel que también había quedado un tanto descolocada con aquella expresión. —Era un rompematrimonios profesional porque, el cabrón aquel, vivía de torear a las mujeres que elegía y, consecuencia de ello, también a sus maridos. Yo no me fui a la cama con otro hombre debido a que, pongamos, hubiera pasado horas con él en el trabajo y, sin querer, hubiera caído enamorada de ese tío. Si eso hubiera pasado así, o algo parecido, yo podría justificarme ante mi marido y ante mí. Yo podría argumentar que no deseaba que eso pasara, pero en el trabajo se pasan muchas horas juntos y, un día de debilidad, te rindes y caes, pero eso no pasó así.

Jezabel tomó aire, movió horizontalmente su cabeza en disconformidad con lo que había hecho y continuó sacando parte de lo que llevaba dentro.

—Yo no tenía un solo problema con mi marido, ni sexual ni de ningún tipo. Lo seguía amando hasta las cejas. Pero una tarde, me bebí mi entendimiento y me dejé hacer lo que el cabrón del Víctor quiso. Debido a eso, dejé de hacerlo con mi marido. Hasta que este, desesperado porque yo ya no me comportaba como antes, tuvo que admitir que yo se la estaba pegando con otro. Así que, se deshizo de la confianza que tenía en mí y me siguió hasta aquel ático. Que desastre, allí nos encontró, a mí, su mujer infiel, y mí amante, el torero, haciéndonos de todo y, para colmo, tuvo que tragarse que yo, abrazada al torero, le llamara cornudo a mi marido en su propia frente.

Jezabel tenía los ojos vidriosos y las manos cerradas, apretadas, a punto de clavárselo sus propias uñas en la palma de sus manos. Lo que contaba no había sucedido ayer y, sin embargo, así seguía ella de afectada.

—Mi infidelidad no fue por un problema de amor, porque me hubiera enamorado de mi amante. No, nada de eso, fue por sexo y por vicio, con un búfalo que acabó violándome por delante y por detrás. Ninguna mujer se merece que la violen, pero es que yo había comprado varios décimos de lotería, y, todo lo que pueda pasar, por desgracia, acaba pasando. ¡Que malnacida fui! Desde ahí ya todo acabó en medio de un estercolero.

—A ver, Jeza, a mí también me fue infiel mi marido, y claro que me jodió un montón, pero puede que tú marido llevará sus cuernos hasta más allá de las últimas consecuencias. Hay parejas que se ponen cuernos y siguen tratándose, aguantándose, digo yo que los acaban asumiendo...

—Si, puede ser. —Reflexionaba, Jezabel, con la frente fría —En algunos casos los acaban asumiendo, no sé si por cobardía, por comodidad o porque entre quien es infiel y quien recibe la infidelidad ya antes se importaban muy poco. Ese no fue nuestro caso. Con Alejandro tenías que estar solo con él y únicamente con él. Mi exmarido jamás me compartiría con otro tío. Tanto fue así que nunca más me miró a la cara. Acabamos divorciados y con nuestro matrimonio hecho rodajas. Por eso no comparto en absoluto eso de que los cuernos tienen poca importancia, eso no es defendible. La mayoría de las personas que reciben una infidelidad, incluso profesionales del sexo, no lo aguantan. Creo, no obstante, que los hombres llevan peor lo de la infidelidad que nosotras las mujeres.

Se oyó el ladrido de un perrito a los lejos. Mientas se detenían en mitad del sendero, el perrito se durmió y ellas continuaron. Fue ahí cuando Jeza recordó una historieta oída en su trabajo, en La Guarde. Venía a ser algo así:

«Un moribundo de noventa años había escrito una carta a su mujer. Nunca se la entregó personalmente, y ahora que él ya olía el final de su vida, se la entregó a su hija para que la depositara en el buzón de correos. La

carta decía que nunca pudo confesarle a su mujer una infidelidad cometida cuando él tenía cuarenta años. Habían sido cincuenta años de ocultismo. No pudo contárselo mirándole a los ojos porque la cara se le caería a trozos por lo culpable que se sentía. La carta acababa con: Ahora teniendo yo los dos pies en el cementerio, espero que no me maldigas con excesiva rabia».

Que bárbaros son algunos humanos. Cincuenta años escondiendo una infidelidad y, cuando ya se moría, no se lo dijo a su mujer, tuvo que mandarle un recado por el cartero. Pudo también devolverle los besos de esos años.

Otra pausa para que la sangre circulara, y Jeza prosiguió:

—En mi caso, mi infidelidad fue devastadora para nuestra casa y vida. Lo seguro es que, eso de presenciar que tu mujer se entregaba a otro, tuvo que ser horrible para él. Si mi marido se tirara a otra delante de mí, yo los destriparía a los dos con mis uñas. A él no volvería a mirarlo a los ojos, seguro, ni aunque se lo comieran los perros. —Jezabel temblaba. Era tal la amargura que soportaba que tenía que seguir ventilando las sábanas —Eso de que tu marido te pone los cuernos, o tú a él, y que no pasa nada, que detrás viene el perdón y que los dos siguen felices, buf, eso es un cuento para inocentes. Mi marido nunca me falló, por eso no pudo aguantar que yo le fallara en lo que él más quería. Si no te importa, lárgate y que te den, pero si te quiere a muerte tiene que ser horrible, demoledor. Fíjate que le dijo mi marido a mi madre algunos días después de descubrir mi infidelidad: «*hasta hace unos días, si a tu hija se le hubiera parado el corazón, yo me habría arrancado el mío de mi pecho y se lo habría dado*». —Jeza volvía a llorar —Si un marido es capaz de dar su vida por su mujer, ¿cómo aguanta que su mujer goce un orgasmo con otro? ¿Cómo se puede decir que eso no tiene importancia y que no pasa nada? Si tu marido te dice "mi amor", ¿tú qué haces, te tragas el pastel o le contestas que ya no eres su amor, que ahora ya eres amor de otro?

Que duro, pensaba Luz. Oír eso de «si mi marido me lo hiciera a mí, no volvería a mirarle a los ojos, ni aunque se lo comieran los perros», Dios, que eso lo diga la propia infiel, ¿cómo se digiere eso?

Las dos amigas se detuvieron. Miraron a una pareja de pajaritos de colores que revoloteaba a pocos metros de ellas, insinuándose piquitos, iniciando un cortejo con pretensión de amor eterno. Jezabel contempló nuevamente la pareja de pajaritos con colorines, que seguían con su ritual de enamorados. Dijo:

—¡Qué bonito es el compromiso mientras te une dulcemente! —Silencio —¡Dios, y que macabro cuando lo rompes, y le mientes, y le escupes encima de sus astas!

Jezabel, después de haber sacado todo lo que llevaba dentro, se había quedado bastante vacía, agotada. Tal vez intentando encontrar como poder racionalizarlo, cómo darle sentido a algo que revoloteaba en su cerebro como si una pelota de pin-pon se tratara. Mientras eso perseguía, de su boca comenzó a oírse.

—Las personas hacemos cosas... inconcebibles, insólitas, que cuando pasa algún tiempo y las recordamos nos producen... no sé cómo decirlo, desconcierto, hinchazón o no sé qué.

—¿De qué hablas ahora? No te sigo. Explícate —Pidió Luz moviendo horizontalmente su cabeza.

Jeza tardó un tiempo en reaccionar, como si ni ella misma se lo creyera. Finalmente dijo.

—Fíjate lo que yo misma llegué a vivir. Recuerdas que el día de mi treinta cumpleaños, que era domingo, me enganché por primera vez con el capullo del Víctor en la disco El Cielo Total. El martes siguiente me fui a su ático a merendarme al mismo cabrón. Cómo sabes, mi nombre entonces era Isa. Allí, en un descanso entre tormentas sexuales, tuvo lugar entre mi amante y yo, la siguiente «conversación, uf, totalmente disparatada», cuyo diálogo literal y mímicamente transcurrió así:

***

«—Oye, Isa, desde nuestro primer sofocón la noche de tú treinta cumpleaños, ¿tú sigues haciéndolo con tu marido? —Me preguntó Víctor seguido de un beso apretado.

—No, de verdad —Le contesté yo en cuanto separé mis labios de los suyos —Con... mi marido no he vuelto a hacerlo desde la noche del domingo que yo tanto disfruté contigo en la disco El Cielo Total.

—No sé si creerte. Metiéndote en la cama con él toda la noche, no sé... —Replicó mi amante poniendo cara de dudas.

—Tienes que creerme, cariño. Desde mi primer orgasmo contigo la noche de mi cumple, no he vuelto a tener dentro de mí a mi... marido. —Afirmé yo mientras con mis manos le acariciaba ambas mejillas a Víctor y le volvía a dar otro beso con movimiento de lengua incluido —De hecho, ni siquiera le he besado como antes, más que aguantar mis labios sin entusiasmo alguno.

—Mi amor, es que yo quiero que me seas fiel, que no permitas que él te... meta nada. Me jodería mucho que me pusieras los cuernos con ese Jandro... tu marido —Le escuché a Víctor sostener su aberración con un cierto tono de amenaza.

—Pero, mi cielo —Confesé yo compungida, poniendo mi corazón delante de mis ojos, los cuales no se apartaban de los de mi amante —Te juro que no te he puesto los cuernos con... mi marido, créeme, te soy fiel. Me meto en la cama, le doy la espalda y no le dejo ni tocarme un centímetro. En todo caso..., por Dios, Víctor, yo no puedo hablar ahora de mi marido. ¡No me hagas esto, por favor! —Y siguió un beso apasionado, preludio de la siguiente tormenta sexual que los dos esperábamos.

***

Tras el relato anterior, Jezabel estaba en otro mundo, perdida entre el eco del viento, vagando por dunas movedizas y preguntándose si había muerto. Luz estaba en otro universo, perdida entre el polvo sideral, intentando abrir sus ojos y preguntándose si seguía viva.

¿Tan alucinante, inverosímil e irreal era lo que acababa de relatar Jezabel para que, incluso su propia cabeza, se hubiera ido a otra galaxia? Luz, embobada, consiguió reaccionar.

—Pero, niña, eso es lo más aberrante y sin sentido que he podido oír en esta vida. A ver si te he seguido. Víctor era tu amante, y ¿me estás diciendo que este te reclamaba a ti que no te acostaras con tu marido, porque si lo hacías ese Víctor se sentía cornudo? ¿Él, qué era tu amante? ¿Es eso? —Preguntaba su amiga escandalizada, con todos los agujerillos de su cuerpo abiertos.

—Sí, bueno, sé que esto es muy retorcido, pero, así era. Me exigía que yo no hiciera el amor con mi marido, porque si lo hiciera, yo le estaría poniendo los cuernos a él, a Víctor, que era mi amante. Pero, es más, no se conformaba con que yo por la noche le diera la espalda a Jandro, que me inventara escusas como dolor de cabeza y otras para no hacerlo con quién era mi marido, no sólo eso, sino que esperaba que yo no me metiera con él en la misma cama… —Jezabel estaba explicando algo rebozado con mucho barro y fango.

—A ver, Jeza, a ver, estarás de acuerdo conmigo que, estando tú casada con Jandro, el único que, de conocer tus andanzas, tendría derecho a sentirse con cuernos era este, tu marido. Cuando tú te enroscabas con Víctor, tú le estabas siendo infiel a tu marido, que era el toreado, no a Víctor, quien era el torero. ¿Por qué Víctor, tu amante, se tendría que sentir cornudo si tú lo hubieras hecho con Jandro, tu marido?

—Pues, Jonás, no se… Luz, supongo que por ese sentido deformado que tienen la mayoría de los hombres respecto de la posesión del hombre sobre la mujer… Tú marido te pretende en exclusiva para él… y tu amante también…—Estaba, Jeza, argumentando una respuesta desde las nubes.

—Es qué, Jezabel, no es lo mismo. De un lado, a tu marido le habías prometido, cuando menos, el día de tu boda, respeto y fidelidad, pretensiones que no debería tener tu amante. ¿Acaso sí? Por otra parte, yo no sé si es tanto un problema de posesión de hombres sobre mujeres, porque yo también estuve casada y, en aquel tiempo, yo igualmente esperaba fidelidad y exclusividad por parte de mi marido. No sé yo cuando puede tener sentido, o sin sentido, eso de la posesión que tú dices.

—Pues, ¡nunca, joder! —Contestó Jeza salpicando saliva mientras pronunciaba su aserto con toda su energía y determinación, deletreando lo que decía para que quedara más remarcado e intenso — Yo nunca me sentí un objeto de mi marido. Me lo has oído muchas veces: ¡Mi piel, es mi piel, y con ella hago lo que yo quiera! Esperaba que tú me entendieras.

—Sí, vale, aplaudo eso de que tú puedas hacer lo que quieras con tu piel, vale, pero entonces, ¿para qué tanta parafernalia con las promesas matrimoniales, con eso de serle fiel y respetarlo? ¿Para qué malgastamos tiempo y saliva jurándonos amor eterno en la pareja, de igual o de distinto sexo, si cada cual, como tú dices, va a hacer lo que quiera con su piel? Nos pasamos la vida explicando la diferencia entre los humanos racionales y los animales salvajes, y después nos comportamos peor que ellos. ¿Por qué criticamos tanto a las prostitutas? Es fácil, según tú, ahora me apareo con el tío que me apetezca y, en cuanto vuelva a subirme mis bragas otra vez a su sitio, de ese tío ya ni me acuerdo. ¿Es ese el modelo de sociedad que propones? —Con esa contundencia remató el debate, Luz, tal como le había ido fluyendo, pues no todo lo que nos sale por la boca lo tenemos previamente pensado.

Con lo que Luz acababa de plantear se fundieron los plomos artesanales y los fusibles industriales. El tocadiscos y el *Music Center* dejaron de sonar. Comenzó a oírse caer alguna hoja de los cerezos y de los castaños. Las cosas pequeñas solo se oyen cuando nos callamos y las escuchamos.

Las dos amigas reanudaron el camino, simplemente porque el plan no era quedarse allí.

Luz miró muy incrédula a su amiga, creyendo que esta gastaba poca coherencia entre lo que decía y lo que hacía. Iban en silencio. Ahora, ninguna de las dos féminas decía nada. Seguían caminando, despacio. Cada cual pensaba en lo que quería, porque el pensamiento es libre, es lo único libre, de momento. De repente, Jezabel, como si quisiera desprenderse de aquellos planteamientos errantes de su asesora, simplemente porque le arañaban la piel, verbalizó su pensamiento:

—Mira, flor de invierno, más nos vale que cerremos ese tema, porque tú y yo somos iguales, las dos nos divorciamos por unos cuernos.

La asesora tardó un tiempo en contestar. Seguramente había poca congruencia en lo acabado de afirmar por Jezabel. Cuando Luz tuvo la contestación pensada y armada, precisó, en gran medida, su respuesta. Dijo cortando el aire:

—Sí, señor, sí, fue por unos cuernos, eso es cierto, pero tú y yo no somo iguales, gatita traidora. A mí me los puso mi marido con una guarra, y tú se los pusiste a tu esposo con un chulo. Tú con tu chulo y mi marido con su guarra gozasteis los polvos apasionadamente, mientras que tu marido y yo sufrimos los cuernos miserablemente. No, no es lo mismo traicionar por gusto, con orgasmos finales incluidos, como hicisteis tú y mi ex, a que te traicionen por confiar, como le pasó a tu marido y a mí. No, señora, no, tú y yo no somos iguales, ¡comadreja!

12   APERTURA DEL TESTAMENTO

Transcurrieron las semanas necesarias para que todo estuviera en orden y el procedimiento pudiera cumplirse. La notaría actuante, con el visto bueno de la heredera designada, convocó a las personas interesadas para el acto protocolario y necesario de apertura del testamento del fallecido, Don Indalecio Villasevil de la Torre.

Comparecieron al acto solo las personas mínimas que legalmente debían comparecer, esto es, la heredera, Jezabel Ártemis; su asesora predilecta, Luz Serena; y, la representante de la Corporación Villasevil Torre, Jane Brandy. Las tres damas convocadas estaban debidamente acomodadas en asientos confortables e individuales, pues el acto de apertura y el rango de las tres asistentes lo justificaba. La sala mayor de la notaría era muy amplia y señorial, un tanto barroca, según el criterio de Jezabel, pero nadie acudía a una sala como aquella para irse de copas ni a bailar un *rock*, por cuya razón ella entendía la forma solemne y noble del decorado.

Las tres comparecientes estaban sentadas con sus sillones dibujando un semicírculo en forma de luna menguante. Enfrente, sobresalía una mesa espectacularmente torneada de Castaño Chousagrande. Esta había sido labrada y barnizada con los pies, puesto que no tenía manos, de un profesional con diversidad funcional, que impresionaba a los más exigentes.

Sentado casi majestuosamente al otro lado de esa mesa Chousagrande, presidía la ceremonia el Notario Mayor, Don Adaljandro del Olmo y Penumbra. Como siempre, el notario estaba sumamente elegante, en su puesto y papel, quien rompía la seriedad solo cuando la ocasión lo exigía.

El notario se auto concedió la palabra y se dispuso a declarar abierto el acto. Anunció solemnemente, en alta voz, para deshacer todo tipo de dudas:

—Buenas tardes, Señoras. Agradezco su estimada presencia. Como saben, el objeto de este acto es la apertura del testamento otorgado por, Don Indalecio Villasevil de la Torre, cuyas últimas voluntades se encuentran a mi presencia en pliego cerrado. También ante mí, se encuentra otro sobre cerrado que viene adjunto al testamento, pero este segundo pliego contiene una nota que para este notario es de preceptivo cumplimiento, la cual viene cofirmada por el fallecido testador, Señor Villasevil, así como por la heredera, Señorita Ártemis. La expresada nota dispone que en el interior del sobre se encuentra el Documento de Buena Convivencia, cuyo contenido no puede ser aperturado ni conocido hasta que no transcurran seis años desde la fecha de hoy. Por tanto, este segundo pliego permanecerá en custodia por esta notaría hasta el día de autos.

El notario interviniente hizo una breve pausa, con igual duración que un punto y coma, y prosiguió:

—En cuanto al testamento mismo, a presencia de ustedes, procedo a la apertura del pliego que lo contiene.

El Notario Mayor deslizó una daga por un extremo del sobre de dimensiones amplias, con formato DIN A6, del cual se produjo su apertura. Introdujo, con experiencia, tres dedos y extrajo dos folios numerados. Los observó, y notando que dentro del pliego de dimensiones amplias quedaba otro tipo de material, introdujo nuevamente su mano y extrajo seis sobres de medidas inferiores, con formato DIN A4. Estos sobres cerrados y sellados estaban etiquetados en su cubierta exterior con la palabra CONDICION seguida de un ORDINAL que las identificaba, de forma que cada uno de los seis pliegos guardaba una condición ordenada desde la primera hasta la sexta.

Jezabel, un tanto impaciente, pensó para sí:

«*Jolín, que coñazo, ¿por qué los notarios tienen que ser tan formales? Todo tiene que estar en su sitio, todo va con una lentitud que aburre a las palomas, es un rollo, pero habrá que aguantar*».

El notario dejo a un lado los seis pliegos sellados, ya que estos deberían esperar hasta la lectura de las cláusulas testamentarias, y continuó con su cometido. Observó con atención los dos folios del testamento hasta que se pronunció convencido:

—Señoras, tengo el honor de compartir con ustedes, con respeto y admiración, el testamento escrito de puño y letra por el testador, Don Indalecio Villasevil de la torre, el cual se contiene en dos folios, ambos firmados en el lateral y en su final por dicho testador.

Este Testamento que tengo ante mí, otorgado por el expresado, Sr. Villasevil, se ajusta plenamente a derecho. Por tanto, procedo a su lectura:

«TESTAMENTO

En la ciudad de Barcelona, a día cinco del mes de julio del año dos mil veintiuno.

Yo, Indalecio Villasevil de la Torre, con NIF 00000000K, de ochenta y cinco años de edad, sin coacción alguna y considerándome plenamente en ejercicio de mis facultades mentales, otorgo testamento en conformidad con las siguientes cláusulas:

Cláusula primera: Lego todos mis bienes y derechos, presentes y futuros, bajo las CONDICIONES que recogen las siguientes cláusulas, a mi actual compañera, la señorita Jezabel Ártemis, con NIF 00000000S».

Se percibió un ligero movimiento en los asientos que denotaba una caída de la tensión, puesto que, aun cuando eso era lo esperado, las cosas son cuando son, no antes.

La representante de la Corporación, Jane Brandy, puso cara de indefinición total. No era posible extraer una conclusión sobre su estado de ánimo.

La asesora, Luz Serena, no tenía nada de serena, por cuánto rebosaba euforia y satisfacción. Quiso levantarse y darle un abrazo a su amiga, pero se contuvo.

La heredera, Jezabel Ártemis, prosiguió con su cara de viuda, aunque en ella no se diera el caso de la viudez. No obstante, sus ojos emitieron un destello de esperanza, solo esperanza, pues aquello de las «condiciones», aunque lo supiera, no le había sentado nada bien.

El notario del Olmo hizo una pausa premeditada para comprobar lo que se respiraba. Él sí que fue consciente de que las condiciones testamentarias impuestas iban a tener su peso en diamantes. Así, para intentar escrutar que reflejaba el semblante de la heredera, alargó la pausa una coma más y, tras ello, retomó la lectura del testamento:

—«Cláusula segunda: El legado de mis bienes efectuado a Jezabel Ártemis mediante la Primera Cláusula, queda sujeto al cumplimiento de las CONDICIONES que dejo constituidas mediante las disposiciones siguientes.

Cláusula tercera: La señorita Jezabel podrá disponer de todos los bienes que le son legados en este testamento. Asimismo, podrá tomar las decisiones que sobre los mismos tenga por conveniente. Ahora bien, es mi voluntad que, para que el legado sea eficaz y definitivo, ella deberá cumplir SEIS CONDICIONES, una cada año. Si alguna de esas condiciones no fuera cumplida, al bien entender del notario Sr. Del Olmo y Penumbra, quien supervisará su cumplimiento, la heredera Jezabel deberá realizar la devolución íntegra de los bienes legados tal y como los haya recibido».

La tensión iba en aumento. No serviría de nada gritar, ni insultar, ni maldecir, porque el culpable, el testador Villasevil, ya había fallecido, ya no percibiría nada de lo que se dijera. Todos los presentes se mantuvieron en sus asientos, pero sus cerebros se retorcían sin descanso, preguntándose: ¿De qué van esas condiciones?

—«Cláusula cuarta: El contenido de la CONDICIÓN PRIMERA, tal como es preceptivo legalmente, se pondrá en conocimiento de la heredera una vez esta haya aceptado la herencia. Las Condiciones Segunda, Tercera, Cuarta, Quinta y Sexta, que contienen los pliegos adjuntos etiquetados con iguales ordinales, quedarán, al presente, sin apertura y sin lectura, de cuyo contenido no podrá Jezabel ni nadie tener conocimiento hasta que se hayan ido cumpliendo las anteriores. Esto es, el Sr. Notario solo podrá aperturar el pliego y poner en conocimiento de la legataria el contenido de la Segunda Condición, una vez se haya cumplido efectivamente la Primera y haya transcurrido un año. De esta forma, solo se dará lectura a la Condición Tercera una vez que Jezabel haya cumplido con la Condición Segunda y haya transcurrido otro año; y así, sucesivamente, hasta alcanzar el cumplimiento declarado de la Condición Sexta. En ese momento, el legado será totalmente eficaz y la señorita Jezabel Ártemis se convertirá en la titular y propietaria con dominio pleno sobre la totalidad de mis bienes y derechos».

Puf, aparecieron muecas en las caras de los presentes. Aquello era una bomba depositada sobre telarañas. Tener que cumplir nada menos que seis condiciones opacas, a lo largo de seis años, era un sacrificio exterminador.

El Sr. Notario prosiguió levantando la alfombra y destapando cucarachas. Esta apreciación de las cucarachas no era exagerada, pues parecía que alrededor de esta herencia sorprendente y sus condiciones obscuras se movían muchos bichos negros.

—«Cláusula quinta: La heredera deberá aceptar o, en su caso, renunciar a la herencia, a presencia notarial, en el plazo de diez días desde la apertura de este testamento. Este tiempo de espera tiene por objeto que la heredera pueda reflexionar sobre si le conviene aceptar o renunciar a la herencia».

Llegados a este punto, el Sr. Notario levantó la vista de los documentos, concluyó la sesión de apertura del testamento y convocó a las asistentes nuevamente para el día señalado para la aceptación o renuncia de la herencia y, para el caso de aceptación, se abriría seguidamente y en unión de acto el pliego con la PRIMERA CONDICIÓN, a la cual sería dada la oportuna lectura.

Jezabel y Luz dejaron la notaría en medio de una tormenta impetuosa, tanto sensorial, puesto que del cielo efectivamente se desprendían truenos y relámpagos espantosos, como emocional, por cuanto a Jeza no le cabía la indignación dentro de su cabeza. Esa indignación venía dada porque ella debía, se supone que debía, aceptar la herencia, pues nadie entendería una decisión contraria. Ahora bien, siendo cierto que Villasevil le había a ella anunciado, no su contenido, pero sí el hecho mismo de que incluiría esas seis condiciones en su testamento, sin embargo, el parto duele cuando este se produce, no antes. Es por ello por lo que Jezabel estaba que mordía, ya que las condiciones ocultas eran auténticas «trágalas» por detrás, por eso ella no se apeaba de su asombro, tanto que estaba más rabiosa que una serpiente pinchada repetidamente en su cola.

Su amiga la vio bastante descontrolada, a pesar de que Jeza había sufrido situaciones fuera de todo control, que son las que te parten el cerebro, porque no las puedes gobernar ni anular. Luz ejerció de consejera, que esa era su función, y tiró de prudencia, de sensatez:

—Esperemos. Tu aceptas la herencia, que es la condición legal previa y, cuando sepamos de qué van las condiciones esas, ya veremos, con cada una ya pensaremos lo que sea. Villasevil no parecía un tío pervertido. Tranquila.

—Ningún tío parece pervertido. —Clamó la heredera —Yo de eso sé mucho más que tú. Me crucé con tíos que parecían santitos venerables y, antes de acabar la media vuelta, ya te la habían metido por detrás y por cualquier agujero que tuvieras.

Y como Jezabel era la jefa, no concedió turno de palabra a su asesora, sino que continuó su discurso.

—Que yo tenga que aceptar la herencia para seguir el trámite, vale, lo asumo, eso es la ley, pero que tenga que aceptarla con seis condiciones ensobradas, sin conocer su contenido y esperar el total de seis años para saber si puedo con ellas, esa es una gran putada. Debo cumplir esas condiciones a lo largo de media docena de años, sin saber si las podré cumplir o no. Eso me revienta, porque se pretende que yo pase por el agujero de una aguja. ¿Y si a Villasevil se le fue la cabeza y su cumplimiento no está a mi alcance? ¿Y qué pasa con mi dignidad? ¿Me vuelvo loca o trago con todo?

Transcurrieron los diez días de plazo. Durante ese tiempo se dijeron muchas razones sobre las «condiciones» anunciadas, aunque no desveladas. No obstante, lo importante era que la fortuna billonaria pesaba mucho más que las buenas razones. Y así, a la hora prevista para la ceremonia de aceptación o renuncia de la herencia, se encontraron de nuevo en la notaría. Tras el saludo y el inicio del acto, el notario preguntó:

—Señorita, Jezabel Ártemis, debe aquí y ahora contestarme clara y definitivamente. Respecto de la herencia del testador Sr. Villasevil de la torre, ¿la acepta usted o renuncia a la misma?

Jezabel se quedó un tanto traspuesta. El pensamiento de Luz Serena regresó hasta aquel momento vivido en el altar, cuando el párroco le preguntó si quería casarse con su prometido, Jandro, y su amiga tardó medio día en dar el «sí quiero». Esta vez fue más fácil.

—Acepto. —Respondió lacónicamente, Jeza Ártemis, aunque sus ojos estaban envueltos en una sobredosis de niebla. Firmó la escritura de aceptación y punto y aparte. Pero, claro, ¿Qué plantearía esa maldita primera condición? ¿Y las otras cinco?

13 CONDICIÓN PRIMERA: SU APERTURA

A ninguno de los presentes le sorprendió la respuesta de la heredera de aceptar la herencia, pues se renuncia a la misma cuando las deudas son superiores a los haberes. Ahora bien, al fortunón de Indalecio nadie le haría ascos, a no ser que se estuviera rematadamente mal del sombrero.

—Bien. —Declaraba el Notario del Olmo. — Habiendo sido aceptada la herencia del difunto Indalecio por parte de la única heredera, la señorita Ártemis, hemos de dar cumplimiento a la voluntad del testador y proceder a la apertura del pliego que contiene la primera condición. Comienzo a dar lectura a la misma:

«CONDICION PRIMERA:

Que la heredera, Jezabel Ártemis, se quede embarazada con mi semen, el cual tengo depositado en el Hospital Vida Segura y, tras la oportuna asistencia del departamento de Inseminación Intranatural, me dé un hijo a título póstumo. Este hijo debe vivir, al menos, un mes. El nasciturus tendrá que ser un varón, pues si naciera una hija, dispongo que la condición se tendría por no cumplida. En este caso, Jezabel sería ineficaz como legataria, debiendo devolver todos los bienes legados e, iniciándose, entonces, el procedimiento de sucesión legitimaria. Desde la fecha en que se haya formalmente aceptado la herencia, la señorita Jezabel dispondrá de un año para dar cumplimiento a esta Condición Primera».

Jezabel estaba inmóvil, como clavada en su sillón. Pensaba, sólo pensaba:

«¿Qué le tengo que dar un hijo a Villasevil? Pero bueno, yo no soy una coneja de alquiler. Nada de eso. Anda, Indalecio, no me jodas. ¿Es esta tu Cochinada Primera?»

El notario, consciente del trago que debía engullir la heredera, se tomó su tiempo, pero «tempus fugit», así que reunió empuje y prosiguió.

—Distinguidas acompañantes. El acto de apertura del testamento de Don Indalecio, hasta donde es posible jurídicamente, ya está tocando a su fin. Esta notaría custodiará los pliegos con el resto de las Condiciones, de la Segunda a la Sexta, para su apertura en el momento procedimental oportuno.

Seguidamente, con la consideración de ustedes, me permito clarificar algunos aspectos que el Sr. Villasevil me transmitió personalmente antes de su fallecimiento. Esperemos que todo siga su curso y la señorita Ártemis se convierta finalmente en la propietaria de sus bienes y derechos. Por tanto, alcanzado este punto, debo anunciarles que la parte formal del acto ya concluyó. En adelante, propongo un devenir menos dramático de esta reunión. —Concluyó del Olmo.

El notario, predicando con el ejemplo, se levantó de su sillón presidencial y regio. Se sentó en un sillón igual que el de las asistentes y situado enfrente, a poco más de un metro, formando un corro ya mucho más distendido.

—El testador me comentó que confiaba mucho en ti, Jezabel, que no dudaba de tu compromiso y capacidad por el bien de la Corporación, así que... —Decía el notario, Adaljandro, moviendo sus manos al ritmo de sus palabras.

—Ah ¿sí? ¿Qué pretendía Villasevil? ¿Seguir gobernando la Tierra y Culto a través de su hijo póstumo? —Reventó la heredera, que hablaba con cierto sofoco. Estas preguntas disparadas con balas por la señorita Ártemis hirieron de muerte a los asistentes, que contuvieron la respiración todo lo que pudieron aguantar.

—Bueno, Jezabel, si ese que gobierne los mundos es hijo de Indalecio, también será hijo tuyo, no estará tan mal, pues... —Estaba justificando Luz, con algo de miedo.

—Calla, Luz, no metas mano. —Reprochaba Jeza con pasión exaltada. —Soy yo la que tengo que prestar mi vientre, y no para guarecer y alimentar a un niño de bien, sino a un alienígena destinado a comerse los mundos. Villasevil no me lo consultó, decidió imponérmelo con sus elucubraciones, pues ni siquiera sé si el semen es suyo o si es de alquiler...

El notario intervino a modo de calmar ánimos. Él disponía de otra información transmitida por el propio Indalecio, de forma que tomó la palabra bastante atropelladamente.

—Quisiera complementar lo leído oficialmente con alguna información de la que dispongo. El testador dejó criogenizada, en el hospital Vida Segura, una muestra de su propio semen, la cual fue recogida cuando él contaba con cincuenta años. Por tanto, nada debes temer, Jezabel, será hijo biológico de Indalecio y tuyo.

—¿Y no te dijo para que quiere ahora un niño, un monstruito? —Se pronunció Jezabel, gesticulando, con voz muy audible y mirando desafiante al notario.

—Ese niño será un niño de bien o será un monstruito. Dependerá solo de ti, de cómo tú lo eduques, porque su padre biológico ya no está, así que estará en tu mano. —Siguió Adal con cierta seguridad, sin rehusar en nada la mirada.

—Ya, entonces, ¿por qué él decidió por sí solo que tenía que ser un niño? ¿Una niña era poco para él? Yo tengo un chico y una chica, y nunca mi hija fue inferior a mi hijo. ¡Qué machista miserable! —Contraatacó Jezabel con más rabia.

—Tienes razón, Jezabel, sería mucho más decente que le tuvieras que dar una hija o un hijo, lo que decidiera la naturaleza, y no imponerte un varón, pero está en cuestión la mayor fortuna de todos los tiempos, será tu hijo... —Estaba remendando la asesora.

—Cierra el pico, Viva, esto es personal mío... —La heredera se detuvo en el acto. Se dio cuenta de que su indignación, al haberle llamado a Luz por su anterior nombre de Viva, le había provocado una metedura de pata de las gordas.

La representante Brandy no dijo nada, tal vez se le pasó por alto, o no lo sabía o no le interesó saberlo. La asesora Serena sí que se percató, pero se hizo la sorda.

El notario estaba entre el fusil y la pared. Por un momento se le empañaron los ojos, pero reaccionó con prontitud y se repuso. Sabía que Jeza tenía razón, pues esa discriminación en desprecio de una hija y a favor de un hijo era impresentable, insostenible. No obstante, dado que su función no era la de consejero espiritual, retomó su papel de jurista, su función notarial. Comenzó a confiar en que la condición se cumpliera, esperando que Jezabel dejara un poco de lado las razones emocionales y se centrara en los objetivos económicos y testamentarios.

El notario se puso en pie y, como dando por concluido el acto, añadió:

—Quedamos a la espera de que la señorita Jezabel determine el momento de la inseminación intranatural. Hasta tanto, agradezco la presencia de todas ustedes. Buenas tardes.

Ahí se quedó la Condición Primera, a la espera.

Al día siguiente, la heredera Jezabel y el notario Adaljandro se cruzaron en la calle, se saludaron y se invitaron a tomar dos cafés. La invitación resultó casi al unísono, pues cada cual comenzó a invitar al suyo. No llegó a saberse si ese cruce, si ese encuentro fue casual o provocado por alguno de los dos. Nunca se sabe lo que pretenden ni lo que esperan los humanos. Es verdad que las casualidades existen, pero entre un hombre y una mujer, ambos en edad adulta y que sienten al menos curiosidad, pocas cosas suceden casualmente.

—Hola, Jezabel, ¿cómo estás? —Preguntó Adal, sonriente, como si llevaran un año sin verse.

—Bien, Adal, bien —respondió Jeza, ya más sonriente. —Pasaba por aquí, y mira, nos hemos cruzado.

No tuvieron que presionarse para entrar en un local pequeñito, para personas despistadas, por cuanto era todo lo que había por allí. Abandonaron la idea del café y pidieron dos copas de vino tinto. Ella interesó que el vino fuera de la comarca de Monterrei, pero como tinto ya no les quedaba, tomaron vino blanco de la misma comarca. Hablaron de lo que habla una mujer y un hombre que todavía no son grandes amigos ni tampoco pequeños enemigos. Puede que el encuentro fuera casual, alguna vez pasa, pero eso sería sostenible si se saludaran y cada cual siguiera su camino, pero no, las neuronas de cada cual sabrá por qué se invitaron a café y que buscaban.

Se observaron con mayor o menor descaro y con algún detenimiento. Hasta que Jezabel entró en batalla, y soltó:

—Pero, que capullo el Indalecio este. Mira que imponerme seis condiciones. Al menos, si conociera el contenido de las seis al abrir el testamento, yo podría decidir si son asumibles o no. Pero, esto de tener que esperar un año para poder conocer el contenido de la siguiente condición, es una canallada, ya que podría yo estar sufriendo las cinco primeras, y..., y, ¿si en la sexta se le fue la olla y no puedo cumplirla? ¿qué?

—Bueno, la primera no es imposible de cumplir. —Pinchó el notario sin mucha consideración. —Al hijo de Villasevil lo llevas dentro nueve meses, lo alimentas uno más y, cumplida la condición, das el bebé en adopción.

—¿Me estás diciendo que lleve en mi vientre a un hijo durante nueve meses, que lo amamante uno más, y después que... lo tire? ¿Me estás diciendo eso? No, Adal, no tendré un hijo por dinero. No le daré un hijo a un hombre a quien nunca lo tuve dentro de mí. —Pinchó más hondo Jeza, empujando hasta ver sangre.

—Pues, Jezabel, tenemos..., bueno, quiero decir, tienes un problema, porque si con la primera condición ya saltan estos chispazos, eh, que puedes esperar de las siguientes. —Razonaba Adaljandro como si el problema fuese suyo.

Jeza movió la cabeza, las manos, sus ojos y hasta se le removió el estómago por dentro. Tomó un buen trago de vino, para que las preocupaciones descendieran hacía el intestino y manifestó con cierto realismo:

—Yo no sé si voy a poder cumplir con las seis condiciones impuestas por el viejo de Indalecio. Que discrimine a una posible hija, anda, nunca lo creí del viejo. La Condición Primera ya me está costando horrores. No quiero perder lo que provisionalmente tengo, pero tampoco estoy dispuesta a tragarme todo lo que me pongan. Ya veré.

—¿Por qué le dices «viejo» a Indalecio? —Preguntó Adal bastante sorprendido.

—Porque lo era. Murió de... viejo, con casi ochenta y seis años. No llegó a ser un anciano total, cierto, pero era más viejo que tú y que yo, ¿no? —Contestó rápidamente ella.

Sin embargo, mientras ella contestaba sin espera, miro sin complejos a los ojos de Adal y sonrió un poco picada, teniendo la sensación de que el notario conocía algunas de sus debilidades, como si se le adelantara y supiera cual iba a ser su comportamiento.

—Sí, cierto, pero no sé si era tan viejo, porque tú conviviste con él algún tiempo, más que suficiente para... —Seguía el notario la trazada de una carreterina llena de curvas, por las que había que circular a cortas velocidades y con mucho cuidado.

—Oye, oye, ¿qué insinúas? Lo que yo haga en la cama es cosa mía. Además, Indalecio era como mi abuelo. Con él, nada, ni cama, ni abrazos, ni besos, nada. Por otra parte, fíjate cómo sois los hombres: Indalecio, sin pensar más que en sí mismo, va y suelta su esperma en un tubito muy mono y ¡hala!, ya vendrá una madre a calentarlo, primero y, amamantarlo, después. Un poco cafre, muy cafre diría yo. —Explicaba Jeza con la seguridad que da la verdad, su verdad.

Una ráfaga de viento entró por la puerta de aquel local pequeñito. A ella le resbaló por su cabeza un pensamiento temporal, lo exprimió y lo verbalizo en forma de preguntas, obligando al notario a mojarse:

—Eh, no sé si lo que estoy pensando se acerca mucho o poco a lo que Villasevil planeó respecto de la herencia, pero ahora creo lo siguiente: Él no valoró mi esencia, es decir, mi inteligencia, sino mi cuerpo, o sea, mi piel. Me estoy convenciendo que pensó que con su gran inteligencia su hijo ya tendría una gran capacidad cognitiva sin necesidad de mi parte. —Ella dejó de hablar para preguntarle al cielo, o al infierno, donde estuviera Villasevil —¿Fue esta la razón real, darte un hijo, por la que tú, Indalecio, me nombraste heredera? Buscaste una mujer en edad fértil, con ciertas garantías de procrear, puesto que yo ya tenía dos hijos; una cara bonita, un cuerpo bien hecho. ¿Fue eso, Indalecio? ¿Querías asegurarte un hijo póstumo, guapo y bien parido?

Ella se quedó algunos instantes en silencio, esperando que Adaljandro se sacara los zapatos y, metiéndose en el río, se mojara los pies, pero él había decidido quedarse en la orilla para no resfriarse.

—Bueno, nunca sabremos que pensaba Indalecio, aunque yo creo que él te tenía en gran estima. —Manifestó el notario en forma políticamente correcta, manifiestamente cretina.

Tras unos breves momentos, ella prosiguió manifestando sus pensamientos, tanto que terminó lanzándose al vacío.

—Me siento mal, ofendida, porque Indalecio, al que tú parece que defiendes como si fuera tu padre, podía haberme propuesto tener un hijo en forma más placentera. En vez de imponerme un embarazo póstumo, quizá pudo preguntarme mi opinión, puesto que yo igual podría haber preferido tener un hijo con él en la cama, pero nada. Dominio total. Los machos decidís por vuestra cuenta.

Y antes de que Adal contestara, Jeza pensó, sólo pensó:

«*Toma, chúpate esta, Notario Mayor*».

—Vale, vale, disculpas, lo que tú hagas en la cama es derecho tuyo. Pero, claro, puede que Indalecio optara por el embarazo póstumo porque igual prefería otra mujer en la cama, otra un poco más... fogosa, digo yo.

Él pensó, seguidamente, y se lo guardó. Eso es muy de humanos:

«*Toma, pásate esta, señorita super millonaria*».

Jezabel y Adaljandro volvieron a mirarse con más atención e intención. Así terminaron esta primera partida de ajedrez, la cual acabaría en tablas.

Seguidamente, ella cocinó el siguiente pensamiento, lo cocinó y se lo merendó, sin invitar a su acompañante. Esta era una diferencia clara entre lo que se piensa, real, sin límites, y lo que se dice, disfrazado, deshuesado:

«¡Serás cabrón! ¿Qué sabrás tú lo fogosa que soy yo en la cama? Pruébame. Té podría dejar pálido por fuera y seco por dentro».

Sin embargo, en forma mucho más suave, contestó:

—Nunca se sabe cómo somos en la cama hasta que nos metemos dentro de la misma. ¿A ti que te parece?

Él pareció no sentirse cómodo con aquella pregunta, por eso comenzó a reconducir el viaje iniciado, detenerse y volver a la Condición Primera del testamento, cuyo objeto era el embarazo a título póstumo.

—Antes has dicho que cumplir esta Condición Primera te iba a costar horrores. ¿Y cómo es eso? Tú eres joven, así que por la edad no intuyo problema alguno. Por otra parte, seguro que, para tu tercer hijo, serías una gran madre. —Remendó, Adal, con cierto ingenio, el descosido.

—No, no, eso de darle un hijo a quien no he amado, a quien no he sentido dentro de mí, no puedo... —Jezabel se entretuvo mirando a sus zapatos, dando a entender lo mucho que le oprimía ese tipo de situaciones. —Yo intenté ser buena madre de..., mis dos hijos, dos soles que tuve con mi marido. Eh, bueno, ese es otro tema del que no me apetece hablar. Disculpa.

Cerrando eso último del marido, Jezabel trataba de alejarse de parabienes, o, mejor dicho, de paramales de carácter personal, puesto que el notario era casi un extraño para ella. Ahora bien, esa no parecía ser la intención del notario, quien, con poca voz, para no herir sensibilidades, volvió a preguntarle.

—Has dicho que tuviste dos hijos con tu marido, pero lo has puesto en pasado. ¿Es que él ya no vive?

Jezabel pestañeó varias veces y apretó sus manos, mientras su cara se coloreó un tanto. Se sentía incómoda con la pregunta. ¿De qué forma le explicaba a un hombre, que para ella era medio extraño, como había sido su vida? Bueno, pues explícasela tal como había sido, de color blanco y de sabor dulce, durante el tiempo de casada, y, de un frío negro y amargo intenso, ya una vez divorciada. Pero no, las mentiras salen fácil, mientras que las verdades se quedan atragantadas. El ego, que lo rige todo, es un gran maestro en eso.

—Oye, Adal, no querría ser descortés contigo, porque me estás ayudando mucho con lo de la herencia, pero esa pregunta sobre mi marido me duele. Te pido que me entiendas, quizá algún día pueda hablarte de eso, pero ahora no... —Con la cabeza agachada, casi en las rodillas, Jeza puso punto y aparte al tema de su exmarido y de sus hijos.

—Lo siento, el descortés fui yo. Mil disculpas. Tú pasado es tuyo y solo a ti te pertenece, sin que tenga yo derecho a cuestionarlo, ni mucho menos, a juzgarlo. — Se expresó Adal con la cara seria.

Acto seguido, se quedaron ambos en silencio, como si cada cual hurgara en su pasado. Después de haber transcurrido todo el tiempo que los Dioses quisieron, ella volvió a abrir fuego, pues él parecía todavía sumergido en la estratosfera.

—El pirata de Indalecio me la ha jugado bien. Me tendrá atada seis años de mi vida, si los aguanto, porque vista la Condición Primera, las demás pueden ser terroríficas.

—Bueno, es todo un fortunón, la mayor en estos tiempos. Supongo que no esperarías que te iba a entregar todo a cambio de nada. —Opinó, Adal, al desperezarse de su éxodo. Él se expresaba con calma, repleto de franqueza, como si la franqueza fuese su mayor virtud en este tema.

—Pues, mira, Indalecio me dijo que se conformaba con mirarme... —Reaccionó, Jezabel, sin malicia, alzando la cabeza, aunque la ingenuidad tampoco fuera actualmente su mayor virtud.

—Sí, sí, que Indalecio te haya dicho eso no me extraña nada. La inmensa mayoría de los hombres matarían al mismísimo Jesucristo con tal de poder admirar de cerca tu belleza. No sólo eso, seguro que irían mucho más allá si pudieran saborear las maravillas interiores, sin trapos, de tu figura. —Sacudió las alas Adal mientras sus ojos miraban a otro lado, a sabiendas de que esas palabras podían levantar una tormenta de arena en el desierto.

Jezabel se ruborizó en alto grado. Qué curioso. Ella había estado casada durante seis años y, por lo tanto, se tenía que suponer que no era una novata en la cama. Posteriormente, había hecho el amor con muchas docenas de hombres. Es más, con algunos de ellos hasta tuvo que hacer el desamor y, sin embargo, aún conservaba la sensibilidad tan viva como para ruborizarse con unas palabras de elogio sobre su belleza y de admiración por su figura. Ay que ver cuan suyas son la mayoría de las humanas.

Tras oír aquellas palabras de Adal, ella empezó a pensar y a cocinar una tarta. Amontonó muchas cuestiones y posibles contestaciones en su cabeza, pero sin detenerse mucho en asociar tales preguntas y respuestas, solo pensó para sí misma:

«¿Qué... qué le pasa a este Adal? Acaba de decirme que la mayoría de los hombres matarían por admirar de cerca mi belleza. Vale, los hombres pueden admirar mi belleza o lo que sea, como puede él, puesto que, afortunadamente, no tengo que llevar burka para cubrirme. Pero ¿de dónde saca eso de que los hombres matarían por saborear mis maravillas interiores? Él puede apreciar por fuera mi buena o mala silueta, como cualquier otro. Ahora bien, ¿qué es eso de saborear el interior de mi figura, sin trapos? ¿Qué sabe él de mis maravillas interiores, si nunca me ha visto ni siquiera en ropa de cama? Jooo, Adal, me desarmas. Hablas de mis encantos, pero te quedas ahí. Y..., ¿estás tú entre esa *mayoría de hombres que mataría por saborear lo que yo tengo debajo de los trapos? ¿O es que tú no te consideras un hombre? ¿Acaso tienes miedo?».*

—Debo irme. A los notarios nos gobierna el reloj y sus horas. Adiós. —Adaljandro esgrimió de nuevo la excusa de las prisas para despedirse de Jezabel. Lo hizo de forma muy precipitada, tanto que más de uno pensaría que el notario resbalaba mucho al caminar por aquel sendero con tantos baches.

Mientras ella seguía su camino, abstraída de todo lo que le rodeaba, seguía removiendo la última conversación con Adal, y la removió con fuerza centrífuga, mezclando el pasado con el presente, recordando y pensando:

«La voz de este Adal... alguna vez me ha dejado confusa. Sin embargo, no, no es la voz de alguien que alguna vez pensé que pudiera ser, porque no puede serlo, ya que el que fuera mi marido ya no... no vive. Este Adal habla con una voz más forzada que aquel a quien amé, pero tiene expresiones, pausas y... joder, tengo la cabeza llena de huecos. —Jezabel irguió un tanto su cabeza, como queriendo reorientarse. —*Eh, sus ojos son dulces, como unos a los que adoré y que después perdí, pero no pueden ser ellos, yo los hundí en Despeñaperros. Uf, que tormento. ¿De dónde ha salido este Adal, o Adaljandro, o como sea?».*

14 CONDICIÓN PRIMERA: CUMPLIMIENTO

Después de aquel encuentro con Adaljandro del Olmo, el cual había resultado, como mínimo, sorprendente, Jezabel Ártemis regresó por sus pasos, y estos la llevaron al lado de su amiga y asesora, Luz Serena. Esta intuyó que Jezabel andaba un poco alterada, por eso la invitó a dar un paseo por el bosque cercano a su vivienda. Pretendió tranquilizarla, así que la sermoneó:

—Tranquila, mi niña, tranquila. Ya pensaremos algo.

—¿De qué estás hablando ahora? —Preguntó, Jezabel, en voz alta, si bien la pregunta había saltado al aire debido al pensamiento que sobre Adaljandro a esta le seguía revoloteando sobre su cabeza.

—De como cumplir la Condición Primera del testamento de Villasevil, ¿de qué iba a ser? —Replicó, Luz, en forma igual de intensa.

Caminaron un rato en silencio. El bosque integraba un parque lleno de caminitos y senderos con muchas curvas y escondites, por donde las gentes acomodadas iban a correr para calmar sus nervios y su conciencia. De repente, Luz disparó de nuevo:

—¿Y si a eso de la maternidad me presento yo, en tu lugar?

—Pero ¿tú estás chalada? ¿Qué estás diciendo?

—Jeza se opuso a la idea sin más palabras ni argumentos.

—A ver, vamos a ver, Jeza, que tú de casada escuchabas y después te pronunciabas, pero desde que te has vuelto soltera te embarcas antes de que llegue el barco. —Comenzaba a encabritarse, Luz, la asesora.

—Para, tía, que yo no soy soltera. Estoy divorciada, y de mis seis años de casada no te permito que me quites nada. —Protestaba, Jeza, bastante malhumorada.

—Vale, chica divorciada, vale, pero a efectos práctico-sexuales, divorciada es igual que soltera. —Se lanzó, Luz, a la piscina y comenzó a nadar. —Lo que yo quería decir es qué, eh, en primer lugar, tú ya tienes dos hijos, mientras que yo no tengo ninguno, por eso a mí no me importaría ser madre. En segundo lugar, yo no tengo ninguna enfermedad conocida, ni soy manca; tampoco nunca me han dicho que fuese tan fea. Así pues, mi hijo sería guapo. En tercer lugar, sé que Villasevil te habría preferido a ti, de acuerdo, pero ahora él..., a mí, ya no tiene que follarme, ni siquiera tú tendrías motivos para ponerte celosa. Conclusión: si tú no quieres, yo sí querría.

Jeza estaba boquiabierta, más abierta de boca que de ojos. Levantó las dos manos, miró a Luz y la apedreó.

—Pero, tú estás muy mal de la chimenea. El testamento dice que tengo que ser yo la madre, ¿alguien se va a creer que, vas tú, te meten el chute con el espermatozoide dentro y, ya está, todo en su sitio? ¿Crees que se lo va a tragar el notario ese, al que no se le escapa ni una hoja caída en el parque? Nada, ni hablar. ¿Y qué es eso de los celos? Yo no tuve ningún derecho sexual sobre Villasevil ni él los tuvo sobre mí. Olvídalo.

—Sí, mi jefa. —Coronó, Luz, tras haberse aguantado el chaparrón. —Yo solo intentaba ayudar. Es que eso del embarazo póstumo me descoloca. Cierto que no es un acto sexual como tal, porque no habrá penetración real, ni goce, ni nada, vale. Sin embargo, has de admitir que una parte de Villasevil, como es su semen para utilizar en la fecundación intranatural, se va a meter dentro de ti, o sea que, de una forma o de otra, acabará poseyéndote.

Luz hizo un breve descanso para ver la cara de su amiga. Esta estaba masticando eso último oído: «de una forma o de otra, acabará poseyéndote». A Jezabel se le atragantaron esas últimas palabras de su asesora, tanto que se mordió un trozo de su hinchada lengua y reventó:

—¡Qué cabrón era el Indalecio este! Mira que era manipulador y traidor. Dado que su tripa, seguramente, ya no se le levantaba, se inventó lo del embarazo mediante fecundación para, de alguna forma, acabar follándome, con suelta de esperma y todo. —Rechinaba Jeza con los labios apretados.

—Mujer, tal vez, Indalecio, no era tan pendenciero como ahora crees. Seguramente, pensaría en su hijo, no en disfrutarte a título póstumo, así como tal. Lo importante es que ahora tenemos un año para pensarlo. Podemos matar al portero del banco de semen ese, podemos plantarle fuego al hospital... —Iba, Luz, lanzando propuestas de contenido terrorista.

—No, señorita, no, desde ahora tengo el tiempo total de un año para quedarme embarazada, para cuidar el embarazo hasta el parto y, luego, amamantar ese hijo, al menos, un mes, para que la Condición Primera se cumpla. Claro, como que el embarazo son nueve meses y su hijo debe superar un mes de vida, significa que desde ahora tengo apenas dos meses para quedarme embarazada...

Jezabel, que caminaba a un ritmo ligero, dejó de hablar y también de caminar. Abrió un poco los ojos, separó otro poco los labios y llenó grande sus pulmones, todo ello antes de decir:

—Calla, calla. No quemaremos el hospital, ni mataremos al portero, nada de eso, pero acaba de asaltarme una idea que..., la tengo que desarrollar. Ya te contaré.

Luz andaba un tanto desorientada. Por la mañana, tras un desayuno desganado, se asomó a un ventanal y miró a lo lejos, como si estuviera en un mirador de montaña. Intentó divisar alguna pista sobre aquello del embarazo póstumo, ya que habían pasado dos días y Jeza, sobre su idea milagrosa, no soltaba prenda ni pañuelo. Por fin, adentrada la tarde, Jeza la llamó en plan sargento y le inquirió:

—Luz, sobre todo, te lo pido porque soy tu amiga. Además, te lo ordeno porque soy tu jefa, de forma que, sin escusa alguna, escúchame sin pestañear.

Luz no supo si alegrarse o si preocuparse. Ante la duda, ella disparó a matar:

—Tía, si sigues hablándome así, pronto vas a dejar de ser mi amiga, y mi jefa, también.

—Jolín, Luz, no me hagas eso. Perdona. Te necesito en este plan... —Comenzaba a decir, Jezabel, expresando alma de soledad, de necesitar ayuda efectiva.

—Ah, ahora me necesitas. ¿Y en qué plan no me necesitas? Sólo cuando estuviste casada, durante aquellos seis años tuyos, no contaste conmigo para meterme con tu marido y contigo en vuestra cama, pero en lo demás... —Mordía, Luz, con ironía, mirando por los alrededores.

—Calla, calienta cremalleras, que tú no eras el tipo de mi marido. Eras demasiado ligera de abajo. —Insultaba, Jeza, a dentadas.

—Ah, ¿no? ¿Y cómo sabes que yo no era el tipo de tú marido? ¿Se lo preguntaste alguna vez a él? Y ahora vas y me sueltas que yo era demasiado ligera de abajo, pues anda que tú, que te comiste a un montón de tíos con dos fresas y su nata incluida, jo, mira quién habla. —Remordía, Luz, con cierta saña.

—Bueno, deja eso. Yo sé que tú no me vas a dejar tirada. Escúchame sin distracción. —Clamaba Jeza toda seria, mientras enfundaba sus manos en unos guantes de nitrilo y le ofrecía otro par a su amiga. —Ahora, cuando acabe de explicarte el plan, llamas al Hospital Vida Segura y pides cita para que te faciliten información completa sobre la «fecundación intranatural». Hazles ver qué estás muy necesitada en tener un hijo.

—Anda, tía, por fin, ¿voy a sustituirte en el embarazo póstumo? —Reaccionó, Luz, de inmediato, saltándole chispas de sus ojos.

—No, mamá frustrada, no. Toma este Documento de Identidad Internaciones, que está manipulado. Ponte estos guantes siempre que toques este documento falsificado, para que no haya problema con las huellas dactilares, por si acaso. Mientras dure está operación, tú eres una gran empresaria farmacéutica, descendiente, un tanto lejana, pero descendiente de los Marqueses de Tríglota. Tu nombre es Adelaida Tríglota. Apréndetelo. —Iba informando la jefa con cara de satisfacción.

—Joder, tía, ¿me estás convirtiendo en una delincuente? —Preguntaba la asesora llena de asombro.

—Menos remilgos, santita, que bastante delincuente eres llevando la vida que llevas. —Jezabel tomó asiento, y prosiguió —Una hora antes de la cita en el hospital, un equipo de expertos del Centro Nueva Imagen te colocará una «biodermis transfacial», que ya está preparada. Con ella tendrás la misma cara que puedes verte en ese Documento de Identidad manipulado. De esta forma, tendrás tu identidad real protegida, para cubrir eventualidades. —Así intervenía Jeza, con una naturalidad envidiable, como si su profesión habitual hubiera sido la de confeccionar planes diabólicos.

—Hostia, jefa. Aprendes rápido a manipular al mundo, ¿eh? —Seguía, Luz, con la boca abierta.

A la hora prevista en la cita, la super empresaria y marquesa, Adelaida Tríglota, hizo su entrada triunfal en el Hospital Vida Segura. Sonreía levemente, con los atavíos convenientes, joyas necesarias y pamela impresionante, moviéndose como una auténtica aristócrata. Pasó los controles de seguridad privados, porque aquel lugar era muy privado y, también, muy pomposo. Se reunió con la directora general de aquel centro hospitalario, que estaba encantada de atender, personalmente, a tan distinguida cliente. Hablaron de los pormayores de la fecundación intranatural que se practicaba en aquel hospital. Después descendieron a los pormenores del sistema que utilizaban. Finalmente, la directora de Vida Segura, para dejar constancia de las preferencias de la cliente y elaborar un informe que serviría de protocolo para todo el proceso, preguntó a esta:

—Bien, señora Tríglota, ya tenemos el informe completo. Además, sabemos que el nasciturus ha de ser un varón y que tendrá los ojos azules; también podemos asegurar que a los dieciocho años tendrá una estatura muy alrededor a los dos metros. ¿Alguna otra consideración?

—Señora directora, finalmente, es mi deseo formular una petición que debe cumplirse, imprescindiblemente, sin cuyo cumplimiento anularé la operación. —Así de resolutiva expuso, Doña Adelaida Tríglota su exigencia. —Se trata de que el donante del esperma debe tener la edad concreta de cincuenta años. No menos, puesto que mi hijo perdería capacidad cognitiva; tampoco más, por cuánto perdería capacidad de reflejos. ¿Supone este requisito algún problema para su hospital?

—No, no, afortunadamente, lo tenemos resuelto, sin duda. —Se apresuró la directora a calmar los ánimos de una cliente tan susceptible y picajosa. —Sabrá usted que los donantes jóvenes de esperma actuales no suponen ningún problema para nosotros, pues este hospital remunera muy bien el buen producto y nuestras chicas cebo hacen muy bien su trabajo. Sin embargo, estoy segura de que usted es consciente de lo difícil que resulta atraer a donantes de la edad que usted nos reclama. Este hospital tiene muchísima demanda de semen donado por hombres de cincuenta años, ya que con ese esperma podemos garantizar el mejor coeficiente intelectual posible en los hijos. Ahora bien, quede usted tranquila, que una cliente de su rango tendrá el hijo que se merece; quedará usted altamente satisfecha con nuestros servicios.

—Bien, me quedo más tranquila. De todas formas, para obtener una confianza total en ustedes, me gustaría poder comprobar dónde se encuentra esa muestra

seminal, la cual me regalará la vida de mi anhelado hijo.
—Apremió la cliente con vehemencia.

Bajaron las dos hasta el exterior de la sala de conservación, cuyo objeto era poder indicarle a la cliente donde se encontraba su futuro y esperado hijo. Era cierto que esos privilegios no los disfrutaban todos los clientes, pero la señora Tríglota no era una cliente cualquiera.

Desde el exterior de la sala de congelación y a través de la ventana blindada, puesto que su acceso al interior estaba muy restringido, como era natural, la directora informaba con elocuencia:

—Permítame hacerle notar que la crioconservación espermática, es decir, que el esperma donado por hombres muy seleccionados y médicamente examinados se conserva a casi dos cientos grados bajo cero. Esta temperatura tan baja se consigue con un tratamiento adecuado de nitrógeno líquido. ¿Ve usted la posición IVT50? Pues ahí está su esperanza materna. Las letras IVT son las iniciales del donante, Indalecio Villasevil de la Torre, que debido a que él ya ha fallecido, ahora se nos permite facilitar esa información, únicamente, a la interesada. El número 50 determina los años que tenía el donante en el momento de introducir la muestra seminal en el criotubo. Esta muestra de esperma, como ve, la tenemos separada y sujeta a un cuidado y control especial debido a que, actualmente, es la única que poseemos de un donante de cincuenta años. Cada medio día, el sistema realiza una prueba analítica de la muestra. En la pantalla F45L puede verse el análisis de situación en que se encuentra la misma, que, en este momento, le aseguro que es perfecta. Cómo le dije, es muy difícil conseguir estas muestras de alta calidad, pues la mitad de ellas no resultan válidas fértilmente y, la otra mitad, son muestras poco recomendables intelectualmente.

Uf, qué cuentos se oyen en esta vida. Y qué fáciles y ligeras son las promesas comerciales. La directora sabía que esa muestra seminal no estaba destinada a la señora Tríglota, pero eso no importaba. Era una cliente muy distinguida por lo que pagaba, pero sin más consideración en lo personal que otra cualquiera. A la marquesa le pondrían la muestra seminal de turno, como a las demás, y andando, pues para la marquesa, como madre, su hijo siempre sería el más guapo y el más listo del mundo.

Se despidieron con mucha atención y palabrería. La cliente, que lo quería todo muy bien atado, prometió que próximamente les comunicaría su disponibilidad para la intervención esperada. Además, para que la señora Tríglota no sufriera impertinencias indeseadas, la directora le hizo entrega de una tarjeta maestra que le permitía ciertos privilegios de acceso, tal como se merecía y la cliente pagaba.

«*Qué gozada tener el poder en tu mano.* — Pensaba la supuesta marquesa —*No decide el hospital, decido yo. Determino el cómo, el qué y el cuándo. Esta es vida, no la que tenía limpiando culitos por seiscientos euros al mes y, encima, cobrando esa media miseria, te hacen creer que tienes que estar agradecida. ¡Viva la igualdad!».*

Al día siguiente, la señora Tríglota, siguiendo las directrices del plan maestro de Jezabel, se fue al mismo Hospital Vida Segura. Entró sin restricciones con su tarjeta de acceso. Se movió por donde quiso sin problemas. Finalmente, cumplió el objetivo: estuvo otra vez en el exterior de la sala de criopreservación espermática, donde hizo sus fotos, tomó sus apuntes y, con los deberes hechos, regresó a sus aposentos, en donde se quitó sus guantes y revisó todo el material grabado.

Volvió otras dos veces al Hospital Vida Segura, donde preparó el terreno en todos los aspectos necesarios. Lo comprobó todo para que nada fallara.

Tres días después, Luz Serena, ya finalizando su papel de Adelaida Tríglota, se sentó con Jezabel para analizar los resultados del plan por aquella ejecutado:

—A ver, marquesa postiza, cuéntame cómo salió todo —Jeza presionaba impacientemente.

—Todo salió perfecto, por supuesto. Verás, ayer supe que hoy a las nueve horas había programada una intervención importante de fecundación intranatural, pero que se apañarían muy mal, sin una compañera que estaba indispuesta y sin tiempo para gestionar una sustituta. Con tal ocasión, yo me infiltré en el equipo de actuación. Me presenté, y como yo era la nueva, que sustituía a la habitual en esos menesteres, me mandaron a hacer el recadito de transportar, desde la sala de congelación hasta el quirófano asignado, el criotubo de esperma que serialmente tocaba. A esa sala de crioconservación no accedía nadie sino cuando tenía lugar ese tipo de intervenciones. Fue el momento cumbre.

—¿Y el resto? —Preguntaba, Jeza, sin contenerse.

—El jefe de quirófano me facilitó un código de desbloqueo y acceso a la sala de crioconservación espermática. Claro, de lo contrario no habría podido llevarles la muestra. Nada más entrar, hice la parte importante para nosotras: localicé el criotubo IVT50, esto es, el de Villasevil, lo extraje y me lo guardé en este estuche revestido de plomo que llevaba. En su lugar, coloqué el que yo portaba preparado por ti, que contenía suero fisiológico con algo de cloro. Hecho lo anterior, sencillamente, cogí el criotubo destinado a la intervención de fecundación que estaba en marcha en el quirófano y allá me fui. El proceso de fecundación intranatural que presencié me encantó, fue inolvidable. Y aquí estoy.

—¿Y el criotubo con el semen de Villasevil? ¿Lo tienes? —Inquirió, Jeza, ávida de información definitiva, para confirmar que nada se saliera del plan trazado.

—Sí, ansiosa, tómalo, aunque mira de no excitarte mucho, que es malo para la salud de una divorciada. —Concluyó, Luz Serena, con una sonrisa maliciosa.

—No seas calienta fibras, tía, que no me voy a ir con este moco maloliente a la cama. Estas substancias sexuales ya no me impresionan, más bien me revuelven el estómago. Para que veas, y para más seguridad, ahí se va el esperma por el desagüe del wáter. Por fin, eso es lo que se merece el gran genio de fraudes, Indalecio Villasevil de la Torre.

Jezabel vertió el contenido del criotubo, presionó el botón de la cisterna y, adiós vida futura, por el desagüe se fue la intimidad viscosa del magnate Villasevil.

Al día siguiente, la profesional encargada de la congelación y buen estado de las muestras seminales dentro del hospital se fue corriendo a Dirección a dar parte de la tragedia: la muestra seminal IVT50 se había corrompido. Las dos últimas analíticas así se reflejaban en el sistema.

La directora del hospital se lo comunicó a la cliente Adelaida Tríglota, pidiéndole mil disculpas. Estaba desolada. La cliente les acusó de ser unos incompetentes y hasta les llamó delincuentes. Pero, claro, como a nadie interesaba qué tal fiasco saliera a la luz pública, sobre todo al hospital, todo se quedó envuelto con papel de celofán.

Ahí terminó la actuación estelar de la marquesa, Adelaida Tríglota, interpretada por la gran actriz, Luz Serena.

Ahora bien, había otro problema paralelo, que la directora del Hospital Vida Segura tuvo que afrontar en seguida.

—Ilustre Notario Mayor. Este hospital acaba de remitirle un documento donde se le comunica nuestro profundo pesar. Por desgracia, la muestra de esperma

IVT50, que estaba en nuestra sala de crioconservación, resultó hoy estar totalmente corrompida. Consecuentemente, su fertilidad es definitivamente negativa, totalmente inservible.

Con la noticia, el notario del Olmo dio un salto en su asiento. No hubo forma de saber si había sido de sorpresa, de alegría o de preocupación. Seguidamente, convocó a las interesadas y, en su lugar y hora, les comunicó oficialmente:

—Señoras, aunque lo lamento, es mi deber comunicarles que la muestra seminal del testador, Don Indalecio Villasevil de la Torre, la cual permanecía depositada en el Hospital Vida Segura, está corrompida. Es totalmente inválida para procrear. Aquí está el certificado que así lo acredita. Esta es la verdad que deben ustedes aceptar y que yo debo documentar.

—Menos mal que el Hospital se llama Vida Segura. —Comentó con sorna la representante de la Corporación.

—Esto tiene un significado y una conclusión. —Prosiguió el Notario Mayor con cara de circunstancias— Debido a que ahora mismo no existe esperma eficaz del testador, ya no se le puede exigir a la heredera un embarazo póstumo. Por consiguiente, en aplicación de los artículos 1.182 al 1.184 de nuestra Convención de Internaciones, debemos entender que se ha producido una imposibilidad sobrevenida para el cumplimiento de esta Condición. Así las cosas, declaro que la CONDICION PRIMERA impuesta por el testador señor

Villasevil a la heredera señorita Ártemis, se tiene por CUMPLIDA por imposibilidad sobrevenida.

Ninguno de los presentes se movió de su asiento. Ninguno pronunció palabra alguna. Sólo los ojos de Jezabel Ártemis expresaban una gran satisfacción por la situación conseguida. De esa satisfacción nadie tuvo conciencia, ya que los humanos no responden ni se activan por lo que expresan los ojos, sino por lo que oyen sus oídos, por eso solo escuchan y reaccionan a los ruidos agitados e intempestivos tipo truenos, siendo incapaces de percibir el vuelo sensible de las mariposas.

Por la noche, ya fuera del alcance de oídos indiscretos, Jezabel razonaba con su amiga Luz:

—¿Has visto, mi amiga, has visto las verdades de los humanos? La verdad va de la mano del poder y de intereses calculados. Ni siquiera el Hospital se ajustó a lo real, porque no le interesaba un escándalo que minara su imagen. ¡Hemos conseguido una gran victoria! Ahora bien, esta posibilidad de victoria por nuestra parte y esta forma de retorcer la realidad como hicimos nosotras, no nos habría sido posible cuando tú y yo éramos dos albóndigas que ganábamos la miseria de quinientos euros mensuales en La Guarde. La verdad es una ilusión de los pobres. Ahora lo sé, cumpliré las seis condiciones de Villasevil, aunque me cueste media vida, pero yo no volveré a ser una pobrecilla incauta, una albóndiga de picoteo, como el noventa por ciento de los humanos. Media vida siendo la mayor ricachona del mundo proporciona más serotonina y oxitocina, esto es, más materia orgásmica que veinticinco vidas, si fueran posibles, viviendo como una albóndiga.

15 CULTO DE NOCHE

Miss Ártemis era envidiada y respetada por todos. Bueno, más que respetada, era «peloteada» por casi todos, por cuanto el respeto bien entendido debería nacer de la consideración a esa persona, no de las montañas de dinero o de las cordilleras de poder que ella ya ostentara. Era cierto que Jezabel no se sentía una opresora, aunque últimamente defendía una filosofía práctica un tanto singular, pensada para sobrevivir entre gladiadores. Ella sostenía: si tú vida se fundamenta en la virtud del respeto hacia los demás, ¡agua!, olvídate de alcanzar cuotas altas de poder, ni siquiera pequeñas. Sin embargo, si eres temida por los que presumen de ser directores de este mundo, entonces puedes hacer lo que te venga en gana, puesto que tú demandas, mandas y remandas.

Una vez le habían preguntado si se sentía más feliz ahora, con prácticamente todo el mundo debajo de sus pies, y mirándolos desde arriba, o, en épocas anteriores, cuando el mundo se movía por las alturas y ella miraba a los humanos desde las rodillas hacia arriba. Jezabel le contestó al que preguntaba:

—Mucho más feliz ahora, por supuestísimo. Es muy sencillo: la mujer pobre también pretende ser rica, ya que en su vida solo hay miserias. Pero, muy rara vez lo consigue, por eso se convierte en una infeliz sin remedio. Por contrario, la mujer que ya es millonaria siempre puede pasar voluntariamente a ser de condición humilde, pero nunca se aparta de los millones. Eso es debido a que, en el dinero y en el poder, está la verdadera felicidad. La anhelada felicidad a la persona no se la proporciona lo que ilusoriamente quiere tener, sino todo lo que efectivamente tiene.

Y remachaba lo anterior en forma contundente: cuando no tienes un euro, pero te gusta un tío bien plantado, si tú no le gustas a él y no tienes con que apretarlo, te metes el dedo en la boca, es decir, te quedas infelizmente con las ganas. Ahora bien, si eres poderosa, pero ese guapo no quiere venir contigo, lo presionas con hundirlo en la miseria, hasta que se mete donde tú desees y te mete lo que tú quieras, o sea, disfrutas la felicidad plena y deseada.

Era cierto que, oficialmente, Jezabel todavía tendría que esperar unos cinco años y saltar muchas zanjas para convertirse en la propietaria de la fortuna a la que estaba destinada. No obstante, ya todos la trataban como tal, por si acaso, ya que en la colmena todo se mueve alrededor de la abeja reina.

Al presente, la vida de Jezabel seguía girando en torno a la cúpula de la Corporación Villasevil Torre. Ella solo le dedicaba, no obstante, el tiempo necesario para que las riendas de la Corporación no se le fueran de las manos. Asimismo, proseguía con su formación en Sistema de Inteligencia Natural (SIN), que mantenía a muy buen ritmo y en secreto, lo cual estaba consiguiendo sin sexo vaginal alguno. No obstante, era cierto que alguna vez no había podido evitar hacerle algún trabajito oral al cochinillo del profesor forense. Estos trabajitos tenían como objetivo claro que Fore no planteara excesivos problemas para desplazarse próximamente con ella al satélite Culto y, así, poder evitar que su formación en SIN pudiera sufrir algún tipo de merma o retraso.

¿Y cómo se organizaba para que su asesora Luz Serena no se percatara de su formación en SIN? Pues teniéndola completamente ocupada. Jezabel le dijera más de una vez:

—¿Sabes, Luz, cuál es la virtud que me permite abarcarlo todo y tomar un mundo de decisiones? —Ella misma se contestó —Delegar la mayoría de mis funciones en mis colaboradores de confianza, como en ti.

—Claro. —Pinchaba, Luz, sin esconderse. —Para que algunas personas puedan montar en burro, tienen que haber burros.

Ja, ja, ja, se reía Jeza. —¡Que cretina eres! —Le reprochaba.

Por fin llegó el día planificado. Aquel en que las alarmas sonaron. El día que Jezabel había decidido irse al satélite Culto, donde permanecerían durante un trimestre antes de regresar al planeta Tierra. Era seguro que se llevaría consigo a su asesora Luz Serena, sin la cual no daba un paso, salvo para ir a la cama, puesto que ahora Jezabel iba siempre absolutamente sola. Así era, la cirugía que sobre su sexo había practicado el forense ya había reducido su lívido a niveles cero, aunque tuviera que cargar con el castigo de administrarse una cápsula diaria preventiva de entrada de hongos y bacterias. Además, había conseguido llevarse con ella a Fore, el científico forense y profesor particular, con lo cual se aseguraba su marcha formativa en inteligencia natural sin tropiezos. Y también se llevó con ella al Notario Mayor. Bien, aquí la expresión «llevarse con ella» no era nada adecuada, por cuanto, aunque ella lo dominaba casi todo, el notario ya era otra cosa, con él poco dominio y más sonrisas. Pero, claro, como estaba todo el proceso hereditario y las condiciones testamentarias por abrir y conocer, el notario era una pieza imprescindible, así que también se desplazaba a Culto, al llamado satélite amarillo.

El viaje desde la Tierra hasta Culto era un auténtico suplicio para los currantes que allá se desplazaban. Ese viaje, no obstante, era un verdadero paseo sideral para unos pocos privilegiados, entre los que se encontraban los integrantes del equipo de *Miss Ártemis*, que recibían lo más de lo más en atenciones y agasajos. Por supuesto, los componentes de tal equipo viajaban sin pago de billetes, que costaba medio riñón al resto de mortales, aunque no a los acompañantes de la jefa suprema. Claro que no, puesto que las naves que hacían el transporte de personas entre el planeta Tierra y su satélite Culto eran de la Corporación Villasevil Torre, por tanto, de la presidenta provisional Jezabel Ártemis.

El equipo de la jefa, con ella a la cabeza, se acomodó en una estancia con cuatro salitas dormitorio, de seis metros cuadrados cada una, y una sala común de disfrute de doce metros cuadrados, ubicadas en la segunda planta de la nave. Hombre, si estuvieran en Las Vegas americanas, ocupar entre los cuatro solo el espacio de treinta y seis metros cuadrados, podría parecer poquísimo, un insulto para ellos. No obstante, tratándose de una nave espacial, aquella estancia era casi como estar los cuatro solos en el continente americano.

Y allá se fueron, al satélite Culto, al esperado nuevo mundo. Desde la base estelar de la tierra partió la nave más segura y con mayores prestaciones del momento. Claro, en esa nave viajaba la futura propietaria de la Corporación, no se iba a meter en cualquier bicicleta y sin un pedal.

Cuando las cuatro personas que formaban el equipo de la jefa estaban acomodándose, la asesora Serena se percató de que, en aquella estancia, aislada del resto de la nave, iban dos mujeres y dos hombres, motivo por el cual le comentó a su amiga con algo de malicia:

—Jezabel, piensas en todo, ¿eh?, dos chicas y dos chicos, para hacer más agradable el viaje. Sí, señora, alabo tus pensamientos.

Sin embargo, las expectativas de Luz en aquel viaje no se cumplieron. Jeza no pasó de asistir a una especie de merienda de compromiso, que había sido agradable y con un buen nivel de sonrisas, pero nada de adornar intimidades que pudieran confundir ilusiones mal fundadas.

El viaje desde el planeta Tierra hasta su satélite Culto, en aquella nave especial y ultrarrápida, consumía tan solo veintinueve horas. Los cuatro privilegiados estaban anonadados en su llegada. El sol brillaba en lo alto, aunque con una pendiente oblicua bastante rara. El nivel de vida de los cuatro en nuestro planeta tierra, en la época actual, era muy considerable, lo que posibilitaba poco margen a lo nuevo y a la sorpresa para ellos, si bien el satélite amarillo no dejaba indiferente a nadie que por sus dunas paseara. En Culto, por otra parte, el desorden, vicio y delincuencia eran mucho mayores que en la tierra. Era inevitable, decían algunos, ya que estaban los humanos de por medio. Todos los que subían allí arriba subían con mucha hambre y con muy poca honestidad, así que convirtieron al escondido e inocente nuevo satélite en un tugurio de los muchos que existían en nuestro planeta, solo que el de Culto era de niveles mucho más corrompidos.

Cuando hacían aquel viaje sideral, Jezabel tenía treinta y cinco años. A ella ya no le asustaba la noche.

Era verdad que, salir ella sola, con el desenfreno existente en Culto, le hubiera aterrado en su etapa de casada. Ahora, ya no. Últimamente, se había encarado con tantos lobos marinos que, ese miedo se había diluido, se lo había envuelto en un pañuelo obscuro y metido al bolsillo.

Aquel anochecer se atavió con una ropa bastante normalita: unos zapatos negros, nada especial, con muy poquito tacón; unos pantalones tejanos, poco ajustados, con un pequeño roto encima de una rodilla; una camiseta negra, sin añadidos; una cazadora tejana que le cubría hasta el inicio de las caderas; nada de pintura, nada de maquillaje. Solo dos horquillas de oro blanco acompañaban su cabello para darle forma a un recogido sencillo.

Salió a dar una vuelta, sola, para ver Culto de noche. Iba ella con ella, ni siquiera con su amiga Luz, de cuya compañía se había desprendido esta vez para poder contemplar con su alma pretendidamente pura, sin interferencias, como se vivía la noche en aquel condenado satélite. El cerebro de Jezabel se había bastante acostumbrado a desafiar a los hombres, pues tras un tiempo de torearlos por fuera y, también, por dentro, en ella ya no se cumplía el tópico fácil de «el sexo débil». No eligió zonas espléndidas, esas ya aparecían cada día de su vida en la tierra. Caminaba por uno de aquellos túneles fabricados con materiales de fibra de carbono, con fluoruro de vidrio y otros equivalentes. El olor por allí era particular, a berberecho descongelado. En Culto solo se podía caminar por algunas galerías provistas de oxígeno y, siempre, dentro de la burbuja prefabricada, pues fuera de aquella te freías con sulfuro si osabas asomar por sus dominios.

Ella se sintió envuelta en un silencio un tanto frío, algo similar al que alguna vez había sentido mientras caminaba por algún callejón obscuro y húmedo de su querida Barcelona terrestre. Una sensación de inseguridad, mezclada con soledad y algo de miedo, le recorrió la espalda.

Percibió algunos sonidos claros de un llanto agarrado. Escuchó. El llanto de una niña era inconfundible. Pestañeó. Ella también era madre. Se giró, pero no encontró a nadie. Tuvo tiempo de dar dos pasos. Nuevamente, la niña volvió a llorar. Se preguntó qué pasaba. No vio a la niña, pero intuyó que no estaría lejos. Por el timbre de sus lloros calculó que podría andar por los seis añitos. De repente, le vino a la memoria su hija. Sintió un estremecimiento enorme. Se llevó sus manos a la cara. Recordó nuevamente a su hija Aurora.

—Pobre hija mía. Nunca me perdonaré el daño que te hice, lo mala madre que estoy siendo.

Pero, no, no era su hija. Aurora no estaba en Culto, vivía en la Tierra, a mucha distancia de aquel mundo más que tétrico.

Jezabel se detuvo. No oía llorar. Renovó su camino. El lloro volvió. Comenzó a vivir una cierta angustia. Le pareció que los lamentos venían en cierta dirección. Dio media docena de pasos y alcanzó un nodo con un acceso metálico, una puertecilla de un metro de alto por medio de ancho. El acceso estaba cerrado con una cerradura electrónica protegida con clave. El llanto de la niña era más audible cerca de esa puerta. Se mantuvo un rato pensando y concluyó para sí:

«*No podré dar con la clave ni en un millón de intentos. Pero, a ver si lo que he aprendido hasta ahora con mi formación en SIN me puede servir para algo*».

Sacó una pinza de oro blanco con la que recogía su pelo. Lo intentó y consiguió abrir un alojamiento que contenía una circuitería con tres cables enchufados a presión. Extrajo el de color verde y lo aproximó al terminal quinto del circuito integrado MS64AJ, cuyo contacto activó el sistema y, loto, la puertecilla de acceso se abrió.

Ella no dijo nada, para no levantar polvo, pero sus ojos reflejaron gran alegría por la puertecilla abierta, lo que posibilitaba que pudiera hacer algo para ayudar a la chiquitina.

Jezabel se agachó, se contorneó un tanto y entró. El lloro cesó. Ella movió sus faros en busca de algo que identificara aquel llanto. No era nada fácil, ya que en aquel espacio interior había un amasijo de hierros acumulados en forma de chatarra. Observó algo oscuro. Se acercó dos metros y, el angelito, allí estaba. Acurrucada. Temblando. Vio dos ojitos negros que la seguían aterrados. Le fue hablando muy despacio, con medio hilo de voz, como si hablara a su hijita tras una pesadilla de lobos en el bosque.

—No te haré daño, pequeñita. —Jezabel se acercó un centímetro.

—Te llevaré con tus papás, bonita. —Y se acercó otro centímetro.

Le dio su tiempo, hasta que la niña de cinco años, atraída por aquella voz dulce como la de su mamá, se fue convenciendo de que ella no formaba parte de aquellos lobos que la querían devorar. Levantó con timidez su mano pequeña y permitió que Jezabel la sacara de una especie de zulo hasta abrazarla muchos minutos. El calor del abrazo hizo que la pequeñita se sintiera menos insegura y algo menos muerta de miedo y de frío.

—¿Tú sabes dónde está tu papá?

—En el cielo. —Consiguió contestarle la niña.

—¿Y tu mamá?

—En cama, atada. —Respondió la chiquita bastante temblando. —Quiero ir con mi mamá.

—¿Dime dónde está tu mamá, cariño?

—Allá. No se. Hay dos o tres hombres malos. Le pegan. —Balbuceaba la cría.

«*Anda, tía todopoderosa. Vaya un lodazal donde te has metido*» —Se dijo Ártemis para su interior.

Y no eran términos desacertados, claro que no. De un lado, aquello era un lodazal porque allí olía a fango contaminado. De otro, ella era muy poderosa, sí, pero en sus dominios, no en aquel lado oeste de Culto, donde ella, sin tener ni idea, se había adentrado. Al poco, salió con la niñita abrazada más que a un tesoro celestial.

—Yo soy tu amiga. Me llamo Jeza. ¿Y tú?

—Lila. —Se oyó la voz insegura de la niña.

—Lila es un nombre muy bonito. Buscaremos a tú mamá.

Jezabel era un cóctel imprevisible. Lo era desde hacía un tiempo. En otra época pasada, con su corazón dulce, se había ganado una vida maravillosa, excelsa. Pero un anochecer se subió a un impulso con cola de caballo y, por cuatro días de sexo torrencial, cayó con su vida envidiable en los confines del infierno. Así era Jeza. Una cara y un cuerpo súper envidiados por ellas y súper deseados por ellos; unas decisiones que se movían desde lo más alto de los picos del Everest, como cuando ejercía brillantemente de presidenta de la Corporación, hasta lo más bajo de las fosas de las Marianas, cuando le puso los cuernos más que humillantes a su marido; pero, también era más, también era un corazón que no cabía de grande en la catedral de Santiago de Compostela. Por eso era capaz de arriesgarlo todo para ayudar y salvar a una niñita que nunca había visto ni oído antes.

Salieron las dos, Jeza y Lila, medio abrazadas, caminando con mucho recelo las dos. A Jezabel nadie la conocía en aquel lado de Culto, zona distribuidora de droga, de prostitución y de basura. Aun así, ella contaba con la experiencia de haberse movido en tugurios, entre desalmados, esperando que eso le ayudara a desenvolverse con algo menos de problemas.

Intentó fabricarse algún plan, porque recurrir a las autoridades policiales con la corrupción y el desorden que en Culto se respiraba, no le pareció lo más eficaz en aquel momento.

Justo al girar la esquina de un nodo del túnel, se encontró de frente con dos bandoleros gigantes. La niña gritó aterrada, señal inequívoca de quienes eran. Se abalanzaron sobre las dos. En tres segundos, la niña pataleaba entre las manazas de uno de ellos, mientras que el otro había inmovilizado las muñecas de Jezabel con una brida súper resistente y se la llevaba a su hombro como si fuera un fardo de ropa vieja. La niña gritaba y lloraba desconsoladamente.

Entraron en una especie de Almacén. Al encuentro de los cuatro vino un cabrón. Jeza los identificaba a la legua, porque todos se comportaban igual, como cabrones. Este, además, era el jefe, porque los dos bandoleros obedecían.

Las llevaron al fondo del almacén, donde aparecían dos espacios a modo de salas medio cochambrosas. Ambas salas estaban separadas visualmente, aunque sí podía oírse lo que en ellas pasara. En una sala tenían atada a la cama, totalmente desnuda, pero calzada, a una mujer de unos cuarenta años. Era la madre de Lila. A esta sala trajeron a la chiquita, con su madre, no por consideración, sino para que se callara. En la otra estancia, sobre una cama bastante mugrienta, dejaron tumbada y atada a Jezabel.

—¿Manteca, me permites que le coma las tetas?
—Se le oyó al bisonte que la había traído a hombros.

Que animal. El bisonte no le pedía permiso para tal fechoría a Jezabel, en tanto que eran sus tetas, sino a su jefe Manteca, como si este tuviera propiedad y derecho sobre el cuerpo de la mujer.

    El jefe cabrón lanzó una mirada asesina a su lacayo, la cual fue definitiva para dictar su mandato. Acto seguido se subió encima de la cama, se sentó sobre el vientre de ella y, a zarpazos de fiera, comenzó a desprenderla de la ropa que llevaba encima. Solo quedó puesto su calzado; tal vez formaba parte del ritual. Jezabel se retorcía y se resistía con furia, hasta que él casi le estranguló el cuello con una manaza de plomo fría. Ella se quedó sin aire, porque la manaza aplastando su pescuezo se lo impedía. Sintió que su sujetador saltaba sin remedio, marcando rojeces sobre su piel. Después percibió que su braguita salía totalmente rota por los dos costados; pobre braguita, que culpa tendría. Esta prenda fue metida por el cabrón hasta la campanilla de la boca de Jeza, para que enmudeciera.

    El Manteca repasó a la chica desde su cuello hasta sus rodillas. Los ojos del bandolero se abrieron grande. Nunca había tenido ocasión de contemplar la perfección hecha mujer. Claro, esa situación sería maravillosa si fuera fruto de la conquista solicitada, aceptada y deseada por ambos, pero no por la barbarie hecha miseria podrida y unilateral del macho marrano.

    —No seas impaciente. No te abandono, ni paso de ti. Tienes cara de angelita y estás más buena que ninguna otra en Culto. Ahora me es imposible quedarme, pero en poco más de una hora volveré y, entonces, gozarás como nunca lo hayas hecho —Borbotaba el Manteca con el cerebro lleno de lombrices.

Y para que su festín fuera exclusivo, avisó, en alta voz, a navegantes:

—Esta es mía y solo mía. Que nadie se me adelante. ¿Queda claro? Lo pagará con su vida, quien que se atreva.

La rabia y miedo de Jeza descendieron un escalón, pues, aunque más tarde podría resultar inaguantable, al menos tendría una hora para pensar en algún plan. De momento, pensó:

«*Maldito, mi piel es solo mía. No es de nadie, y menos de un maleante violador y secuestrador de niñas como tú*».

El manteca era muy maleante, pero también sabía inmovilizar a una mujer y, lo peor de todo, era que se sentía dueño de aquel estercolero. Jezabel temió, con temblores fríos, que dentro de una hora tuviera que sangrar con una nueva violación como había soportado inhumanamente unos años atrás. Se estaba mareando. Ella supo que de allí no saldría solo por su fuerza, era imposible, de modo que adoptó otra postura. Puso en movimiento sus armas de mujer y pidió a la Virgen de su pueblo que la ayudara a superarlo.

Los dos vigilantes paseaban por la estancia. Cada vez que se acercaban a Jezabel miraban con fijeza su cuerpo desnudo, si bien eso a ella ya le preocupaba poco. Sabía que no la respetarían, pero al menos esperaba que temieran a su jefe y por eso se contuvieran.

Regresó el Manteca. Se tumbó directamente a su lado, denotando mucha prisa y deseo. Quitó la braguita de Jezabel de su boca, lo que supuso para ella un gran alivio. Sin espera, le acribilló el corazón con el siguiente despropósito:

—Hoy es tu día de gran suerte. No te voy a cobrar nada, hasta tal punto que te vas a llevar gratis todo por lo que otras pagan una fortuna.

Jezabel estaba aterrada, pero tenía que sobreponerse si quería que su plan funcionara. En muchos casos, fingir daba el resultado esperado, aunque el hecho de fingir siempre encogía y empequeñecía el alma de la persona que fingía.

El Manteca comenzó a quitarse su ropa y se quedó desnudo de cintura hacía arriba. Ella, recuperando actitudes de algún tiempo pasado, puso cara y boca de lagarta caliente. Debía empezar a confiarlo. Para avanzar en el plan, le inquirió con una voz que no era cálida, aunque eso parecía:

—No me extraña que las tías te paguen, porque estás muy potente. Pero, yo así atada, me quedaré a medias. Para que mi suerte y la tuya sea completa, deberías soltar mis manos y dejar que juegue con ellas y con tu cañón, verás como tiemblas de placer como nunca.

Él la miró con ojos de macho superior, y pensó:

«Bueno a esta la domino yo con media mano; con la otra me la manoseo».

Mientras se relamía con su pensamiento, liberó las manos de la cautiva y se quitó el resto de su ropa, quedando visible en el bolsillo de su pantalón una pistola automática indicativa del tipo y calaña que era aquel inhumano. Su pene ya estaba erecto e insultante. Apretó con su mano izquierda el pecho derecho de ella. Esta aguantó. Él pensaba con su palote, pues de ese miembro salió lo siguiente que medio vociferó:

—Joder, me gustas más que la cerveza, y tu cuerpo está para comerlo y repetir. ¿De dónde sales? Eres lo mejor que he visto este año.

Ella llevó sus brazos y manos hasta su cabeza, arqueando un poco su cintura como si en horas de deseo y felicidad estuviera, poniendo cara de loba excitada. De su pelo medio recogido extrajo, con todo disimulo, una horquilla de oro blanco que escondió en su mano derecha.

Él comenzó a bramar como un rinoceronte desbocado. Se sentó sobre el sexo de la mujer y levantó su palote rojo y llameante para felicitarse y darse la enhorabuena, al tiempo que ella bajo su mano derecha hasta tocar el miembro masculino, como para acariciarlo y guiarlo en su inmersión hasta sus profundidades.

Pero, no, nada más lejos de esa intención en la mujer. Ella apretó con saña la horquilla de oro blanco contra el pene tieso e hinchado del búfalo hasta que se lo atravesó de lado a lado. El animal se contrajo de dolor. Se le escapó un gran alarido salvaje y empezó a soltar sangre de su miembro como si de un aspersor se tratara.

Jezabel, en un acto reflejo y no planeado previamente, aunque sí producto de la indignación acumulada en aquel catre, apretó sus dientes, se incorporó y sacó del pantalón del búfalo la pistola que había visto. Estaba temblando de nervios y de miedo, pues nunca había antes soportado una pistola en sus manos, cuyo cañón iba de un lado a otro sin control alguno. Entre tanto, el dedo índice de ella se le enzarzó en el gatillo del arma y esta se disparó tres veces. La primera bala impactó en la parte baja del corazón del vigilante bestia que la había transportado a hombros hasta aquella sala, quien cayó fulminado y sin vida. El segundo animal recibió un impacto mucho menos definitivo, pero suficiente para entrar en pánico, tambalearse y caerse desmallado. La bala le había entrado por la boca y salido muy cerca de oído. El proyectil del tercer disparo impactó en un puntal metálico, rebotó y pasó silbando y rozando la nariz de Jezabel.

Esta estaba pálida, blanca. Tiró la pistola a una pila de barras de aluminio abandonadas al lado mismo. Miró al Manteca. Este estaba bastante inútil. Aun así, temió que le quedaran fuerzas para descuartizarla con un zarpazo de oso rabioso. Presa de ira, ella agarró una de las barras metálicas de la pila y le reventó la cabeza llena de microbios que tenía el Manteca.

Jezabel se quedó tres segundos aturdida. Reaccionó y se fue a la habitación contigua. Madre e hija permanecían en vilo, por los disparos y por no saber qué iba a ser de ellas. Desató a la madre, a la cual habían denigrado como fieras salvajes. Sin pérdida de tiempo alguno, se fueron las tres corriendo por el túnel general.

Jezabel tiraba de la mano de la madre. Esta con su hija Lila, en brazos.
—Tenemos que cubrir nuestro cuerpo con algo. —Apremió la madre.
—Olvídate ahora de lo que enseñamos. Tendremos problemas mucho mayores si nos atrapan. —Razonaba con practicidad, Jeza.
Corrieron todo lo que aguantaron por túneles semioscuros. Se cansaron porque el nivel de oxígeno era muy deficiente. Siguieron agotadas por una galería que desembocaba en una puerta. La abrieron y, uf, pasaron del infierno de procedencia al cielo de aquella sala encantada. Las dos mujeres iban desnudas, llevando los pelos de sus cabezas entre los ojos como dos locas escapadas del psiquiátrico. La estancia a donde arribaron era una sala aristocrática llamada La Vida Dulce, la cual albergaba unas diez mesas conteniendo la cena de cerca de cuarenta comensales, que se quedaron boquiabiertos al encontrarse con las dos mujeres desnudas. La madre de la niña se sintió acomplejada. Jezabel avistó una pequeña zona utilizada como guardarropía, delante de la cual aparecía un mostrador regentado por una empleada veinteañera. Allá se fue. Le apuntó con su brazo y dedo extendidos y le conminó a que le entregara los dos primeros abrigos de visón de la barra. La chica dudó, pero ante la mirada inquisidora de la desnuda, le entregó los dos abrigos a toda velocidad. Jezabel le puso por encima un abrigo a la madre de Lila y ella se enfundó el otro.

La niña no estaba desnuda, pero Jezabel, ahora ya sintiéndose ama de aquel mundo mucho más cercano al suyo, no estaba dispuesta a perdonar una más a los cultanos. Agarró un mantel de una mesa, con acabados preciosos, donde cenaban dos comensales. El coste del mantel no bajaría de los veinticinco mil euros. Le pegó un tirón y se fue todo lo de encima por los aires.

—Ten, mi niña, no te vayas a constipar. —Eso decía, Jeza, mientras envolvía a la niña en el mantel.

El ofendido comensal se levantó para comerse el mantel y a Jezabel. Esta le plantó su dedo índice tocándole la nariz, para advertirle:

—Chisss, gordito, que te va a sentar mal la cena. Tú mañana te puedes comprar miles de manteles mejores que este, mientras que la niña, en toda su vida, solo tendrá el que acabas de regalarle.

Cuando Jezabel no había terminado de pronunciar la frase, entró un oficial de policía acompañado de dos agentes. El oficial, con aires de suficiencia, interrogó:

—¿Qué pasa aquí?

—Nada, oficial. —Apuntó, Jezabel, enfundada en su abrigo de visón. —Este caballero tan generoso, dado que la niña se había enfriado, le regaló el mantel para guarecerse. Al sacarlo, se cayó algo al suelo, nada importante.

Visto que nadie planteaba oposición ni decía lo contrario, el oficial se olvidó de aquel hueso pequeño y anunció lo que traía por cometido.

—Pueden ya ustedes cenar tranquilos. Acabamos de abatir a tres delincuentes muy peligrosos que se dedicaban, entre otras fechorías, a secuestrar niños. En Culto no permitimos actos incívicos y, mucho menos, delictivos.

—Bien, bien. Ya me siento más segura. Se merece usted un ascenso, oficial. —Jezabel aplaudió en forma muy audible y, a esa hipocresía suya, le siguió toda la audiencia.

Los policías se fueron con su orgullo creciente. Jezabel, la madre y su hija, también. Las tres siguieron por un túnel tipo paseo. Más iluminado, más concurrido y con menos riesgos. La madre se sinceró con su salvadora, Jezabel. Aquella, llorando desconsoladamente, le contó su dramática historia.

—Yo no tengo un euro. A mi marido lo asesinaron por aquí hace un año. A mí me han debido confundir con alguna ricachona, ya que secuestraron a mi hija para que yo les entregara diez millones de euros. Cómo no podía, me raptaron, me llevaron a aquel almacén y, ¡desalmados!, me violaron hasta cuatro veces. Uf. Primero, el Manteca, después una vez cada uno de sus dos lacayos y, más tarde, otra vez el miserable del Manteca. —La madre lloraba indignada. —Nos habrían matado a mí y a mi niñita si tú no hubieras venido. ¡Dios, cuanto te debo!

—No, yo no soy un ángel salvador, no tengo ese tipo de madera. Fue instinto de supervivencia. Me salvé a mí misma, lo vuestro fue por añadidura. —Así se quitaba virtudes la heredera Jezabel Ártemis.

—¿Te los cargaste a los tres? —Preguntaba la madre con admiración.

—¡Tres cabrones menos que pululan por aquí! —Resumió Jezabel, sin más.

Tras unos minutos andando, la salvadora le hizo un ofrecimiento final a la madre.

—¿Qué vas a hacer ahora? Vente conmigo, iremos a la Tierra. No soy una santa, pero no pasarás hambre.

—No, no, mi vida o mi muerte, lo que me toque, está en Culto. No lo abandonaré, no dejaré aquí solo a mi marido. Él no lo habría hecho conmigo. —Formulaba la madre con mucha tristeza, mientras se abrazaba y apretaba a su hija recordando a su marido.

Se despidieron con besos y abrazos sinceros, largos y muy emotivos. No todo son mentiras y traiciones entre los humanos.

Cuando madre e hija se alejaban, Jezabel se quedó mirando a aquella mujer con grandísima admiración. Lo de no abandonar a su marido, ni siquiera después de un año que llevaba muerto, le había llegado a lo más íntimo de su alma. Recordó tiempos pasados, donde ella también tuvo un marido maravilloso, con el que acabó muy mal por culpa de su propio vicio sexual. ¡Nunca más sexo! Concluyó, una vez más.

Bueno, a veces los humanos son adorables, pero muchas otras ni se merecen ser odiados. Pero en materia de sexo, nunca digas «nunca, jamás», ni siquiera tú, mujer todopoderosa.

Su pensamiento final se fue a sus dos hijos, que era donde acababa cada día. Ellos era lo único que seguía vivo de su pasado. En voz alta, para que Culto se enterara, lanzó al aire:

—Te quiero, Aurora, hija mía, como te echo de menos.

Acto seguido, tras darse un manotazo en su cabeza, añadió:

—Y a ti, Albor, también. Perdóname, hijo mío, a ti también te quiero. Tú siempre serás mi hijo. Mataría por defenderte.

Regresó a su base. Ya volvía a ser la multimillonaria, Ártemis.

16   CONDICIÓN SEGUNDA: SU LECTURA

El equipo de quien era heredera de todo el patrimonio que envolvía la Corporación Villasevil, había regresado a la tierra. Ese equipo estaba selectivamente compuesto por el técnico Forense, la asesora Serena, el notario del Olmo y la propia jefa, Jezabel Ártemis. Habían vuelto al planeta Tierra, a Barcelona, su ciudad de operaciones. Transcurrido el tiempo normativamente establecido, la Notaría Mayor hizo su trabajo y cumplió con su deber de convocar a las personas interesadas. Ahora bien, no se efectuó la convocatoria por el medio ordinario, como era lo habitual mediante un mensaje electrónico estándar con el siguiente contenido:

«Convocamos a usted a la reunión a celebrar en esta Notaría Mayor, el día 12/10/2022, a las 16:00 horas, relativa a la apertura de la Condición Segunda impuesta a la heredera Sta. Ártemis, por el testador Sr. Villasevil. Confirmen asistencia».

No, no, ni siquiera fue suficiente hacer tal convocatoria con un texto más noble y considerado que el anterior, ello debido al estatus de las destinatarias. En esta ocasión se envió un emisario del despacho, quien entregó personalmente un sobre elegante con cierto peso elitista. Este pliego contenía un folio color ocre, firmado de puño y letra por el notario, con este contenido:

«Doña Jane Brandy.
Consejera delegada de la Corporación Villasevil Torre.

Notario Mayor, Don Adaljandro del Olmo y Penumbra.
Notaría Mayor, Avenida Diagonal, 999999, Barcelona.

Sería un honor para esta notaría, que nos honrara con su estimada y distinguida presencia, el día doce de octubre de dos mil veintidós, alrededor de las dieciséis horas.

El objeto de este acto es la puesta en su conocimiento del contenido de la Condición Segunda establecida en su documento testamentario por el testador, Don Indalecio Villasevil de la Torre, en cuyo acto esperamos la presencia de la heredera designada, Doña Jezabel Ártemis.

Agradecemos encarecidamente nos haga saber su apreciada asistencia.
Con la mayor consideración.
(Fecha. Nombre. Firma del Notario)».

Contenidos y formas iguales recibieron también la heredera Jezabel Ártemis y su asesora Luz Serena. Su entrega se hizo también mediante el emisario personal, para no herir susceptibilidades.

Alrededor de las cuatro de la tarde, pues tener poder no significa, necesariamente, ser incumplidor, las tres féminas interesadas y convocadas ya se encontraban acomodadas en sus asientos correspondientes.

Don Adaljandro del Olmo y Penumbra, notario mayor de la Confederación Internaciones, estaba sentado en frente de ellas, en su trono. Elegantemente vestido, como siempre, derrochaba personalidad. Declaró abierto el acto, realizó los pormenores introductorios y se le oyó pronunciar:

—Bien, dado que la Condición Primera establecida en su testamento por el testador difunto, Sr. Villasevil, ya ha sido declarada CUMPLIDA por la heredera, puedo abrir el pliego objeto de este acto y comenzar la oportuna lectura:

—«CONDICION SEGUNDA:

La heredera, señorita Ártemis, debe demostrar capacidad suficiente para presidir la Corporación Villasevil Torre. A Jezabel Ártemis no se le podrán exigir conocimientos técnicos amplios en todos los sectores que abarca nuestra Corporación, por cuanto yo, Villasevil, no los tuve al inicio. Tampoco se le podrá exigir experiencia, puesto que la experiencia no se compra. Lo que debe demostrar la heredera es capacidad innata, de genes, de neuronas, para ponerse al frente de la mayor organización estelar conocida.

Dicha capacidad será examinada y valorada por el Consejo de la Corporación en pleno, a presencia del Notario Mayor. Se tendrá por superada la condición si la heredera es considerada «apta» por, al menos, nueve de los doce consejeros intervinientes. Finalmente, será el Notario del Olmo quién refrendará, tras la votación del Consejo, si esta condición se tiene o no por cumplida».

El notario actuante quiso desarrollar el texto conciso escrito en la Condición Segunda, ampliando alguna información para evitar dudas o suspicacias.

—Se trata de demostrarle al Consejo Decisorio, órgano controlador de la totalidad de las sociedades de la Corporación, que ella, Jezabel Ártemis, tiene la capacidad mínima para presidir y dirigir la Corporación. Mi interpretación es que no se pedirá a la heredera que sea una experta en todo, que para eso ya están los técnicos asesores, sino que demuestre capacidad de razonamiento y de análisis ante situaciones de cierta dificultad que alrededor de la Corporación pudieran surgir. Por tanto, el objeto de esta condición es validarla como heredera, en cuanto que permitirá que el proceso hereditario avance. Actualmente, la señorita Ártemis es la propietaria provisional del conjunto de bienes y derechos del testador, cuya provisionalidad se convertirá en definitiva si logra cumplir, una vez ya superada la primera, las cinco condiciones exigidas por el difunto Villasevil en los cinco años siguientes.

La representante de la Corporación, Jane Brandy, se tragó sus pensamientos para que los presentes no los intuyeran y permanecer así en su papel de equilibrio. Sin embargo, esta Jane no podía tener equilibrio ni estar equilibrada, puesto que los humanos siempre estamos hacia algún lado. Esto era lo que circulaba por su cerebro:

«*En la Condición Primera, esta pardilla de Jezabel tuvo suerte. La muestra seminal del presidente Villasevil se corrompió, pero esta segunda prueba es otra cosa. Los miembros del Consejo, con el cerebro y fauces que tienen, se la van a destripar, puesto que hace falta mucho más de lo que tiene esta niña, y aunque tenga la cara y el cuerpo que tiene, a mí no me torea*».

La asesora Luz Serena se mantenía expectante, sin tener claro el grado de dificultad de la Condición.

La afectada Jezabel Ártemis, que se había aguantado casi inmóvil en todo el acto, mantuvo su postura, una expresión cercana a lo impenetrable, tal vez pensando ya en cómo salir airosa en medio de doce cocodrilos del Nilo.

El notario, siempre en su papel prudente, esperó un tiempo razonable por si se formulaba alguna cuestión. No siendo así, concluyó:

—Contactaré con las partes interesadas y afectadas para fijar un día del próximo mes. Será el día de la entrevista y encuentro entre la señorita, Ártemis, y los doce integrantes del Consejo, a fin de que la heredera se someta a las interpelaciones de los doce miembros del órgano decisorio principal y estos emitan un veredicto técnico.

Solo me queda agradecerles su presencia y desearles buen final de día. Gracias.

El notario se despidió cortésmente de las tres y se retiró a otra sala y a otros quehaceres.

Ya dentro de su limusina privada, Jezabel pareció despertar de un sueño, sin saberse si había sido feliz o una pesadilla. En forma de terremoto, así era la heredera, sorprendió a su asesora, Luz, con la siguiente oferta, seguramente, más bien era un mandato:

—Luz, tómate dos semanas de vacaciones, a donde quieras y con quien quieras. Si tienes necesidad de sexo, no te prives. Si quieres emborracharte, aprovecha. No me contradigas. Vete.

—Dices que me vaya yo, a disfrutar de mi sexo, a emborracharme. ¿Y tú? ¿De qué tienes necesidad? —Sacó la cabeza del agua, Luz.

—De desaparecer el resto de mi vida. —Respondió Jeza un tanto aturdida.

—¿Te encuentras bien, presidenta? Yo no me iré sin ti. —Pretendió firmeza, Luz.

—Sí, te irás sin mí, claro que sí, porque yo te lo ordeno, y no hagas que me ponga más cabrona. —

Jezabel tomó aire intentando rebajar la tensión. —Yo no desapareceré toda mi vida, me iré dos semanas, sola, yo, mí, me, conmigo, y no pretendas seguirme o controlarme, porque te despido. Y nada de contactar conmigo por móvil, ni una sola llamada. ¿Queda claro?

—Joder, no hace falta que te pongas más cabrona, ya lo estás bastante. —Le regó lo suyo, Luz.

A estas lomas se subía la heredera cuando tenía que lidiar con el toro de una nueva condición impuesta por Villasevil. Jeza no había tenido tiempo para adentrarse en las dificultades que pudiera entablar esta Condición Segunda. Tampoco, si la pudiera superar o no. Eso sí, en su cabeza ya se había asentado el inicio de un plan para navegar durante las dos semanas siguientes, por eso había desterrado a su amiga y asesora, Luz. Estaría sola la primera semana. La segunda, también. Nadie, a su lado no habría pelotas, ni tampoco otros ovarios. Bueno, esa era la intención y ese era el plan inicial, pero los planes son susceptibles de ser modificados e, incluso, de ser olvidados.

La jefa ordenó que se detuviera la limusina. A Luz le dio un beso en su mano. Seguidamente, emitió una instrucción verbal para que el sistema abriera la puerta del lado de la asesora y, con la mirada, la invitó claramente a que se bajara.

—¿Seguro que estarás bien, Jeza? —Inquirió, Luz, preocupada.

—Paras el primer coche rojo que venga, subes y te vas con el conductor a la cama, tanto si es un tío cómo si es una tía. Así, sin malgastar el tiempo con la razón, es como la excitación sube a las nubes, así es como salen bien las cosas de la pasión. —Mucho, muy enigmática estaba Jeza, pues pareciera que había regresado a su época de amor sin puertas ni murallas.

Luz sabía que cuando Jeza se subía al trono fenicio ejercía de auténtica reina. Lo era. También lo era en belleza, pero con sus planes se tornaba intocable e inamovible. Luz se apeó. Tocaba retirarse y desistir. La limusina reanudó la marcha, ahora sin Luz. Esta pareció que esperara un coche rojo, pero no, esperó un taxi, que allí no eran de color rojo, y se fue.

La limusina rodaba por la autopista a buena velocidad. Iba dirección al Delta del Ebro. Jezabel llamó telefónicamente a un hombre de mediana edad, portugués, que ejercía de capitán del yate el Tránsfuga. ¿Buscaba ella un ligue para esta noche? No, todo bien distinto. Al capitán le dio instrucciones convincentes para que él y las otras tres personas del barco, esto es, su ayudante, la cocinera y el técnico de mantenimiento se largaran diez días de vacaciones pagadas, a elegir, y dejaran el yate sin persona alguna a bordo.

—En quince minutos quedará el barco completamente solo. Que sea feliz. La soledad nunca miente ni engaña. —Le confirmó el capitán del yate.

Cuando alcanzaron el destino previsto al lado del yate el Tránsfuga, con total convencimiento, ella se dirigió al conductor de la limusina.

—Gracias por tu ayuda y trabajo bien hecho. El capitán de mi yate tiene razón: la soledad no tiene intereses, ni finge, ni traiciona. Es por eso por lo que quiero quedarme completamente sola. Tú regresa a Barcelona. Ya te avisaré cuando te necesite.

De esa forma amable se deshizo Jeza del chófer de la limusina en la que habían viajado. Ella entró en el yate el Tránsfuga, se tumbó en la hamaca arcoíris, como hiciera el primer día en que Villasevil la invitara, y comenzó a dialogar consigo misma. Los recuerdos fueron apareciendo:

«*Es verdad, la soledad ni miente ni engaña. Es mucho más fiable que la mayoría de los humanos. Yo peor que nadie. Tuve un hombre que era tan fiable como la soledad, pero lo toreé y lo humillé. Ahora no puedo reclamar confianza ni sinceridad. Ahora tengo que defenderme de este mundo de caimanes, sola, porque no puedo esperar ayuda desinteresada de nadie*».

Jezabel se frotó su frente y negó tres o cuatro veces con movimiento de cabeza. Compungida, le pegó un tirón lateral a la hamaca, la cual giró y ella acabó con sus huesos sobre la cubierta del yate, dándose una buena costalada. Pero no lo suficiente, porque desde el suelo siguió sincerándose con el amo del cielo.

«*Puedo pagar informes de docenas de técnicos, que seguro son muy técnicos; también puedo comprar consejos de grandes profesionales, de carácter psicológico, sociológico y, si quiero, hasta de psiquiatría sensible; pero, sin embargo, no puedo contar con el afecto y el cariño de esas palabras que salen del centro del corazón, de esas que te regala tu hombre sin cobrarte nada ni reclamarte intereses. ¡Qué burra fui!*

Tenía ese hombre y lo desprecié. Ahora lo tengo todo, todo menos a ese hombre. Dios, lo abandonaría todo si pudiera volver a mis años de casada, antes de hacerle las marranadas sexuales, pero es imposible porque mi exmarido ya no vive. ¡Pínchate, cabrona! Solo deseas lo que no tienes».

Estuvo un tiempo, no importaba cuanto, masticando y saboreando la soledad pura, sin mentiras, sin actos retorcidos ni fingidos, sin engaños. Después se fue al que fuera su camarote de invitada en aquel barco especial. Allí intentó cambiar su ropa de presidenta mentirosa por algo de ignorante sincera, pero no encontró nada, allí todo eran prendas de bien vestir y mejor mentir.

«No importa. Ya me buscaré la vida. Por ahora me quedaré como mi madre me parió, sin trapo alguno. No los necesito. Es más, fuera anillos, pulseras y todas esas niñerías».

Jezabel estaba cerca de la autenticidad, se había desprendido también de las exigencias y dependencias del sexo de los hombres, estando cerca de convertirse en un bicho raro, distinta de la gente.

Sin nada superficial encima, se dirigió al búnker nuclear, a la llamada Sala Bajo Cero del yate. Se sentó en un sillón que por allí todavía andaba y se quedó recordando algunas de las miles de aventuras y desventuras que por su vida habían pasado. Sus padres. El pueblo de Mourazos. La villa de Verín. Su novio, después prometido, más tarde marido y, finalmente...

toreado. Esto la llevó hasta cerca de llorar, pero su cerebro se llenó de sus hijos y, todo lo demás, regresó a la trastienda donde estaba. Un tiempo después, una señorita sin huesos se hizo un hueco en la cabeza de Jezabel. Esta la saludó:

—Luna, hola. —Jeza no recibió respuesta al saludo.

Salió de la Sala Bajo Cero y saludó de nuevo.

—Luna, ¿sigues ahí?

—Señorita Ártemis, bienvenida de nuevo. Sin ropa está usted... encantadora, espero que... —Se oía a Luna exaltada, como si un robot holográfico pudiera denotar tristeza o alegría exultante.

—¿En-can-ta-do-ra? —Repitió, Jezabel, poniendo espacios a las sílabas para que se notara que lo había captado.

Por eso, sin complejos, con la confianza y el atrevimiento que los humanos adquirimos cuando estamos solos, le preguntó a la ciberasistente.

—Así, totalmente desnuda, sin máscaras ni disfraces, ¿qué es lo que más te gusta de mí, Luna?

—Detecto algo de sarcasmo en su voz, señorita Ártemis. Valoro la perfección de sus facciones y la elegancia de su figura, pero yo no tengo intenciones ni impulsos sexuales, eso no me está permitido.

—Ah, perfecto. Igual que yo. —Así de resuelta hablaba Jeza con la máquina —De ahora en adelante nos vamos a llevar bien. Luna, seguro que conoces que tú anterior tutor, Villasevil, ha muerto. Ahora soy yo tu única tutora, de mi depende tu existencia.

Jezabel cerró su charla con Luna y se pasó por el que fuera el despacho privado de Villasevil en aquel yate. No conocía del todo si Luna y el SIN (Sistema Inteligencia Natural) pudiesen plantearle problemas o zancadillas que pudieran haber quedado armadas por el zorro de Indalecio, así que se propuso comprobar hasta qué punto ella, Jezabel, dominaba totalmente el sistema. Rebuscó y se hizo con la llave maestra de la sala donde suponía que estaban ubicados los cinco grandes armarios que soportaban todo el Sistema electrónico de Inteligencia Natural. Y supuso bien, esos armarios estaban en una sala contigua a la Sala Bajo Cero, con único acceso desde esta. Allá se fue. Una vez dentro, del armario número dos extrajo un módulo conteniendo la Unidad Central de Proceso. Localizó su circuito integrado multicelular e intercambió la posición electrónica de dos de sus terminales. De una parte, el terminal número cuatro, que hasta ese momento estaba funcionando informáticamente como «cero», puesto que antes estaba conectado a masa, ahora, al quedar conectado al positivo, ya trabajaba como «uno». De otro, en terminal número catorce que funcionaba como «uno» positivo, tras el cambio, pasó a trabajar como «cero» negativo.

Tras haber realizado esta operación la llevó a pensar:

«Con esto espero tener asegurado el «código uno». Me queda muchísimo que aprender, pero algo ya

sé en inteligencia natural. *Comprobaré si ahora ya tengo el sistema bajo mi dominio».*

Para despistar un poco a Luna, que quizá estaría vigilante, salió del búnker nuclear y se acercó hasta una ventana. Permitió que sus ojos contemplaran la superficie de las aguas de aquel rio. Le gustó un remolino que formaba el agua cerca de aquel barquito. El remolino era casi tan bonito como si de un hoyuelo en la carita de su hijita se tratara. Se le ocurrió:

«Las cosas más bonitas son las más sencillas, pero los humanos nos las perdemos. Vivimos tan ocupados que no nos enteramos».

Ese pensamiento estaba muy bien, pero regresó al que ahora le ocupaba. Se dirigió de nuevo al despacho Villasevil, ya que, si bien todos los elementos físicos y electrónicos estaban confinados en un apartado de la Sala Bajo Cero, ese despacho del anterior presidente tenía cableado directo con dichos elementos, lo cual le aseguraba una operatividad total. Aquel sería su centro de mando.

Cuando cruzaba la puerta, ella se detuvo para contestarse a los siguientes interrogantes:

—¿Por qué le sigo llamando «despacho Villasevil»? Y, ¿por qué este yate se sigue llamando «el Tránsfuga»? La Corporación todavía no es mía, pero el yate sí, puesto que fue un regalo anticipado de Indalecio. Nada, fuera. De ahora en delante los llamaré:

Al yate: «Emancipado», ya no será el Tránsfuga.

Al despacho: «Mundo Jeza», ya no será despacho Villasevil.

Reaccionó satisfecha y exigió a su ciberasistente:

—Luna, conéctate: ¿Te supone a ti o al sistema que desde ahora este yate se llame Emancipado o que este despacho se llame Mundo Jeza?

—No, en absoluto. Registro lo nuevos nombres y los anteriores los deslizo al nivel dos.

—Luna, desconéctate.

Jezabel se sentó en su sillón de aquella sala, ya con nombre propio de "Mundo Jeza», y realizó una consulta mediate el terminal operativo, sin intervención de la ciberasistente, Luna. No quedó convencida con la respuesta, ya que, a pesar de moverse dentro del Código Uno, la información importante sobre Villasevil permanecía inaccesible.

Un tanto contrariada, Jezabel regresó a la Sala Bajo Cero, donde Luna y sus poderes quedaban anulados. Contactó mediante un teléfono rudimentario con el forense, su profesor y salvavidas.

—Hola Fore, ¿Cómo le va la vida al profesor más guapo del sistema solar?

—Sufriendo y pasando hambre. Sin ti, yo muero lentamente. Jamás me sentiré saciado sin tus maravillas.

—Se le oyó al forense con voz de gato escaldado.

A los dos se les escapó una risita, porque ambos sabían porque sufría y de qué pasaba hambre el cochinillo del forense. Con mucha zalamería, Jeza le preguntó al forense.

—Oye, Fore, algún día de estos tendremos que, entre nosotros dos, darle un hijo a este mundo, sería el

245

más guapo de todos. —Planteaba la alumna Jezabel. —Pero, mientras tú te decides sobre ese hijo, necesito hacerte esta pregunta: ¿Por qué un SIN me recorta parte de su información clasificada, a pesar de que ya están intercambiados los terminales cuatro y catorce en el circuito multicelular? Ahora ya me da acceso al «código uno», pero no al «código cero» ¿Qué me falta, mi amado?

—Jeza, Jeza. ¿Tú y yo vamos a hacer un hijo? Para eso tendrías que permitirme alcanzar el cielo con mi polluelo, cosa que tú dices, pero siempre desapareces y nunca me dejas. Buf. Respecto del «código cero», ¿en qué jardines andas metida, mi guapa? Acceder a un «código cero» es entrar en lo más profundo de un Sistema de Inteligencia Natural. ¿Tú sabes cuánto te va a costar si yo te entrego esa información? Al menos un año de cama, sin ropa, sin dolores de cabeza y totalmente dispuesta.

—Anda, mi salvador, mi guapo, mi niño. Algún día empezaremos a lamernos durante un año, hasta no aguantar más, pero ahora necesito acceder al «código cero». Me va en ello la vida, y tú no querrás que mi cuerpo sea quemado, mal aprovechado, en un horno crematorio, ¿verdad que no? —Susurraba lánguidamente, Jezabel.

El profesor sabía que su alumna difícilmente cumpliría con eso de «lamernos un año», pero no podía dejarla tirada en la estacada. Puso voz y sufrimiento de mártir, activó todos sus conocimientos y le propuso lo siguiente:

—Escúchame bien y grábalo si puedes. El embolado en qué andas metida puede ser trágico para ti. Sitúate en el circuito multicelular, ¿vale? Dijiste que has invertido los cables cuatro y catorce. Con eso has ganado acceso al «código uno». Ahora debes intercambiar el cable veinte con el diez, pero, atenta, por este orden: primero levantas el cable veinte y lo dejas desconectado, en el aire. Después levantas el cable diez y lo colocas donde estaba el terminal veinte. Finalmente, el cable que antes estaba en el terminal veinte lo llevas ahora al terminal diez y lo conectas. No te equivoques, porque si el sistema anti-espías del SIN detecta la manipulación, activaría el circuito diez de seguridad y lo destruiría todo.

—¿Ya está? ¿Con eso ya tendré los datos del código cero? —Quiso adivinar la alumna.

—No, todavía no está. —Saltó el profesor. —Pero ¿es qué te parece poco? ¿No me dirás qué te parece poco para así poder rebajarme el año de cama a solo medio año?

—Bueno, depende del resultado, mi sabio y mi brasero. Al menos un beso en la frente te daré cuando te vea. —Se mostraba así de espléndida, de generosa sexualmente, Jezabel.

—¡Hay que ver que eres culebra! —Se quejó, Fore. —Te dije que todavía no está. Cuando hayas hecho ese intercambio de cables podrás manejar todo el sistema, pero, aquí está el problema, todavía no podrás acceder al «código cero». Desde que tú hagas el

247

intercambio que te dije, sin errores, el sistema iniciará una cuenta atrás de mil quinientos días exactos, durante la cual, por seguridad, nadie puede acceder al código cero hasta que la cuenta caiga a cero. Y, nadie, es nadie. Cumplidos los mil quinientos días tendrás el dominio absoluto del sistema. Entonces entrarás en «código cero» y solo entonces podrás ver esa información «*top secret*» que tanto quieres y anhelas.

Jezabel se había quedado de mármol. Mil quinientos días sin poder acceder a la información secreta de Villasevil era mucho tiempo, cerca de cinco años, aproximadamente. Que desastre. Bueno, al menos, desde el «código uno» podría disponer de toda la información secreta de los doce consejeros y taparles la boca a todos los elefantes del Consejo de la Corporación, pero los cinco años de espera para hacerse con la información de Villasevil la habían dejado fundida.

—Fore, me he quedado bastante chascada por los mil quinientos días de espera para acceder al código cero, pero, por lo demás, te lo has ganado. Cuando me veas recuérdame los dos besos que te daré en la frente, uno prometido y otro de regalo. Para que la próxima vez que te pida algo no puedas negármelo.

—¡La madre que te parió! Serás bruja. —Se retorcía el profesor por la desilusión y el chasco.

Jezabel cortó la comunicación, practicó con suma atención el intercambio de los cables veinte por el diez y consiguió dominio total del sistema, salvo los datos de Villasevil. Comprobó que ella era la tutora única para

Luna, sin condiciones, si bien tampoco para la ciberasistente estaban accesibles los datos del anterior presidente. No obstante, ahora ya podía contar con la rendición de Luna, ya era su sirvienta fiel, sin las traiciones de los humanos. Preparó con esmero un análisis pormenorizado de quienes fueron y quienes eran los doce miembros del Consejo. Descubrió que había tres de ellos con una formación y supuesta capacidad envidiable, pero también había otros siete muy mediocres, cuyos méritos no eran suyos, sino de procedencia familiar. Después, preparado por Luna, le dedicó unas cuatro horas a conocer con cierta profundidad la marcha económica y financiera de su Corporación. Se encontró con aspectos que ella desconocía, incluso con muchos términos que nunca había oído, si bien se tranquilizó diciéndose que nadie lo sabe todo y, tiempo al tiempo.

Hasta que sintió hambre. Encargó, algo de por allí cerca, para picar y, mientras lo esperado arribaba, se volvió a tumbar sobre la hamaca hawaiana. Aquella hamaca había facilitado el comienzo de su actual vida de potentada. Asimismo, posibilitaba la observación del discurrir lento de las aguas de aquel río; una delicia. Ella se vio con su piel libre de disfraces. Se levantó de su hamaca. Se envolvió en una toalla muy fina de baño, para no recoger la comida encargada en forma tan atrevida. Se fue a la otra oriya del yate. Comió alguna cosa, prefabricada, lejos de la opulencia y selección de los almuerzos de trabajo. Tras ello, se acordó de la llave maestra que le había posibilitado la manipulación del sistema electrónico. Se fue a buscarla, y para no repetir el error de Villasevil, la lanzó al fondo del río, donde yacería para siempre, con lo cual se impedía el acceso a los equipos del SIN y un control perverso de la inteligencia natural.

Regresó a su sala preferida, la sala Mundo Jeza. Se quitó la toalla de baño. Ya no era menester. Sin ella se movía más suelta.

«*Me encanta que los planes salgan bien*». — Recordó esta frase antes oída por ella a Hannibal Smith.

Aposentada en su mundo, desnuda y con el control casi absoluto de la ciencia que gobernaba el mundo, comenzó a labrar su plan para no dejarse avasallar por los hombres que decidirían sobre su futuro. El primer objetivo sería preparar adecuadamente el examen que debía soportar de los miembros del Consejo, ese examen relativo a la Condición Segunda y su capacidad para falsear la realidad, que de eso se trataba.

Jezabel recibió una comunicación en su móvil profesional, lo que se conocía como un mensaje de texto ultracifrado, pues casi nadie sabía su paradero ni como localizarla. El mensaje procedía de la Notaría Mayor. Su objeto era convocarla a una entrevista para dentro de quince días, con los doce miembros del Consejo, cuyo resultado positivo, si así fuere, validado por el notario, permitiría avanzar en el proceso hereditario hasta la Condición Tercera. El mensaje, dentro del espacio postdata, pedía disculpas por esa convocatoria tan fría, pero no conocían su ubicación para poder hacerlo personalmente.

La heredera, por el mismo sistema, acusó recibo de la recepción del mensaje y también confirmó su asistencia. Cerró su móvil profesional para cortar toda comunicación impertinente con ella. En otro orden de cosas, pensó que algún día tendría que hablar cara a cara, aunque fuera de cosas banales, con el notario ese, pues la estaba ayudando mucho con el proceso hereditario.

—Además, tan malo no parece. —Remató ella.

Con el SIN bajo su control y con la ciberasistente, Luna, a su exclusivo servicio, ella consumió cinco días desmenuzando información sobre la Corporación, pero claro, era tal el volumen de datos que no llegaba a todo.

Al sexto día, decidió irse del Emancipado y acomodarse una semana en su casa de Barcelona, en la zona alta del barrio de Horta. Esta, ni mucho menos era una mansión aristocrática, aunque ciertamente era una casa grande para ella sola.

Una vez en su casa de Barcelona, se estiró a lo largo de un sofá y, nuevamente, echó en falta algo, tal vez la falta de alguien. No se sentía cómoda sola, pero en su estado de sequedad vaginal no pensaba precisamente en «empujadores de machotes». Tampoco conservaba grandes amigas, salvo la sempiterna Luz, a la que había mandado de vacaciones, así que tocaba refugiarse en sí misma y comenzar a preparar el futuro próximo con ganas y conciencia.

«*¡Estos dinosaurios no me van a merendar!*»

Remató así su auto apuesta en relación con los miembros del Consejo de la Corporación, a los que asimiló con el sobrenombre de «los doce del patíbulo».

17 CONDICION SEGUNDA: ENTRESIJOS

Jezabel seguía intentando reducir el número de deficiencias financieras que ella padecía y que debía minorar respecto de su examen con los miembros del Consejo. Aun así, todavía no era el momento para autoexigirse una actividad frenética. Mientas vagueaba dejando que el tiempo se olvidara de ella, escuchó un tono de entrada de comunicación en su móvil personal. Quiso pasar de aquel aparato impertinente, pero dado que el número de su móvil personal no era conocido casi por nadie, sucumbió a la curiosidad y agarró su dispositivo. Luz le había enviado un mensaje de voz donde le pedía disculpas por dos pecados:

«*Uno, por no respetar las dos semanas de abstención en comunicaciones que me has ordenado. Otro, por haberle facilitado tu número de móvil personal al notario*».

El mensaje no se extendía más. ¿Por qué? Era cierto que el notario, con mucha seguridad, no era un cafre, pero Jezabel se había vuelto muy celosa de su intimidad y no aceptaba que tuviera intromisiones ajenas.

—¡Luz, Luz! ¿Qué te pasa, tía? ¿Es que ahora ya te dedicas a buscarme novio, o qué? —Le gritó furiosa a su amiga y asesora, Luz, como si pudiera oírla.

Medio minuto después, su móvil personal anunciaba una llamada entrante. Mostraba un número no registrado y, por tanto, no conocido. Ella dudó, pero asoció la llamada con el mensaje de luz. Y así resultó.

—Hola. —Contestó ella secamente.
—Buenas tardes. Soy Adaljandro. ¿Eres Jezabel?
—Buenas tardes, Adal. Sí, soy Jeza. Uf, la mato, a esta Luz la mato. —Replicaba ella con la furia todavía a flor de boca.
—No, a ella no. Mátame a mí. Soy yo el culpable. Disculpas, mil disculpas. Tú teléfono profesional no estaba en servicio y le insistí a Luz para que me diera el personal tuyo, no sabía que te molestara tanto... —Hablaba contenidamente el notario.
—Bueno, perdona, ahora ya está. ¿Pasa algo grave? —Bajó ella el nivel de pulsaciones.
—No, no es grave. Es que después se me olvida. La convocatoria que te hizo la notaría fue bastante fría, de forma que quería mejorarla...
—No, tranquilo. Ya me servía, pero agradezco la consideración —Iba diciendo Jeza, ya con un tono de voz mucho más relajada. Incluso con cierto grado de sonrisa. —Oye, estoy trabajando en el examen de la

Condición Segunda. Hay algunas cosas técnicas que no acabo de ver del todo claras. No sé bien cómo salirme. —Jeza. —Ofrecía el notario en forma sincera, hablando con voz serena. —Si puedo ayudarte... Hoy no tengo cosas ineludibles que hacer y, salvo que te vayas a ir a Culto, podríamos vernos en algún sitio, no se....

El móvil se quedó en silencio un cierto tiempo. Los dos supieron que ella dudó en aceptar el ofrecimiento. A Jeza no le asustaba quedarse sola con un hombre en casa; había hecho cosas mucho más atrevidas, mucho peores en su pasado. Empezó a confiar en que Adal no sería un depravado. No eran las cuestiones sexuales las que le preocupaban, sino encontrarse con algún otro bestia insensible. Eso no lo aguantaría.

—Podemos vernos en una biblioteca, en un bar sin mucho ruido, o así. Tú decides. Espero que no me veas un... vividor sin escrúpulos. — Clarificó el notario tras las dudas de ella.

—No, confío en que no eres mala persona. Es que..., para que me dieras tu opinión sobre unos gráficos que querría enseñarte, tiene que ser aquí, porque los tengo aquí en mi casa. Disculpa por la sensación que te acabo de dar. Te mando la ubicación de mi casa por mensaje, para evitar confusiones, y...

Se escuchó un pitido discontinuo de fin de la comunicación. Ella la había cerrado. Él se quedó mirando al móvil. Pensó que era poco elegante irse sin ni media despedida. También pensó que tendría que comportarse con ella con amabilidad, con sutileza, con mucha delicadeza.

Alrededor de dos horas más tarde, el portero electrónico detectó la presencia de Adaljandro. Jezabel autorizó que se abriera la puerta de su casa.

Él venía de la notaría. Treinta y ocho años, Adal tenía

Cabello cortito, del que muy suave perfume se desprendía

Traje *beige* con chaleco y corbata, impecable, él vestía

Guapote, dirían unas. Deseos, en muchas despertaría.

Ella descalza en su casa, como casi siempre caminaba

Sin embargo, como sí era habitual, desnuda hoy no andaba

No había desnudez, hoy, pero no vestida por ganas estaba

Los santos no pueden ir en contra de Dios, tanto no osaba.

Pelo recogido en un moño gracioso, ella enseñaba

Tejano pirata, y blusa caída hasta las caderas portaba

Treinta y cinco años, deliciosa, para que él la amara

Una sonrisa ella le regaló, no era un beso, pero enamoraba.

Entraron. Se sentaron. Ella le ofreció un güisqui, para ver cómo él respiraba.
—No, gracias. Preferiría algo más suave. Un zumo de naranja. Si no, un poco de agua fresca estaría bien. —Contestaba Adal mientras se sentaba.
Tras oír aquellas palabras, Jeza ralentizó sus movimientos. Una sensación lejana cruzó por su cabeza. ¿Era por la suavidad con que tales palabras habían sido dichas? Ciertamente, habían sido pronunciadas en forma agradable ¿Era por su contenido? Bueno, afortunadamente, no todos los hombres son alcohólicos. A ese punto había llegado porque, en un tiempo pasado, ella había conocido a otro hombre que disfrutaba con un vaso de agua. Eso la hizo irse a otra época, pero tuvo que regresar de inmediato. El caso era que allí estaban los dos, en casa de ella, por una causa noble, como era una ayuda desinteresada con unos datos económicos. Con todo, pareciera que entre ellos dos hubiera una brisa invisible que por detrás los empujara a permitirse ciertas situaciones que eran rechazadas entre otros con mecanismos automáticos.
—Pues, zumo no hay. Sí, creo que una copa de agua estará bien. —Se justificó ella a modo de escusa. Y sonrieron los dos con complicidad.

Sin más vueltas, ya que a eso estaban, Jezabel le ordenó verbalmente al Sistema de Inteligencia Natural que proyectara los gráficos del volumen tres, nivel siete, documentos números cuarenta al cincuenta. Una pantalla de proyección holográfica blanco puro apareció situada desde cincuenta centímetros del techo hasta un metro del suelo, por seis metros de ancho. Estaba suspendida en el aire, sin sujeción alguna. Sobre ella, con una definición pasmosa, se visualizaron los once gráficos que Jeza había demandado. Adal y Jeza los escrutaron con atención. En silencio. No se supo lo que pensaban, supuestamente solo en los gráficos.

—¿Qué dice tú ciberasistente, Luna? —Se le oyó a Adal.

—Dice cosas técnicas, de las que yo solo acierto a valorar algunos apartados parciales, pero me faltan las conclusiones. —Reconocía Jeza.

—Bueno, yo creo que estos gráficos están realizados con un programa sofisticado, para doctores en Combinatoria. A ver si no digo ninguna barbaridad. Para mí, son los gráficos de la cuenta de resultados de toda la Corporación del último año. Los diez primeros son parciales y desglosados por grupos empresariales afines. Yo creo que el último gráfico es el importante. Recoge la evolución de beneficios del ejercicio. El vector rojo, indica la desviación negativa de objetivos; el amarillo, debe marcar la evolución real analizada; el azul, el incremento porcentual; y, el verde, supongo que muestra la media de beneficios seguida en los doce meses. —Terminó Adaljandro con los ojos abiertos, muy abiertos.

—¡Anda¡ Uf, estos resultados son la hostia. Eh..., perdona, no quería ser grosera. —Se disculpó la heredera por su franqueza sobre la cuenta de resultados.

—Son la hostia. —Repitió el notario para que ella no se sintiera mal hablada. —Uf, me está entrando vértigo. Podrías empapelar el satélite Culto con tantos billetes. A tu lado me siento... más que ridículo.

Ella le dedicó una buena sonrisa y lo miró con buen interés poco disimulado, ofreciéndole confianza. Él, tras una breve pausa, recitó a media voz, sin mirarla, sin sarcasmo, como felicitándola:

—¡Preciosa y con dinero, que más quieres en el sombrero!

Jezabel volvió a mirarlo. Por algún rincón de su ser le entró la intención de darle un beso, pero se quedó en eso, en una intención. Ella no podía permitirse ese sacrilegio. La vida en sí misma es una prohibición lujuriosa. Vaya condena tienen los humanos. Cuantos recuerdos se agolparon en su mente. Pestañeó varias veces y consiguió volver al presente. Con la voz arrastrándose por la alfombra, se la oyó decir:

—Adal. Solo necesitaba que me ayudaras en la interpretación de esos gráficos económicos, que yo no sabía ver y que me has salvado la vida. Solo eso. Ya desde ahora necesito que esto quede claro.

—Que animal soy. Perdona. Yo no tengo derecho a meterme entre esas sábanas. —Acabó bajando la cabeza Adal.

Ella percibió que él hablaba con una voz más grave, con un tono más bajo. Por la cabeza de Jezabel circuló de nuevo una ráfaga de duda. Recordó a aquel a quien de casada había amado con el alma, pero ella desistió por imposible, de tal modo que la ráfaga salió tal como había entrado. Sin embargo, dado que en la vida de los humanos siempre queda dentro algo de lo que entra, ella se quedó mirando a sus zapatos, como buscando algo que se le hubiera caído al suelo. Tras un buen rato de dudas, manifestó con indudable tristeza en sus ojos.

—Adal, entre nosotros no puede pasar nada, ni haber nada, nada más que una relación profesional. Eeeh, quiero que sepas que, en otro tiempo, yo estuve casada. Era inmensamente feliz. Amaba con todo mi ser a mi marido, pero… un día perdí la cabeza…, la cagué…, y arruiné la vida maravillosa que teníamos. Buf, lo siento. No debo hablar más de mi pasado. —Terminó ella toda apesadumbrada, como sí aquella vida correspondiese a la noche pasada.

Adaljandro se quedó como ausente. Tardó un tiempo en contestar. Mientras tanto, Jezabel se convenció de que aquella desconexión de él era lógica y natural, pues ella le estaba envolviendo con una historia en la que Adal no tenía arte ni parte, por eso entendía esa falta de interés en lo que ella contaba.

Finalmente, el invitado regresó a lo que hablaban y sostuvo con un semblante muy serio.

—Se hable o no de él, el pasado permanece, no se borra, sigue estando ahí para culparte de tus pecados.

—Uf, dímelo a mí. No se si no puedo o no quiero borrar mi pasado. El caso es que me sigue atormentando por... cosas que hice, que nunca debí hacer y..., perdona. Hablemos del presente —Aseguró ella aún con mayor tristeza, cerca del hundimiento.

Con ese nivel cortante de seriedad y sufrimiento, había que saltar la zanja y explorar otros «predios» menos pantanosos. Hablaron de otras cosas mucho más intrascendentes, como siempre se hace cuando huyes del pasado. Jezabel se levantó y fue a la vitrina de las bebidas.

—Yo no bebo estos mejunjes, nunca, pero si tú te pusieses una copita, yo te acompañaría con otra. ¿Qué?

Aquello sorprendió altamente al notario. La sorpresa se incrementó cuando ella, sin que él todavía hubiera aceptado el ofrecimiento, cogió una botella muy mona de aquel líquido dorado, dos copones de cristal tallado y, sobre los mismos, vertió unos buenos chorros del mejor güisqui de la casa. Brindaron, en silencio, tocándose las copas, pero sin descubrir el deseo que, generalmente, acompaña al brindis. Tal vez fue un deseo secreto, de esperanza, que pudiera tener sentido en el mañana, pero que ahora mismo no se encajaba con nada. Cada cual tenía su pasado. Durante un buen rato, como si las palabras se hubieran agotado en sus interiores, no se dijeron nada. Igual que con el brindis, sus pensamientos se pasearon por sus respectivas mentes. Inesperadamente, puede que, por el rápido efecto del alcohol en la sangre, ella se subió a un impulso con cola de caballo y se descolgó al vacío, con muchos kilómetros de vacío, dando un salto desde la estratosfera en caída libre.

—Adal, yo no soy una mujer... normal, no soy una hembra entera. Me operaron hace pocos meses y... ahora estoy seca. Eh, tal vez deberías irte.

Regresó el silencio. Siempre pasa eso cuando no se encuentra una respuesta o la misma es muy comprometida. Hasta que ese silencio se rompió, porque a los humanos les empuja mucho más el ruido que el silencio.

—Espero no ser un capullo. De momento, has dicho «deberías» irte, en modo condicional. Me iré, no lo dudes, en cuanto tú me lo pidas en forma imperativa. No tendrás que pedírmelo dos veces. Eh, ¿Te han vaciado por alguna enfermedad? —Así de interesado estaba el notario en conocer más sobre la sequedad de la heredera.

Esa es la vida. Ellos ya se conocían desde cierto tiempo atrás, cuando Villasevil los presentara en la notaría. Siempre había pervivido entre los dos un comportamiento profesional, serio. Sin embargo, cuando las obligaciones se aparcan y las formalidades decrecen, un lenguaje mucho más sencillo, franco y sincero fluye espontáneamente. Eso suele pasar entre compañeros de trabajo. Y eso le sucedió a Jezabel. Ahora bien, puede que ella quisiera sentar las bases de por donde tendría que ir la relación entre ambos: sin lujuria, sin sexo, sin engaños. No se sabe. El alma de las personas, que nadie sabe de qué está hecha, es impenetrable. También puede que ella se sintiera empujada por una corriente sentimental pasada que le hiciera confiar en ese hombre más que en ningún otro. Puede, aunque esto no era posible. No era creíble, hasta incluso para aquellos humanos que siguen creyendo en lo imposible.

—No, no me quitaron la matriz ni nada de eso. No fue un problema cancerígeno orgánico. Fue un cáncer sentimental, de culpabilidad. En otra época de mi vida hice barbaridades con mi sexo, con las que destrocé vidas. Por esa causa encargué que me anularan mi clítoris. Me sometí a una intervención de mi sexo para impedirme recibir placer sexual alguno. Nunca más sexo. ¿Lo entiendes? —Jezabel acabó en medio de un lago llena de niebla y relámpagos, llena de zozobra.

El notario se había quedado perplejo, incapaz de cerrar su boca. Tardó mucho tiempo en recuperarse. Cuando formuló su observación era claro su estado de desconcierto, tanto que parecía que tartamudeara. Hasta se le escapó una palabra solo muy excepcionalmente utilizada en su vocabulario.

—Joder. Eh, Jezabel, vaya decisiones las tuyas. Supongo que me estás hablando de una, ¿ablación de clítoris? No sabía que todavía se hicieran esas cosas.

¿Eso es reversible? Porque con tu edad, chica, sería un castigo para toda una vida.

—Sí, se trata de una ablación de clítoris. —Afirmó ella con certeza y semblante algo frío. —Y no, no es reversible. Es cierto que el aparato genital se puede reconstruir, pero si se hace bien, como lo hizo el doctor forense, la práctica totalidad de las terminaciones nerviosas mueren, así que no hay vuelta atrás. Eh, y la edad no importa. Yo debí hacerlo al día siguiente de mi primera infidelidad a mi marido o, mejor todavía, el día anterior. Tras esa intervención, la mujer recupera su estado puro, como yo ahora.

El notario Adaljandro no salía de su asombro. Seguía cabizbajo y pensativo. La heredera Jezabel lo miró, intencionadamente a los ojos y, sin entender nada, le recriminó medio en broma.

—¿Qué te pasa, Adaljandro? Parece que estés muy afectado. Fui yo quien me hice esa intervención. —Aseveró ella entre sorprendida y agradecida —Ya está. Es final y estoy muy contenta.

—Y, ¿se puede vivir así? Sin sensaciones. Sin deseos. No sé. —Adal proseguía con su desfallecimiento.

—Estoy perfectamente bien. —Jeza remarcaba su estado de ánimo con una sonrisa amplia. —A propósito, ¿Qué tal, tú? Adal, presiento que no estás siendo franco conmigo. Yo me sinceré contigo más que con nadie. Ya te he contado cosas de mí, fíjate, más de lo que le he contado incluso a mi amiga Luz, pero tú no me has dicho nada. Nunca te oí hablar de… si tienes mujer, si tienes hijos..., si estás soltero o viudo. Jobar, es tu vida, vale, pero mientras yo te he hablado muchas cosas de mí intimidad, tú me las estás callando todas. Lo intuyo... tu pasado es intratable.

El notario, como picado por una araña ántrax, se levantó del sofá, se excusó alegando que había recordado una urgencia y le dedicó una sonrisa bastante prefabricada, al tiempo que salía por la puerta y se iba a paso ligero.

Jezabel se quedó tremendamente chascada. El notario la había ayudado mucho con los gráficos económicos, era verdad, pero no podía entender su comportamiento al final. Una vez ella se quedó sola en casa, comenzó a hablar consigo misma:

«*¿Qué le pasa a este, Adal? Yo que comencé a confiar en él y le conté más cosas que a ninguno otro, me da la patada y se marcha de repente, sin decirme nada.* —Jeza se quedó mirando a través de la ventana. —*Tal vez vino con la idea de llevarme a la cama y, cuando se enteró de que no iba a ser así, porque a mí no me iba a poner a tono, se largó contrariado*».

Ella prosiguió removiendo su cerebro.

«*Joder. Otra vez compruebo que los hombres no son de fiar. ¡Eres tonta! Buf..., buf...* —Soplaba Jezabel como si estuviera de parto —*Bueno, más me vale que deje de reclamar fiabilidad y franqueza, porque yo tuve conmigo a un hombre que confiaba en mí, ¡él sí que era de fiar!, pero puf, con las crueldades que le hice, aunque viviera, que no vive, jamás me volvería a mirar a la cara*».

Y como los pensamientos solo duran un tiempo, remató:

«*Los humanos estamos mal hechos: despreciamos lo que tenemos y, cuando lo perdemos, lo buscamos desesperadamente*».

18 CONDICION SEGUNDA: EL EXAMEN

A la hora y día señalados por la Notaría Mayor, se preparó todo para que no hubiera fallo alguno. Se iba a celebrar una reunión extraordinaria del Consejo de Sabios de la Corporación Villasevil Torre. El orden del día era someter a la heredera Jezabel Ártemis al interrogatorio adecuado, inquisitorio, para determinar si esta atesoraba capacidad para presidir la Corporación, si bien, no es exagerado decir que, en el ánimo de todos ellos estaba la idea de crucificarla.

Los doce miembros del Consejo, es decir, «los doce miembros del patíbulo», como los había denominado Jezabel, se habían reunido en una nave sostenida en el espacio y a unos cien kilómetros de la tierra. La nave se acercaba mucho a una ciudad espacial; la sala de reuniones de la Corporación era grandiosa y elitista, era capaz de sorprender y asustar hasta a los acostumbrados a la élite de la espectacularidad y la pomposidad. En esa sala, cerrada y sin fisuras para que no entrara ni oxígeno contaminado por las chicharras, se habían acomodado los doce consejeros, cuya intención era realizar preguntas sanguinarias para que la heredera quedara en ridículo y, así, justificar su voto en contra. También se encontraba presente el Notario Mayor, cuyo cometido era el de hacer de moderador independiente, por si surgieran preguntas ofensivas, y, al final, refrendar el resultado. Finalmente, asistía la persona imprescindible, la heredera Jezabel Ártemis, la única dama en la sala, sentada en la cabecera de una mesa kilométrica con trece varones indomables. Esa era la proporción igualitaria y paritaria: trece hombres delante, empujando; una mujer detrás, frenando.

Ella se esforzaba por aparentar tranquilidad, pero los nervios se la comían por dentro, ya que aquello era nuevo para ella. Conocía la teoría consultada y leída sobre la Corporación, la presidencia y sobre ciertas materias comprensivas de análisis integrales, riesgos escalonados y otros, pero en la práctica se la suponía una ignorante.

El notario abrió el acto y anunció el objeto del mismo. Ejerciendo ahora de moderador, le concedió la palabra al miembro de más edad del Consejo, simplemente por deferencia. Este, abrió fuego y le preguntó a la heredera:

—Señorita Ártemis. Si esta Corporación perdiera de repente la mitad del valor de sus acciones, ¿usted que haría?

—Buenas tardes. —Comenzó a soltar lastre la preguntada. —Somos compañeros y así me considero. Por eso, contestaré sentada y os trataré distendidamente. Espero reciprocidad. Respecto de tu pregunta, Felipe, no es posible contestarte a eso porque es imposible que eso suceda. Conozco la buenísima salud de nuestra Corporación. Si hipotéticamente eso sucediera, vosotros, que sois los mejores en iniciativas y los mejor pagados, me propondríais soluciones correctas e inmediatas. Estoy tranquila en ese sentido, y tú también deberías estarlo.

Siguieron dos preguntas sanas de dos consejeros referentes a ámbitos fiscales y tecnológicos, a las que ella contestó con franqueza, asumiendo que en ese momento no tenía una posición totalmente formada al respecto. Prometió que recibiría asesoramiento y que a esas situaciones se dedicaría por entero durante el próximo mes.

Un nuevo miembro del Consejo quiso saber si, con su edad, ella se sentía capaz de enfrentarse a ataques exteriores e, incluso, a supuestos motines que pudieran presentarse dentro de la propia Corporación.

—Vosotros sabéis muchísimo, sois los más sabios. Tengo confianza en vosotros. Con vuestra sabiduría, esta Corporación es imposible que sea atacada. De otro lado, no tengo duda de que vosotros sois honrados y leales. No sois traidores. A esta futura presidenta tampoco la vais a traicionar. Ya puedo estar tranquila.

La respuesta no pareció satisfacer del todo al consejero que había preguntado, pero tragó saliva, que era lo único que podía sacarse de su boca.

El siguiente consejero en intervenir, demostrando cierta impaciencia, fue el de menos edad del Consejo, quien formuló la siguiente cuestión:

—¿Dispones tú, Ártemis, de los mecanismos de influencia y de los recursos personales para manejar a los políticos que convenga y a los medios de comunicación?

—¿Problemas con los políticos? —Sonreía Jezabel—. Qué va. Dejármelos a mí. Veréis, dado que los políticos de la cumbre son casi todos hombres, yo me encargo de rebajarles la fiebre. ¿Y si alguna política necesitara consuelo íntimo? Pues, también, hasta que se quede relajada y dormida. Con los políticos y con los comunicadores me llevaré bien, y si alguno pide demasiado, le dejaré sin nada. Todo sea por el progreso de la Corporación.

Llegados a este punto, la heredera olió la sangre y comenzó a jugar con la inseguridad y el futuro de los consejeros. Pasó al contraataque. Seguidamente, fue ella la que preguntó, con lenguaje sencillo, escapando así de las preguntas un tanto impertinentes de una parte de los miembros del Consejo.

—Veamos, Zalamillo. Tú ostentas la vicepresidencia. —Ella se puso de pie por primera vez, echándole morro, como ejerciendo ya de presidenta y de propietaria. Con una mirada directa envolvió los ojos y la mente de los consejeros. Lucía un traje de chaqueta azul celeste, espectacular, el traje y ella. —A la hora de tomar decisiones importantes, ¿de quién te fías más, de un hombre pobre o de un hombre rico? Y mira, para darte una ayudita, te lo digo de otra forma, ¿quién miente con más saña y te va a engañar más, un hombre rico o un pobre hombre?

—Los hombres pobres son poco de fiar. —Respondió el vicepresidente raudo y veloz. —Sus decisiones son poco razonadas, son vengativas, ya que solo se quejan de lo mal que les ha tratado la vida. Siempre pretenden justificarse, pero sus males vienen por su falta de capacidad para afrontar con solvencia y sentido financiero sus problemas.

Jezabel se acercó al asiento del vicepresidente. Se sentó en la mesa, casi enfrente suyo. Lo miró. Al sentarse, su falda se le subió hasta cerca de sus caderas. Eso también formaba parte del conjunto, ella lo sabía. Siempre era así, con hombres ricos o con hombres pobres. Sin prisas, le respondió.

—Vicepresidente, los hombres pobres mienten igual que los ricos. Casi todos los hombres mienten, solo que a ti te van a preocupar poco los embustes del hombre pobre. Cómo miembro de este Consejo, lo que un hombre pobre mienta o diga no te importará, no tendrá valor para ti, puesto que no tendrá influencia alguna en la Corporación que vice presides. Sin embargo, las falacias del hombre rico ya es otra cosa. Esas mentiras ricas si pueden afectar a tu Corporación, por eso no te puedes fiar de eso que dicen. De ahí que tienes que vigilar mucho más al hombre rico y sus decisiones que al hombre pobre. La respuesta es que tendrás que fiarte mucho menos de las mentiras del hombre rico que de las del pobre hombre, por cuanto, lo que este mienta, a esta Corporación se las trae al pairo.

La respiración de los asistentes se oía en la sala. La señorita Ártemis se bajó de la mesa. Su falda volvió a bajar hasta muy cerca de sus rodillas. Se situó de nuevo en la cabecera de la mesa ovalada, sin sentarse. Repasó panorámicamente con la vista a los asistentes y, como cierre, les ofreció la última perla que los había preparado:

—Consejeros, no olvidéis nunca que nuestra Corporación, porque así lo quiso vuestro anterior presidente, es monista. Villasevil, tomaba todas las decisiones de calado, porque contaba con el ochenta y seis por ciento de acciones y de votos. Vosotros hicisteis propuestas, sí, ayudasteis, sí, pero sobre todo habéis obedecido y seguido la cuerda sin más pena que el de llenaros los bolsillos por muy poco por vuestra parte.

Uno de los consejeros reconocía para sí: «algo de razón tiene». La heredera continuó.

—¿Qué creéis que pasaría con vosotros si yo no superara la condición y no fuera la propietaria de esta Corporación? Que vuestros bolsillos se vaciarían en poquito tiempo. Vosotros gastasteis y seguís gastando hasta lo innecesario, no como yo, que para seguir respirando tuve que dedicarme a amansar fieras.

El notario se sorprendió y dejó circular por su cabeza: «¿Qué quiere decir con eso de que tuvo que «dedicarse a amansar fieras»? Ártemis prosiguió.

—Soy vuestra única salida honrosa. No sois tontos, lo sé. Si lo fuerais, esta Corporación no sería la primera como es últimamente. Ahora bien, recordad que vosotros sois comparsa, tenéis voz, pero sin el ochenta y seis por ciento de votos de la presidencia, que provisionalmente ahora ostento yo, os vais al paro. Sí, sí, eso que tanto criticáis, como cuando decís que los parados son el cáncer de esta sociedad y otras afirmaciones parecidas, pues eso seréis vosotros, unos parados.

Jezabel agarró la copa que tenía enfrente, tomó un sorbo de agua, con la esperanza de que con el líquido bajase algo de lo que tenía en medio de la garganta, y concluyó.

—Podéis pensar que me estáis examinando a mí. Pues no, no me examino yo, quienes os estáis jugando vuestro futuro sois vosotros. Mi única duda es saber si sois bastante intuitivos como para tomar la decisión correcta, la que vosotros individualmente necesitáis, puesto que, a aquel que no me apoye, desde mi «limousine» lo observaré caminando en calzoncillos por la calle.

Jezabel guardo silencio. Los consejeros estaban mudos. Solo el notario tenía una navajita para cortar el silencio a trocitos, como si fuera membrillo de lo denso

273

que estaba. Cuando el notario Del Olmo consideró que debía intervenir, se puso en pie, finalizando.

—Señorita, señores, llegado este punto, debe iniciarse la votación personal y nominativa objeto de este acto. Las normas ya las conocen: deben alcanzarse, al menos, las tres cuartas partes favorables en la votación para que la condición se tenga por cumplida. Permítaseme, no obstante, efectuar un simple llamamiento a su raciocinio, a que voten ustedes pensando en el bien de esta Corporación. Bien, les llamaré por orden alfabético del primer apellido, debiendo manifestar de viva voz y con claridad, si la señorita Jezabel Ártemis tiene o no capacidad innata para presidir su Corporación. Esto es, si es considerada «apta» o «no apta».

Comenzamos:

—Señor, Arnáez de la Bellacasa, Ambrosio. —Llamó el notario.

—APTA. —Votó claro y alto el llamado, para que no quedaran dudas.

El notario siguió llamando al resto de consejeros. Los diez siguientes votaron: APTA. Con lo cual, la votación era favorable sobradamente.

Fue llamado el último consejero pendiente de votar, cuyo primer apellido era Zalamillo. Este ostentaba la vicepresidencia de la Corporación. Se levantó y pronunció: abstención. El notario le hizo saber que solo era válida la opción de «apta» o «no apta». El vicepresidente, visiblemente irritado, finalizó: «no apta». Seguidamente presentó su dimisión de la vicepresidencia y anunció que dejaba de pertenecer a la Corporación desde ese mismo momento. Recogió su abrigo y sombrero y dejó la sala.

El notario, haciendo gala de su experiencia en situaciones difíciles, comentó con serenidad a los presentes:

—Bien, todos deberíamos ser respetuosos con la postura del señor Zalamillo. Él era el vicepresidente y, naturalmente, tendría alguna expectativa de acceder a la presidencia. Por otra parte, es de los mayores en edad, ochenta y cuatro años. Quizá quiera dedicarse el resto de sus días a un descanso merecido. En todo caso, la votación a favor de considerar a la heredera como «apta» es abrumadora: once votos favorables y uno en contra. Convocaré a las interesadas y haré los pronunciamientos correspondientes sobre la segunda condición.

El notario estaba sorprendidísimo por como ella había manejado aquella situación, aquel examen. No lo esperaba. No la creía tan capaz, ni tan sanguijuela cuando olía la sangre.

Diez días más tarde, el Notario Mayor, a presencia de la representante jurídica de la Corporación, de la asesora y de la propia heredera, manifestó su decisión solemnemente:

—Después de las intervenciones personales, la votación resultó como sigue: votaron válidamente los doce miembros del Consejo con derecho de voto.

Votaron once consejeros como «apta». Votó un consejero como «no apta».

En su consecuencia, habiéndose rebasado ampliamente el mínimo de nueve votos favorables sobre doce posibles, el notario declaró oficialmente que la heredera había superado holgadamente la CONDICION SEGUNDA, teniéndose por CUMPLIDA la misma y pudiendo seguir su curso el proceso hereditario.

19 LA TRIPLE PIEL

Hacía demasiado tiempo, desde que le arrebataran la custodia de sus pequeños, que Jezabel Ártemis lloraba y sufría en silencio la ausencia en su vida de sus dos hijos. Su hijo, Albor, contaba ahora con cerca de diez años. Un medio jovencito. Su hija, Aurora, tenía un año menos. Una media jovencita.

En un tiempo anterior al presente, Isabel, que ese era su nombre de entonces, había conducido su vida de forma bastante descarriada, lo que provocó que la justicia le otorgara la patria potestad y la custodia de sus hijos, exclusivamente, al padre. Cuando este desapareció de la tierra, ella solicitó, como madre y ya con la identidad de Jezabel, su patria potestad y su custodia, pero se la denegaron. Las razones fueron que la madre no había probado disponer de una vivienda estable, digna y con arraigo. Tampoco quedaba probado que ahora disfrutara de una vida sana y alejada del comercio del sexo. Asimismo, no acreditaba conseguir unos ingresos suficientes y procedentes de un trabajo valorado como noble, sin olvidar que su exmarido, quién seguía ostentando oficialmente la guarda y la custodia sobre sus hijos, permanecía declarado como desaparecido, no en estado de fallecido como ella había aducido.

Con todo ello, sus hijos habían quedado, temporalmente, en la compañía de la tía Elena, que vivía ordenadamente en la ciudad castellana de Guadalajara, encargando su vigilancia jurídica a la Fiscalía de Menores de la zona.

Afortunadamente, la anterior situación penosa había cambiado enormemente para Jezabel, por lo cual volvió a interesar se modificaran las medidas vigentes y se le reconociera a ella la guarda y custodia de sus hijos. En apoyo de sus pretensiones presentó la oportuna escritura de compra de la casa del barrio de Horta en Barcelona, un barrio de personas sensatas. Aportó declaración de la tía Elena de Guadalajara, de vecinos y de amigos, así como certificaciones de instituciones y organismos públicos donde se reconocía su alejamiento definitivo de ámbitos nada recomendables en salud sexual. Adjuntó certificación de estar desempeñando un puesto de alta responsabilidad ejecutiva en la Corporación Villasevil Torre (este certificado lo obtuvo fácilmente, claro), cuya función de ejecutiva le proporcionaba unos ingresos realmente altos y estables.

Con esas pruebas aportadas, continuando el padre en paradero desconocido y siendo ella la madre biológica de los niños, la Fiscalía de Menores informó favorablemente a su petición y, el Tribunal de Familia, otorgó definitivamente la patria potestad y la custodia de sus hijos en exclusiva a Jezabel Ártemis.

Por fin, su anhelo como madre se veía recompensado. La etapa de las vacas flacas ya había quedado atrás, en la época de Isabel. Ahora, como Jezabel, viviendo sin restricciones económicas y con sus hijos junto a ella cada noche, había vuelto a renacer, volvía a sentirse feliz. Jezabel no iba a separarse de sus hijos mientras ellos quisieran estar con ella. Por ella no se separaría nunca más de ellos, si bien, la naturaleza madre tenía sus propias reglas que también regían para la madre más rica del universo.

Ella llegó a pensar que, moviéndose ahora sus hijos por los diez años, lo natural sería que con ella estuvieran, al menos, hasta los veinte, eso pensó. Serían diez años maravillosos.

Pero, claro, como la madre debía desplazarse al satélite Culto por deberes profesionales, Jezabel no aceptó separarse nuevamente de sus hijos, de forma que lo preparó todo y al satélite amarillo se los llevó con ella. Culto no parecía el lugar más idóneo para educar moralmente a sus hijos, pero no iba a pasar otra vez por el trago de abandonarlos.

Le dedicó algún tiempo para afianzar la filiación de sus hijos. Así se quedaron: les mantuvo a los dos el nombre de pila. El chico siguió con su nombre, Albor; la chica, el suyo, Aurora. Les conservó el primer apellido de su padre: Del Álamo, pues no quiso hacer escarnio.

Sin embargo, les cambio el segundo apellido que tenían por el actual suyo: Ártemis. Así quedó el nombre de la niña: Aurora del Álamo y Ártemis, más guapa que la luna llena iluminando a medianoche. Así quedó el nombre del niño: Albor del Álamo y Ártemis, más guapo que el sol radiante a mediodía.

En Culto todos padecían algunas restricciones impuestas por la falta de oxígeno atmosférico. Aun así, los niños eran felices. Era un mundo nuevo, lleno de sorpresas. Alguna sorpresa agradable sí se encontraba, siempre que residieras en la zona noble, donde solo accedían las élites pudientes. Su hija le preguntó a su madre un sábado por la tarde:

—Mamita, tengo que dibujar una nube con lluvia para entregar en el cole. Aquí, en este cielo, ¿No hay nubes?

—No, cariño, aquí no hay nubes como hay en la tierra.

—¿No? ¿Y cuándo llueve aquí, en este mundo? —Seguía Aurora en edad de preguntas.

—Nunca, mi amor, aquí no llueve nunca. Por eso, entre otras razones, ahí afuera no hay plantas ni árboles.

Su madre estaba más que encantada con sus hijos. Cuando ella no estaba presente tenía encargada una férrea vigilancia disimulada para que sus hijos no fueran dañados. Sus temores eran muchos y grandes. Su empeño mayor era evitar que la droga, extendida en las ciudades acristaladas de Culto, llegara a sus hijos y estos pudieran verse amenazados por aquella lacra. Jezabel no conocía las organizaciones que movían aquel estiércol ni quién estaba detrás de las mismas. Ella pensaba que la distribución y consumo era más convencional, más como en la tierra, por eso se propuso mover cuerdas para sacar conclusiones de lo que pasaba.

***

Pierre Petit, de profesión panadero, consolidó en Culto una sociedad destinada a la distribución de pan. Este pan en forma de bollos, de barras, de roscas y de panes, era realmente malo, ya que ni a Pierre, ni a sus colaboradores y empleados importaba lo más mínimo la calidad del pan que entregaban. La desorganizada y anormal empresa que realizaba la elaboración y distribución de la práctica totalidad del pan consumido en aquel satélite llevaba el nombre de Sociedad Panadera Madre Coop.

Como panadero de base, a Pierre no lo conocía prácticamente nadie, ya que él no vendía ni distribuía el pan directamente. Nadie lo había visto nunca delante de una amasadora, ni conducir un trimotor distribuyendo su pan, ni nada parecido. Sin embargo, sí que lo conocían indirectamente. Ello era debido al pan tan malo que los cultanos sufrían, así como por adueñarse del título de presidente de la Sociedad Panadera Madre Coop, cuyo título, Pierre ostentaba con mucha exhibición delante de los personajes de Culto.

Este era el primer fraude. Esta era la primera capa de piel de este angelito de veintidós años, a quien los machos y las hembras selectas en Culto identificaban como: el panadero.

¿Por qué a Pierre y a los suyos no les interesaba la rentabilidad de esa distribuidora de pan? La respuesta era clara y sencilla. El negocio del pan, que para otros habría sido un gran logro empresarial, para Pierre Petit y su cuadrilla era una simple tapadera. Los ingresos multimillonarios provenían de la distribución de una droga de diseño que llamaban «masa madre», que la sociedad camuflaba dentro de las piezas de pan. La barra de pan de medio kilógramo de peso, era malo, porque estaba adulterado con substancias que no eran excesivamente nocivas, pero se parecía algo al pan. Esta barra se compraba al precio base de cinco euros, lo cual ya resultaba un buen negocio. Sin embargo, se distribuían otras piezas de pan del mismo peso, cuyo precio superaba en veinte euros al que costaba la barra base. ¿Por qué, si pesaban lo mismo y la calidad del pan era igual de mala? Porque estas contenían la dosis correspondiente de droga oficialmente llamada «masa madre», pero que los adictos conocían como «apocalipsis». Estos panes llegaban a todos los hogares con total facilidad, porque arribaban en forma de producto alimenticio, mejor dicho, de trigo envenenado. Los cultanos tomaban un pan que no se merecía el nombre de pan, pero lo pagaban siete veces más caro que el más costoso en la tierra. Al mismo tiempo, la droga de diseño era muy barata de producir, de forma que todavía no se había inventado negocio más rentable que aquel.

Esta era la segunda estafa. Esta era la segunda capa de piel del mismo angelito de veintidós años: el narcotriguero.

Así andaba la vida en el nuevo satélite. Pierre Petit, era el presidente de la Sociedad Panadera Madre Coop. También era el mandamás y el curramenos de la camuflada distribuidora de droga masa madre, solo que aquí con el nombre de Jonás Tierno. Este genio, este mismo que contaba ahora con veintidós añitos, heredó de su padre, un tal Tito, la visión de los negocios y también la vena sanguinaria del mismo, por eso, casi un chavalillo, ya estaba al frente del imperio y no había quien le tosiera.

Sin embargo, ni en Pierre Petit, como panadero, ni en Jonás Tierno, como narcotriguero, dos collares en un mismo perro, se agotaban sus finas uñas ni su larga sombra, no señor, puesto que los bienaventurados son muy elásticos y se adaptan a diferentes modos y envoltorios de vida. Este caballero jovencito poseía una piel muy dulce, muy deseada. Esa piel se hidrataba en sus correrías sexuales al más alto nivel, pues llevaba algún tiempo manteniéndose el primero de la lista de los bombones masculinos más deseados, es decir, como número uno del *Ranking de Deseados* del mundo Culto. Tal era así que el envidiado chico de veintidós se había bien ganado el apellido de Cañón. Él se nominaba a sí mismo como Nilo Cañón.

Aquí estaba la tercera capa de piel del susodicho angelito de veintidós añitos, quien impactaba a las féminas con el nombre de: el cañonero.

Y como no hay dos sin tres, su vida era la triple mentira mejor inventada por un humano. Por la mañana era el panadero aplaudible, por su trabajo y su dedicación, pero eso era mentira, porque ni trabajaba ni se dedicaba. Por la tarde era el distribuidor del alimento más necesitado, el pan nuestro de cada día, lo cual también era mentira, porque se escondía y ocultaba de los cerebros que con la masa madre en forma de droga destrozaba. Y, por la noche, era el mayor farsante del gallinero, muy deseado, sí, pero mentira, ya que los deseos que despertaba acababan en masajes corporales auto proporcionados por la compañera decepcionada, pues rara vez eran por él correspondidos.

Eso era Pierre Petit; eso era Jonás Tierno; eso era Nilo Cañón. Aplaudido y admirado por fuera; corrompido y podrido por dentro.

Jezabel no conocía al veinteañero de oro. Bien, al menos no conocía sus andanzas en Culto. De hecho, nadie relacionaba ni imaginaba que las tres actividades suyas de panadero, narcotriguero y cañonero confluyeran en el mismo aventurado Pierre Petit. La razón era que este Pierre, este Jonás, este Nilo nunca daba la cara, por eso siempre escapaba de las redadas policiales. Cuestión distinta era toda la parafernalia que se acumulaba en relación con el concurso que determinaba el *ranking de deseados/as*. Aquí, según se decía, el niño Nilo provocaba suspiros y temblores con su sola presencia física, así como vivos alaridos cuando la batalla se desarrollaba dentro de su alcoba privada.

Por tanto, era un panadero ignorado, era un delincuente buscado y era un gigoló deseado, pero nunca sentenciado. Por eso navegaba con tanta fluidez entre las tres capas de su piel, las cuales iba mudando como las culebras y según le convenía.

Un viernes, Albor llegó eufórico del colegio. Antes de que el niño saliera de su cole, desde este ya le habían informado a su madre que su hijo estaba viviendo una eclosión de alegría, pasotismo y rebeldía. La madre forzó que su hijo se sometiera a los análisis médicos adecuados, donde le detectaron niveles altos de «apocalipsis» en sangre. Jezabel montó en cólera. Retiró a sus hijos de ese colegio y denunció que la droga estaba en el pan que le servían en el colegio. ¿Era cuestión de mala suerte que su hijo se estuviera envenenando con droga? No, aquello no era un castigo divino, era un delito inaceptable causado por el egoísmo imbebible de unos poquísimos que envenenaban a unos muchísimos. ¿Y cuál era la respuesta del sistema? El sistema tenía sus debilidades y no conseguía probar la causa de esos delitos, porque el panadero estaba muy agarrado a autoridades poderosas en el Gobierno y Consejo de Internaciones y, el asunto, iba resbalando entre el gel de la ducha hasta que acababa en el desagüe. ¿Y la sociedad? El ciudadano no estaba para que le fueran con problemas, sino para vivir la vida bebiendo el mayor grado de felicidad posible. Aun así,

Jezabel consiguió arruinar en gran medida aquel negocio de la droga distribuida con el pan, pero solo, temporalmente, puesto que no tardó en estar introducida dentro de un frasco de leche en polvo de una marca determinada. Y, claro está, no era un frasco de leche cualquiera, sino el de mayor consumo en Culto, con mucha diferencia.

—Los negocios grandes han de hacerse a lo grande. —Defendía Jonás Tierno. —Estafas poco y te tratan de desgraciado; estafas mucho y te alaban, te felicitan por ser un genio financiero.

20 CONDICIÓN TERCERA

Las tres convocadas y asistentes al acto reflejaban un semblante relajado, al menos, eso parecía. Jane Brandy, la representante de la Corporación Villasevil Torre, sí estaba relajada. Ella no tenía, supuestamente, mucho que perder en este lance. Por su parte, Luz Serena, asesora de Jezabel, ya se jugaba más cosas, pero la expectación no le forzaba a mostrar un semblante excesivamente tenso. En cambio, la heredera, Ártemis, disimulaba mucho su impaciencia y su preocupación. Confiaba que la cordura de Villasevil se impusiera y la condición tercera fuese asumible. No pretendía que le regalara una fiesta maravillosa en la montaña amurallada, aunque sí una condición aceptable. Eso esperaba, porque se jugaba muchísimo, mucho para estar relajada.

Mientras el notario observaba a las tres féminas que tenía delante, abrió el pliego identificado como «Condición Tercera» y extrajo un folio.

—Buenas tardes. —Se oyó la voz del Adaljandro del Olmo y Penumbra, quien iniciaba el acto con una introducción bastante más sencilla que las anteriores. — Conocen ustedes que en este acto procederemos a dar lectura a la Condición Tercera estipulada por el testador, Don Indalecio Villasevil de la Torre, a la heredera aquí presente, señorita Ártemis. Veamos, su contenido es del tenor literal siguiente:

—«CONDICION TERCERA.

Apartado primero: Yo, Villasevil de la Torre, estipulo que la heredera Jezabel Ártemis debe hacer el amor, no fingido, con un actor porno».

¡Haala! Faltó el aire. En la sala de actos se les cortó la respiración a los presentes. A ver cómo salía de esta la heredera.

«*Anda, Villasevil, te has lucido*». Se oía detrás de las paredes.

A Jane Brandy se le escapó una sonrisa maliciosa y pensó: «*Por fin, esta vez no tienes escapatoria, caralinda. Si te montas la sesión porno, pero delante de todos, tu imagen quedará hundida hasta más abajo del sótano, totalmente arruinada; si no lo haces, la condición no se tendrá por cumplida. ¡Anda, chúpate esta, caraguapa!*».

A Luz Serena se le salieron los ojos de la cara, si bien por sensaciones totalmente opuestas. Estaba exultante. Aquello no era una condición rechazable, nada de una prueba penosa, era un auténtico regalo póstumo de Indalecio. Tanto se revolucionó su sistema sanguíneo que llegó a pensar:

«*Jo, no hace falta ni que arriesgue buscándolo; solo tiene que poner cara de inocente y disfrutar. Anda que no, cuanto más ricachonas más suerte tienen*»

A Jezabel Ártemis, por el contrario, se le heló la sangre. Quedó pellizcándose su oreja derecha. Para salir de su estado de mujer estatua no tendría suficiente con pellizcarse su oreja, debería darse un chute mucho mayor.

«*¡Que palo! Qué mente más pervertida la de Villasevil*» Parecía que pensaba la heredera.

Así es la vida entre las terráqueas, lo que una anhelaba, como el caso de Luz, la otra despreciaba, cual caso de Jezabel. Claro, cada cual tenía sus circunstancias y, en base a ellas, así se comportaban.

Al notario, Adaljandro del Olmo, se le quedó cara de tonto, eso parecía. No veía la necesidad de ese tipo de condición. Eso sí, ya puestos, seguro que sería un trámite muy excitante, sexualmente emocionante.

El notario continuó dando lectura al segundo apartado de la Condición Tercera, en donde se fijaban los pormenores de la misma:

—Apartado segundo: El actor porno interviniente debe tener una edad no inferior ni superior en tres años a la heredera. Para que esta condición se tenga por cumplida, los dos deben practicar sexo real, con orgasmos reales por parte de ambos. Nada de fingir. Nada de jadeos falsos, ni gemidos irreales, ya que el acto deberá ser grabado y después hacerse un reconocimiento por técnicos especialistas. Estos deberán certificar, con la utilización de un instrumento psicométrico, si hubiera discrepancias, que las vibraciones nerviosas, las sensaciones en la piel y el grado de impulsos eléctricos derivados del auténtico placer gozado han sido lo suficientemente intensos como para haber alcanzado, al menos, un orgasmo real, sin duda, tanto por la mujer como por el hombre. El acto sexual deberá ser llevado a cabo con la presencia de, al menos, una representante de la Corporación, que actuará como testigo, así como del Notario Mayor, que lo validará. Concluida la sesión y emitida la certificación, la grabación deberá ser destruida.

En forma automática, casi sin esperar a que el notario finalizara la lectura del apartado segundo, la heredera, afectada visiblemente, comunicó en un tono de voz muy superior al que se utilizaba en una notaría, que no, que ella no lo haría.

—No, no me prestaré a este juego indigno, sucio, macabro. Qué resucite Indalecio y que se monte él la sesión porno delante de vosotros. Si el impresentable de Villasevil pretendía humillarme, no lo conseguirá.

Luz pensó en silencio:

«*Joder, tía, te estás pasando. No es para tanto y, mucho menos, con tu pasado de putita de lujo*».

—Señorita Jezabel. —A la vista de las circunstancias, el notario, acostumbrado a saltar a la arena cuando era necesario, intervino de inmediato. —Estimo que es una situación difícil. Por ello, tómese usted diez días de tiempo para considerar su decisión final. Ya desde ahora les convoco a ustedes en esta misma sala, a la misma hora, para el miércoles del próximo día veintiocho. Gracias por su asistencia y atención. Buenas tardes.

Cerrado el acto, Jezabel y Luz regresaron a su residencia sin decirse ni palabra. Pensando, en silencio, como piensan los cansados. Ya hundidas en el sofá de su casa, Luz proponía variantes para poder salvar la situación creada. Con delicadeza, se dirigía a Jezabel.

—Mira chica, es como si estuvieras buscando pareja en una casa de citas mediante internet. Tú miras veinte o treinta fotos de los actores porno que cumplan el requisito de la edad. Eliges uno, que te guste, y lo invitas a tomar una copa. Al que tú elijas, con lo guapa que eres y lo buena que estás, seguro que él acepta. Así vais intimando un poco para que la noche de la fiesta te resulte menos brusco y más placentero.

—No seas casamentera, asesora, que esto no es una boda «on line». —Se quejaba, Jezabel, incómoda.

—¿Cómo se le habrá ocurrido, al pervertido de Indalecio, colocarme esta putada?

—A ver, Jeza, me extraña que resulte tan difícil para ti. Esto no es peor que otras cosas que has hecho antaño, como participar en más de una orgía sexual pagada, solo que, por muchísima menos pasta, y... —Luz pretendía sentar su postura.

—Joder, Luz, no me toques los pezones. —Saltó la heredera con cara de loba rabiosa. —La única vez que participé en una reunión sexual con machos era distinto. Entonces lo hice por placer, porque lo necesitaba, y aquí me lo imponen. Ahora no puedo sentir placer. No lo haré.

Luz, que no conocía las limitaciones sexuales que actualmente Jezabel se había autoinfligido, reaccionó, y como si tuviera la contraofensiva estudiada, no tardó medio segundo en rebatir lo oído. Apretó todo lo que pudo con la intención de hacer bien su trabajo de asesora y que la condición quedara cumplida:

—No puedes sentir placer porque te has convertido en una monjita de clausura. Es que no te entiendo. Incluso de casada eras una loba. Hasta le pusiste los cuernos a tu marido por unos cuantos polvos con el Víctor aquel. Y, ahora, ¿no puedes enroscarte con el mejor actor porno del momento? Quien te ha visto y quién te ve, tía. —Luz hizo una breve pausa —Mira, mi niña, escúchame. Media hora antes te preparas, te metes el dedo, un canuto o lo que quieras, para estar a tono. Después, disfrutas un derrame, que se note la hembra que eres, y, condición cumplida. Tienes en juego más de cien mil millones de euros. Será el polvo mejor pagado de todos los tiempos pasados y futuros.

—No, joder, lárgate. —Gritó desencajada y rabiosa, Jezabel.

Luz no comprendía a Jezabel porque aquella no conocía la razón real de la negativa de esta. La heredera padecía la ausencia total de estímulo sexual entre sus piernas, lo cual era, claro está, debido a la ablación de clítoris practicada en su día. Por eso, la sesión porno para ella no sería un acto placentero, sino un suplicio inaguantable. Esto era ignorado por la asesora, por eso esta opinaba desde el desconocimiento, como hacen la práctica totalidad de los humanos, que se tiran a la piscina sin gota de agua.

En las horas siguientes, la asesora Luz había estado negociando algunas alternativas para, en caso necesario, intentar desbloquear la situación. Este era su trabajo, aunque esta vez estaba realmente difícil, por eso la asesora se empleó a fondo, contemplando cualquier salida posible, cualquiera, por inaudita que pareciera.

Así, mareando la codorniz, pasaron los diez días de tregua y, sin una conclusión pactada, los cuatro convocados volvían a estar reunidos en la sala imperial de la Notaría Mayor.

A la heredera volvió a preguntársele por si había reconsiderado su decisión y estuviera dispuesta a aceptar la condición. Jezabel siguió negándose. No intervendría en un acto sexual con un actor porno desconocido, como si fuera una desesperada, una «cerdita de cría», aunque el premio fuese la mayor fortuna del mundo.

Vista la situación, Luz soltó su propuesta ya trabajada y concertada con cuatro hombres poderosos, pero no con su jefa. La idea de la asesora tenía un corte sexual cercano al de Villasevil, pues la condición debía cumplirse, pero con una grandeza económica insuperable, para que nadie pudiera negarse. Esta proposición contaba con el compromiso aceptado de cuatro multimillonarios de ochenta y ocho añazos, cuyos penes ya dormían desde hacía una docena de años, pero sus ojos enrojecían con el orgasmo de una «Mujer 10», como presumían que era la heredera. Estos multimillonarios eran Los Cuatro Patrocinadores. Organizarían una cama redonda, donde en medio estuviera la señorita Ártemis y el actor elegido. Proponían alcanzar un acuerdo en una de las tres propuestas siguientes, descabelladas en su contenido y carísimas en su precio, pero a los inviernos de esos cuatro ricachones ya les importaba poco el valor de las acciones en contienda. Ahora, los cuatro estaban dispuestos a quemarlo todo por presenciar una noche de lujuria sexual con Jezabel como protagonista activa, puesto que el actor porno no les interesaba más que para añadir leña al fuego. Así, Luz desveló las propuestas para ver si alguna era asumible:

Propuesta a): Por un estriptis total de Jezabel, más una sesión recíproca de sexo oral, acabada en orgasmo de ambos, entregarían cada uno el treinta y cinco por ciento de sus acciones a Jezabel.

Propuesta b): Por el tiempo medio de dos horas de sexo romántico activo y profundo, alcanzando al menos un orgasmo final de ambos: pagarían el cincuenta por ciento de las acciones de cada uno a la heredera.

Propuesta c): Por una sesión continua de sexo sin límites durante cinco horas, desde las 23 horas hasta las 4 horas de la madrugada, con un mínimo de dos orgasmos por parte del actor y, al menos, de tres por parte de Jezabel, pondrían cada uno de los patrocinadores, en poder de la mujer, el sesenta y cinco por ciento de sus acciones.

¡Hala! La oferta era irresistible. Nadie conseguiría tanto haber en tan poco tiempo y, encima, sin sufrir ninguna intoxicación o veneno, sino gozando torrencialmente. Claro, tal oferta exigía los siguientes pormayores: tanto en caso de sexo oral como de sexo coital, los orgasmos tenían que ser sentidos y vividos, con disfrute real, nada de película, ni de actos fingidos.

Jezabel estaba muda, desorientada, con el invento degenerado de Luz Serena. Como no podía hablar, solo pensó:

«*Esta Luz no es una asesora, es una traidora. No tiene suficiente con lo de Villasevil, sino que encima le añade carnaza*».

La representante de la Corporación, interesada en los pormenores, planteó la siguiente cuestión en términos bastante desafiantes.

—¿Cómo se va a determinar si los... intervinientes, él y ella, han llegado al orgasmo? ¿Serán fiables esos posibles temblores?

Luz, pretendiendo apuntarse un tanto, se adelantó alegremente:

—Disculpe. Eso lo sabe cualquiera, se ve a simple vista.

—Es fiable y se ve a simple vista en los hombres, porque «los chorrillos» salen o no salen; se ven. — Replicó la representante de la Corporación con aires claros de no dejarse torear. —En las mujeres, también lo sería si no se fingiera tanto.

El notario saltó a la arena para evitar que la sangre llegara a la cueva. Sin pérdida de tiempo, informó:

—Señoras, calma. Existen medios técnicos, con dispositivos de alta sensibilidad, para registrar y determinar si la fémina interviniente alcanzó efectivamente el orgasmo. Dejemos, de momento, este apartado como resuelto, puesto que, técnicamente, lo está. Lo que no está resuelto todavía es la aceptación de la señorita Ártemis. Yo debo resaltar que cumplida alguna de las tres propuestas a) b) o c) de la asesora Serena, también se tendría por cumplida con la Condición Tercera dispuesta por el señor Villasevil.

—No me someteré a una condición que no respeta mis derechos como mujer, ya que el actor no fue elegido por mí. El actor puede decir «no», pero yo tengo que decir «sí». ¿Y si yo hubiera elegido como pareja interviniente a una actriz, en vez de un actor? ¿Qué? Además, ¿por qué habría de ser con un actor porno? Pudiera ser con un chicarrón encantador de serpientes africanas, ¿No? —Se oyó con tono muy apretado a la heredera Jezabel, mientras sus manos rígidas denotaban una gran tensión.

Todos los presentes se quedaron desconcertados. Jezabel tenía razón. Nadie había pensado en esas variantes, puesto que no lo había hecho, Indalecio, ni tampoco, Luz.

—Bien, yo me opongo a ese último planteamiento, ya que la Condición Tercera es clara: debe intervenir un actor porno, es lo claramente dispuesto, no una actriz de igual profesión. Eso sí, le reconozco a la heredera el derecho de elegir ella al actor, puesto que la Condición por sí misma no lo determina, ni lo elige; incluso, aceptaría que ella, por eso de la intimidad, eligiera el lugar de la prueba, por ejemplo, en su residencia, pero siempre que sea con un actor porno. —Así de contundente se expresaba la representante de la Corporación, Jane Brandy, dejando entrever que ella prefería contemplar las virtudes de un actor que las de una actriz.

A la vista de la situación planteada, Luz propuso:

—Querría disponer de veinticuatro horas de tiempo para intentar un asesoramiento adecuado a la heredera.

El notario aceptó la petición y se citaron para la tarde siguiente a la misma hora.

Aquella noche, mientras cenaban una tortilla de espárragos de Navarra, Luz volvía a intentarlo con Jeza, exprimiéndole sus razones:

—A ver, mi niña. Si aceptas alguna de mis propuestas, de entrada, conseguirás cumplir con la Condición Tercera. Ya has oído al notario, que la daría por cumplida. Además, si aceptaras la propuesta c), te harías con el sesenta y cinco por ciento de las acciones de estos cuatro ricachones, es decir, tendrás el control absoluto de sus riquezas. ¿Cómo puedes decir que no? Ninguna mujer de este mundo se negaría.

Luz saboreó un trozo de la tortilla de espárragos, luego una copa de vino tinto de la comarca de Monterrei y, sin espera, para que las razones no se enfriaran, continuó con sus alegaciones.

—Además, fíjate en estos dos aspectos. De un lado, ya hace algún tiempo, vale, pero tú te has merendado a otros muchos tíos. No te viene ahora de nuevo y sabes cómo hacerlo. De otro, tú disfrutarías unas horas desenfrenadas de sexo con ese actor porno que, con mi ayuda has señalado, que está para morirse de bueno. Es lo máximo, un tío que lo sabe todo sobre el placer y con experiencia con las hembras, igual que tú con los machos. Joder, tía reprimida, las mujeres de Culto, incluida yo misma, mataríamos a la mitad de los cultanos por una experiencia abrasadora como esa. ¿Y tú? Sigues plantada en esa negativa. No me jodas. Si no accedes, conmigo no cuentes más. Dimito y que te planchen.

A Jezabel, quien pensaba en silencio, no le preocupaba enjabonarse unas horas con un actor porno, puesto que, como decía Luz, en otra etapa se había merendado y cenado a tíos con mucha menos planta que ese actor y seguramente mucho menos apetecibles. Su problema era ella misma. Era aquella ablación de clítoris practicada en su sexo. Era que ella no sentiría placer entre sus piernas. Por Dios, ¿cómo iba a alcanzar el orgasmo requerido?

Luz y Jeza entraron en una espiral de posturas repetidas, con algún reproche fuera de tono. Jeza empujó a Luz a que lo hiciera ella, si tanto le iba aquel torero y su polluelo, diciéndole:

—¡Hazlo tú, si tanto te pone ese putón de actor, joder!

—A ver, a ver, Jezabel Ártemis, no me hables de putón, que tú no estás precisamente en la mejor posición para hacer esos reproches. —Se descolgó de la lengua, Luz Serena.

Se hizo un silencio apretado, condensado. Tomaron otra copa de vino para que bajara lo anteriormente oído, pues el momento lo requería. Reordenaron sus últimas posiciones.

—Vamos a ver. —Se le escuchó a Jeza decir con algo más de sosiego. —Déjame que madure un poco más la idea que me acaba de emborrachar; después de la cena te la cuento y, si te parece bien, la ponemos en marcha.

Con tres copas de vino circulando por sus venas, las dos amigas hablaron de la noche esa de sexo sin freno. Lo hablaron detalladamente. Al final, se abrazaron hasta cerca de romperse dos costillas cada una.

Al siguiente día, en la notaría, se inició de nuevo la reunión sobre la Condición Tercera.

La heredera Ártemis, para sorpresa de los presentes, salvo para la asesora Serena, claro, cambió el criterio del día anterior y expuso:

—Bien, la señorita Serena y yo hemos ponderado los beneficios y las consecuencias de aceptar o no la Condición Tercera. Esto lo haré con gran dolor para mí, y pensando siempre en lo mejor para la Corporación. —Jeza estaba sorprendida de lo bien que ella fingía y mentía, sobre todo en esa marranada de que lo hacía pensando en lo mejor para la Corporación. —Por ello, anuncio que acepto sufrir esa noche de sexo con un actor porno, siempre que se acepten y se me permitan estos cuatro apartados:

1) Que el actor sea elegido por mí, sin intromisión ni restricción alguna en mí decisión. Yo acepto que tenga edad entre treinta y cuatro y cuarenta años.

2) Que la sesión de sexo tenga lugar en mi residencia, para que me resulte menos violento.

3) Que se me permita cubrir mi cara y cabeza con un velo tupido, por aquello del pudor. Seguro que ustedes me comprenden.

4) Que yo disponga de diez días para ir asumiendo esa situación y poder preparar un escenario lo más cálido posible.

Las exigencias de Jeza fueron aceptadas por unanimidad. Todos los presentes asumieron que parecían bastante razonables. El Notario Mayor levantó acta de todo aquello y convocó a los interesados al acto que daría cumplimiento a la Condición Tercera.

En los siguientes días, como si las dos brujas, Jeza y Luz, preparasen la boda de una de ellas, o de las dos, reconfirmaron la elección del actor porno, quien aceptó encantado por lo buenas que ellas estaban y por la cuantía económica que iba acompañada como premio.

Llegó el día. Acudieron a la cita en la residencia de la heredera, el notario Adaljandro del Olmo, imprescindible para dar fe de lo que aconteciera. Los Cuatro Patrocinadores, hombres mayores en edad y en otras cosas, aunque también necesarios por la grandiosidad de lo que aportaban. La representante de la Corporación, Jane Brandy, ya que había mucho en juego y esta no se lo iba a saltar. No acudió la asesora de la heredera, la señorita Luz Serena, aduciendo que, una vez tomada la decisión, su presencia ya no guardaba interés asesor alguno.

Las seis personas observadoras, cinco hombres y una mujer, se acomodaron en otros tantos sillones reclinables, muy cómodos, pues la ocasión lo recomendaba y exigía. Estaban en una sala redonda, habilitada expresamente para la ocasión. Cada uno de los seis observadores estaba situado circularmente alrededor de la sala, con vistas directas sobre la cama y separados, los unos de los otros, por una tupida cortina muy bien situada. Se intentaba evitar atisbos de incomodidad y poder percibir más intensamente las emociones que desde la cama se ofrecieran.

Por los alrededores, donde reinaba la penumbra, aparecían colocados varios jarrones con violetas oportunamente situados, para que no impidieran el espectáculo en nada. En el centro de la sala redonda estaba ubicada una cama, con una sábana color vainilla que lo endulzaba todo. Esta cama también era redonda, con focos que la iluminaban totalmente para que se facilitara poder visualizar los detalles pequeños y, si fuera posible, también algo de los interiores. Esta cama estaba delimitada de los observadores con unas tiritas como cordones que, si acaso en algo molestaban, se podían retirar para dejar vista libre. Una pasarela de un metro de ancho comunicaba la cama con una zona interior de donde partían los protagonistas.

A los observadores les sirvieron algo para tomar, para soportar mejor la espera; al mismo tiempo, para ir mezclando con la saliva cuando esta fuera más abundante. Los cuatro patrocinadores estaban tensos, habían hecho una inversión muy alta y las expectativas eran máximas. Se lo merecían, no moralmente, pero sí compensatoriamente.

Por su parte, la representante de la Corporación, Jane Brandy, estaría más pendiente del interviniente masculino que de la homónima femenina, puesto que en las virtudes de aquél estaba su interés. Eso era legítimo. ¿Y cómo estaba el notario? Intentando no salirse en exceso de su cometido, si bien tal vez era cierto que ya se estaba imaginando a la heredera en sus posiciones arrebatadoras, con las pulsaciones subiendo hasta la estratosfera.

A la hora aproximada, se abrió la puerta de acceso a la cama circular. Hicieron el recorrido por la pasarela, caminando despacio y con elegancia, los dos protagonistas. Delante, ella, Jezabel, sonriente, alegre, feliz, con su casi metro y ochenta de estatura. Descalza. Pelo recogido. Todavía a cara descubierta. Con un vestido rojo, desde los hombros hasta los pies.

Espectacular, marcando un tanto sus virtudes femeninas, pero sin entregar todavía nada, había que esperar. Iba medio flotando, como una diosa, como la Diosa Jezabel, como la Diosa Ártemis, las dos en una.

El actor porno, de cerca de dos metros de altura, portaba una túnica romana inspirada en la del César, desde los hombros hasta un palmo por encima de sus rodillas. Relajado, pues estaba en su terreno. Sonriente. Imponente. Irresistible. Eso pensó Jane Brandy. Los protagonistas saludaron a los asistentes con una leve inclinación de sus cabezas. Ellos muy poco veían a los asistentes, pero sabían que estos no perderían ni un segundo con un pestañeo. Jezabel hizo una especie de verónica elegante y les deseó con voz tenue, cálida, esperanzada:

—Disfruten del espectáculo.

Acto seguido les anunció que ella se retiraba dos minutos para prepararse y colocarse su velo. Se retiró al interior de la casa, mientras el actor se quitó su túnica y se tumbó estirado encima de la cama, dejando a sus atributos en libertad para que naturalmente se comportaran.

A los pocos minutos, ya que la novia siempre llega tarde, se abrió nuevamente la puertecilla de acceso al ruedo. La fémina volvió a cruzarla. Sus talones no tocaban el suelo, solo se apoyaban con su superficie plantar. Con un caminar elegantísimo, como la reina Cleopatra, descalza y totalmente desnuda, salvo un velo sofisticado y obscuro que le cubría del cuello hacia arriba, incluyendo rostro y cabello.

Se declaró la guerra. Los protagonistas a lo suyo; los observadores, también.

Ambos intervinientes mantuvieron cinco horas de batalla encarnizada sobre la cama redonda, de entrega sin reservas, sobre aquella sábana de color vainilla y olor a lo mismo. Hicieron mínimos descansos, después de cada tormenta. Ambos intervinientes perdieron la noción del tiempo, del lugar y contexto en que comenzaron, sin percatarse que el acto estaba siendo grabado y los ojos de los observadores enrojecidos andaban. Acabaron desarmados y vencidos. Cumplieron con la propuesta c), el máximo del compromiso. Cinco horas agotadoras, todo una hazaña. Un auténtico desparrame, tanto por el interviniente masculino, con mucha experiencia, empuje y descargas incontenidas, como por la interviniente femenina, con muchísima intensidad, aullidos y desprendimientos desesperados.

Los observadores de aquel espectáculo extra sideral salieron... ¿cómo salieron? Pues allá cada cual con su cuerpo y aguante. Alguno salió con cara de mermelada templada. Algún otro salió con signos claros de falta de aire fresco. Uno de los cuatro Patrocinadores pudo decir:

—Yo repetiré. Lo que me pase mañana, no me ocupa.

Jane Brandy se contuvo lo que pudo, pero su cara denotaba los estragos soportados en aquellas horas. ¿Y Adaljandro? No hubo forma de saber cómo terminó la sesión el Notario, tal vez porque tuvo que hacer su papel de fedatario y comportarse mínimamente, o porque algo le resultó raro, poco creíble.

Sin embargo, nadie sintió necesidad de que el instrumento psicométrico tuviera que determinar la realidad de los orgasmos de la fémina; todos los presentes, superados los cuarenta años, sabían que habían sido auténticos. Por eso, la mañana siguiente y a presencia de las cuatro féminas interesadas, el notario declaró formalmente CUMPLIDA la Condición Tercera.

La noche siguiente sobresalía por una felicidad plena en la residencia donde habitaban Jezabel Ártemis y Luz Serena. Las dos estaban eufóricas. La jugada había salido perfecta.

—Anda, cabrita. —Le decía Jezabel, con júbilo y malicia, a su amiga, Luz. —Nunca te había visto retorcerte tanto como anoche. Os he visto desparramaros como desesperados. Tú, a ese putón de actor, le ponías a reventar, pero tú seguro que has gozado y temblado, no tres orgasmos como exigía el acuerdo, sino trece, por lo menos.

Las dos féminas reían y se revolcaban por el sofá. No era para menos. No recordaban una noche tan fructífera en placer y en poder, puesto que los orgasmos son placer y las acciones son poder.

Para Jezabel, la noche anterior había resultado redonda. A efectos oficiales, ella había superado y cumplido con la Condición Tercera. Importantísimo en su caminar para hacerse definitivamente con el fortunón de

Villasevil. Asimismo, había evitado pasar por el trago de tener que soportar las embestidas sexuales del actor porno, cuyos empujones pudieran haber sido gozados con intensidad en otra época, pero no en esta con la sequedad vaginal que ella se había autoimpuesto.

El plan ideado por Jezabel, refrendado con entusiasmo por Luz, había funcionado. La cabeza y cara de la afortunada, cubierta por un tupido velo hasta el cuello, no se podía identificar. Las dos tenían una diferencia de altura de tan solo dos centímetros. Ambas tenían una silueta bastante parecida, con pequeñas diferencias en los pechos y en las nalgas, pero las diferencias eran inapreciables cuando no se podía comparar directamente. Todo ello había ayudado a que ambas fueran intercambiables y que la interviniente femenina, que debía ser la heredera Jezabel Ártemis, fuera realmente la asesora Luz Serena.

Bueno, también era verdad que cuando el cerebro de un hombre hierve con una mujer en estado puro, ya no distingue una paloma de una lechuza. A Jane Brandy, con lo visto y oído, tampoco le sobraba nada.

—Nadie se ha dado cuenta. —Jezabel remataba la jugada. —Tú no has pasado por dos embarazos y partos. Sigues estando más buena que yo. El único que podía haber sospechado algo sería el notario, pero, tranquila, en cuanto le subió la temperatura también se quedó pasmado y sofocado contigo.

¿Y para Luz Serena? La última noche, tal como ella la definió, había sido, uf, volcánica y apoteósica. Había sido volcánica porque ella, y no Jezabel, fue quien salió a la cama, quien se contrajo y se desprendió como nunca en aquella cama redonda, con su velo cubriendo su cara. El actor porno, que también disfrutó lo suyo y, además, se llevó un buen pico económico, estaba muy bien labrado y muy bien experimentado, lo que redundó en unas horas de temperatura, sacudidas y erupciones en Luz tan intensas como las de un volcán en activo.

Y ¿por qué razón, además de volcánica, la noche había sido apoteósica? Porque dejar de ser una asesora, sin más, para convertirse en una millonaria de altos vuelos, suponía la mayor apoteosis de su vida. Así era. Jezabel le había prometido que, si su amiga saltaba a torear a la plaza en lugar suyo, Luz sería la propietaria del sesenta y cinco por ciento de las acciones de Los Cuatro Patrocinadores. Eso suponían muchísimos millones para ella, ya que, por la mañana, Jezabel ya le había transferido las acciones de los patrocinadores a su amiga Luz, quien estaba sumida en estado de éxtasis y borrachera.

Pero, como nunca pasa nada sin más, la cuestión era saber cómo iba a afectar este cambio de estatus en la relación entre Jeza y Luz. Esta, a día de hoy, ya no era una simple asesora de la heredera, sino que se había hecho con el sesenta y cinco por ciento de las acciones de cuatro ricachones, lo cual suponía más de veintinueve mil millones de euros a sus espaldas. ¿Afectaría esta nueva situación a la amistad entre ambas? El dinero mueve conciencias y honores, lo mueve todo, hasta lo inamovible.

21   EL GERIÁTRICO

Jezabel, en su vida actual, no tenía apetencias ni deseos sexuales, por eso no malgastaba su tiempo en pequeñeces, no con hombres caprichosos y solo pendientes de lo que encontrarían debajo de su falda.

Al presente, ella debía ocuparse de las decisiones importantes en la Corporación Villasevil, aunque lo tenía bien resuelto. Había establecido una línea directa con sus dos colaboradoras más estrechas en su planta de despacho, así como con los miembros del Consejo, con los que mayormente despachaba virtualmente. También asistía a las reuniones del Consejo, las cuales, cuando no las presidía presencialmente, lo hacía en forma telemática. A estas actividades le dedicaba los viernes de cada semana. Así quedaba despejada, salvo emergencias, hasta el viernes siguiente.

Cuando los hijos de Jezabel no estaban en el colegio, a ellos les dedicaba el mayor tiempo que podía, aunque siempre los llevaba en su alma. También dedicaba todas las horas que podía a su formación en el Sistema de Inteligencia Natural (SIN), cuya formación avanzaba a buen ritmo, en secreto, pero avanzaba. Todo lo anterior indicaba que su grado de ocupación era alto, siempre en relación con esas tres actividades: el cuidado de sus hijos, la formación en SIN y las necesidades de la Corporación. Nada de fiestas, ni aventuras. Ni en público, ni en la intimidad.

Y por si las horas que ella dedicaba diariamente a sus tres actividades básicas fueran pocas, apareció en su horizonte un cuarto quehacer, un geriátrico. En efecto, en Culto también existía algún geriátrico, copias de los existentes en la tierra, como todo. ¿Y cómo apareció en su horizonte? Una mañana se montó en otro impulso con cola de caballo, pues así era ella, y comenzó a interesarse en algún geriátrico y en la gente mayor que en ellos sobrevivían. Jezabel, desde su treinta cumpleaños, vivía y se movía encima de impulsos. Unos, con consecuencias dramáticas, como las infidelidades a su marido; otros, con resultados muy afortunados, como enterrarse hasta las cejas para recuperar la compañía y el cuidado de sus hijos. Un psicólogo, con el que Jeza tuviera en otro tiempo alguna correría, le sermoneó al final de la última noche juntos:

«*Chica, yo no puedo seguirte. Tú puedes conseguir logros inalcanzables para otros mortales, pero también eres capaz de arrastrar hasta el infierno al mismísimo Jesucristo*».

Cuando concluyó su decisión de involucrarse en un geriátrico, inicialmente pensó en presentarse como una trabajadora y percibir un sueldo. ¿Y para que quería ella un sueldo de mil euros? Era de risa. Antes de levantarse de la cama, en ese amanecer, sus haberes ya le habían proporcionado más de dos cientos millones de euros. ¿Qué iba a intentar con esos mil euros al mes? Ella se bienaventuraba:

—Pues volver a ser una persona de las que van por la calle sin más pretensiones que ir tirando.

Eso había hecho cuando trabajaba en La Guarde, la guardería de sus primeros años laborables. Allí cuidaba a bebés que eran dejados por sus papás a su cargo y, con buena dosis de ternura, conseguía que a ella le llamaran «mamita». Era rara, sí, pero su corazón necesitaba redimirse de tanto en cuanto y hacer algo por aquellos que ni ellos podían hacerse por sí mismos. En este caso del geriátrico, ella no pensaba en realizar aportaciones dinerarias en una fría fundación de mayores, ni en regalar una limosnita a los residentes más bien míseros que por allí respiraban, sino en ver la realidad con sus ojos y tocarla con sus manos. Deseaba sentir sensaciones personales por sí misma, en su alma. Percibir vibraciones que ningún otro ser vivo es capaz de sentir como los humanos, como algunos humanos que siguen guardando sentimientos que vibran sin venir empujados ni condicionados por el dinero, si bien este aserto era difícil de creer al tratarse de la mujer más poderosa del universo.

Lo pensó dos veces. A la segunda concluyó que no, que eso de cobrar una remuneración la ataría con obligaciones indeseadas. Que ni la remuneración ni las obligaciones iban a satisfacer sus sentimientos, de modo que se apuntó como colaboradora voluntaria durante dos tardes cada semana. Esto le permitiría una mayor libertad para gobernar su tiempo.

Peticionó una entrevista con algún responsable del geriátrico. No iba a utilizar más que su nombre de pila. Quería sentirse virgen. Le pasaron con la propietaria.

—Dígame. Aquí la dueña del centro. —Contestó la propietaria con autosuficiencia.

—Hola. Me llamo Jezabel. Estaría interesada en colaborar en su centro como voluntaria. Dispondría de las tardes de los martes y los jueves...

—Ah, bueno. Venga, rapidito. Supongo que sabes que los voluntarios no cobráis. ¿Tienes experiencia? —Aceleraba sin freno la dueña.

—No la tengo en geriátricos, pero si trabajé varios años en una guardería, con bebés recién nacidos. —Contestó Jezabel con cierta prisa, la cual le venía impuesta.

—¿Estás embarazada? ¿Tienes hijos pequeños? ¿Estás casada? —Las preguntas de la dueña se sucedían en batería, todas directas.

—No estoy embarazada, ni lo estaré. Tengo dos hijos que ya no son pequeños. No estoy casada, sino divorciada. Y, creo que yo no intereso mucho a ese centro. —Consiguió articular todas esas respuestas la voluntaria.

—Bueno, bueno, empieza mañana jueves, de catorce a veintidós horas. —Resolvió la dueña del centro y colgó sin más despedidas.

La señorita Jezabel, una aspirante seria a multimillonaria metida a voluntaria en un geriátrico, se llevó el primer chasco antes de empezar. Ella, que ya se recordaba poco de los sinsabores vividos en la guardería, se quedó removiendo alguna de las preguntas que le habían formulado: «incluso le piden experiencia a alguien que ofrece ayuda voluntaria y en forma gratuita. ¿Cómo puede ser? ¿Qué les va si estoy casada o sin marido? Hay que joderse».

Se recogió su melena larguita en una coleta atada con una goma de pollo, para así acercarse a una voluntaria de pocos recursos. Se enfundó una blusa de menos de once euros, con la que se encontró muy a gusto. Se subió por las piernas unos pantalones, pretendidamente tejanos, de un valor poco mayor al de la blusa. Y, para no desentonar, se colgó un bolso de tela muy cuco. Este no sobresaldría por nada; simplemente porque rara vez llamaría la atención de nadie. Ah, claro, con ella también se llevó un fajo grande de ilusiones y sonrisas, imprescindibles en todo voluntario, ya que, si cobras nada, para compensar, lo tienes que ofrecer todo.

—Buenas tardes. Soy Jeza, la nueva voluntaria. —Se presentó ella con una sonrisa amplia.

—Hola. Cámbiate en ese lavabo. ¿Traes bata? —Así de explícita recibió la encargada a la nueva, tras repasarla desde arriba hasta abajo y mirarla con cara de estar cabreada.

Otra empleada que por allí pasaba, se esperó un poco y le dio la bienvenida a Jeza con un beso en cada mejilla. La acompañó hasta el lavabo. Le prometió que le traería una bata de las suyas y le comentó unas pocas interioridades del centro:

—Soy, Tita, la auxiliar de la planta uno. En la salita muy pequeña que tenemos para cambiarnos ya no caben más taquillas, por eso te dicen que te cambies aquí. —Se le iba oyendo con sencillez a la auxiliar. —A la moños de la encargada esa no le hagas ni caso. Tuvo tres novios y la dejaron los tres. Se dice que ahora está buscando novia. ¿Has visto cómo te ha repasado?

—Pues que se acueste, porque de pie se va a cansar. ¿Tú me ves con pinta de gustarme unas tetas de mujer? —Exclamaba Jezabel mostrando cara divertida.

—Pues no. —Contestó la auxiliar mientras se iba a buscarle una bata. —Pero, tú sabrás.

Asomó la encargada y le comunicó a Jeza que estaría al cuidado de los residentes de la planta segunda, en la cual estaría muy bien, ya que, en esta estancia, había dos habitaciones menos que atender que en el resto de las plantas.

—Como te sobrará tiempo, deberías ayudar a tus compañeras. —Agasajaba la encargada.

La primera tarde en el geriátrico fue agotadora. La trataban y la mandaban como a una empleada bien pagada. Ella empezaba a entender quién se merecía más y quien se merecía menos en este mundo. Eran dignas de recibir más, las auxiliares que se deslomaban por los ancianos de aquel centro, por cuatro reales. Eran indignas de tanto, ciertos personajes, como la dueña, que pertrechada en su guarida de hiena hambrienta veía como las auxiliares, corriendo de una habitación a la otra, se dejaban la piel y el sudor en beneficio de la propia dueña.

Al final de la jornada, mientras Jeza colgaba su bata en paños menores, al mismo servicio entró la encargada. Las puertas no tenían llave en el geriátrico. Los ojos de la encargada relampaguearon con sumo brillo. Esta también se quitó su bata. Hizo ademán de colgarla, pero se le cayó de su mano y la bata fue a parar encima de las piernas de la voluntaria, que pretendía calzarse. La encargada llevó su mano hacia su bata para recogerla, aunque sus dedos se toparon con la parte baja de la braguita de Jeza. Esta la miró con cara de asesina, diciéndole con saña:

—O quitas tu mano de ahí, ahora mismo, o te la corto.

—Ay, bueno, que carácter, ya vendrás a pedirme perdón. —Refunfuñó la encargada con despecho.

Seguidamente, Jezabel cerró su jornada en el geriátrico. Entró en su residencia cuando faltaba un par de minutos para las veintitrés horas. ¡Qué cosas pasan entre algunos humanos! En aquellas horas, cuando finalizaba el primer día de voluntariado, en la vida de Jezabel se habían dado dos situaciones totalmente dispares. La primera: a la heredera, Jezabel Ártemis, le había rentado su fortuna en la Corporación, solo en ese día y sin prácticamente hacer nada, alrededor de seis cientos millones de euros. La segunda: la auxiliar Jeza, como trabajadora voluntaria de aquel geriátrico había ganado, en el mismo día, nada, dejándose en su actividad parte de su vida. Claro, en su situación de voluntaria, ella había ganado nada, ni gracias. La dueña del geriátrico, en cambio, había acumulado otro poco, había engordado un poquito más.

Había transcurrido el primer mes en el geriátrico. Aquella anterior noche, Jezabel había hecho guardia atendiendo a los ancianos de dos plantas. Por la mañana, en vez de irse a su casa y descansar por la guardia realizada, dado que faltaban dos auxiliares por enfermedad, ella se quedó a suplirlas hasta las dieciocho horas. Mientras sus hijos estaban haciendo deporte, Jezabel se tumbó en el sofá de su vivienda y, vestida y calzada, se quedó rendida y dormida. Poco después arribó Luz Serena. La vio con una ropa y calzado de jornalera, la despertó sin tiento alguno y le preguntó atropelladamente:

—¿Dónde has estado, albóndiga?

—Intentando ganar algo de pasta para pagar el alquiler de la casa. —Replicó Jeza con cara cansada.

—No entiendo nada. Cuando te pierdes en otros mundos, en tus mundos, no te sigo. ¿De qué me estás hablando, inquilina? —Pretendía situarse, Luz.

—De la vida real. La nuestra es irreal. De eso hablo. De la vida real que vive la gente, de la que he venido yo hace una hora. —Manifestó la heredera.

—Pero ¿qué real ni qué irreal? Tú estás perdiendo los tornillos. Si vuelves a salir vestida con esa pinta de jornalera temporal aconsejaré que te lleven al psiquiatra. —Reaccionó la asesora como si fuera la jefa.

Jezabel se quedó allí. No contó nada más. Ese comportamiento de no explicar sus andanzas lo hacía porque quería y porque ella podía. ¿Cómo iba a entender Luz qué la presidenta, Jezabel Ártemis, se hubiera pasado la noche y la mañana en un centro geriátrico acompañando, moviendo y limpiando a más de ochenta ancianos, voluntariamente?

Estuvo otro mes más como voluntaria. No lo supo ni Luz, que eso ya lo hacía Jezabel. Esta tomaba decisiones sin consultar ni aconsejarse con nadie, ni siquiera con su asesora y consejera. La señorita Ártemis era la jefa absoluta, vale, pero otras decisiones raras ya había ella tomado en su vida y, de alguna de ellas, mucho se había lamentado y arrepentido.

Comenzó un nuevo día en el geriátrico. A los ancianos los mimaba y trataba con suma dulzura. Para eso, Jeza no tenía que esforzarse. Su virtud era innata, como con los bebés de la guardería. Los residentes estaban encantados con la nueva. Les contaba historias, a veces poco creíbles. Los ancianos suponían que eran historietas inventadas por ella, pero no, eran tramos de su propia vida, que Jeza los contaba como si fueran de otra chica o fuesen imaginados.

Un matrimonio de ancianitos ocupaba la habitación 202. Ellos contaban con noventa y siete años a sus espaldas. Ahí es nada. Aquella tarde se encontraban un poco pachuchos. No habían salido de su habitación en todo el día, ni tampoco de la cama. Les quedaban pocas alegrías, por eso no querían bajar al comedor para cenar, aunque empujados por la voluntaria lo hicieron. Jeza, ya más allá de la hora en que acababa su jornada de voluntariado, se fue a la habitación de los ancianitos, inspeccionó visualmente la estancia entera y les fregó con esmero su servicio, un poco pesado en desperdicios. Después observó a los dos residentes.

—¿Cuánto tiempo lleváis juntos, parejita? —Les preguntó con suavidad, pero con cierto volumen de voz, puesto que el oído de los ancianos ya les andaba un tanto duro.

—Ochenta años. —Contestó la abuelita con voz algo temblorosa. —Nos escapamos de casa de nuestros padres con diecisiete años, y, desde entonces, no nos hemos separado ni un solo día y, mucho menos, de noche. Trabajábamos juntos en un hotel. Comíamos en la mesa compartida. Dormíamos en la misma cama.

A Jezabel casi se le caen unas lágrimas emocionales. Pensó que vivir ochenta años seguidos con el chico, con el hombre, con el abuelo que ella había elegido, uf, tenía que ser lo más hermoso de la humanidad. También pensó que ella misma, a quien en el geriátrico llamaban «mimosa Jeza», también había caminado por un sendero parecido. Durante los seis años de casada llegó a creérselo, pero no tuvo la serenidad de entre piernas que seguro tuvo la ancianita y, como castigo, lo suyo acabó yéndose todo por el precipicio de Despeñaperros.

La voluntaria despertó de su sueño particular, o de su pesadilla personal, y se puso a cambiar la ropa de la cama y la ropa interior de la pareja admirable, nada menos que de ochenta años juntos.

Mientras limpiaba e higienizaba la parte menos visible del cuerpo de la ancianita, Jeza, como si de su madre se tratara, le susurró con gran delicadeza:

—Uy, este mejilloncito ya está un poco arrugadito, pero todavía está precioso.

Su marido anciano sonreía grande con la ocurrencia de Jeza.

Terminó de arreglar a la ancianita, y comenzó con su marido. Le quitó su ropa interior, y cómo si de su padre se tratara, limpió e higienizó la parte del ancianito más escondida, susurrándole con total delicadeza:

—Uy, este palito ya está un poco apagadito, pero todavía está precioso.

Su mujer ancianita sonreía como hacía algunos meses que no había hecho.

Jeza regresó a su residencia caminando. Mientras caminaba sin prisas, como contando los pasos, recordó a sus padres. Siempre los recordaría. También recordó a otras dos personas, las que fueran sus amigas de solteras. A la una, la recordaba y la recordaría, nunca haría nada para olvidarla. A la otra, daría parte de su vida para nunca más recordarla, ni siquiera accidentalmente. Siguió andando. Alcanzó la puerta de entrada de su residencia y se encontró con sus niños. La hija, Aurora, su media felicidad. El hijo, Albor, su otra media felicidad.

Así de feliz vivía Jeza en su residencia, pero la felicidad nunca es completa. Era cierto que los problemas en el geriátrico no le quitaban brillo a su felicidad, pero también lo era que los humanos solo ven lo que quieren ver, y eso iba en contra del sosiego deseado por ella. A partir del día siguiente, Jeza comenzó a sufrir enfrentamientos de cierta altura con la directora del geriátrico.

—Jeza, deberías darte cuenta de que nos hemos quedado con poco personal, porque hay chicas que no conocen la responsabilidad. Esta noche tienes que quedarte con el control de tu segunda planta y, también, de la tercera. Si tú fueras responsable no haría falta que yo te lo dijera. —Asaltaba la directora la inteligencia de la voluntaria Jeza.

Esta actuaba como voluntaria y sin obtener como compensación ni un solo euro. No se trataba de que le dieran las gracias; esas no eran las exigencias de Jezabel. Lo que le dolía era que la fueran mordiendo. Primero, la presionaron para que se quedara de retén cada tres noches; después, que debería colaborar y cumplir la mitad de los fines de semana; y, estirando la conciencia, que acabara trabajando todos los siete días de la semana, cuando su compromiso era de dos días.

Y si alguien hubiera inventado un octavo día semanal, pues también.

Al igual que a las demás, también a ella, a la voluntaria y sin derechos establecidos, la estaban apretando para exprimirla. ¿Estaba el geriátrico en una situación económica penosa, en concurso de acreedores o algo así? No, no, era más bien lo que algunos llamaban «incremento de objetivos», «estímulo de resultados». Esto es, si la dueña podía llevarse ocho, no iba a ser tan pobre de espíritu como para conformarme con seis.

Jezabel conocía esas prácticas, las había sufrido antaño. Ahora bien, ella era una ilusionista, no una masoquista. La última noche, una vez iniciado el horario de no hacer ruido y de intentar dormirse, Jezabel se pasó por todas las habitaciones donde ella había actuado. No se despidió. Era hora de silencio. Observó con consideración a todos sus ancianitos y les ofreció una dulce sonrisa. No volvió.

22 CONDICIÓN CUARTA

—Bien —Estaba argumentando el notario —Para la señorita Jane Brandy, representante de la Corporación Villasevil, la asistencia a estas reuniones tal vez no suponga un excesivo problema, por cuanto no está directa ni personalmente afectada, actúa más bien como observadora.

Jane Brandy asintió con una media sonrisa, dejando entrever que así era. No obstante, dado que ella se debía a los intereses de la Corporación, dejaba poco espacio para las emociones personales.

—A la señorita, Luz Serena, como asesora personal de Jezabel Ártemis, ya se le plantean más dificultades, puesto que no hay lugar al descuido ni al error en los contenidos del asesoramiento.

Luz Serena puso cara de circunstancias. Ella era consciente de que una vez se conociese el contenido de la Condición Cuarta podía trabajar sobre el mismo y efectuar sus propuestas, pero todavía estaban en el tiempo anterior, por eso los prolegómenos se convertían en una verdadera angustia.

—Para la señorita, Jezabel Ártemis, la situación es compleja y complicada, de eso no me cabe duda. Es la persona directamente afectada. Es quien seguro malvive la tensión anterior a la apertura de las condiciones; quien sufre durante la lectura de las mismas; y, tras ello, padece el deber de tomar las decisiones adecuadas para que las condiciones sean declaradas como cumplidas.

Jezabel Ártemis no abrió la boca. Esto de tener que esperar un año para conocer la condición siguiente era de mentes perversas. Si Villasevil pudiera oírla, ya no podía, pero si pudiera, le reventarían los tímpanos con todas las maldiciones que tendría que escucharle. ¡Pobre Jezabel, que le esperará está vez, en esta nueva condición!

El presente acto se había convocado para dar apertura y lectura a la Condición Cuarta, toda vez que las tres anteriores habían sido tenidas por cumplidas.

Tras unas primeras palabras introductorias del Notario Mayor, este se centró en lo importante. Abrió el pliego correspondiente, extrajo un único folio de su interior y comenzó a escucharse su voz:

—Doy, pues, comienzo a la lectura de la condición que contiene el folio objeto del presente acto:

—«CONDICION CUARTA.

Apartado primero: Yo, Indalecio Villasevil de la Torre, dispongo como condición cuarta, que la señorita

Jezabel Ártemis debe arreglar el hambre en el continente africano, durante un año».

Una bomba de racimo cayó sobre la sala imperial de la notaría donde estaban reunidos. Los cuatro debieron pensar algo parecido:

«*Esto es una cabronada. No se puede solventar un problema tan persistente, grave y complejo de ese continente africano, así, chascando los dedos, como si Jezabel pudiera hacer milagros. Este Villasevil era un déspota. Ahora mismo se debe estar riendo en grande de Jezabel*».

—¡Qué cabrón! —Se le escapó a Jezabel. Esa expresión rebotó por las cuatro paredes de la sala, como mínimo, hasta que se metió en los oídos de todos los presentes.

El notario intervino con cierto temor, como si quisiera pedir perdón por adelantado:

—Ese ha sido el primer apartado de la Condición Cuarta, fue su enunciado. Seguidamente daré lectura al segundo apartado de esta misma condición, donde se estipulan los requisitos y pormenores que deben cumplirse:

«Segundo apartado: Antes de que venza un año desde este día de su apertura, la heredera Jezabel debe realizar un viaje por África. Durante ese viaje, muchos millones de personas le pedirán que les dé de comer durante un año. Ella debe darles esa comida, puesto que, si lo consiguiera, sería un hito gigante en marketing para nuestra Corporación, mientras que su negativa o incumplimiento sería nefasto publicitariamente para nosotros. Ahora bien, los costes que supondrá paliar el hambre en el continente africano, durante al menos un año, no pueden afectar en nada a la economía de nuestra Organización, ya que, la Corporación Villasevil Torre no es una ONG y los beneficios no pueden reducirse, sino que deben seguir creciendo».

—Estaba loco. Definitivamente, estaba peor que una chota —Gritó Jezabel sin reprimirse nada, a pesar de que estaban en un acto de cierta solemnidad.

Ella no identificó la locura ni la cabra con Villasevil, pero todos los presentes sabían que se refería a él, sin duda alguna. La consternación era aplastante. No era para menos. Lo que no había resuelto el Gobierno de Internaciones, ni el resto de los gobiernos desde siempre, tenía que resolverlo Jezabel en un año para que la Condición Cuarta se tuviera por cumplida. Lo más grave no era dar de comer a muchos millones de africanos, que ya lo era, sino que los costes no podían ser sufragados por la Corporación. ¿Y qué podía hacer Jezabel? Esta tenía razón. Indalecio estaba muy loco, más que una cabra joven que estuviera muy loca.

Nadie de los presentes sabía cómo consolar a Jezabel. Esta se levantó de su asiento. Se comportó con muy poca consideración, pero así se sentía. Se fue sin siquiera despedirse. Sin un solo gesto. Luz se fue detrás. El notario, comprensivo con la heredera, cerró el acto consigo mismo, puesto que Jane Brandy también se estaba levantando.

Jezabel iba furiosa, más, mucho más que eso. Luz intentaba calmarla, pero no lo conseguía porque esta tampoco lo estaba.

—¿De dónde saco yo, de mi cosecha, los muchos miles de millones que seguro cuesta alimentar a una parte de los africanos durante todo un año? Dios, esto me puede. ¿Cómo he podido aceptar este juego de dementes? —Se quejaba, Jezabel, en el límite de su aguante.

—Lo has aceptado porque la que algo quiere, algo le cuesta. Eso es lo natural. Ya sabíamos que no iba a ser gratuito. —Razonaba la asesora desde la trinchera.

—Vale, algo natural, pero no estas exigencias sobrenaturales. —Replicaba ofendida, Jeza.

Se fueron a la casa del barrio de Horta en Barcelona. Para minimizar, en lo posible, el desconcierto reinante, Jezabel se puso a jugar con sus hijos. Era lo único que le devolvía la calma. Aun así, esa Condición Cuarta y el hambre de África le revolvía las tripas, puesto que no acertaba a encontrarle el sentido a esa exigencia. Si muchos africanos pasaban hambre, que la pasaban, ahí estaban los gobiernos de este mundo para tomar decisiones, que ellos si podían y debían tomarlas, puesto que para eso estaban, o eso se suponía.

A última hora de la noche, las dos féminas intentaban pensar en cómo superar esta Condición Cuarta. Luz reconocía que su cumplimiento era poco posible, para no decirle que imposible.

—Tenemos que pensar en cosas que muevan mucho dinero. Anda, dame ideas. —Apremiaba Jezabel a su asesora.

—Jobar, no sé. Secuestramos a los jefes de la ONU y le pedimos el rescate de un billón de euros al mundo, ¿qué te parece? —Hablaba, Luz, por no estar callada.

—Pero, tía, tú estás peor que Villasevil. Dame algo realizable, no majaderías. ¿A quién le pedimos un rescate? ¿Al mundo? Anda que me ayudas mucho. —Negaba Jeza con la cabeza.

Entraron en una fase de niebla, que cada vez se hacía más densa. Jezabel se levantó del sofá, agarró una botella de vino tinto de la comarca de Monterrei y regresó al mismo. Portaba también dos copones de buen cristal. Vertió el líquido de más de media botella entre los dos copones, le pasó una de ellas a Luz y le arrearon tal trago al vino que las copas quedaron temblando.

—Ya lo tengo. El vino mueve el mundo. Nos buscamos dos novios que sean los dos mayores productores de vino de este planeta y, al menos, que los africanos tomen vino. No es dar de comer, pero es dar de beber. ¿Serviría? —Preguntó Luz sin saber cómo reaccionaría, Jeza.

Jezabel no reaccionó. Se mantuvo en silencio. Por su cabeza se removía alguna idea, un plan, algún proyecto. Luz la conocía.

—¿El vino mueve el mundo? —Repitió Jeza incrédula. —No, Luz, esto ya lo hemos hablado en más de una ocasión. A un bebé que tiene hambre, sea africano o europeo, no le puedes dar vino, sino leche. —No es el vino, no. ¿Qué es lo que realmente mueve al mundo, Luz?

—El amor. —Respondió la asesora con alegría.

—Caliente, pero no es la respuesta correcta. Al mundo lo mueve el sexo, así de simple.

Después de un buen rato y otra copa de vino, Jezabel puso en marcha los recursos en investigación de que disponía en la Corporación, que eran muchos. Encargó un estudio lo más fiable posible, dentro de la penumbra en que siempre se moverían estos asuntos oscuros, sobre el mercado del sexo. Ella conocía, lo había conocido de primera pierna, el mundo de la prostitución. Era una experiencia de la que nunca estaría orgullosa, de la que continuamente se avergonzaba, aunque esa actividad comercial del sexo no era condenada por ella como tal, más bien la defendía. Esa actividad centraría su cortó discurso ante la Asamblea de Internaciones.

Jezabel y Luz recibieron el informe encargado sobre la prostitución. Se fueron directamente al apartado donde se reflejaba cuánto pagaban al año las personas, entre las terráqueas y las cultanas, que requerían servicios sexuales por satisfacer su entrepierna.

—¡Escalofriante! —Exclamaron las dos al unísono.

La heredera movió hilos, influencias y recursos. Consiguió que en la Asamblea General de la Confederación de Internaciones se comenzara a tramitar la llamada «Ley Orgánica del Impuesto sobre Actos Sexuales Pagados». Ella, Jezabel Ártemis, sería la ponente que la presentaría y la defendería. Después, los señores Diputados tendrían que pronunciarse en pleno sobre su aprobación o rechazo.

Jezabel, a pocos minutos de su intervención, repasó unos últimos apuntes. Estaba bastante alterada. Ella había toreado en muchas plazas, pero aquel no era su terreno. Incluso así, allí estaba, ante la Asamblea General de la Confederación de Internaciones, la señorita Jezabel Ártemis, como invitada especial, defendiendo su propuesta de Ley Orgánica.

Después de las primeras frases iniciales, la presidenta provisional de la Corporación Villasevil Torre, actuando como ponente social, continuó pronunciando, de memoria, el discurso que ella misma se había escrito a fuego en su cerebro. Le habían dicho que la defensa de una ley política de altura tenía que durar de hora y media en adelante. Sin embargo, ella no era una personalidad política, por eso su *speech* duró apenas seis minutos. Lo hizo en forma muy sintética, desglosando los datos que ella pretendía enfatizar:

(Introducción)
—Señorías, saben que el sexo mueve los mundos, eso lo saben. Cuando digo que nuestros mundos están movidos por el sexo, no me refiero al que se practica en el ámbito del hogar, ni siquiera al que fuera de ese hogar se disfruta en forma placentera y libremente compartido, sin pago ni compensación, sino que me estoy refiriendo

a la actividad sexual vendida y comprada. Estoy hablando de la prostitución.

(Objeto y coordinación)
—Con esta intervención pretendo poner de relieve el volumen enorme de dinero que se mueve en el mundo del lenocinio, el cual no redunda en beneficio de las personas que venden sexo, sino que recae en los bolsillos muy hondos de las mafias represoras, malvadas. Una parte del río de billones que se mueve, solo una parte bien gestionada, paliaría el hambre en nuestro mundo.

Una forma posible para reducir el hambre en el mundo africano sería organizar y coordinar oficialmente el océano de la prostitución.

Un impuesto pequeño serviría para mitigar el hambre en África. Después, el que quiera pagar por una sesión de sexo, pues que lo haga, ya que, si quiere, lo seguirá pagando de todas formas.

(Defensa de la prostitución)
—Permítanme que arroje un poco de luz sobre el comercio del placer sexual. La prostitución es una actividad tan vieja como la propia humanidad. Esa actividad estuvo prohibida en prácticamente todos los lugares de la tierra y en las diferentes etapas de la vida desde que el hombre es hombre y, sin embargo, nunca se terminó con la compraventa del sexo.

Las personas que ejercen de prostitutas no son delincuentes, ni siquiera personas viciosas, son realmente las víctimas. Debe mejorarse sus condiciones de vida, por ellas y por sus clientes. Es cierto que la prostitución también es ejercida por hombres, pero estos suelen salir menos mal parados. Me preocupan mucho más las mujeres prostitutas, que son la mayoría, porque estas son tratadas indignamente, como si fueran basura. ¡Pobres!

Yo no siento vergüenza por la prostitución; la siento, por como esta es ignorada, por la desfachatez con que lo hace la mayoría de los humanos. Siento vergüenza por quienes, profesando altas creencias religiosas, cierran la cremallera de su cerebro y de su cartera cuando ven la pobreza de sus iguales, la pobreza de sus vecinos, cuyos hijos se mueren sin poder darles ni una migaja de pan. Su Dios dice que deben tratar al prójimo como a sí mismos, pero sí mismos siempre están muy por encima del prójimo.

(Propuesta para reducir la pobreza)
—Señorías, no puede solucionarse algo que no tiene solución. Eso es lo que pasa con la prostitución. Si no puedes vencerla, únete. Con una pequeña parte de lo que mueve esa actividad del sexo reduciríamos el hambre en África.

Mi propuesta para minorar ampliamente el hambre en ese continente, tal como recoge esta «Ley Orgánica del Impuesto sobre Actos Sexuales Pagados», es incorporar un tributo pequeño, cuya recaudación se aplicaría muy mayormente a facilitar comida a los hambrientos, a incrementar medios en agricultura, en mejorar el grado de medicinas y, en alguna medida, a fomentar algo la industria.

Esta medida no sólo conseguiría darles de comer a los pobres, sino darles algo de medios para que puedan generar su propia comida. Además, espero que sirva para abrir los ojos en el mundo y que se aplique a otros continentes, pues no sólo se muere de hambre en África.

(Formas de prostitución)
—Señores Diputados, fíjense en las diversas formas de prostitución:

Cuando se habla de compraventa del sexo, no sólo se habla de prostitución femenina, que es mayoritaria, sino también masculina, nada desdeñable.

Por otra parte, en este planeta se organizan en forma pretendidamente secreta, especie de «zoo burdeles», donde muchos hombres y algunas mujeres, pagan por presenciar como parejas de la misma especie de animales se aparean estimuladamente, como pasa con parejas de palomas, monos, perros, zorros, jirafas e, incluso, especies más valoradas en los ruedos lujuriosos, como lobos o leopardos, a los que se esclaviza sexualmente.

Esas prácticas con animales, al igual que con el mercado sexual entre humanos, fueron prohibidas y largamente perseguidas. Ahora bien, como no se pudo acabar con todo ello, al igual que no se pudo con el consumo de drogas o con la ludopatía, acabaron tolerándose y recogiéndose beneficios, que, al final, es lo que interesa. Bien, pues si hay beneficios, que las mujeres prostitutas y los que sufren hambre en África reciban algo.

(Datos del hambre y de la prostitución)
—Señorías, unos trescientos millones de personas pasan hambre en África. De esas, más de ocho cientas mil personas mueren anualmente en ese continente por causa directa del hambre. Compruébenlo ustedes mismos, si es que tienen interés en ello.

Por otra parte, ejercen la prostitución femenina en la tierra más de ciento cincuenta millones de mujeres, muy mayormente en actos sexuales con hombres, aunque también con otras mujeres.

La prostitución masculina se ejerce por encima de treinta millones de hombres, tanto en actos sexuales con mujeres como con otros hombres.

En el planeta Tierra, sin contabilizar el desventurado satélite Culto, se calcula, puesto que no se dispone de datos exactos, que aproximadamente cobran por sus actos sexuales, incluidos ambos géneros, alrededor de dos cientos millones de personas.

(Tasa propuesta)
El gravamen que dispone esta Ley del Impuesto por Servicios Sexuales Pagados es selectivo y directo,

de forma que solo serán gravadas con el mismo las personas que practiquen sexo comprado o vendido.

Estará obligada al pago de dicha arbitrio la persona que complete un acto sexual, tanto oral como coital. Con independencia de las formas de explotación sexual de animales, entre personas existen básicamente cuatro modalidades de practicar sexo comercial, sobre las cuales recaería el tributo que en forma reglamentaria se desarrollaría: por Acto Sexual Hora, por Acuerdos Sexuales Noche, por Pactos Sexuales Fin de Semana, y, por Contratos de Vacaciones Sexuales Pagadas.

(Conclusión)

La resultante final es simple: si el Impuesto se ejecuta en forma seria sobre las distintas modalidades de comercio sexual, tanto humano (más de doscientos millones de personas venden su cuerpo), como animal (volúmenes cada vez mayores), los números no engañan. Además, hay que añadir el ingente volumen de negocio sexual que se mueve en Culto.

Anualmente, el Impuesto por Servicios Sexuales Pagados sobre ese negocio aterrador, por lo terrorífico que es, habrá generado, con una imposición muy bajita de solo un euro a cada persona que compra o vende sexo, como mínimo, la importante cantidad superior a dos billones de euros al año, a recaudar entre el planeta Tierra y el satélite Culto. Con esto, prácticamente desaparecería el hambre en el continente de África.

Pido el voto favorable para esta Ley necesaria. Dejen de esconder la cabeza debajo del ala. Serán buenas tardes para este mundo si votan a favor de esta Ley, de lo contrario, serán muy malas tardes para los humanos.

La Ley Orgánica del Impuesto sobre Servicios Sexuales Pagados fue aprobada por casi unanimidad. Siempre se descuelga algún descarriado, pero la respuesta superó el noventa y ocho por ciento de votos favorables.

Y llegó el momento de llevar la teoría a la práctica, de evitar que las promesas sigan flotando en el aire sin efectividad alguna, como pasó casi siempre.

Jezabel y un equipo preparado se fueron a Burundi, África, durante dos meses. Ella montó allí su cuartel general. No quería formas pomposas, sino eficaces. En los once primeros meses, la recaudación del Impuesto por Servicios Sexuales Pagados en la tierra y en culto había sobrepasado los dos billones de euros.

Su compromiso de resolver el hambre en África lo llevó a la práctica conforme a estos criterios básicos:

El setenta por ciento del total de dos billones de euros se utilizaron, como medida de choque, para dar de comer a las personas hambrientas durante el año en curso.

El quince por ciento se aplicó para facilitarles generadores de agua potable y medios para incrementar y mejorar la agricultura. No se trataba sólo de darles pan, sino de que pudieran empezar a obtener ese pan por ellos mismos.

El diez por ciento iría para entregarles medicinas, cuya situación era realmente caótica, ya que quienes no morían de hambre, lo hacía por enfermedades inicialmente menores.

El cinco por ciento último fue destinado a iniciar una actividad industrial que complementara la agrícola, pues la miseria no solo tiene necesidades en un brazo.

Se fueron alcanzando los objetivos previstos. Muchos países de otros continentes comenzaron a reclamar iniciativas similares.

Jezabel admitió posteriormente que estaba muy contenta por todo lo conseguido, pero ella no era la salvadora de la tierra. Ahora les tocaba el turno a las instituciones oficiales, a los políticos.

—La idea fue realmente buena, pero surgió pensando en mí misma, en el cumplimiento de la Condición Cuarta, no en las necesidades de los africanos. —Eso le reconoció Jezabel a su asesora cuando estaban solas, claro, tras haber la heredera sufrido un ataque agudo de sinceridad.

De nuevo en la ciudad de Barcelona, se encontraron en la Notaría Mayor. El objeto era alcanzar una resolución sobre la Condición Cuarta, cuyo notario resolvió:

—Dados los resultados magníficos, solo cabe una grata resolución. Esta es declarar que la Condición

Cuarta, impuesta por Indalecio Villasevil a la señorita Jezabel Ártemis, se tiene por CUMPLIDA.

—Enhorabuena. Mi más sincera felicitación. Estoy gratamente sorprendido por tu hazaña conseguida. —Decía el notario proyectando júbilo.

—¿Sorprendido? ¿Habrías estado igual de sorprendido si yo fuera un hombre? —Pinchó Jezabel.

—Eh, no me mal interpretes. Esta condición habría sido igual de difícil para un hombre que para una mujer. —Pronunció, Adaljandro.

—Sí, pero ¡qué casualidad!, esta se la impuso un hombre a una mujer. ¿Qué te parece? —Afiló la navaja Jezabel.

—Claro, porque en este caso, el testador era un hombre y la heredera es una mujer. Tenéis la virtud de tergiversar las cosas. —Formuló el notario, que era hombre.

—¿Quiénes, los hombres o las mujeres? ¿Qué pensaba el ilustre de Indalecio? ¿Qué yo, por ser una mujer, iba a arrugarme? —Concluyó la heredera, que era mujer.

Los que desde las nubes escucharon esta conversación entre Jezabel y Adaljandro concluyeron que las personas no teníamos arreglo. En mayor o menor grado, desde el principio y hasta el final, siempre aparecía «el yo, el yoismo» innegociable:

«El primero, soy yo; si no fuera posible, el segundo seré yo; y, si en segundo lugar fuera imposible, en tercer lugar, sería yo. Si no fuera así, quemaría la baraja y os acordaríais de mí mientras vivierais».

23 CUESTION DE IGUALDAD

Al satélite Culto, a ese astro que viajaba en silencio, escondido, pretendiendo seguir su órbita y pasar desapercibido, los humanos lo habíamos convertido en un nido de víboras infectadas. Así eran unos. También, en ovejas descarriadas. Así eran otros. En Culto no existían los autónomos. O eras gran empresario, los menos, o eras pequeño empleado, los más. Ahora bien, la actividad básica en ese satélite se ejercía alrededor de la extracción del mineral hirosoma, la cual se repartía así: en todo tipo de cargos intermedios estaban los hombres, era algo hereditario, aunque ellos no parían; en los trabajos penosos estaban las mujeres, porque estas eran más flexibles de columna y llegaban al mineral en los rincones más difíciles; los sueldos eran pequeños para todos, pero mientras los de ellos pesaban poco, los de ellas casi no pesaban.

Las relaciones entre los humanos de diferente sexo se habían deteriorado enormemente. Los hombres defendían sus privilegios a ojos cerrados. Algunas mujeres intentaban mejoras, pero se quedaban en eso, en «modo sobrevivir». La consideración a la persona no existía; si era hombre lo consideraban por serlo, mientras que si era mujer la consideraban según su cuerpo.

Así las cosas, gran parte de las chicas con facciones y cuerpo bien formado, es decir, lo que los hombres llamaban «tías que eran guapas y que estaban buenas», acababan en el comercio del sexo. No había otra, morir o reventar.

A un párroco, que era párroco, no párraca, se le ocurrió un domingo en misa:

—Estas desvergonzadas irán de cabeza al infierno, porque no es lo mismo estar buena, que ser buena.

Jezabel había regresado a este satélite desajustado, bastante maltratado. Ella se había autoimpuesto conocer, por sus propios ojos, como era en Culto el estado de los pormayores y los pormenores de la Corporación que ella presidía.

Muy bien, esa era una buena iniciativa. Pero, que fácil es viajar cuando otros te costean tus propios desplazamientos, claro que sí. Hasta los que odian viajar se apuntan.

Por otra parte, la heredera conocía el mundo de la prostitución por derecho propio, hecho que ignoraban casi todos los cercanos y extraños. A ella no le gustaba su etapa de ligereza moral, lo había pasado muy mal, pero tampoco se obsesionaba. Pensaba:

«Yo ahora tengo otras responsabilidades. No puedo convertirme en la defensora y salvadora de todos los mundos».

Eso, esa postura era la que le reprochaban muchas mujeres de Culto:

«Claro, tú no te acabarías lo que tienes ni aunque estuvieras comiendo veinte siglos. Y, ¿las demás mujeres? Que se jodan, mejor dicho, que las jodan cierto tipo de tíos, porque de tías como tú no van a esperar nada. Tú vas a ser la gran jefa de la Corporación Villasevil, esa aristócrata por cuyos beneficios se dejan la vida muchas mujeres. Esas que entran en galerías y zulos de minas donde los hombres no tienen redondas para entrar y cavar».

Ella era conocedora de que la Corporación que presidia dominaba la práctica totalidad del super negocio de extracción del mineral hirosoma de las minas de Culto. El hirosoma era un mineral especial, utilizado para proporcionar energía a las naves que transportaban terrestres a satélite Culto y, de regreso, a los cultanos al planeta Tierra, además de otras muchas aplicaciones. Era un mineral muy preciado. Su valor económico era muy alto. Si la rentabilidad de los minerales conocidos en la tierra, por ejemplo, el oro, se situaba en un índice de 0,21 kgm, la rentabilidad del hirosoma ascendía hasta el 0.93 kgm. ¿Y quién dominaba su mercado? La Corporación Villasevil, claro.

A las minas de hirosoma se las dotaba de generadores de oxígeno para que el rendimiento de las mineras fuera mayor. Cuando una mina se agotaba, se extraía de otra, quedando abandonadas las galerías de la mina inactiva. Eso era aprovechado por los humanos para montar auténticos tugurios de vicio, droga y prostitución. La policía no intervenía, porque las leyes se hacían en Culto para engorde propio, y, dado que las minas eran privadas y la policía no podía entrar en lo privado, las galerías abandonadas eran los espacios con más vicio bajo las estrellas.

Algún informe le había indicado a Jezabel que, debajo de una larga montaña, existían unas galerías que antaño habían sido perforadas para extraer y esquilmar todo el mineral precioso existente.

Agotado el mineral de una mina, esta no se la dejaba por inerte, sino que ahora, en su interior, se seguía esquilmando la dignidad de las mujeres. Mujeres que no tenían posibilidad de encontrar un trabajo digno con el que ganarse la comida, porque trabajo casi no había, y mucho menos para mujeres. Los puestos que había con alguna dignidad eran ocupados por los hombres, cuyo dinero ganado se lo gastaban sexualmente con mujeres de cama fácil en las galerías sin actividad minera. Vaya, un negocio redondo.

¿Cómo lo hacían? Pues estaba todo calculado. El hirosoma no había que fabricarlo, estaba allí abajo, solo había que extraerlo. Ese mineral dejaba beneficios limpios en un noventa por ciento. El otro diez por ciento era el coste que se pagaba a los trabajadores por extraerlo. Después se enviaba a la tierra aprovechando los transportes ya pagados por las personas que viajaban, es decir, con coste cero en este concepto. Y, ¿a dónde se iba ese diez por ciento que ganaban los trabajadores? Cuando estos dejaban de trabajar, al anochecer o los fines de semana, se iban a las minas sin actividad minera, pero con gran actividad alcohólica y sexual. Tres chupitos, diez cigarros, un polvo, y, a dormir. Allí se dejaban lo que ganaban, ese diez por ciento, en satisfacer su estómago con chupitos matarratas y su entrepierna con mujeres que vendían servicios sexuales. Claro, como los bares y las prostitutas estaban controladas por los mismos que controlaban el mineral, ello significaba que también se quedaban con ese diez por ciento y, por ello, con el cien por cien de los beneficios. Villasevil era muy listo, mucho más que un genio financiero.

Un anochecer, Jezabel estaba sola, sola porque así ella lo había querido. Volvió a montarse en un impulso con cola de caballo y se entregó completamente a su plan. Se vistió imponentemente, es decir, adecuadamente para ejercer la prostitución: zapatos brillantes de alto tacón, para realzar nalgas; camisa ajustada y abierta hasta casi el ombligo, para impresionar; falda corta y abierta por un lateral hasta la cintura, para enloquecer; interiores sin sujetador ni braguitas, pues por las galerías estaban en desuso; melena al viento; cara de leona en celo.

Hasta llegar a la cueva, ella se había cubierto con una especie de gabardina, la cual, nada más entrar, la tiró en un contenedor para basura y se adentró en una galería. Su belleza y su físico le daban alas: era una mujer bandera; una mujer de la calle, con bandera.

Jezabel no estaba nerviosa, ni asustada. Lo había hecho en otra época de un pasado no muy lejano, por eso en aquel ambiente se manejaba bien, con experiencia. Desde sus convencimientos, lanzó un mensaje silencioso a las mujeres prostitutas que por allí se movían:

«*Espero que no me veáis como alguien que pretende quitaros el pan, ni que os quiere maltratar; quiero que me veáis como una de vosotras*».

A la entrada de la llamada «mina de los placeres», dejó a tres hombres que imponían respeto, tres gladiadores intratables, para que nadie entrara indebidamente a las galerías ni comenzara a desmadrarse. Con ella entraron otras tres personas alegremente vestidas, ahora mujeres, que habrían de acabar la formación práctica que les iba a impartir Jezabel para llevarla a cabo en otras galerías.

Entraron en una sala, la más grande, la llamada Cuatro caminos. Las tres ayudantes llamaron a los presentes y los que andaban próximos, tanto hombres como mujeres, para asistir a una entrega de premios.

Los hombres, fijándose en los atributos muy poco escondidos de Jezabel, pensaron que la nueva tenía clase y base; se acercaron sin esfuerzo. Las mujeres fueron un poco más reacias, pues veían a las cuatro nuevas como invasoras de su terreno, si bien la curiosidad de los premios aducidos empujaba lo suyo.

Consiguieron reunir enfrente a la muy alta mayoría de hombres y mujeres que por allí andaban; algunos, que se quedaron un poco atrás, estaban observando, expectantes.

Jezabel, con tono amable, de compañera, comenzó su alegato:

—Chicos, intentaré ayudaros. —Comenzó a referirse al género masculino. —Prefiero que estéis ocupados haciendo el amor antes que la guerra, pero más preferiría que ese amor lo hicierais en vuestra casa. A ver, vosotros, trabajadores de las minas, ganáis un diez por ciento de lo que producís. Ese dinero no lo lleváis a casa, sino que lo malgastáis con estas mujeres para satisfacer vuestra entrepierna. Por tanto, siempre estaréis en la ruina.

Hizo una pausa para marcar un cambio de destino, y prosiguió:

—Chicas, también pretendo ayudaros. —Ella se refería esta vez a las féminas. —No vengo a haceros competencia ni a quitaros el pan. A ver, vosotras, trabajadoras con vuestro cuerpo, recogéis ese diez por ciento que ganan los hombres, pero que después se llevan vuestros «chulos». Por tanto, acabáis arruinadas como ellos, solo que ellos disfrutan de un polvo, pero vosotras nada, ni eso.

Jezabel levantó la cabeza, esgrimiendo razón, tesón y pezones.

—Esto se va a acabar, hoy mismo, ahora mismo. Aquí empieza la elección. Escuchadme bien, será solo una vez y será para siempre:

—Vosotras, chicas del placer, poneros en línea. Sólo con el tanga puesto. No hace falta nada más.

—Tú, primer hombre, en calzoncillos, ponte enfrente de la primera mujer. Tú, mujer, ¿qué te parece ese hombre?

—Está bien. —contestó ella.

—Y tú, hombre, ¿qué te parece la mujer?

—Bien, me parece bien. —respondió el chico.

—Pues, hecho, yo os declaro marido y mujer. Podéis fornicar lo que a los dos os apetezca, sin que tú, hombre, tengas que pagar. En cuanto a ti, mujer, tendrás la ocasión de gozar con el sexo como lo hace tu hombre. El diez por ciento que ganaréis en la mina os lo repartís. Una semana irá a trabajar el hombre y, la otra, irá la mujer. Iros, y si me entero de que tú, mujer, te vas a la cama por dinero con otros, te cuelgo por las tetas. Y tú, hombre, si me entero de que vas a la cama con otra pagando, te cuelgo por las albóndigas.

Las tres ayudantes de Jezabel se dedicaron a ordenar el tráfico y que todo se hiciera con respeto. La heredera, sin complejo alguno, pasó al siguiente acto:

—Segundo hombre, ponte en frente de la segunda mujer. Mujer, ¿qué te parece este hombre?

—No muy bien. —contestó la chica con cierto temor.

—Hombre, vuelve a la cola, a esperar nuevo turno.
—Siguió resolutiva Jezabel.

—Que se adelante el siguiente hombre. Mujer, ahora, ¿qué te parece esta propuesta de compañero?

—Ahora sí, me gusta. —Expresó la chica convencida.

—Y tú, hombre, ¿te gusta esta mujer?

—Si, mucho. —Se le oyó al hombre, no enamorado, pero sí entusiasmado.

—Pues, venga, yo os declaro marido y mujer. Igual que antes, cada semana irá uno de los dos a trabajar a la mina. El dinero será común, o bien lo repartís por mitad. El que no vaya a la mina, hará las tareas totales de casa. Iros. Sed respetuosos.

Jezabel estaba impresionada con lo fluido que llevaba el plan y los buenos resultados que, hasta ahora, estaba consiguiendo. Y continuó sin pérdida de tiempo, sin pequeñeces:

—Tercer hombre, ponte en frente de la chica tercera. Mujer, ¿te parece bien ese hombre?

—Sí, me gusta.

—Hombre, ¿te parece bien como compañera esta mujer?

—Pues, pues, no mucho. —Repuso el hombre con palabras frías.

—Mujer, sal de la fila y ponte a la cola. La mujer más próxima, que se ponga enfrente del hombre.

—¿Te parece bien, hombre?

—Sí, ahora me parece bien. —se le escuchó al hombre decir.

—Mujer, ¿cómo ves a este hombre?

—Bien, muy bien. —Apuntó la chica.

—Hala, yo os declaro marido y mujer. Igual que los anteriores, iréis a trabajar los dos a la mina, a semanas alternas. Hombre, la semana que te toque trabajo de casa, harás lo mismo que hace tu mujer. No quiero oír ni una sola queja, porque te cortó la lengua. Y tu mujer, la semana que te toque bajar a la mina, no quiero enterarme de un solo problema, aguantarás lo mismo que aguanta tu hombre, sino te corto las tetas. Iros, sin engaños.

Jezabel irguió sus hombros, tiró la cabeza hacia atrás y amplificó su voz:

—¡Buscáis igualdad, pues aquí la tenéis!

Cuando se formaba la pareja número sesenta y nueve, la mujer objetó:

—¿Y si ese trabajo de la mina es más duro de lo que yo puedo soportar?

—Pues lo negocias con tu hombre para reducir tu tiempo de mina, pero lo tendrás que compensar con otras tareas. ¿Queréis igualdad? Es razonable, pero la igualdad cuesta sacrificios. Eso sí, que sean negociados y pactados. Que no me entere yo que esos sacrificios los impone el hombre, sin negociación, porque le corto todo lo que le cuelgue. Y si los impone la mujer, sin pacto, le taponaré todo lo que tenga por debajo de su ombligo.

Cuando se iniciaba el trámite de la pareja ciento tres, el hombre, en cuanto se colocó en la fila y delante de la mujer, levantó la cabeza, muy chulito él, y planteó:

—Y si yo no quiero hacerlo con mi compañera, ¿a dónde voy a descargar?

—Te compras una muñeca hinchable, capullo. Cierras los ojos y le das gracias a tu Dios que alguna mujer te aguante. —Expresaba, Jezabel, sin admitir contradicciones poco serias.

Acabaron las filas confeccionadas. Se habían formado ciento dieciocho parejas. Jezabel dio instrucciones a las tres ayudantes para que se siguiera el mismo sistema en las otras galerías, hasta que se terminara con la prostitución en aquella zona.

Ja, ja. ¿Terminar con la prostitución? Por Dios, que atrevimiento. Se acabará hasta que vuelva a salir el sol, que será mañana. Eso diría una mente sensata.

Jezabel Ártemis regresó a su residencia. Llegó algo cansada, pero satisfecha. En fin, pocas cosas son para siempre y, en materia de parejas, pues todavía menos. El caso era que sacar de la calle a unos pocos y otras pocas, era más que nada.

—Pero, bueno, ¿de dónde vienes con esa pinta de «buscapollas»? —Se despachó, Luz Serena, levantándose del sofá como catapultada por un muelle apretado.

Jezabel le contó a Luz lo acontecido en la mina de los placeres con todo detalle. Sí, se lo contó, pero a toro pasado, una vez ya eran hechos consumados. Luz era su asesora, pero solo cuando convenía.

—Joder, tía, me sorprendes cada día. Pero ¿tú los casaste? —Se desternillaba la asesora.

—A ver, guapa, ¿por qué no puedo casarlos yo? ¿Es que acaso vale más la palabra de un cura que la mía? —Pretendía Jezabel llenarse de razones.

—Bueno, a un cura le han dado esas competencias. Lo tuyo más bien me parece un pucherazo gitano. —Seguía desternillándose Luz.

—Anda, que gracia. Mira, si nos dejamos del valor de los formalismos, lo hice por ellos; eso de declararlos «marido y mujer» fue una fórmula para que se fueran más contentos. Intenté contribuir a que se respeten un poco más y, al mismo tiempo, que ahorren algo de dinero, ellos y ellas. —Iba diciendo cosas la heredera.

—No sé cuánto respeto se tendrán, ni por cuánto tiempo, porque entre un putero y una prostituta no sé yo si se va a aguantar mucho tiempo el respeto sexual y de cama. —Vaticinaba la amiga poco convencida.

—No tengas tantos prejuicios en materia de cama, monjita Serena. Fíjate, mi marido era todo un juez, muy honorable. Yo una santa, tanto que hasta llegué virgen a mi matrimonio. Y, mira, mi respeto por él duró hasta que las bragas se me calentaron. —Así de concluyente había hablado, Jeza.

—Sí, sí, lo tuyo fue de traca, nunca oí nada igual en materia de cuernos. —Contraatacó, Luz.

—Calla, tía, que todavía me salen los colores. Vamos, que no quiero regresar al pasado, ni en recuerdos. —Cerró el debate Jezabel.

En esa materia de la extracción del hirosoma y de la igualdad laboral, Jezabel no se quedó en hacer un centenar de casamientos y en repartir cuatro sermones.

En la siguiente reunión del Consejo de la Corporación, la presidenta provisional, defendía su plan e imponía su criterio:

—Señores. Con la extracción del mineral hirosoma conseguimos el noventa por ciento del valor inicial, que no está nada mal. El diez por ciento restante, que se paga a los trabajadores, antes iba a parar a las prostitutas y, de ellas, acababa en nuestra Corporación, con lo cual nos hacíamos con el cien por cien del valor total. Ahora, al no haber mujeres que vendan su sexo en las minas, los trabajadores se gastan su sueldo en nuestros locales de juegos de apuestas, bebidas alcohólicas, tabacos, etcétera, es decir, acaba igualmente en nuestras arcas. La diferencia está en que ahora no hay prostitución, porque ahora los hombres descargan en casa, y las mujeres tienen un poco más de dignidad. Trabajan igual que los hombres, aunque el esfuerzo que sufren es mayor, puesto que, naturalmente, su constitución muscular y ósea es inferior. Ese es el peaje que han de pagar por la igualdad en ese ámbito. Nuestra Corporación sigue ganando lo mismo, solo que ellas se sienten menos desiguales. Ahora trabajan, tienen algo más de dignidad y tal vez alguna disfrute del sexo, si bien el dinero sigue cayendo en los mismos sacos, en los nuestros.

Para concluir, propongo que se vote la siguiente propuesta: que en las minas de Culto se contrate, desde ahora, un cincuenta por ciento de hombres y el otro tanto de mujeres. Ambos cobrarían lo mismo. No perderíamos nada. Es más, seguramente, ganaríamos en eficacia. Este Consejo está constituido por una mujer y doce hombres. Espero seáis valientes.

Resultado de la votación: Un voto a favor de la propuesta; doce votos en contra. Propuesta, rechazada. Pero eso no acabó así, porque la presidenta, señorita Ártemis, concluyó.

—Sin embargo, este es el resultado final. Yo ostento el ochenta y seis por ciento de acciones, por lo cual reúno 15 votos totales, es decir 14 votos contables por las acciones, más uno personal mío. Todos ellos son favorables a la propuesta presentada. En su consecuencia, el resultado es de quince votos favorables contra doce contrarios. Conclusión: esta propuesta queda aprobada por mayoría simple. — Jezabel se levantó y se fue cantando una canción que cantaba su madre.

24 CONDICIÓN QUINTA: EL NIÑITO

El Señor Notario convocó a las interesadas en su despacho imperial de la Notaría Mayor Del Olmo. Al igual que para el seguimiento de las otras condiciones anteriores, sólo se encontraban presentes cuatro personas. Jane Brandy, la representante de la Corporación Villasevil Torre, quien informaría del resultado y cumplimiento, en su caso, al Consejo Supremo de la Corporación. La señorita Jezabel Ártemis, como candidata a la herencia, cuya presencia era imprescindible. Su amiga, la señorita Luz Serena, que ejercía de consejera de confianza de la candidata. El Notario Mayor, Adaljandro del Olmo y Penumbra, quien coordinaba el devenir del proceso hereditario y de la presente Condición, dando fe de su resultado, de «sí cumplida» o «no cumplida».

Tras el saludo correspondiente, el notario anunció, con solemnidad, el objeto de la convocatoria, exponiendo con voz serena, poderosamente:

—Buenas tardes. Agradezco la presencia de todas ustedes. Siendo las dieciocho horas de este presente día veintidós de mayo de dos mil veintisiete, se procede a una nueva y parcial apertura del testamento de Don Indalecio Villasevil de la Torre. Conocen ustedes que las anteriores condiciones, desde la primera hasta la cuarta, incluidas, se han declarado CUMPLIDAS, por tanto, tal como dispuso el difunto testador, hoy debemos continuar dando conocimiento de la Condición Quinta.

Así, pues, daré lectura al folio correspondiente, en la forma que sigue:

—«CONDICIÓN QUINTA:

Apartado primero: Yo, Villasevil de la Torre, dispongo que la señorita, Jezabel Ártemis, debe gozar durante un fin de semana, que abarque desde las veintiuna horas del viernes hasta las veintiuna horas del domingo, de cuarenta y ocho horas de sexo apasionado con un chico de entre veinte y veintidós años de edad».

El notario hizo una pausa, esta vez obligado, para que sus palabras tomaran asiento. Esa interrupción era necesaria porque las vibraciones eran tales que no había forma que los papeles se estuvieran quietos. ¡Qué condición! Aquello no era una condición humana, aquello era otra cosa con nombre de condición. Era el producto de una cabeza descontrolada, tal vez, enfermiza, de alguien que hubiera pasado su vida en un burdel lleno de colchones con olor a orina.

A la representante de la Corporación, Jane Brandy, se le escapó un amago de sonrisa maligna, si bien, siempre en su papel indomable, se envolvió en una colcha y escondió su postura.

La consejera de la heredera, Luz Serena, envolvió sus ojos en una sábana aterciopelada para que sus emociones no se desbordaran y comenzaran a cacarear el siguiente pensamiento:

«*Uf, quien pillara ese finde. Esta no es una condición de aburrimiento y poca cosa, más bien es un regalazo estremecedor. Vaya que chollo, para mí, inalcanzable*».

La heredera Jezabel, mientras se mordía el labio inferior hasta cerca del sangrado, se removió muy incómoda en su asiento, más rabiosa que una serpiente pinchada en su cola.

Esta sí que era gorda. Ella contaba con la edad de treinta y ocho años. No era una abuelona en conserva, pero tampoco se sentía una quinceañera. Jezabel, que siempre se había enjabonado con hombres mayores que ella, con ideas bien formadas, no tenía intención de sufrir un finde desenfrenado de sexo con un crío de veinte años más joven que ella. ¿Cuántas primaveras tendría el niñito en cuestión? Calculó y concluyó: veinte o veintiún añitos. Un chiquitín que está creciendo. Utilizaría sus tetas para amamantarlo, no para excitarlo con fines placenteros.

—Todo un despropósito. —Saltó Jeza con voz muy audible, contrariada como una mula maltratada. —

Este Villasevil acabó tonto de remate. Veinte añitos, jo, haber exigido veinte meses de edad, o mejor, veinte días, y así le cambiaba los pañales y le daba el pecho cuando llorara hambriento durante el fin de semana.

El notario no quiso alargar la pausa; pretendía que no brotara más sangre. Tomó nuevamente la palabra para dar a conocer cómo se elegiría al deseado chico de veinte años, a ese chico con el que la afortunada heredera iba a darse un festín sexual maratoniano durante cuarenta y ocho horas. Para ello, prosiguió con la lectura de la condición quinta:

—Apartado segundo: Para que la condición quinta se tenga por cumplida, Jezabel no puede elegir al chico. El «Chico Maratoniano 48 Horas», vendrá designado por ser el mejor clasificado en el Concurso sobre el *Ranquin de Deseados*. Será el que quede en el número uno de los veinticinco más deseados del satélite Culto y del planeta Tierra, y siempre que el elegido esté conforme, puesto que puede declinar la invitación. Si el primer clasificado en el *Concurso Ranquin Deseados* manifestara su disconformidad, deberá sustituirlo el segundo de la lista, y si este también eludiera la propuesta, se designará al tercer situado, el cual sería el último. Habrá dos únicos intentos. Si no se aceptara por ninguno de ellos, o si no se hubiera disfrutado el fin de semana sexual en forma efectiva y placentera con alguno de los tres propuestos, por su orden, la condición se tendría por NO cumplida. Finalmente, será el grado de satisfacción del chico que aceptare, tras el disfrute sexual del fin de semana, lo que determinará el cumplimiento de la condición.

El notario informó seguidamente de las normas que regían en el Concurso para establecer el *Ranquin de los Deseados*:

—Como saben, tanto allá en Culto como aquí en la Tierra, celebramos un concurso oficial todos los sábados que sean finales de trimestre, en cuyo concurso estamos obligados a participar todos los cultanos y terráqueos censados con edad comprendida entre los dieciocho y los ochenta años. La participación es tanto activa (derecho a elegir) como pasiva (derecho a ser elegido). La votación se hace electrónicamente.

El notario hablaba aparentemente tenso, consciente de lo que se le avecinaba a la heredera. De una forma o de otra acabaría filtrándose a los medios de comunicación y, a más de un entero de depilación, también, donde la despellejarían. Si aceptaba el finde sexual saldría por todas partes, lo cual afectaría muy negativamente a su imagen de alta ejecutiva, pero si lo rechazaba se acabaría su posición de heredera. El notario prosiguió con su cometido.

—O sea, para que no surjan dudas. Con edad entre dieciocho y ochenta años, todos los cultanos y terrestres estamos obligados a participar en el *Concurso Ranquin Deseados*, votando al candidato y candidata que reúna las mejores expectativas de encanto físicas, al final, sexuales. Esto se conoce como: sufragio activo. Al mismo tiempo, todos estamos en la lista para ser

355

votados, lo que conocemos como: sufragio pasivo. Claro, las personas cercanas a los ochenta años, puede decirse que se conforman con votar a quien consideran más apetecible para un fin de semana sexualmente apasionado. Esto es así porque los primeros puestos de las listas para ser elegidos y pasar ese finde de desenfreno sexual son muy escasas para ellos, ya que los puestos de arriba siempre están ocupados por candidatos jovencitos con virtudes físicas espléndidas.

Un sector amplio de la población sostenía que este concurso de deseados era una auténtica basura. Se había iniciado en el perverso satélite Culto e importado al santo planeta Tierra. Sin embargo, así era la vida. Todos decían que no cuando hablaban con los vecinos, pero de ombligo para abajo, en la intimidad, ellos y ellas votaban a los candidatos más tiernos. El recuento y la estadística no engañaban. El objeto de estas votaciones era tener actualizada, todos los fines de trimestre, dos listas. Una de ellas, con las féminas más deseadas sexualmente por los varones y, también, por otras féminas que así lo tuvieran explicitado. La otra lista, con los varones más deseados por las féminas de ambos mundos, la Tierra y Culto, que era votada por las mujeres y por las personas que para ello estuvieran censadas. Esto sucedía porque, por lo general, los hombres solo podían votar a las mujeres, mientras que éstas solo podían votar a los hombres.

El notario, Don Adaljandro del Olmo y Penumbra, que cada vez se iba quedando más perplejo con la condición leída, o eso parecía, pensó para sí:

«Bueno, Jezabel, reúne las mejores virtudes como mujer, de modo que lo conseguirá y la condición será cumplida».

La representante de la Corporación comenzaba a intuir que el chico, o, en su caso, los tres primeros chicos, podrían plantear problemas, ya que, tan jovencitos, ya estaban muy saciados de sexo y se volvían muy exigentes, hasta impertinentes. Ya se verá la capacidad de la heredera para «amamantarlos», así como para superar la condición y dar un paso más para conseguir la fortuna.

Luz Serena estaba eufórica. No era ella la que disfrutaría el «finde sexual maratoniano», pero confiaba en que su amiga se lo describiría poniendo los puntos entre los pelos y las señales, de modo que podría acercarse a vivir, a saborear la gloria con el hombre más deseado del universo.

Jezabel Ártemis ya estaba absolutamente descolocada, mostrando signos de agotamiento, pues pensaba sobre lo que se le venía por todos lados:

«No me jodas, Indalecio, ¿no se te pudo ocurrir nada menos venenoso? Yo no quiero sexo, no puedo tener sexo. Me extirparon todas las neuronas que podían proporcionarme algo de placer y, por eso, sexualmente soy un cadáver. Y vas tú, y me obligas a meterme en cama nada menos que todo un fin de semana. Sería como si me violaran durante cuarenta y ocho horas seguidas. Joder, Indalecio, solo me faltabas tú. Sí, tú

también fuiste otro cabrón más con el que me crucé en mi vida».

El notario despertó de sus pensamientos a los presentes y se dispuso a cerrar la reunión de hoy.

—Bien, conocida la condición quinta y sus exigencias, debemos esperar hasta el próximo sábado, final de trimestre, para conocer la publicación oficial del *Ranquin de Deseados* y, tras ello, iniciaremos los trámites oportunos para que la propuesta sea aceptada por alguno de los tres mejor situados, por su orden. Habrá dos únicos intentos. Pongo fin a esta reunión. Gracias por su asistencia y atención.

Llegado el sábado, se publicó de madrugada la lista con los veinticinco más deseados y deseadas. En el número uno de deseados por ellas se encontraba el nombre de Nilo Valiente, sexualmente conocido como Nilo Cañón.

25 CONDICIÓN QUINTA: EL RECHAZO

El viento fue esparciendo el notición sobre la sesión sexual maratoniana de la heredera. Tenía que someterse a los deseos del jefe Villasevil si quería conservar lo que provisionalmente le había legado. Ahí estaba el terremoto en todos los medios y enteros de comunicación: la noticia de mayor audiencia e interés de la historia, el llamado «Maratón Sexual 48 Horas», tenía que desarrollarse y gozarse con Nilo, siempre que él aceptara el reto. Era el primero de la lista de deseados. Era un chicarrón de dos metros de altura, con veintiún añitos, guapísimo, aseguraban las féminas. Todo un mundo de lujuria y tormenta imparable hasta que las lipotimias dejaran medio muerta a la afortunada.

La práctica totalidad de mujeres consultadas testificaban que dos noches con Nilo Cañón, con ese bombón transpirando vainilla, llenarían toneladas de deseo y éxtasis desesperado, hasta rezumar miel por todos los poros del cuerpo. Aseguraban que un fin de semana entero con Nilo, en una cabaña solitaria de alta montaña, era el sumun, que todo lo demás, sexualmente, se quedaba en insignificante. Aseguraban que cualquier encuentro con otro hombre distinto de Nilo Cañón, de los relámpagos e inundaciones que el cañón de Nilo provocaba, ya supondría una simple miseria sin valor sexual ni existencial alguno.

El notario convocó a Jezabel y, por deferencia, a Luz, a su despacho. Les comunicó la situación de los tres mejor situados en el *Ranquin de Deseados*. La heredera no conocía a ese Nilo, pues su nombre no le sonaba de nada, tal vez porque ella llevaba poco tiempo en Culto y no había tenido tiempo para compartir muchas fiestas de altura. Mientras el notario se ausentó unos pocos segundos, fue Luz Serena quien le puso en antecedentes a Jezabel, diciéndole que, a falta de confirmar, ese tal Nilo era el hijo de Tito y de Laila, a quienes, desafortunadamente, Jeza sí había conocido en otra época.

Cuando el notario ya estaba presente, Jezabel se pronunció sin duda sobre esta condición quinta. Montó en cólera y se negó a cumplirla, gritando a los cuatro vientos que no se iría a la cama con ningún niñato con ideas infantiles.

—No, no lo haré. Esa condición no tiene en cuenta mis derechos sexuales, puesto que no me permite elegir. Tal vez a mí me hubiera gustado más el sexto de la lista, o el número veintidós, que se yo, pero me imponen el primero. Yo no voy a jugar. ¡A la mierda la fortuna de Villasevil!

Luz se acercó, cogió del brazo a su amiga Jeza, y se la llevó a una sala contigua:

—Vamos a ver, flor de orquídea. —Apretaba la asesora. —Primero, tú no eres consciente de los billones que te juegas. Aplica tu razón. Segundo, por cualquiera de los bombones que están en los tres primeros puestos del *Ranquin Maratoniano*, cualquier mujer, y me incluyo, se dejaría cortar un dedo por pasar una noche con cualquiera de ellos. ¿Y qué haces tú? Vas y dices que no, perdiendo el mayor fortunón de la historia. Tú tienes experiencia, joder, te has tirado a docenas de tíos muchísimo menos apetecibles que estos y por cincuenta euros. ¿Qué te pasa ahora? ¿Qué no te apetece? Pues, finge, que ahora ya sabes hacerlo. Ponte en tu papel, y si no quieres disfrutar, pues eso, finge, pero cumple con la condición. Ya quisiera yo estar en tu lugar, capulla, me los devoraría a los tres primeros de la lista durante una semana seguida con cada uno.

—Tú no lo entiendes, Luz. Yo no me acuesto con niños. No voy a abrirle mis piernas a alguien que podría ser mi hijo, me sentiría como si lo violara. De eso nada.

—Jeza, se trata de Nilo Cañón. Tu ya te lo beneficiaste hace algún tiempo y, además, cuando era bastante más niño, creo que solo tenía diecisiete años. Ahora es el mejor mantecado del mundo.

—A ver, Luz, cuando yo me lo tiré, en aquella época desgraciada, yo estaba muy descontrola y, sobre todo, necesitada. Fue un acto de venganza contra aquel caimán de Tito y aquella serpiente de Laila. Ahora es distinto. Además, yo no sentiría excitación alguna y, mucho menos, con ningún miembro de aquella familia. Sería como si yo me metiera en la cama con un cadáver, o él, con una muerta. ¡Horrible! Joder, como para aguantar un interminable fin de semana. Prefiero tomar sopa de agua sucia el resto de mis días.

La decisión de la heredera se mantuvo imperturbable. El notario era conocedor de la postura de Jezabel. No obstante, él continuó con su papel y les comunicó su propuesta a los tres candidatos. El resultado obtenido en la primera consulta fue el siguiente:

El primero del *Ranquin de Deseados* era, Nilo Valiente, de veintiún años, apodado, Nilo Cañón, quien declinó el fin de semana sin límites sexuales. No quiso ver ni siquiera el dosier de imágenes y vídeos de la chica propuesta, ni saber de quién se trataba. A Nilo, candidato primero, le sobraban faldas y lo que había dentro de las mismas, así que no le prestó ni atención al dosier entregado por el notario.

El segundo de la lista, un tal «Poncho», de un año más, sí que ojeó el dosier entregado y se lo planteó, pero alegó que acababa de pasar por una situación vírica muy acusada y, por eso, que no se encontraba con la fuerza suficiente para cubrir las exigencias de tipo sexual que, seguro, iba a solicitar una hembra de treinta y ocho años. Con esas alegaciones, tampoco aceptó.

Al tercero de la clasificación le llamaban «Barrabás». Era un brote tierno, de veinte añitos, pero también un borde desalmado. Masticó que la chica no estaba mal, pero que con cerca de cuarenta años ya empezaba a estar un poco pasada, que él solo se comía a cogollos de dieciocho añitos, mucho más tiernos. Así que, el capullo de alelí rechazó al bombón de Jezabel.

Jeza y Adal se reunieron para valorar el resultado del primer intento, lo cual desembocaría en el segundo y último. Ella estaba muy preocupada.

—No puedo, ni con un intento ni con diez. Para mí sería un sufrimiento inhumano. Mira, Adal, en el día de hoy, sobre mi pasado no puedo profundizar más. Eh, yo hice ciertas barbaridades de carácter sexual en mi otra vida, para muchos, seguramente eran más duras y despreciables que esta de meterme un fin de semana en la cama con un tío jovencito, pero ahora no puedo, mi cuerpo no puede. Además, ese Nilo es un crío, podría ser mi hijo. Él no quedaría satisfecho conmigo en la cama. Ese bombón puede elegir las mujeres que quiera, y de su edad, no como yo, que tengo cerca de cuarenta años, con dos partos encima, y...

Tras un buen tiempo de negativas, excusas y justificaciones por parte de la heredera, el notario se puso en pie con intención clara de marcharse, a dónde fuera. Cuando ya se iba, Adal dijo con cierta parsimonia.

Lo dijo al final, tal vez para animar a Jezabel, o, tal vez para no tener que esperar por su respuesta:

—Bueno, Jezabel, tu sigues siendo guapísima y sigues teniendo el mejor tipazo de los mundos conocidos, de forma que, el chico quedará fascinado y totalmente satisfecho. Si alguna mujer puede conseguir que el chico se arrodille presa de deseo, esa eres tú, por eso confío en que la condición será cumplida.

Cuando Jezabel reaccionó, el notario ya se había ido. A ella todavía le faltaba el aire. Estaba rota, sin poder pensar en nada más que en lo último dicho por el notario:

«Pero... ¿qué dice este hombre? Dijo que sigo siendo guapísima. Añadió que sigo teniendo el mejor tipazo. ¿Qué significa eso de «sigo teniendo»? ¿Qué sabes tú, Adal, lo que yo tenía antes? Pero ¿de dónde sacas eso? Tú no sabes lo que yo tengo, Adaljandro, ya que no me has visto ni las rodillas. No te entiendo, notario».

Al día siguiente, el notario propuso nuevamente a los tres candidatos la situación en la que se encontraba la heredera. Algunas malas lenguas habían esparcido que podría haber un cambio de resultado: «qué si había habido presiones e influencia del notario», «qué si los candidatos ahora si habían prestado atención a las virtudes de la heredera», «qué si había intercedido alguna autoridad», o vaya Dios a saber qué.

En el segundo intento de que alguno de los tres deseados aceptara, el resultado fue totalmente diferente, porque los tres aceptaron el Finde Sexual

Maratoniano. En este caso, todo estaba claro: el elegido era Nilo, porque era el primero de la lista.

Aquella situación de la heredera y la Condición Quinta ya era conocida por cercanos y lejanos. Los asuntos de cama generan mucho morbo y este ya estaba despertando oleadas intensas por medios y extremos de la sociedad.

El notario se reunió con la heredera y le hizo saber:

—Bueno, ya estarás contenta, ¿no? Los tres se han dado cuenta de que eres mucho más «dulce» que los cogollos verdes de dieciocho. En cualquier caso, tiene que ser con Nilo. Te queda un fin de semana de gloria con el hombre más deseado, salvar la última condición y, buaaaf, serás la dama más poderosa del metaverso. ¡Felicidades!

—Oye, Adal. Me desconciertas. A veces creo que no te hace ni pizca de gracia que me valla al sofá con otros..., bueno, es igual. Y ahora, parece que te alegres que me meta cuarenta y ocho horas en la cama con casi un bebé, un niñato a medio criar. En el primer intento, que tú dices, ese niño me ha despreciado, ni se dignó en mirar mis fotos. No lo haré.

—Pues, puede que él no tuviera interés en ver fotos. Tal vez tendrías que haber ido tú personalmente, seguro que no se habría resistido —eso formulaba el notario mirando por los alrededores.

Jezabel, sin embargo, sí que lo miró, deslizándose su mirada entre el amor y el odio.

Pero, Jezabel, con los principios más sentados que los finales, se negó, en seco y en mojado, a meterse el fin de semana en la cama con Nilo y cumplir la condición. Lo acababa de intentar el notario. Nada.

Lo intentó su asesora Luz Serena. Con esta, Jeza fue más franca que con Adal, porque Luz era su amiga, porque era mujer y porque, sobre esos temas, con Adal le costaba más.

—Es definitivo. No lo haré. —Argumentaba Jezabel con ahínco. —No va a ser ese niñato el que vaya a determinar si yo soy buena o mala en la cama. Le podría enseñar el abecedario. Yo que le he dado biberón a tíos de verdad, no voy a aceptar ahora que este Nilo me vacile. No, tema cerrado.

Nada. Jezabel no estaba dispuesta a tener sexo por la gran fortuna, ni por nada, ni con nadie.

Muchas mujeres del satélite amarillo repetían con gran asombro, porque no entendían que quería la aristócrata:

«Pero ¿qué quiere esa orgullosa y mal criada de Jezabel? Un finde entre las piernas de Nilo es, sexualmente, lo más grandioso del universo. Y va esta, lo rechaza y, encima, pierde la fortuna más enorme debajo del sol. O no se siente mujer, porque esté más frígida que un cadáver en su aniversario de muerte, o esta desequilibrada».

El notario convocó a las personas interesadas para comunicarles oficialmente su decisión sobre la condición quinta. Nuevamente asistió Jane Brandy, representante de la Corporación Villasevil Torre, así como la asesora Luz Serena, que actuaba en representación de la heredera. No se presentó personalmente la más interesada, Jezabel Ártemis, aunque esta ausencia no suspendería el acto ni limitaría la eficacia y validez del mismo, puesto que asistía su representante y asesora.

Las dos asistentes escucharon como el Notario Mayor pronunciaba, lacónicamente, su resolución:

—En vista de la manifestaciones persistentes de la heredera, en el sentido de rechazar el cumplimiento de la condición en curso, sin que se haya justificado razones de peso para su negativa, este Notario Mayor resuelve que el trámite de la Condición Quinta quede concluido. En su consecuencia, por las facultades que me asignó el testador, dictamino y refrendo que la señorita Jezabel Ártemis, NO superó la CONDICION QUINTA y, consecuentemente, debe tenerse la misma por NO CUMPLIDA y por cerrado el proceso testamentario.

En todo caso, la presente resolución, dictada en vía administrativa, es impugnable en vía judicial ante el Alto Tribunal de la Confederación de Internaciones en el plazo de un mes.

Queda cerrado este acto. Buenos días.

A los treinta días siguientes, un letrado que actuaba en nombre de la heredera, Jezabel Artemis, acreditó haber presentado ante el Alto Tribunal de la Confederación, la correspondiente demanda contra la resolución administrativa del notario. En la misma se alegaba que la heredera se había negado al fin de semana impuesto por el testador, no por negativa caprichosa, sino debido a que los derechos sexuales y la intimidad de la señorita Ártemis habían sido totalmente vulnerados.

El Alto Tribunal admitió a trámite la demanda y, en fase cautelar, confirmó que, provisionalmente, la demandante Jezabel Ártemis se quedaba en la misma posición que ostentaba respecto de la herencia, es decir, proseguía temporalmente como presidenta de la Corporación Villasevil Torre, cuya demanda quedaba pendiente de la sentencia judicial que finalmente se dictara.

26 EL OXÍGENO

Ella estaba sentada en su sofá, aunque más bien estaba tirada sobre el mismo, ganduleando. Aquella era una de las poquísimas ocasiones en que la heredera había sucumbido a la inmensa satisfacción de gandulear. Sus exigencias gestoras en Culto, donde ahora estaba, no eran cualquier cosa, pues exigían gran dedicación y concentración. Aun así, la gandulitis también existía en el satélite amarillo. Era de las pocas actitudes saludables que la raza humana había transportado al nuevo mundo.

Sin saber debido a qué, el pensamiento gandul de Jezabel la llevó hasta aquella reunión que ella tuviera con Villasevil en el yate entonces llamado el Tránsfuga, en cuya velada ella había aceptado convertirse en su heredera. En aquella cena hereditaria, Indalecio le hizo mención del valor del oxígeno en el satélite Culto, fundamental en este astro, por cuánto los humanos no funcionaban con el queroseno como combustible, ni tampoco con el mineral hirosoma, sino con oxígeno que no estuviera muy adulterado.

    Jezabel recuperó aquella mención al valor económico y vital del oxígeno por parte de los terráqueos en Culto. En la Tierra no éramos conscientes de la suprema importancia del mismo, que en la atmósfera terrestre estaba como regalado por un Dios benefactor, pero en la atmósfera de Culto no lo había. Las ciudades instaladas en este satélite estaban acristaladas, acorazadas, y su oxígeno interior era generado allí solo en un siete por ciento del total consumido, ya que el gran grueso del que se consumía era transportado desde la tierra.

    El coste de transportar ese gas atmosférico desde la tierra era muy alto, lo que explicaba en parte, solo en una parte muy pequeña, el grado de contaminación y adulteración que los cultanos sufrían con su oxígeno. Claro, la calidad de este gas era realmente mala en las zonas de bajo nivel económico y de influencias mínimas, porque en las zonas acomodadas y selectas, el aire que se respiraba era muchísimo mejor, casi limpio, con muy poquitos peros al respecto.

    Eso era lo que se decía en mentideros y en verdaderos, pero ¿cuánto había de mentira y cuánto de verdad?

    Jezabel comenzó a desperezarse de su gandulitis y a pensar respecto de las posibilidades que podría ofrecer ese asunto del oxígeno, tanto para mejorar el nivel de negocio de la Corporación Villasevil, por supuesto, como el nivel de salud de los cultanos, que, si venía de paso, pues bienvenido sería.

Contactó mediante una videollamada con su amiga Luz. El objeto era estirar un poco las piernas con alguna actividad física e intercambiar impresiones al respecto del oxígeno.

—Hola, loca, ¿qué haces? —Se interesó, Luz, en cuanto apreció la imagen de Jeza en pantalla.

—Bien, ganduleando. ¿Te vienes a correr conmigo? Hablaremos de un asunto que afecta a nuestra Corporación y a todos nosotros. Después, nos iremos a ese Congreso de las Oportunidades, a ver cómo de grandes son las mentiras que nos tienen que contar.

Culto no ofrecía muchas posibilidades para practicar deporte. Era factible moverse en canchas interiores donde practicar tenis o balonmano, pero respecto de los deportes exteriores era más complicado. Aun así, se fueron a dar vueltas a algo parecido al «Central Park» neoyorquino, cuyo nombre le venía bastante grande allí en Culto, dado que sus dimensiones apenas alcanzaban el catorce por ciento de las originarias.

Cuando llevaban apenas cinco minutillos corriendo estaban cansadas y agotadas, con la lengua fuera y con falta de aire en los pulmones

—Estoy muerta. No valgo para nada. Cinco minutos corriendo y estoy peor que una anciana. —Jezabel lo aseguraba jadeando.

—Venga, corre, que se te va a poner culo de vaca gorda. —Pedía, Luz, a su amiga, quien estaba medio reventada, si bien a aquélla tampoco le sobraba nada.

Jezabel comenzó a encontrarse mal, con cierto grado de mareo y náuseas.

—¿No estarás preñada, Jeza? Estos son síntomas de embarazo. —Estaba maliciosamente alarmada la asesora.

—¡Qué dices, tía! Hace dos años que no me meto ni el dedo. ¿Cómo quieres que esté preñada? —Contestó Jezabel a trozos, evidenciando una cara bastante pálida y un estado de salud cerca de calamitoso.

Pocos segundos después, Jeza perdió fuerzas e inició un desmoronamiento por falta de aire, presentando síntomas claros de desmallo. Luz se asustó y llamó a emergencias. Vino una especie de ambulancia medicalizada y se la llevaron al centro médico más cercano, algo así como una clínica para desafortunados.

Unas dos horas más tarde, una doctora de piel bastante obscura informaba a Luz que podía entrar a ver a su amiga, que ya saturaba muy bien y que pronto podrían irse a su residencia.

—Doctora, ¿tan mal estoy con treinta y ocho años para que me desmaye por correr tan solo cinco minutos? —Preguntaba, Jeza, cariacontecida.

—No está usted mal. La analítica está bien, lo que no está bien es el aire que ha respirado, que ni está para pasear, cuanto más para correr. —Aseveraba la doctora.

Habiendo pasado una hora, a Jezabel le dieron el alta médica y se vistió. Las dos amigas comenzaron a recorrer el pasillo de salida hacia el portal general. Iban mirando a un lado y a otro con cada puerta que se encontraban. Lo que apreciaban les dejó impresionadas. En aquella planta se veía y oía a personas de todas las edades con brazos encorvados, mandíbulas deformadas, tos desesperada, muestras claras de ahogo y otras «bondades» parecidas.

—¿Qué les pasa a esas personas? —Preguntaba, Luz, a las paredes.

Jezabel, invadida por un nuevo impulso con cola de caballo, giró sobre sí misma y se dispuso a regresar a la consulta donde la doctora de piel obscura la había visitado.

—Pero, Jeza, dentro de una hora tenemos el Congreso de Nuevas Oportunidades. Tenemos que ducharnos y arreglarnos. Si te vas no llegaremos a tiempo. —Intentaba Influir la asesora.

—Lo sé. Ve tú. Yo quiero que esa doctora, que vive cada día las consecuencias de esta mierda de oxígeno, me dé su opinión. Yo estoy bien. Me incorporaré en cuanto pueda. —Así de convencida estaba Jezabel.

Luz no quiso objetar nada a lo dicho por la jefa. Lo hacía muy a menudo, de forma que esta vez se inhibió. Se separaron con un beso de mejilla. La señorita Serena se fue a la residencia y, después, al Congreso. La señorita Ártemis regresó a la consulta anterior. Se las apañó para que la doctora volviera a atenderla.

—¿Qué tiene toda esa gente, doctora? ¿Tengo yo algo que ver con ellos? —Inquirió, Jezabel, con cara de preocupada.

—En cuanto a lo que tienen estos pacientes, pues tienen problemas de hipoxemia y otros de carácter respiratorio. ¿Qué si tiene usted algo que ver con ellos? Bueno, de momento creo que no, pero si sigue respirando ese oxígeno contaminado y adulterado, pues, probablemente acabe como ellos. —Alertaba la doctora.

—¿Sabe usted, doctora, por qué está contaminado el aire? —Se interesó Jeza.

—Porque en Culto no tenemos océanos ni bosques. Si a ello se suma que el nivel de oxígeno es tres veces menor del que se necesitaría, así como que se renueva otras tres veces menos del que se debería, el nivel de dióxido de nitrógeno, entre otras porquerías, se va a niveles alarmantes. —Formulaba la doctora. —Aquí, dentro de este hospital, tenemos unos generadores de gas atmosférico que palían un tanto el problema.

—¿Cómo puedo yo buscar una relación entre la contaminación del aire y las enfermedades y mutilaciones que se ven en esa sala? — Jezabel se atrevió a preguntar a la experta en medicina.

La doctora no quiso, no se lo podía permitir, entregar documentos de salud a personas que no fueran los titulares. Le dio permiso, no obstante, para que pudiera irse a la sala, hablar con los pacientes sin molestarlos y extraer sus propias conclusiones, aunque estas no pudieran ser muy técnicas.

Jezabel, allá se fue. Entró en una sala mucho más grande de lo que había pensado inicialmente. Se encontró pacientes por todas partes; algunos, literalmente, tirados por el suelo.

Se acercó a una chica joven, con no más de veinticinco años, quien presentaba una agitación considerable. Tal problema venía provocado por una deficiencia respiratoria que compungía, incluso, a extraños. Se interesó por cómo se encontraba. La chica movió su cabeza horizontalmente, dando a entender que mal. Jezabel le preguntó por los informes médicos que tenía. Ella articuló, con dificultad, sus primeras palabras:

—No me han dado nada.

Jezabel la animó a que se mantuviera lo más tranquila que pudiera. Intentaría ayudarla.

Seguidamente, se acercó a un paciente de unos cincuenta años, que respiraba muy agobiadamente. Vio que tenía sus labios de un color morado intenso. Le preguntó, con total suavidad, si los médicos le habían informado de su enfermedad. El hombre no sabía, ni podía contestar. No sabía porque no disponía de prácticamente información alguna, ni verbal ni mucho menos escrita. Y casi no podía porque la dificultad para respirar era tal que se sentía medio agotado. El enfermo, mirándola, hizo un buen esfuerzo en decir algo. Jezabel acercó su oído al paciente. Pudo entender, algo entrecortado, sobre que dos médicos, en la última visita, hablaban de:

—Fibrosis pulmonar, o algo así.

—¿Tienes familia, aquí? —Quiso saber Jezabel.

—Vendrán ahora. —Pudo entendérsele a él.

—Respira con la mayor calma posible. Si puedo, te ayudaré. —Se despidió ella.

Toda la sala era un lamento. Jezabel levantó su mirada con la intención de encontrar algún paciente con menos efectos sanitarios y con el que poder hablar. Se fijó, no obstante, en «alguien» que, más bien parecía «algo», quien muy poco se movía. Estaba envuelto en una manta bastante rota, con la cara contra el suelo, situado en la última esquina por la izquierda de la sala. Intrigada por aquél medio abandono, se le acercó.

—Oiga, ¿puede oírme? —Inquirió Jezabel.

La persona allí envuelta pareció querer girarse, como movido por alguna sorpresa que la empujara. Medio levantó la cabeza, quedando su cara un tanto visible.

—¡Adaljandro! Por Dios, ¿qué haces aquí? —Se quedó fuera de todo entendimiento, Jezabel.

Esta, instintivamente, lo abrazó. Ella sintió latir el corazón de él y, también, el suyo propio. Fueron cinco segundos especiales. No tuvo tiempo para pensar en más cosas, porque aquel hombre ahora la necesitaba.

Adal no pudo decir nada. Estaba bastante desorientado y desubicado. Por lo visto, se había desmallado por el oxígeno en tan mal estado y, sin haberlo identificado, lo habían traído a esta clínica, ya que en otras no había sitio. La señorita Ártemis se puso a gritar pidiendo ayuda, exigiendo auxilio. Al oír aquellos gritos descontrolados, se le acercaron dos personas, una dama y un caballero, que por el pasillo exterior de la sala pasaban.

—¿Qué es este escándalo, señorita? Y ¿quién es usted? —Exigió una explicación el caballero que, pocas veces, pasaba por allí.

—Que atiendan a esta persona enferma, ¿qué voy a querer aquí? —Replicó de malos modos, Jezabel. —Y usted ¿quién es?

—Si no se calma, la tendré que echar. Yo soy el director de este hospital...

—Ah, pues haga su trabajo, hombre. Pongan a este paciente en una camilla decente y que le atiendan médicamente. ¿Es que no ve...? —Se había lanzado la «doña nadie» entrometida.

—Oiga, señora quien sea. Tengo treinta y dos camillas útiles y, ahora mismo, están dentro de este Centro un total de ciento setenta y seis pacientes que necesitarían una. A todos no puedo echarlos, sin más, ¿dónde los pongo? ¿Por qué usted cree que su marido tiene un derecho preferente a cualquier otro? —Sangraba oralmente el director.

Jezabel Ártemis tuvo que tragarse parte de lo dicho y reconocer que se había pasado. Era verdad que Adaljandro estaba como abandonado, pero también lo era que él no tenía mayor derecho que, otros muchos, que también andaban tirados por cualquier parte. Sin embargo, los demás eran los demás, y aunque Adaljandro no era su marido como el director le había colocado, no iba a dejarlo allí tirado. Por eso, un tanto inconscientemente tiró de influencia y de presión. Adoptó una postura bastante más comedida y se presentó:

—Señor director. Yo soy, Jezabel Ártemis, la presidenta de Corporación Villasevil Torre. Este hombre, en muy mal estado, es el Notario Mayor...

—A, claro, ya me parecían conocidos. Ahora mismo les atenderemos como se merecen. —Dictaminó el director.

Claro que sí. Los muy ricos viven y prolongan su vida hasta un tiempo considerable después de haber muerto. Los pobres, en cambio, mueren mucho antes de que empiecen a dejar de vivir. Esto sucedía en esta clínica, y en las demás. El resto de los pacientes se ahogaban por falta de oxígeno y de un respirador, mientras que el afortunado Notario Mayor era devuelto al aire puro y a la vida segura. ¿Tenemos los mismos derechos? Sí, Jesucristo dijo que sí, pero Satanás, que, por lo visto, manda más, dice que no.

Un primer doctor que de inmediato vino a la sala determinó:

—Este paciente presenta algún tipo de Hipoxia cerebral. No sabemos todavía en que grado. Esperemos que, a un nivel muy inicial, pero eso lo determinará el resultado de las pruebas realizadas, del cual dispondremos en seis u ocho minutos —Informó el especialista que lo había examinado.

El hecho era que al Notario se lo llevaron a una sala individual. Le hicieron las pruebas oportunas. Determinaron que solo había sido unos mareos consecuencia de una bajada de saturación por falta de oxígeno y, sin más, le dieron el alta. Todo en una hora. El resto de los pacientes seguían ahogándose.

Qué felices seríamos los humanos si fuéramos todos pudientes y poderosos. Pero, claro, eso no lo es. Para que exista un poderoso, a su lado han de haber noventa y nueve pobrecitos. Si el hombre rico tiene el noventa y siete por ciento de los haberes, a los otros noventa y nueve pobres les queda el tres por ciento. Esa es la igualdad del embudo.

Primero, ella se disculpó ante el director. Luego, le agradeció sus gestiones. Muy bien. Aplausos. ¿Y el resto de los pacientes que estaban muriéndose en el suelo? Allí siguieron. Y acabarían muriéndose. Probablemente, sí.

Se fueron, los dos. Ella contenta por haber hecho la buena obra del día. Él, más, por haber, en buena medida, salvado su propia vida. No obstante, lo que va por fuera pocas veces es reflejo de lo que va por dentro. El interior de Jezabel estaba en paz, en calma; el de Adaljandro vivía en un mar de contradicciones, que no verbalizó.

Jezabel, en contra de la totalidad del Consejo, decidió destinar la mitad de una milésima parte de los beneficios de la Corporación a incrementar medios humanos y materiales en la sanidad de Culto. Gran idea.

Muchos aplaudieron. Y, ¿el resto de los servicios tan o más deficientes? El Vicecónsul de sanidad contesto: «Que el ciudadano coma menos, que así no engordará tanto». Ah, vale.

Jezabel se había sensibilizado mucho con este asunto del oxígeno. Encargó un estudio serio del grado de limpieza del aire que respiraban los habitantes de Culto. Resultado: un desastre. Los cultanos, salvo unos pocos privilegiados, entre los que estaban Jezabel y Luz, naturalmente, se suicidaban lentamente con la calidad del aire que respiraban. Era necesario un incremento, superior al triple, en el transporte de oxígeno al satélite amarillo para situar la calidad de su aire en niveles no óptimos, simplemente mínimos.

¿Por qué era tan importante, tan decisivo el aire que respiraban en Culto? Porque en la atmósfera de este satélite no había. Lo tenían que generar allí dentro o transportarlo desde la tierra, por eso era vital, era el producto de mayor relevancia y necesidad de los cultanos.

En Culto se producía oxígeno de diferentes formas: desarrollado por un proceso de electrólisis del agua alcalinizada; por la combustión de cápsulas de perclorato de litio; por la reutilización de la propia orina de los cultanos, y algunas técnicas más. El problema que se sufría en Culto, porque eso somos los humanos, es que se consumía y necesitaba mucho más oxígeno del que allí se producía. ¿Y cuál era la solución adoptada? ¿Reducir el gasto de energía sin control? No, que va. La solución era transportarlo desde la tierra, cuyos beneficios desmesurados iban a parar a las cuentas de la Corporación Villasevil Torre. Así era, el beneficio de unos poquísimos incrementaba los perjuicios de unos muchísimos.

Tres días más tarde, la heredera regresó a la tierra, a Barcelona. Habría querido traerse con ella a sus hijos, pero los problemas del trasiego y sus necesidades escolares aconsejaron que mejor se quedaran aquellos días en Culto. Se tomó diez días de retiro, sola, como ella mejor se encontraba últimamente y como mejor pensaba. Se refugió en el yate, Emancipado. Allí existían otras tres mujeres dedicadas al mantenimiento, a la limpieza y a la cocina, las cuales se movían por la planta inferior, pero no osaban asomarse por las alturas si no eran requeridas. Por eso, Jezabel, la heredera humana, solo se codeaba con Luna, la ciberasistente holográfica, y esta con aquélla.

Jezabel ya había atesorado un muy buen grado de conocimientos en el Sistema de Inteligencia Natural. En estos diez días de soledad y claustro se vería de lo que era capaz. Ella se puso a indagar y a realizar algunas pruebas poco prudentes. Contaba con todo el entramado montado por el anterior jefe de aquel yate, Indalecio, de aquel centro de operaciones que ella había realimentado con lo más nuevo y potente en fentoprocesadores ultrarrápidos, así como con la ayuda inestimable de Luna, siempre atenta.

Al quinto día de realizar cambios en un programa, obtuvieron algún resultado, pero desastroso. Debido a un error de cálculo de Jeza, que Luna se lo había advertido, pero que la humana no lo estimó necesario, en Culto se desprendió una pasarela entre dos torres y todo se fue abajo. Sufrieron daños de diversa consideración treinta y dos personas. No hubo que lamentar víctimas mortales, pero los daños materiales eran cuantiosos. El satélite había padecido un pequeño terremoto natural, de ajuste de placas tectónicas. Eso les habían vendido a los inocentes.

Al séptimo día, descansó. No, no, ella no era Dios, ella tardó hasta el noveno día en darse cuenta de algo inaudito hasta la fecha: «la revolución en el teletransporte». Con aquel descubrimiento, que había surgido casi casualmente, de hecho, como resultado de otro tipo de investigación, había dado con el proceso y la fórmula para descomponer la materia sólida; asimismo la líquida; también la gaseosa y, con ello, teletransportar a Culto solo un uno por ciento de la masa de origen. De esta forma, enviando una muestra del ADN, tan sólo un uno por ciento de la unidad, en destino se podía reproducir la unidad completa en forma exacta respecto de la unidad de procedencia. Esto no solo tenía altísimas implicaciones económicas y de ocio, sino que cuando se recomponía una persona tras un teletransporte, su cuerpo y su mente mejoraban alrededor de un ocho por ciento su situación anterior.

—¡Valla golpe, guau, hemos inventado la forma de caminar! —Le decía Jezabel a Luna, si bien la ciberasistente más limitada en sarcasmos e ironías contestaba llanamente.

—No, señorita Ártemis, hace mucho tiempo que los humanos saben caminar.

La heredera celebró una fiesta con Luna sentada holográficamente en la silla contigua a la suya. También, con las tres mujeres que se cuidaban de los servicios generales en el yate. Las cinco se lo pasaron en grande. No había científicos, ni personalidades, ni alcohol, ni machos. Tan solo ellas cinco, ellas con ellas.

Ya tenía, Jezabel Ártemis, la solución a la contaminación del aire en culto. La Corporación podría enviar diez, o veinte, o treinta veces más oxígeno a Culto, conseguir que los cultanos respiran aire cercano al puro y que la Corporación ganara veinte, o treinta o cuarenta veces más que actualmente. Claro, a costa de consumir y derrochar en la tierra mucho más que antes, lo cual no era aceptable para mentes serenas. La parte buena era que las gentes cultanas respirarían un aire muy decente. Ello conllevaría que las deformaciones corporales y las enfermedades respiratorias y cancerígenas disminuyeran espectacularmente.

Del descubrimiento en teletransporte no supo nadie nada fuera de un grupito muy reducido en la Corporación Villasevil. Las cosas serias las saben muy poquitas personas, mientras que las falacias corren más que el viento. Esa era la vida en el planeta Tierra; esa era, también, en el satélite Culto.

27 LA MÁSCARA: LAS EXPECTATIVAS

La heredera estaba contenta. Se sentía bien. Había conseguido mejorar la relación con Adal, pues él no olvidaba su ayuda decisiva en la clínica donde sufriera los problemas con el oxígeno, lo cual ayudaba. También había conseguido mejorar la calidad del aire en Culto hasta niveles impensables. Asimismo, había incrementado los ingresos y beneficios de la Corporación Villasevil Torre en un salto muy importante. Era cierto que esos beneficios se obtenían a costa de un consumismo exacerbado de oxígeno aquí en la Tierra, con lo que ella no se encontraba nada satisfecha, por eso se prometió pensar cómo conseguir un consumo sostenible. Claro, no era fácil, porque nadie quería volver a la edad del candil y, mucho menos, a la edad de piedra, aunque nunca se sabe, puesto que todo lo que sube en demasía, después baja en desmedida. Así somos los humanos, este siglo estamos en el pico Everest y, el siguiente, en las fosas Marianas.

Una semana posterior se celebraba en Culto la Convención de Jóvenes Promesas, esos que iban a regir los destinos de la humanidad las próximas décadas. Aunque no era un hombre, habían nominado a la señorita Ártemis, futura presidenta de la Corporación Villasevil Torre, como una de las serias aspirantes al premio y reconocimiento de lo bien hecho. Algún publicista bien pagado había expresado que esa Corporación era una organización modélica, que estaba haciendo muchísimo bien por la raza humana y que su presidenta era la merecedora del premio, sin duda alguna.

Luz, le llevó, personalmente, la noticia a la heredera:

—Es un gran notición, todo un acontecimiento. En ese congreso estará la flor y la nata de los dos mundos. Entre otros, estará Nilo Valiente, que solo con verlo se me humedecen hasta las costillas. —Se regocijaba la asesora.

—Estarán las amapolas y los capullos, dirás. —Respondía Jezabel mostrando su desacuerdo. —Si tanto te interesa esa Convención de Promesas, tienes tanto mi autorización como mi delegación para que puedas irte a Culto y asistir por tus negocios y, además, en representación de los míos. Fíjate, y ya que estás tan húmeda, si te encuentras al Nilo ese, te lo meriendas y que te aproveche.

Luz Serena estaba que se salía. Ella ya tenía un peso específico en las esferas económicas con las participaciones conseguidas mediante la Condición Tercera y su noche triunfal en la sesión porno, pero actuar en representación de un monstruo como la Corporación Villasevil era lo más grande, en audiencia, en popularidad y en posibilidades. Ahora sí, tendría la ocasión de acercarse y tutearse con Nilo, lo más de lo más.

Cuando Luz ya se encontraba sola preparando su viaje, ella supuso que el notario también iría a Culto a dar fe del evento mundialmente reconocido, así que se atrevió a llamarlo.

—Hola, Adaljandro. ¿Te vienes a Culto?

—Hola, Luz, os vais tú y Jezabel, claro. —Dio por hecho el notario que así sería.

—No, esta vez voy sola, voy en representación de Jeza y en el mío propio. ¿Tú vienes? —Supuso, Luz, que el notario iría.

—Eh..., no, esta vez no puedo. Envío una representante. Buen viaje. —Deseó el notario, quien había cambiado sus planes sobre la marcha y mientas hablaba con Luz.

Esta se fue a Culto. Allí disfrutaría unas vacaciones de un mes, y quien sabe si se afincaría, definitivamente, en ese satélite.

Jezabel se quedó en la Tierra, en Barcelona, en su casa del barrio de Horta, la que se había comprado después de su primera estancia en el yate, el Tránsfuga.

El notario también se quedó en Barcelona, en su casa del barrio de Sarrià, que había adquirido hacía unos cinco años.

Transcurrió aquella mañana y parte de la tarde con pocas novedades en la casa de Jezabel. Cerca de las veinte horas, sonó su móvil. Ella medio se sobresaltó porque ni pensaba en llamadas ni las esperaba. Agarró el dispositivo y se sorprendió la otra mitad cuando leyó en su pantalla: «Adaljandro, llamando».

—Anda, la jornada de trabajo ya se terminó, Adal, ¿te aprieta algo? —Se le escapó a ella en voz alta, sabiendo que estaba sola. Sin embargo, cambió de tercio enseguida y contestó:

—Hola, Adaljandro, por el código de la llamada veo que estás en Barcelona, aunque te hacía en Culto, ¿se te olvidó el paraguas y has vuelto a por él? —Se le escapó a ella, sin esconder del todo, una mueca de malicia y una ráfaga de alegría por la llamada. No obstante, los dos sabían que en Culto nunca se necesitaba el paraguas, porque ni se formaban nubes ni, por tanto, llovía, por eso los dos se rieron ampliamente con el chiste cretino.

—¿Qué tal, Jezabel? Sí, me quedé porque me surgió un problema grave. Ahora estoy...

—¿Grave? ¿Cómo de grave? —Se interesó, ella, en forma automática, con los ojos más abiertos.

—Bueno, llevo algún tiempo con un problema grave de conciencia. —Comenzó a explicar el notario. —La última vez tomamos un vaso de agua fresquita en tu casa y, como es de mala persona no corresponder, quería esta vez ofrecerte otro vaso de agua, en la mía, para igualar. ¿Qué te parece?

Jezabel se sorprendió más todavía. Primero, porque ya no había sido ayer lo de aquella invitación y el vaso de agua. Segundo, porque la otra vez había habido una razón, la interpretación de unos gráficos. Pero, ahora, ¿qué quería interpretar, Adal?

Ella siguió pensando e interpretando.

«Joder, no sé si es buena idea. Yo sé que cuando una mujer y un hombre, los dos alrededor de cuarenta años como nosotros, que no son parientes ni enemigos, se meten solos en una casa, por la noche y sin estorbos, puf, acaban saltando chispas. Y yo no puedo, desde mi ablación de clítoris no me caliento ni con una hoguera por delante y con otra por detrás. Bueno, él ya lo sabe porque en su día se lo dije, así que no me será tan difícil pararlo. Pero, claro, con Adal nunca hay nada escrito. Lo que no sé es por qué con este Adal me siento mucho más tranquila, mucho más confiada que con otros hombres, a los que insulto y no aguanto».

—No estoy muy segura, Adal, pero, vale. Hoy es jueves, ¿nos vemos mañana viernes? Así podremos prolongar un poco la velada. —Propuso ella.

—La verdad, a mí me gustaría que fuera esta noche. Mañana viernes creo que no podré. Te recojo a las nueve. Cenamos en mi casa.

Él cerró la comunicación sin esperar confirmación de la fémina, porque Adal intuyó que no hacía falta. Ella también sabía que no era necesaria. A las nueve en punto, el notario activó el detector de llegada a la casa de la heredera. Jeza se había puesto un vestido largo, hasta los mismos dedos de los pies, sin aberturas ni cortes, para no alimentar confusiones. Ella salió quejándose que no le había dejado tiempo para arreglarse. Adal le rebatió que no podía arreglarse más de lo que ya estaba, que era imposible mejorar.

Aquello animó mucho a la brisa que por los alrededores se movía. Se fueron de la casa de Jezabel. El recorrido en automóvil entre las dos casas transcurrió con una conversación casi continua, amable, pero poco trascendental. Una vez dentro de la vivienda de Adal, ella se pronunció sobre la casa, diciendo que era muy chula. Alabó que las paredes tuvieran pocos muebles, y todos bajitos. Se sentaron en un sofá también bajito, aunque con muchos cojines. Adal vertió un poco de agua fresca sobre dos vasos lindos, lo cual hizo que dos sonrisas despreocupadas llenarán la estancia, pues eso había sido lo que tomaran la otra vez en casa de ella.

Cada cual cumplió con su parte. Ambos tomaron un sorbo de agua, pues eso era por pactado, pero la vida es más, y no solo de agua viven los humanos.

Posteriormente, él se levantó del sofá y trajo consigo dos copones y una botella de vino tinto de la comarca orensana de Monterrei. Aquello le hizo recordar a ella la villa de Verín. El anfitrión sirvió vino. Ambos levantaron sus copas y brindaron sin expresarse deseos audibles.

«*Por nosotros, y por lo que venga*», pensó, Jezabel, en silencio.

«*Por lo que fuimos, y por lo que podríamos volver a ser*», se dijo, Adal, para sí.

—Oye, Adal, ¿tienes un sentido adicional al del resto de los hombres? ¿Cómo sabes que a mí me gusta el vino de Monterrei? —Sorprendió con su duda la sorprendida.

—Porque a todos los españoles nos gusta el vino de Monterrei. —Se las ingenió, él, para salirse airoso, muy diplomáticamente.

—Sí, eso te ha quedado muy bien, pero ¿cómo conoces que yo habría elegido esta marca en concreto? —Insistió la chica en busca de respuestas.

—Es cuestión de suerte. En muchos aspectos..., en otra etapa, la tuve. —Se refugió el chico en la indefinición.

—Dices que en otra etapa tuviste suerte. Me alegro por ti. ¿Y, actualmente? ¿La sigues teniendo? —Jezabel comenzó a caminar por senderos que podrían tener espinas.

Adal presentó signos de encontrarse incómodo con lo preguntado. De sus ojos se apreciaba que él empezaba a estar un poco disperso. Al no responder con prontitud, ella tomó de nuevo la palabra, hablando con voz baja y sin prisa alguna.

—Adal, me tienes bastante despistada. Tú sabes mucho de mí, mientras que yo no sé nada de ti. —Medio le reprochaba la chica.

Adal se fue a la cocina. No dijo a qué. Al regresar, él comentó lo que había mejorado la calidad del oxígeno en Culto. Jezabel, como mujer que era, sabía perfectamente que él se había levantado e ido a la cocina para evadir la respuesta.

Llegó la cena. Ella quiso ayudar, pero él no lo consintió. Era su casa y era su cena, encargada a un restaurante, vale, pero estaba siendo servida por Adaljandro, todo un detalle. Jeza, que ahora mismo no tenía que atender a otras necesidades, estaba pendiente de Adal. Observaba todos sus gestos, hasta su forma de respirar. Estaba descolocada, permanecía flotando por el aire. De repente, sin bañador ni biquini, sin saber si la piscina contenía agua, se lanzó a la misma, sin reparo alguno, esperando que la virgen de su pueblo la ayudara. Se zambulló de cabeza:

—Oye, Adal. Estoy del todo confusa. Sé que es surrealista, porque no puede ser, sé que no puede ser, pero me recuerdas muchísimo a un hombre al que amé profundamente en otro tiempo. Desgraciadamente, le hice la peor putada que se puede hacer al hombre que te ama, eh... irme a la cama con otro hombre, y allí se hundió su vida y la mía. Después pasaron cosas, que... no sé muy bien, las cuales llevaron a que ese hombre, que era mi marido, esté muerto. Yo misma lo maté.

Aquella confesión, de alto voltaje, hizo que ella se cubriera su cara con sus manos para evitar reflejar sus emociones. Él volvió a la cocina a por alguna cosa. Seguramente a por nada.

Durante el comienzo de la cena, no hablaron mucho, más bien cada cual revolvía la zona del cerebro en la que se archivan los recuerdos. No se supo lo que él encontró, ya que mantuvo su puerta cerrada al exterior. Ella no pudo encontrar nada de lo que buscaba.

Fue debido a que ciertas creencias, totalmente supuestas, no le permitieron buscar en los archivos adecuados. Cada poco tiempo se miraban a los ojos. Adal la miraba el tiempo máximo que podía para que Jeza no se sintiera incómoda, ni agobiada. Ella hacía lo mismo y, además, redoblaba cuando él miraba a algún otro sitio.

Diez minutos más tarde, Adaljandro regresó a la cocina. Trajo consigo una fuentecita con unos tomates troceados en redondo, los cuales tenían una textura deliciosa. Ella se los quedó mirando un tanto embobada, por su color y por la forma en que estaban cortados. Él se adelantó y le confesó, pues algo debía confesarle:

—Son de Monterrei.

—Ya, eso lo sé yo. Pero ¿cómo sabes tú que son de Monterrei? —Apuñaló ella con ojos incrédulos, como si aquello no fuera posible, porque no tenía sentido. Nunca habían hablado de eso.

—Porque yo mismo los fui a buscar a Verín, para esta noche. —Declaró, Adaljandro, empezando a abrir las primeras puertas del castillo misterioso.

—¿Los fuiste a buscar personalmente a Verín, mil kilómetros, para que yo los cenara esta noche? ¿Cómo sabías que a mí me gustan estos tomates? ¡Están troceados como a mí me gustan! ¿Cómo sabías que yo tengo raíces en Verín, si yo nunca te dije nada? —Estaba ella asediándolo con preguntas seguidas.

Se acabaron las preguntas. Jezabel no aguantaba más, necesitaba saber que estaba pasando. Si lo que ella cada vez sospechaba con más fuerza, pero que no se atrevía a plantearlo como posible, tenía sentido y podía ser realidad. Ella se dejó de protocolos formales. Retiró toda postura políticamente correcta y apartó el llamado sentimiento del bien y del mal. Miró fijamente a los ojos de Adal, no como a los de un extraño, sino como a los de alguien que has contemplado muchas noches en la más profunda intimidad. Y lo seguiría haciendo, sin descanso, hasta que obtuviera algún signo que pusiera paz en su alma. Adaljandro también observaba fijamente los ojos de Jezabel, con el mismo deleite que lo había hecho algunos años atrás. Así, ojos con ojos, estuvieron mirándose intensamente como si pretendieran recuperar el tiempo perdido, el tiempo que habían dejado de hacerlo durante aquellos años que el divorcio se lo había robado.

—¡¡Soy yo, soy Jandro!! —Se escuchó una voz desde ultratumba.

¡Culto se ocultó! La luna se escondió. El sol se nubló. La tierra oscureció. ¡Los habitantes del cielo se arrodillaron y se santiguaron!

¡Dios, Padre, hasta ahora solo había resucitado tu hijo Jesús!

Adaljandro se levantó cansado, bastante pesado. Se fue a un servicio ubicado enfrente, dejando la puerta totalmente abierta. A través de la misma, Jezabel observaba enteramente como aquel hombre comenzó a desprenderse del pasado reciente. Para ello, se extrajo un dispositivo diminuto del lateral interior de una mandíbula, con el que distorsionaba el timbre de su voz y la hacía irreconocible, incluso para la que había sido su esposa durante siete años. Descansó él, masajeándose la mandíbula. Seguidamente, se quitó las dos lentillas que modificaban el color de sus ojos, para que ni su mujer, que se había mirado en ellos miles de veces, pudiera reconocerlos. Volvió él a descansar, frotándose los ojos. Acto seguido, comenzó a despegar y a extraer la máscara facial, aquella capa de piel superpuesta mediante una técnica llamada «Facialtoplasia», que recubría y readaptaba sus facciones naturales sin tocar las internamente propias, para modificarlas por fuera lo suficiente hasta convertirse en la cara de hombre.

28 LA MÁSCARA: LAS CULPAS

Jezabel estaba pálida, desmayada, se estaba muriendo.
—¡Dios santo, no está muerto! ¡No lo maté!
Adaljandro no decía nada, mientras que ella decía palabras descarriadas, como si estuviera atragantada.
—¡Virgen de la Luz..., sigue vivo..., está vivo!
La situación emocional de los dos seguía por encima de las estrellas, porque aquello no resultaba creíble, no para ella.
—Por todos los santos, mi marido vive. Uf, ya no es mi marido, pero lo fue, y para mí... todavía lo sigue siendo, y...
Allí se encontraban los dos. Ella con el nombre de Bel (Isabel), y él con el de Jandro (Alejandro), nombres que habían sido suyos durante su etapa de casados. Actualmente, él se hacía llamar Adal (Adaljandro) y ella Jeza (Jezabel), cuyos nombres nuevos habían nacido

para borrar sus pasados, pero el pasado no se borra, simplemente se esconde.

El mundo les daba vueltas como si estuvieran dentro de una lavadora en marcha. Adal parecía un tanto más sereno, pero Jeza andaba vagando por fuera del sistema solar, errante, sin acabar de creerse lo que ahora, según sus ojos, ya era creíble. Ella se le acercó hasta casi tocarse ambos con las narices. Le observó los ojos, aquellos ojos vivos, hasta que su cerebro le confirmó que sí, que ahora sí eran los ojos del hombre que había sido su marido. Con las yemas de los dedos de sus manos, Bel recorrió cada milímetro de la piel de la cara de Jandro, repasándola en busca de algo distinto, pero no, a pesar de las huellas dejadas por la máscara, aquella era la cara del hombre al que había amado tanto como a su propia vida.

Y otra vez, habiéndose ella montado en un impulso con cola de caballo, desabrochó el cinturón del pantalón de él. Este pantalón, con la prenda que habitualmente queda en los hombres debajo de aquel, bajaron hasta las rodillas de Jandro. Con sus ojos, primero y, con sus manos, después, ella obtuvo seguridad, pudo jurarse, apostar su vida, que aquel miembro masculino, poderoso, era el del hombre que fuera su marido.

Durante algunos segundos, el silencio sepulcral lo abarcó todo.

En ese corto espacio temporal, y a pesar de la fuerza de ese impulso con cola de caballo, Jezabel supo con certeza que no podía, no en aquel momento, pretender nada de él, ni ella estaba ahora en condiciones físico-sexuales para ofrecerle nada. Ella subió a su sitio las dos prendas que había bajado, le abrochó su cinturón y se quedó de pie, mirándolo, como si del mismísimo Jesucristo, que se hubiera hecho hombre de nuevo, se tratara.

Jandro, Adal, permanecía de pie, sin saber muy bien lo que hacer, o eso parecía. Todo hacía pensar que aquellos gestos de Bel, Jeza, que, definitivamente pretendieron identificarlo mediante su sexo, le podrían estar diciendo que ella se fiaba más del sexo de su hombre que de su cara. Uf, que tu exmujer te estuviera diciendo que ella se fiaba más de tu pene que de tus ojos, algo significativo estaba pasando. Es verdad que eso indicaba que ella conocía muy bien el miembro de su exmarido, lo cual era un as a su favor, pero que tus ojos no sean el espejo de tu alma puede romper cualquier inicio de confianza.

Por pura inercia de los últimos tiempos, los dos se fueron al sofá, pero cada uno a un sofá diferente, el uno enfrente del otro y con una mesa de centro de por medio. No había sido una decisión pactada. Era el reflejo de la distancia que todavía existía entre ellos. Tendrían que hacer muchas cosas, y muy bien hechas, para que la lejanía se fuera estrechando. Cierto que estaban los dos algo distanciados, si bien los momentos inmensamente felices que habían vivido juntos comenzaron a removerse en sus cabezas. Cada cual pensaba sus cosas, aunque era la fuerza de dos cabezas recordando lo mismo. Eran cosas de los dos, compartidas, bebidas, como si los sorbos de ambos bajaran por una sola garganta. Se miraron varias veces. No eran niños, tenían cuarenta años, pero sus recuerdos eran suyos, de los dos.

Viajaron mentalmente al pasado, a los inicios ilusionados entre ambos, a las primeras miradas del «me gustas, pero no te lo digo».
Pensaron en cómo se conocieron. Los primeros encuentros en aquella discoteca llamada DiscoDance de Barcelona, cuando ella contaba con veintitrés añitos y él con solo tres más, encuentros que dejaron las primeras huellas. Ella le dijo a su madre, aquella noche, que había conocido a un chico guapísimo. Él se dijo al siguiente día, cuando volvió a verla, que aquella chica era un ángel, más, era un arcángel. El nombre de ella entonces era Isabel, pero él decidió que la llamaría siempre, Bel. Claro, eso de «siempre» era llenar el cántaro hasta arriba de ilusiones, algunas de las cuales, a veces, se quiebran drásticamente. Él se llamaba Alejandro, si bien, instantáneamente, ella comenzó a llamarle, Jandro. Las sonrisas esperanzadas y las miradas tiernas pronto se les acercaron. La primera vez que la mano izquierda de Jandro cogió la mano derecha de Bel, pues siempre se cogían esas dos manos, fue un riachuelillo de sensaciones inolvidables. Después fueron sucediéndose vivencias. Las primeras caricias fueron un regalo de los dioses. Una tarde, Bel supo que la profesión de su chico

era la de Magistrado. Ella necesitaba saberlo. No tenía otra forma, puesto que él no alardeaba de ello ni soltaba prenda, por eso Bel tuvo que fisgonear en su cartera y dentro de su coche mientras él hacía una gestión bancaria, cuyo atrevimiento le costó sufrir seguramente la mayor vergüenza de su vida. Algunas semanas después, Jandro le entregó la copa de campeón de un torneo de tenis, que ella guardó como una reliquia envuelta en seda. Dos meses más tarde, en la cabaña de nombre La Nariz, él le regaló, como extraída de su arteria aorta y mezclada con sangre, una plumilla de guitarra que todavía seguía guardada dentro de su corazón femenino. Después vino la primera siesta juntos en el castillo de Monterrei, con el primer desmayo sexual de ella; y, luego, llegaron otras siestas, todas maravillosas. Jandro y Bel se prometieron, con la ilusión de dos cigüeñas jóvenes. Construyeron su nido, una casita entre Barcelona y Vallvidrera, donde se prometieron amor eterno. Esa promesa la ratificaron con su boda, la cumbre de sus ilusiones, vividas intensamente durante su luna de miel, apoteósica, como ella le confesara a su madre. Un niño y una niña preciosos completaron la felicidad eternamente vivida, saboreada dulcemente durante seis años de casados.

    La vida de ambos había sido idílica, por eso no podían apartarse del pasado de ambos. Prosiguieron hinchando su alma con aquellos recuerdos maravillosos de cuando estaban casados, recuerdos que nadie les podría quitar, que nadie se atreviera a intentarlo. Esos eran sus recuerdos en colores, unos mimos más dulces que la miel autentica. Así era. Hasta que llegaron los nubarrones y el sol dejó de brillar en sus vidas. Los recuerdos dulces mucho se desean recordar, enmarcar, y a veces duran, mientras que los hechos amargos siempre se pretenden olvidar, pero toda la vida perduran, porque los hechos viven al margen de los recuerdos.

Ellos dos, amargamente, se toparon con el treinta cumpleaños de Bel. Ninguno de los dos lo había olvidado ni podría olvidar jamás. Fue una tarde y noche del domingo, excelsa en disfrute sexual arañado, robado, prohibido, trágico. Ella viviría y recordaría para siempre el gran vendaval emocional disfrutado en la disco El Cielo Total de Barcelona. El huracán de placer sexual gozado por ella en aquella noche doblegó la promesa de fidelidad eterna de Bel a su marido. Ella, transformada en otra mujer, en una hembra que asimisma se desconocía, se convirtió en infiel al olvidarse de su marido en aquella discoteca y prestar solo atención a su piel, mientras su Jandro cuidaba de sus hijos en la casita de ambos. El día siguiente, lunes negro y volcánico, la piel de Isabel se inundó de sexo y placer con su nuevo amor, Víctor, en la Sala V de su trabajo, sin necesidad de haber mediado ni palabra entre ellos dos, puesto que todo era deseo, nada era razonable. Siguió al siguiente día, un martes con cielo tormentoso, la primera escapada de Bel al ático de su amante, que la llenaron y la inundaron de temblores sublimes. Al cuarto día, miércoles trágico, en la segunda escapada de ella al ático de Víctor, los ojos de Alejandro lloraron rabiosamente y con espanto la infidelidad clavada por su mujer, amargamente presenciada y sufrida por él detrás de la ventana, mientras los dedos de este sangraron por la traición padecida. Desde ahí, Bel llenó cántaros de lágrimas por sus sentimientos de culpa, crueles, pero, como decía su padre, un sabio filósofo:

«*Dios nos libre de algo que ya pasó*».

Jezabel continuó dando pinceladas y manotazos sobre su pasado. Sin prisas. No las había. Ella se seguía sintiendo culpable por los miserables actos de infidelidad clavados a su marido, culpabilidad que nunca conseguiría apartar de su ser. Ese sentimiento de culpa tremenda le hacía nadar en medio de una invasión de inocencia y de sinceridad mayor que si hubiera regresado al seno materno, a aquellos dos o tres primeros meses de su vida cuando se formaba en el vientre de su madre.

Por primera vez, desde su treinta cumpleaños, ella sacó el corazón de su pecho, lo depositó sobre la mesilla de centro que estaba en medio de los dos y, con ese corazón libre, comenzó a expresarse en viva voz, con la sangre saliendo por su lengua, para que el hombre que tenía enfrente, al que había amado como nunca había hecho hasta entonces ni volvería a hacerlo, comenzara a oírle:

—Después vino nuestro divorcio y mis penurias económicas. Mis padres se murieron, ¡Dios!, yo los maté del disgusto. Un mes después, el desgraciado que fuera mi amante, por quien yo lo había triturado todo, pretendía que yo reventara dentro de un barco cargado de heroína, pero, con la ayuda de mi profesor, el forense, conseguí enterrarlos a todos. Mi vida cada vez iba a peor. Me metí en la cama con un crío de diecisiete años, fíjate cómo estaba, y, en otra burrada más, me llevé a un policía a disfrutarlo dentro de mi trabajo, como sabes, una guardería, lo que provocó que la directora me despidiera. Sin ingresos ni recursos, una mañana fui al Ayuntamiento a solicitar una ayuda económica, pero también me la rechazaron. Aquello hizo que cayera hasta tocar fondo, tanto que, ese mismo mediodía, cuando yo subía por Las Ramblas, un tío se me acercó y..., ¡joder!, por dos cientos euros, me metí con él en la cama. Fue mi primer acto de puterío. Yo no gocé con aquel tío, te lo aseguro, ni tampoco después con ningún otro que me hubiera pagado, simplemente los dejaba hacer hasta que acababan. Pero, desgraciadamente, ahí empezó la etapa más obscura y negra de mi vida, la cual consistía en sacarles el esperma y el dinero de todos los tíos que se me acercaban. Tal vez no te lo creas, pero para mí fue horrible. Ya con mi autoestima por debajo de mis zapatos, decidí que había llegado al final, que me había cansado de malvivir. Les escribí una carta a mis hijos, bueno, perdona, a nuestros hijos, y me fui a aquel Despeñaperros con la intención de apartarme de este mundo. El resto ya lo sabes.

Volvieron al tiempo presente, a los cuarenta y dos años del notario y a los treinta y nueve años de la heredera. Pero se hizo un silencio largo, frío, denso, también muy tenso. Ellos habían compartido muchas horas y vivencias, pero en los últimos tiempos sus caminos habían divergido, por eso no era nada sencillo hablar con la franqueza y sinceridad que ella había hecho y siguió haciendo:

—Yo nunca encontré el valor para confesarte la verdad de aquellos cuatro días desgraciados, entre aquel domingo, día de mi treinta cumpleaños en el baile, y, aquel... fatídico miércoles en el ático al que tú me seguiste. —Ella hizo una pausa, como dando paso a un punto y aparte —Yo sabía que tú merecías la verdad, pero me sentía tan culpable que no pude, nunca me atreví, si bien tú tampoco me dejaste. Bueno, ya con el tiempo pasado..., eh, si quieres, te lo cuento ahora. Tú tienes derecho a pensar que mis promesas no valen nada para ti, puesto que te prometí mil veces que jamás me dejaría tocar un centímetro de mi piel por otro hombre, y, joder, te fallé de los pies a la cabeza, pero te juro por nuestros hijos que todo lo que te diga aquí y ahora es la verdad, sin esconderte nada, sin quitarte ni añadirte nada, ni siquiera los puntos sobre las íes. —Se le oía a ella con voz rota, los ojos tristes, rebosando pena, angustia, sufrimiento.

—Me lo pudiste contar al llegar a casa, aquella noche de tu cumple y después del baile, pero no lo hiciste, me mentiste. —Clamó él con voz seria, escapándosele algo parecido a una cesta de rencor.

—Lo sé, y lloré muy amargamente por ello. Tú no lo merecías, en nada. Fue indigno. Desde que nos divorciamos, cada día me preguntaba por qué fui tan putanga contigo, si, putanga de puta, con estas cuatro letras. No tenía ni un reproche, ni medio, contra ti. Fui una malnacida. Solo necesité media hora manoseándome con otro tío para acabar tirándolo todo por las tuberías del desagüe. —Así de lacónica recordaba, Bel, Jeza, esa parte de su vida.

—Bueno... —intervino, Adal, Jandro, con la cara escondida entre sus manos —me va a doler horrores, me va a costar muchísimo escuchar según qué cosas, porque yo no tengo alma de mártir. Eh... si quieres cuéntame, únicamente, cuéntame qué pasó aquella noche de tu treinta cumpleaños, cuando se inició nuestra debacle. ¿Por qué llegaste a casa casi a las dos de la madrugada si tú, cuando rara vez salías sin mí, volvías antes de las diez para atender a los niños? Me lo pregunté muchas veces, y también te lo pregunté a ti, pero siempre me lo escondiste. ¿Qué pasó en aquél bar El Cielo? Cuéntame la verdad, la real, la completa, porque si descubro que todavía me mientes soy capaz de tirarme yo por el precipicio de Despeñaperros. Para insultarme con otras mentiras, ya no, ya tuve de sobras en aquel tiempo. —Abrió la puerta de su alma, Jandro, sin dejar resquicios a algo que no fuera la verdad, la verdad sin escondites, cuya postura sorprendió enormemente a la que fuera su mujer, porque contarle todo aquello iba a ser muy difícil, muy incómodo.

—Vale, esto no me lo esperaba, pero te lo cuento con la promesa de que, después tú, me digas por qué fuiste aquella mañana al precipicio de Despeñaperros y, además, por qué después cambiaste tu fisonomía y te volviste totalmente irreconocible. —Jeza viendo que Adal asentía con un gesto de su cabeza, se dispuso a iniciar su relato.

—A ver, si fuera excesivamente cruel con lo que hable, dímelo, pero a estas alturas ya no voy a taparte nada. Además, no voy a contarte la versión ligera, la que le conté con mucha vergüenza y pesar a Luz y a mis padres, sino la verdadera. Tú me lo has pedido y tú te mereces la real, demasiadas mentiras te conté aquellos días como para seguir mintiéndote.

—Verás: como sabes, la tarde de mi treinta cumpleaños me fui a celebrarlo con Luz, bueno, no, con Viva, ese era su nombre entonces, y con la guarra de Laila, al bar El Cielo a tomar una cerveza. Ese era el plan. Allí ellas me bombardearon con cosas como que no entendían que yo me muriese habiéndome tirado solo a mi marido; que unas manos distintas excitan mucho más que las de casa; y, así, otras bombas parecidas. Después, que bajáramos a celebrar mi cumple a la discoteca, El Cielo Total, que había debajo del bar; que, por hacer unos bailes sueltos, ni siquiera agarrados, yo iba a seguir entera para mí marido, para ti; y, así, un largo etcétera. Al final, desde el bar se estaba oyendo un poco la música de la discoteca y... me rendí a la insistencia de ellas y bajamos. No debí hacerlo, puesto que, al principio, a mí me parecía mal que mientras tú, actuando con responsabilidad cuidabas a los niños en nuestra casa, yo fuera a pendonear sin ti a algo parecido a un club de ligue, pero ellas insistieron tanto que bajamos a ese baile. La promesa que me había hecho a mí misma era que, en vez de tomar la cerveza allí arriba en el bar El Cielo, la tomaríamos allí abajo, en la disco El Cielo Total, pero que solo vería la decoración y escucharíamos la música, y que ni siquiera pisaría la pista de baile. Que te lo contaría al llegar a casa y, hasta aquí, no vi nada malo.

Pero, en realidad, aquí comencé a engañarte a ti y a engañarme a mí misma, porque a los cinco minutos salimos a bailar aquella canción de moda en la tele, con la que todos, ellas y ellos, se tocaban las caderas, y, mientras íbamos a bailar, mi conciencia ya me reprochó por primera vez:

«*Tía, ¿no quedamos en que no ibas a pisar la pista de baile?*»

La otra parte de mi cerebro me dijo:

«*Bueno, no va a pasar nada malo. Estoy con mis amigas*».

Nos pusimos a bailar las tres amigas, tocándonos las caderas entre nosotras. Pero, poco después de empezar, sin más, allí en mitad del baile, Laila me presentó al capullo de Víctor. Yo casi ni lo miré, pero él me dio un beso en cada mejilla. Seguimos bailando, tocándome las caderas con mis amigas, pero de repente, noté unas caderas diferentes. Eran las de Víctor. Una voz dentro de mí, que me reprochaba las cosas mal hechas, me dijo:

«*Tía, ¿qué haces tocándote el culo con otro hombre*»?

Yo me conteste, me justifiqué a mí misma:

«*Bueno, esta canción se baila así; lo hacen todos, no pasa nada*».

Claro que todas las que bailaban lo hacían, pero con su marido o con su novio, supongo, lo cual no era Víctor. Y seguimos bailando, hasta que mis amigas desaparecieron de la pista y yo me quedé tocándome las caderas solo con aquel tío. Pensé que Laila y Viva se habían ido al lavabo y que continuaría con ellas, pero no volvieron. Acabó el baile y yo me fui a mi asiento; él vino detrás. Cómo era el único que quedaba libre, se sentó a mi lado. Quedamos bastante apretaditos, porque la butaca no daba para más. Yo pensé en levantarme y marcharme a nuestra casa, que era lo que debí hacer, pues nada de lo siguiente habría pasado, pero... eh... perdí la cabeza y no lo hice. Mi conciencia me volvió a reprochar:

«*Pero, Isabel, ¿ahora ya te estás apretando y refregando con este tío que acabas de conocer?*»

Mi otro lado anticonciencia, dijo:

«*Bueno, es conocido de mis amigas y, a ver, no va a pasar nada*».

Y ahí volví a engañarme y a equivocarme, o, tal vez, yo quisiera equivocarme. El caso es que comenzaron a pasar cosas. Al principio ni le miraba, ni le hacía caso, esperando que llegaran mis amigas, que no llegaron. Pero claro, pasó un cuarto de hora, empezamos a hablar y comenzamos a reír. Ya nos mirábamos con más descaro. Me contó algún chiste; con el último me reí un montón, porque era muy bueno. Hasta que el Víctor aquel pidió unas copas y, con ellas, acabamos brindando «*por los momentos felices*». Sí, sí, de pensar en ni salir a la pista de baile, allí estaba yo, alegre, sonriente, brindando con un tío que me lo habían presentado hacía no más de una hora.

—Y, después de eso, o, mejor dicho, antes de brindar con otro tío por «*los momentos felices*», ¿por qué no te levantaste y te viniste a nuestra casa? —Se interesó Adal que la miraba ya muy cariacontecido.

—Eso pensé yo, de verdad, porque aquella voz dentro de mí volvió a decirme:

«*Tía, ¿qué haces brindando con este? Venías a tomar una cerveza con tus amigas, no a brindar con un ligue*»

Pero, otra vez me contesté:

«*No pasa nada por divertirme un poco en mi cumpleaños*».

—Joder, que burra fui. —Ella respondió con la cara apretada. — Como pude ser tan insensata, pensar que me iba a divertir un poco sin que pasara nada más era de cría pequeña.

—Sí, claro, pero tenías que haberlo pensado antes. —Intervino él ya con malos modos. —Luego ya era el arrepentimiento post – comilona, puesto que de nada valen los reproches después de comerte el pastel.

—Yo estaba, de verdad, un poco incómoda allí. — Prosiguió ella sin responder a lo anterior — Eso era así porque la falda que llevaba, que no era nada corta, puesto que apenas me subía dos o tres dedos por encima de las rodillas, al sentarme en una butaca honda y cruzar mis piernas, se me subió hasta cerca de las caderas. Sin embargo, allí seguí, para desgracia nuestra, porque cuando el Víctor aquel, después del brindis, inclinó la copa para tomar un trago, algunas gotas del líquido de su copa fueron a parar a la parte interna de mis muslos, cerca de mi braguita. Yo descrucé mis piernas como acto impulsivo, pero el problema empezó cuando, antes de que yo intentara secar las gotas de líquido, él sacó un pañuelo y comenzó a secarlas. Al poco, extrajo el pañuelo y se quedó directamente con sus dedos sobre mis muslos, donde comenzó a hacerme una especie de masajes con dos dedos, en forma de ochos, en la parte interna de mis muslos, hasta que acabó rozando y tocando mi braguita por allí... al lado de mi sexo.

Aquello ya bastante revolucionó mi cuerpo, tanto que mi conciencia me volvió a conminar:

«*Joder, tía, te has dejado meter mano hasta adentro por este Víctor*».

Pero, yo seguí justificándome:

«*No pasa nada, ha sido un accidente*».

Claro que no había sido por accidente. Probablemente, él lo había hecho otras veces y le había funcionado siempre, y, conmigo, comportándome como una quinceañera, también. Poco después ya nos mirábamos de otra forma, sin complejos. Luego, cogió mi mano izquierda y comenzó a toquetearla y acariciar mis dedos, hasta que cerró mi mano alrededor de su dedo medio y comenzó a frotarlo hacia adelante y hacia atrás, como si del acto sexual se tratara. Uf, él era guapo, yo lo veía guapo, y allí ya empecé a descontrolarme un tanto.

Pero, seguí mirándolo, cada vez con más descaro y deseo, y de nuevo, me engañé a mí misma diciéndome que:

«Que solo me divertía un poco, que lo tenía todo controlado».

—Empezaste a descontrolarte, pero no te viniste a casa, continuaste allí manoseándote y comiéndote con la mirada con aquél tío, ¿cómo pudiste hacerlo? Tú no eras así. —Formuló, Adal, mucho más incómodo, ya removiéndose en el asiento y sin saber cómo colocarse.

—Pues, sí, desafortunadamente, así fue. Pensaba que no pasaría nada más grave, aunque yo ya estaba un tanto alterada. Sonó un bolero. Él se levantó, tiró suavemente de mi mano con la que estaba jugando y, sin que yo protestara por nada, lo seguí hasta la pista de baile. No le dije: Tío, ¿qué haces?, no, no, ni nada parecido. Fíjate, cogido de la mano de un extraño como si fuese la tuya.

Y otra vez, aquella voz interior mía, me reprochó:

«Niña, esto que haces está muy mal. Te vas a bailar cogida de la mano de un hombre como si fuera la de tu marido. Te estás pasando».

Pero, yo me respondí, otra vez engañándome:

«No pasará nada, bailaremos este bolero y ya está».

No fue así, porque sí empezaba a pasar, pero yo no hacía nada más que justificarme. Empezamos a bailar, prudentes, yo con mis manos en sus hombros y él con las suyas en mi cintura, dejando pasar aire entre los dos. Pero, claro, estábamos cogidos y comenzamos a miramos a los ojos desde muy cerca, casi tocándonos la nariz. Aquellas ya eran miradas lascivas, para comernos. El Víctor aquel me dijo algo que con la música no escuché bien. Yo me incliné un poco para acercar mi oído a su boca y poder escucharlo, pero ya comenzamos a rozarnos las mejillas. Él hizo el resto, dio un paso hacia adelante, una pierna suya quedó entre las mías, lo cual hizo que quedáramos muy apretados, como prometidos, mientras mis manos se fueron a parar a su cuello por el empujoncito suyo. La temperatura corporal empezó a subir.

La voz que me hacía reproches por lo que hacía mal, me recordó:

«*Pendón, estás casada, cuando vas a parar*».

La otra voz, la que me empujaba a seguir, me respondió:

«*Solo van a ser unos apretoncitos de nada, de ahí no va a pasar*».

Pero, no, la realidad no fue esa. Él comenzó a mover una mano por mi espalda; luego, la bajó despacio hasta apretar mis nalgas, donde se detuvo un rato largo. Yo ya estaba en las nubes. Después, subió su mano hasta que presionó uno de mis pechos y, poco después, ya la metió por dentro de mi sujetador, apretándome y pellizcándose mi pezón directamente con sus dedos.

Mientras él repasaba mi pecho, mi conciencia me volvió a recriminar:

«*Pero, pelandusca, ¿te está metiendo mano en las tetas y tú te dejas?*»

Mi otro lado, queriendo minimizar aquello, volvió a decir:

«*Solo me estoy divirtiendo un poco en mi cumple. En un minuto ya me voy*».

Era de risa, de pena, lo que me contestaba, pero allí continué.

En ese punto, yo ya no controlaba mi respiración, porque ahora ya no sentía su contacto y apretones por fuera de la ropa, sino que ya los disfrutaba directamente, su piel con mi piel. Víctor bajó un poco su cabeza y me besó dos o tres veces en mi cuello. Ahí ya empecé a temblar. Acto seguido llevó su mano hasta mis piernas, donde se acababa la falda, y la empezó a subir despacio por la parte interior de mis muslos, casi arañando mi piel. Como yo ya estaba hirviendo y no se lo impedía, desplazó su mano hacia adelante y comenzó a rozarme con dos dedos mi sexo por encima de mi braguita. Él hizo ademán de besarme en los labios, pero yo retiré mi boca, todavía no estaba para eso. Después de un rato, metió su mano por dentro de mi braguita y comenzó a acariciar mi... clítoris, hasta que acabó metiendo su dedo casi entero dentro de mi... sexo.

—Joder, tía, ¿es que te gusta martirizarme? —Exclamó Jandro con ira y con muchas más cosas. La ira sobresalía, pero otros sentimientos, incluso menos nobles, se movían debajo de la alfombra, los cuales se quedaron escondidos, porque Jandro decidió que no era el momento de sacarlos a la luz y al entendimiento.

—¡No, Jandro, por Dios, a mí me espanta contarte esto tanto como a ti! No sé cómo puedo estar contándotelo, pero es que necesito quitarme los coágulos de sangre de mi cuerpo por aquello que te hice, que todavía me están envenenando. Pero, si lo prefieres, me callo.

29   LA MÁSCARA: LOS IMPULSOS

Jandro le contestó a media voz, con las vocales cayéndose encima de sus zapatos.

—Joder, con lo machacado que ya estoy, ahora no voy a quedarme, aquí, en medio. Acaba antes de que me ponga a llorar y me desmorone.

Había algo cierto. Ellos estaban divorciados. Aquello que había sido causa de su separación y rotura matrimonial había pasado hacía más de ocho años, lo cual invitaba a pensar que la dureza y reacciones por lo que se narraba deberían ser menores, no tan airadas.

Él parecía que no deseaba seguir oyendo aquello; ella supuestamente tampoco quería seguir contándoselo. Sin embargo, allí estaban. La una, descargando su conciencia y, el otro, removiendo su espíritu. Jo, no hay forma de saber qué es lo que realmente satisface a los humanos.

Bel lo miró sin saber bien que hacer, pero decidió que ahora tenía que acabar de contárselo, por duro, crudo y cruel que fuera. Que la historia negra de mentiras no podía seguir campando para siempre. Que su exmarido ahora, marido entonces, merecía conocer la verdad completa, sin dejar lugar a suposiciones peores. Que se lo debía contar hasta el final y, solo así, ella tranquilizaría su sentido de culpabilidad que la había atormentado durante años. Una vez contado todo, su alma callaría para siempre y podría quedar más en paz conmigo misma.

Y continuó su relato, sin quitar ni añadir ni una coma, con la herida, todavía un tanto abierta, algo sangrando.

—Aquello..., sus dedos dentro de mi sexo, eh, incendiaron mi cuerpo con virulencia, lo que provocó que él buscara mis labios y, sin remedio, acabáramos los dos entregándonos la lengua como recién casados.

—Entonces escuché, de nuevo, que mi voz interior me advirtió:

«*Tía, esto ya es muy grave, te estás pasando un montón, para ya*».

—Yo volví a engañarme, pretendiendo tranquilizar mi conciencia, puesto que la mitad de mi alma ya bastante me odiaba:

«*Esto ya será lo último, de aquí no pasará*». — Volví a mentirme.

Jo, así se comportan las neuronas humanas. Si quieres puedes, el problema es que no quieres; eso estaría pensando un búho. También lo estaría pensando, en este momento, Adal, porque ya no cabía en el asiento de lo cabreado y maltratado que se sentía.

—Pues, no, no iba a ser lo último. Y dado que el cerdo de Víctor se dio cuenta de cómo me había embalado, puesto que yo con los ojos cerrados jadeaba ya sin control, cogió mi mano derecha, con la que yo le acariciaba su cuello, y me la bajó hasta el cinturón de su pantalón, lo desabrochó y metió la mitad de mi mano hasta cerca de su miembro, pero todavía sin tocarlo. Él se fue con la suya otra vez hasta el interior de mis braguitas y con su dedo medio comenzó de nuevo a acariciar mi... mi clítoris. Me puse echa un flan caliente. Ya no aguanté más. Deslicé mi mano un poco por dentro de su pantalón hasta que me encontré con la cabeza de su miembro, que estaba hinchadísima. En ese estado, dándonos la lengua, con dos de sus dedos dentro de mi sexo y con mi mano frotando el suyo, mi conciencia, que intentaba parar mi calentón y reventón, me advirtió por última vez:

«*Joder, cabrita, esto ya es gravísimo. ¿Cómo se lo vas a explicar a tu marido, a Jandro? Para de una vez*».

Yo, que ya estaba excitadísima, cerca del desborde, ni oyendo el nombre de mi marido, ni oyendo tu nombre, Jandro, pude pararme, solo pude contestarme:

«*Ahora ya es tarde, ahora ya no puedo parar*» — ¡Qué pendón!

—Buf, yo empecé a temblar. Nos ofrecíamos la lengua con desespero. Mi mano apretaba y frotaba su...

palote, mientras él metía y sacaba continuamente dos dedos dentro y fuera de mi sexo, como haciendo el amor, pero con los dedos. Así un rato. Los jadeos y temblores ya se hicieron inaguantables. Ya estábamos llegando al éxtasis. Hasta que encontramos lo que buscábamos. El movió sus caderas para que yo le frotara su sexo más fuerte y rápido, hasta que le invadió un relámpago lento, se encogió la espalda y se vacío en mi mano. Al notar su semen en la palma de mi mano, yo experimenté un estremecimiento intenso, se me contrajo mi vientre, me retorcí por dos veces y me desprendí desesperadamente encima de sus dedos, que tenía dentro de mí. Ambos nos vaciamos como si la humanidad se extinguiera.

En el momento presente, Adaljandro estaba hundido. No estaba. Como si no estuviera. Era un pollo sin cabeza.

Jezabel guardó silencio durante un buen rato. Ahora mismo, estaba mucho más que avergonzada, estaba apenada, desencajada, incluso después de ocho años. Nunca pensó que tendría empuje suficiente para contárselo enterito a su exmarido, porque en su momento, cuando debió hacerlo, no lo tuvo. Lo siguiente que dijo ella, ya lo expresaba más bien en tono de disculpas, de perdón.

—No, no quise parar al principio, cuando podía. No quise porque creía que a aquello lo contralaría, pero no fue así. Me dejé hacer cosas que... diciéndome que aquello no era tan grave y ya sería la último. Cuando me fui cogida de la mano de aquel cabrón de Víctor a bailar, como si fueras tú, me dije a mi misma que parara, que iban a pasar cosas graves, pero me engañé contestándome que bailaríamos aquel bolero y que ahí se quedaría, tal vez algún apretón de su mano, y nada más. Después, cuando me rozó con sus labios mi cuello, él quiso besarme en los labios, pero yo le torcí la cara. Y ahí, equivocadamente, pensé: sólo harás lo que tú quieras y hasta donde tú quieras, pero no, cuando sentí sus dedos dentro de mi sexo tuve conciencia de que aquello ya era muy grave, pero entonces ya no pude parar. Te había prometido mil veces que nunca permitiría que ningún otro hombre me tocaría ni la uña de un dedo, pero ¿cómo, joder, como te contaba lo que hice aquella noche? Mientras tu cuidabas nuestros hijos, yo, la esposa perfecta..., la cagué. No se trató de que nos diéramos un beso robado, no... ¡le entregué mi lengua a otro tío durante media hora, él se descargó en mi mano mientras tenía yo su miembro cogido y, encima, yo me desprendí en sus dedos que él tenía dentro de mí parte más íntima! ¿Cómo le cuentas eso a tu marido que te adora? ¡Eso ya no era explicable por mí, ni era perdonable por ti!

Adaljandro seguía sin estar presente. Sí que lo estaba, pero como si no lo estuviera. Ella sentía una necesidad tremenda de no quedarse nada dentro, de abrir la puerta a todas aquellas verdades que le había escondido y ocultado a su marido, que ella había transformado en mentiras, de forma que prosiguió sangrando.

—Cuando pasa un tren por la vía, nunca pasa sin más, como si no hubiera pasado. No señor. Siempre queda el ruido que genera la máquina al pasar; quedan las imágenes que se desplazan al ritmo del movimiento del convoy; permanece el peso que genera el tren sobre esa vía; pervive un tiempo el rebujo del aire que mueven los vagones al pasar. Sí señor. Todos esos son efectos pequeños y, a veces, poco perceptibles que quedan en las inmediaciones de la vía. Todos eso son efectos de una infidelidad poco traumática, como la que ocurre cuando entre una pareja ya queda poco que perder. Pero, cuando existe amor de verdad en la pareja o en el matrimonio, como era nuestro caso, entonces las consecuencias son muchísimo más graves. El tren descarrila. Los daños materiales suelen ser muy grandes, pero los personales son inmensos, irreparables. Mientras estás gozando con el otro, la felicidad es sublime, pero después, cuando la entrepierna se serena, se te rompen los huesos por lo que acabas de hacer, la espina dorsal se te parte en dos y se te paraliza el cuerpo. Al final, te quedas como sin vida.

Ella tomó aire y continuó. Estaba descarrilando, pero seguía dispuesta a expulsar y limpiar toda la suciedad que aún mantenía por dentro.

—Eso fue lo que me pasó a mí. Tú tienes derecho a pensar y sentir lo que consideres oportuno, pero yo te amaba un montón. Mi problema no fue falta de amor por ti, en absoluto, el problema era que yo empecé a notar cambios en mí misma, no sé, hormonales o algo así, tanto que comencé a fijarme en otros tíos, lo que antes no había hecho nunca, pero sin decírtelo a ti; pensé que sería algo puntual y que se me pasaría, pero no. Fíjate hasta donde llegué que, una tarde, dos días antes del cumple de los treinta, yo venía en el metro, debido a que el coche estaba en el mecánico. Empezó por nada, pero comencé a cruzarme miradas con un tío guapo que iba en el asiento de enfrente. Yo me baje en nuestra estación; el también, aunque creo que no era la suya. Por el rabillo del ojo supe que me venía siguiendo, porque si yo me paraba en un escaparate, él hacía lo mismo dos más abajo. Yo no es que me sintiera asustada ni atemorizada, que va, ya estaba más bien acelerada, excitada. Entré a recoger el pan que Loli nos recogía cada día. Estuve solo un minuto con ella, cuando cada día me entretenía bastante más, pero cuando bajé a la calle, él ya se había ido. Lo busqué con la mirada, pero ya no lo encontré, y aunque yo esperaba que él me volviera a seguir, ya no apareció. Lo grave es que si aquel día yo hubiera ido directa a nuestra casa, el chico aquel seguro que me habría seguido hasta la puerta. Entonces, no sé lo que hubiese pasado, porque yo me había puesto bastante encendida, que se yo, igual le habría dejado pasar hasta el sofá o la habitación. Nunca más lo volví a ver, pero tampoco a ti nunca te lo dije, te lo escondí. Esas cosas que se ocultan, porque a muchas chicas nos pudieran parecer cosas menores, poco importantes, rompen el amor, la confianza y el matrimonio, porque generan fango, crean hábito en mentir. Te acostumbras a esconder cosas, diciéndote que no tienen importancia y, cualquier otro día, ya escondes también las que son mucho más graves.

—Joder, tía, me estás dejando... helado. Aaah, aaah —Reaccionó Adal con dos gritos, saliendo de su estado de «semi sedación» en que estaba. —¿Tú te habrías atrevido a meter en nuestra casa, en nuestra cama, a un tío que hacía un cuarto de hora habías mirado por primera vez en el metro? ¿Me estás diciendo eso?

—Sí, tío. ¡No me grites! Valora mi sinceridad, que te lo estoy contando todo. Se te calientan las bragas. Son actos reflejos, que no dominas. Yo no era así. Tú sabes que durante los seis primeros años de casada fui una esposa modelo... —Estaba rebuscando, ella, a que agarrarse.

—¿Modelo? —Cuestionaba él con furia. —Modelo, y me estás diciendo que habías visto a un tío en el metro y que te lo ibas a llevar a nuestra cama. ¿Una esposa modelo? Y dos días después de eso te fuiste a la casa del Víctor aquel, joder... tú te metiste en su cama, a follártelo hasta hartarte. No me jodas. Si eso es una esposa modelo, ¿qué coño es para ti ser una golfa despreciable?

—¡De acuerdo! —Redondeó ella bastante alterada y con cierta carga de rabia, mirándolo con chispazos de ira y soltando palabra a palabra para dar más valor a lo que salía de su alma. —¡A partir de aquel día de mi treinta cumpleaños dejé de ser una esposa modelo, vale, pero tú deberías replantearte tu parte, porque cuando una mujer se va a buscar algo fuera de su casa, es que alguna cosa le falta en su cama!

Él se revolvió como queriendo dar un puñetazo sobre la mesa. Uf, de las piedras saltaban chispas. Todos queremos oír la verdad, porque la mentira nos ofende, pero que te lo refrieguen por tus morros, ah, a ver quién es el santo que aguanta eso, y, si, además, te acusan de que tú eres el culpable de que tu mujer se vaya buscando fuera lo que tú no le das en vuestra cama, pues como para quedarse tranquilito y sin más. Transcurrió algún tiempo como dentro de un cementerio. Tras varios movimientos sin control en su asiento, de la boca de él salió algo tremendo, algo implacable, aunque aquello pudiera parecerle justo a más de un justiciero:

—Vale, tal vez a ti te faltara algo en nuestra cama, pero, puede que a mí también y, sin embargo, no por ello yo me metí en la cama de otra a comérmela hasta quedar extasiado.

Regresó el silencio. Las razones y las verdades en tu contra duelen, aunque no es igual «torear» tú, a que te toreen a ti. Posiblemente por eso, Jezabel, en calidad de «torera», asumió esto último en mejor grado que si fuera ella la «toreada». Suele pasar, eso pensaron los guardianes del infierno.

Jeza advirtió que Adal estaba desencajado, como si la infidelidad hubiera sucedido esta noche pasada y, por eso mismo, todavía brotara sangre por sus heridas.

—Lo siento en el alma, ojalá me creyeras. Supongo que eso... al esposo, buf, no se le olvida nunca más. —Se le escuchó a ella con medio hilo de voz.

Bel hizo otra pausa y se mordió su labio inferior. No se mordió un ojo porque no podía. Por inercia, continuó:

—Yo no quiero ser cruel contigo. Créeme. Todo eso fue verdad, pero también lo fue que aquella tarde de mi cumple en el baile, después de la... golfada, y en cuanto la euforia de mis neuronas fue a menos, entonces comenzó a aparecer mi razón, y ahí pasé de la gloria del cielo al martirio del infierno, comenzó mi penitencia encarnizada. Me reproché, ahora sí me reproché, saliendo fuego por mis ojos:

«¿Qué has hecho, imbécil? ¿Qué acabas de hacer, desgraciada? ¿Cómo le explicas esto a tu marido?».

A ella todavía le quedaban coágulos que expulsar, y continuó.

—Pero, ya estaba hecho. Me separé del maligno del Víctor aquel con un empujón, recogí mi bolso y me fui corriendo al coche descompuesta. Antes de llegar a nuestra casa me paré en una esquina. Me maldije. Lloré millones de lágrimas. Me repetí muchas veces que tenía que decírtelo, pero cada vez también me repetía:

«*¿Cómo le digo a mi marido, que mientras él estaba cuidando responsablemente a los niños, yo le di mi lengua a otro tío, que ese otro se me vino en mi mano y que yo me desprendí encima de sus dedos? ¿Cómo le* digo que le acabo de poner los cuernos, con todas las letras? ¿Cómo?

Bel retiró de su cabeza el pasado e intentó reencontrarse con el presente. Estaba pálida, muy demacrada. Miró a Jandro que estaba perplejo, más, estaba rabioso, mucho más, estaba moribundo, con orejas de hiena. Eso le pareció a ella. Jeza, reuniendo las fuerzas que le quedaban, comenzó a hilvanar unas frases de amabilidad sincera, tal vez de disculpas tostadas, quizá de perdón quemado.

—Siento la franqueza tan ruin qué he utilizado. No podía esconderte nada. Tú tenías derecho a saberlo. Hace casi nueve años te mentí muchas veces. Ahora no podía volver a hacerlo.

Lo que no supo Jandro era si todo lo narrado por Bel había sido producto de su sinceridad pura, de su frialdad intensa, de su crueldad impía; posiblemente, ella pretendiera redimir sus pecados, bastante sucios, y así tranquilizar algo su conciencia atormentada desde entonces. Sí, sí, pero podía haber sido bastante más sensible y piadosa. Aunque, claro, ¿acaso no es preferible enseñar el hierro oxidado y cochambroso que hay en el balcón, pero real, sin falsedades, que darle una mano de pintura brillante y cubrir sus vergüenzas, como hacemos todos?

Sin embargo, Jandro, que parecía profundamente hundido, derrumbado, fíjate por dónde, se recuperó sorprendentemente pronto de su pozo. Algo impensable e inaudito. O este hombre tenía unas tragaderas muy grandes o era un cínico como un castillo inmenso, puesto que, lejos de insultarla y ofenderla, solo le planteó con bastante suavidad.

—Vale. Dices que estabas profundamente afectada y muy arrepentida. Que no querías perderme. Pero, a los dos días te fuiste al ático...

—No, no fue exactamente así. —Interrumpió Jeza.

—Por lo que me dices, tú no sabes lo del siguiente día. La primera golfada fue la noche de mi cumpleaños en la discoteca. Aquello primero que pasó en el baile, no sé, igual pudiera haber tenido perdón, pero al día siguiente, Víctor vino a mi trabajo, a La Guarde, y allí ya me rompí de tal forma que..., me metió todo lo que tenía. Pasó de todo, hasta donde él quiso. Aquello sí que ya no me lo habrías perdonado.

Jandro se levantó del sofá. Cabizbajo se fue del salón donde se hallaban y estuvo ausente unos buenos minutos. Bel pensó en agarrar su bolso y largarse, pero esa no era una salida que ella procesara habitualmente. Por eso, malgastó aquel tiempo en perder su vista por banalidades, cosas que por allí había, hasta que Jandro, lleno de arrugas, apareció y le reprochó con furia, lleno de ira:

—Hostia, tía malnacida, te relamiste con tu orgasmo colgado del cuello del cabrón del Víctor aquel en medio del baile, te lo callaste, y aquella noche dormiste a mi lado. Al día siguiente, en tu trabajo, te lo beneficiaste a lo grande, me mentiste, y por la noche volviste a dormir en nuestra cama. Joder, si no podías decírmelo después de los atracones, ya que, según tú te sentías tan culpable, ¿por qué no me lo dijiste antes? Al menos habrías sido más honesta y me habrías ahorrado las cuchilladas por la espalda al día siguiente en el ático aquel.

—No, Jandro. —Volvió ella con un tono bastante intenso. —Lo que pasó la noche del cumpleaños en el baile no podía decírtelo antes porque aquello surgió allí. Yo no lo llevaba preparado, ni siquiera imaginado. Si cuando te dejé con los niños en casa y me fui al bar con mis amigas me dice alguien que en una hora te estaría siendo infiel, lo habría mandado al psiquiatra. Pasó en dos horas, sin que yo tuviera ni idea previamente de que fuera a pasar. Después, lo del día siguiente en mi trabajo, fue algo... parecido. Víctor vino sin que yo hubiera quedado con él, ni yo lo supiera y, después... pasó. Yo no podía decirle a Víctor, espérate, que voy a decírselo a mi marido, y después follamos...

—Si tú lo dices. —Formuló Jandro con cara de incredulidad, con rabia incontenida. —Tu soñaste con el tío ese después del baile, en nuestra cama. Deseabas tirártelo, pero me mentiste, a mí y a tu hija, que la utilizaste. Al día siguiente, parece ser que el Víctor ese te dejó un papel en tu trabajo sobre las once de la mañana, con su dirección. Después, te fuiste a las dos de la tarde a su ático. Tuviste tres horas para pensarlo y madurarlo. No me jodas, no surgió de repente. Al otro día, cuando yo ya me convencí de que me la estabas jugando y te seguí, tú ya sabías desde el día anterior que te lo ibas a tirar. Aquellas dos veces no se metió él en tu trabajo, joder, te metiste tú en su piso, en su cama. Y, a pesar de que lo sabías, me contaste el cuento del dolor de cabeza, de los mareos, de la gastroenteritis y de toda esa mierda. Me mentiste en nuestra cama. Ya sabías que te lo ibas a tirar y me seguiste mintiendo. Joder. Habérmelo dicho la noche del baile, que llegaste a casa casi a las dos de la madrugada, y no me dijiste debido a qué. Habríamos roto igualmente, pero me habrías evitado las cuchilladas que me dabas cada vez que veía cómo aquél te la hundía, como tú gritabas de placer cada vez que te empujaba, así como la humillación rastrera de llamarme cornudo en mi propia cara.

Jezabel lo estaba pasando terroríficamente mal. Todo lo que estaba oyendo, siendo cierto, escucharlo del que había sido su marido era muy duro, durísimo. Tomó otra media copa de vino. Tardó un buen rato, hasta que consiguió argumentar con cierta resignación.

—Tienes razón. Ojalá no la tuvieras, porque así yo tendría una excusa para justificarme, pero ni eso, fue una canallada. Te crees que lo tienes controlado, que van a ser solo dos medios besos y unos apretones de nada para divertirte un poco en tu cumpleaños y que, luego, al llegar a casa le pides perdón con un par de besos de verdad a tu marido y, en eso, se queda todo, pero...

—Pero ¿cómo puedes...? Mientras tu marido, yo, hostia, yo, estaba en casa cumpliendo con mi obligación, cuidando de los niños, ¿tú te ibas a un baile, te chupabas la lengua con otro tío, te dabas unos apretones hasta que os moríais y, después, querías arreglarlo con un par de besos a tu marido? ¿Así lo pretendías arreglar? —Gritaba mucho, él, fuera de sí.

—¡No me grites, por Dios! —Los ojos de ella lloraban, centelleantes, salpicaban lágrimas. Pasaron muchísimos segundos. Ella se fue tranquilizando algo y, sin responder a lo anterior, ya que necesitada vaciar la sangre envenenada que le quedaba dentro, siguió su relato.

—Primero, te dices a ti misma que no pasa nada; después, que no es tan grave; luego, esto ya será lo último; y, cuando llegas a la cochinada de verdad, te dices:

«*Para tía, que esto ya es muy grave*».

Pero, entonces, algo dentro de ti te contesta:

«*Ahora ya no puedo parar*».

En ese punto, estás un rato en la gloria, pero cuando acabas, caes en la miseria y te desmayas en medio del estiércol, te hundes en el infierno.

30 LA MÁSCARA: LA RECONCILIACIÓN

Los dos estuvieron un tiempo, mucho tiempo callados. Las alegrías ensanchan el corazón, pero las tristezas encogen el alma. Estaban los dos solos. No había críos de por medio ni nada en que escusarse. Ella se mordió el labio inferior y un poco la lengua. Reflexionó para sí misma:

«¿*Cómo pude hacerle aquello?*».

Con ese «aquello», pensado por ella, se refería a la infidelidad atroz, sin justificación alguna, que le había acuchillado a su marido.

Él pestañeó y recordó con rabia:

«¿*Cómo pude hacerle aquello?*».

Con ese «aquello», pensado por él, sentía aquel amago de violación atroz, cobardemente intentada, sobre su exmujer.

Los dos miraron hacia diferentes lugares, para que sus miradas no se cruzaran, sabedores de los pecados por cada cual cometidos. No obstante, dado que todo tiene su fin, Jezabel volvió a desatar sus alforjas y de las mismas comenzaron a desgarrarse algunas mentiras que, en su día, le habían infectado su alma.

—Jandro, hace unos minutos dijiste que, al día siguiente de mi despropósito en La Guarde, el desgraciado de Víctor me había dejado un papel con su dirección para que fuera a verlo a su piso por la tarde. Pues el resultado sí era ese, pero la forma no, porque no fue así. Esa versión fue la que yo conté alguna vez para rebajarme parte de culpas, pero la realidad es otra.

Ella observó a su exmarido, para cerciorarse de cómo estaba. Continuó:

—A mí aquella parte de la historia me dolió mucho porque te mentí vilmente y, ahora... no quiero dejar pasar más tiempo sin decirte la verdad, porque aquellas mentiras me están envenenando incluso la médula. —La cara de Bel era un poema agrio, era un cuenco de limones verdes —Verás, al día siguiente de mi primera golfada en la discoteca El Cielo Total, ya te admití que... Dios, no sé ni como decírtelo. Yo estaba en mi trabajo, me giré y me encontré a un metro al mierda de Víctor y, allí, sin decirnos nada más que una mirada eterna y una sonrisa dulce, yo me rompí y nos hicimos de todo. Mientras yo estaba estirada encima de la mesa y antes de que él se marchase, me dejó encima de mi pubis una tarjeta de visita, que yo recogí y después metí en un bolsillo, simplemente para que no se quedara allí en la sala. Lo siguiente ya lo vivimos en nuestra casa. Podrás comprobar que no te miento, que pasó así:

—«Por la noche, yo recogí la ropa que había llevado puesta durante el día y, mientras la llevaba a la lavadora, la tarjeta de visita de Víctor se me debió caer en el recorrido desde nuestra habitación hasta el lavadero. Tú la encontraste en el suelo y viniste con ella al baño donde yo me estaba duchando. Me dijiste:
[—Cariño, en el suelo estaba una tarjeta de visita que debe ser tuya, porque mía no lo es.]
—Yo no caí en aquel momento, por eso no dije nada. Así que tú seguiste hablando:
[—La tarjeta es de un tal Víctor Sousa. ¿Le conoces?]
—En aquel momento yo estaba enjabonándome en la ducha. Cuando te oí a ti pronunciar el nombre de Víctor, con el que yo me había enroscado dos veces en los dos últimos días, el jabón se me quedó pegado a mi piel. No pude decir nada. Me giré en la ducha y te di la espalda para que no me vieras llorar. Entonces tú continuaste:
[—Aquí, en la tarjeta dice que ese Víctor es el gerente del bar El Cielo y de la discoteca El Cielo Total.
—Fuiste leyendo tú, y añadiste— ¿No fue a este bar, El Cielo, a dónde fuiste antes de ayer a celebrar tu cumple con tus amigas?]
—Yo ya estaba desesperada porque no sabía cómo salirme. Buf. Antes de irme a celebrar el cumple con Laila y Viva, recordaba que te había dicho que sí, que iríamos a tomar una cerveza a ese bar, por eso, yo ya no te lo podía negar, no tenía forma de esconder que

la tarjeta de visita la había traído yo, y entonces... te mentí más que una embustera compulsiva, me inventé que en La Guarde iban a cambiar las máquinas de bebidas y como en ese bar compraban mucha cantidad, ellos nos servirían esas bebidas a mucho mejor precio. Joder, que marranada me inventé.

[—Pero ¿eso de las bebidas no es una función de Pilar, la directora de La Guarde? —Me preguntaste tú con la tarjeta en la mano.]

[—Sí — te aseguré yo — pero Pilar no estaba y lo atendí... lo tuve que atender yo.]

—Tú no dijiste nada. Supongo que, como aquello era posible, te lo creíste. Seguiste leyendo la tarjeta.

[—Y aquí abajo aparece una dirección postal escrita a mano que supongo lo hizo este Víctor: calle de la Vida Alegre, número 9, ático. Y debajo, dice: a las 14:00 horas. Esto parece una cita en toda regla, ¿no? — Expresabas tú, mirándome fijamente a través de la mampara de la ducha].

—Mis piernas ya no me aguantaban. Claro que aquello era una cita en toda regla. Supongo que tú ya empezabas a ver fango. —Reconocía Jezabel —Y tenías razón, pero tú me querías, confiabas en mí, te resistías a admitir que yo te la estuviera jugando. Por eso dicen que «el marido siempre es el último en enterarse».

Yo lo estaba pasando fatal. Ya no aguantaba más la presión. Aquellas mentiras que te colocaba, tanto de la tarjeta como de otras, me estaban royendo la espina dorsal, así que me descargué la ducha por encima de mi cabeza para que con el chorro se fueran también mis lágrimas que eran tan abundantes como el agua que caía.

—Ah, ya, ahora ato la cuerda. —Sonaba duramente la voz de Adal —Yo empecé a sospechar que algo estaba pasando los últimos días que antes no pasaba, porque el domingo, en tu treinta cumpleaños, te habías ido antes de las 19:00 horas y habías vuelto de ese bar El Cielo, tu sola, bueno, sola no sé, sin mí, a las 2:00 de la madrugada, de lo cual no me dijiste nunca nada convincente. El lunes encontré una tarjeta de visita en el suelo con el nombre de Víctor, como gerente del mismo bar El Cielo y, además, conteniendo una dirección particular y una hora escrita a mano, que tenía toda la pinta de ser una cita. Joder, pero incluso así, yo confiaba ciegamente en ti, por eso me lo tragué y quise pensar que lo que decías de las bebidas era cierto. ¡Qué pardillo fui yo, uf, y que víbora fuiste tú!

—Te aseguro que mientras tú estabas en casa, aquellas mentiras me rompían en pedazos el corazón — Sufría Jezabel — Ojalá me creyeras, pero cuanto tú ya te marchabas a tu trabajo, el cerdo del Víctor aquel se me volvía a meter en mi cabeza y ya me olvidaba de ti y de todo. Tanto perdía la cabeza, que después que tú te fuiste a trabajar al día siguiente, yo me fui al salón desesperada a buscar la tarjeta de visita con la dirección de Víctor. La encontré en el recibidor y, como que mi cuerpo solo me pedía volver a enroscarme con «el chulo de mi amante», me llevé un alegrón de los grandes, tanto que hasta le di un beso a la tarjeta —Hizo un paro ella, casi sin creerse que pudiera estar pronunciando esas palabras tan despiadadas.

Los dos estaban hundidos, pero por causas diferentes. Ella continuó destripándose.

—Buf, yo sentía que cada vez te estaba traicionando más, porque el domingo en el baile me dejé llevar y... al llegar a casa no pude confesártelo; pero es que el lunes en La Guarde, ya me dejé hacer de todo y, entonces, sí que ya no tenía perdón posible, porque ya era reincidente y, además, sabía que volvería, por eso ya dejé de plantearme el decírtelo; y, el martes, aquello ya era sangrante, puesto que fui yo la que me metí en casa de aquel Víctor a comérmelo con desespero. ¿Cómo iba a decírtelo? Dios mío, ¿cómo iba a decirte que me había ido más de tres horas a follarme a mi amante como una loba y, que después, podía volver a nuestra casa como si nada? Yo no había estado todo el día trabajando como tú. Joder, ¿cómo se le dice eso a tu marido que es un santo?

Jezabel, con los ánimos por debajo de la alfombra, se tomó otra media copa de vino, y aunque era un vino de la comarca amiga de Monterrei, era vino, por eso comenzó a sentirse alegrita. En todo caso, la ocasión lo necesitaba. Estaba confesándose con su exmarido, con toneladas de pesar, sangrando como en un sacrificio. Ahora bien, poder sincerarse sin que los gritos hundieran la casa, era lo menos malo que le había pasado en lo que llevaban de año. Ella se seguía flagelando, tenía que purgar sus venas. Le reconoció:

—Lo que nos trajo mi infidelidad fueron situaciones espantosas. Recuerdo un mediodía, una semana después de... aquello del ático. Yo estaba arreglándome en el baño para ir a ver a..., al cerdo de mí amante. Tú hijo entró y me preguntó si yo iba a ver a papá. Me sofoqué. A Albor no podía mentirle, por eso le dije que no, que iba a ver a... un señor, como si aquel cabrón fuera un señor. Luego me volvió a preguntar si su papá era «malo», yo le dije que no, que era muy bueno, pero él, con muchísima más inocencia y decencia que yo, me preguntó de nuevo por qué iba a ver a otro señor y no a su papá. Aquello me hundió, se me murió la mitad del alma.

A Jeza se le escaparon centenares, millares de lágrimas. Estaba destrozada. Esta vez no fingía. Era muy fácil sentir como la verdad circulaba ahora por sus venas. Además, esto último estaba relacionado con sus hijos, lo cual propiciaba un mundo de emociones y, también, de mayor cercanía. Jandro, viéndola tan afligida, tan desmoronada, se acercó con cautela al sofá donde ella estaba, se sentó a su lado y le puso su mano sobre su hombro con total suavidad. Aquel gesto era conocido por ella. Bel lo agradeció, mucho. Le invadió la tentación de acurrucarse entre el pecho y los brazos de él, tal como habría hecho antaño sin pensarlo más de una vez, pero se contuvo. Él ya no era su marido, no era el momento. No lo era todavía. Pero si le dijo, con voz bajita, cerca del oído:

—Y, esto que nos estamos diciendo ahora, tomando una copa de vino, ¿por qué no nos lo hemos dicho antes? ¿Por qué nos hemos callado y nos hemos mentido y navajeado?

—Porque el ego nos come y corroe. Yo no te habría perdonado tu infidelidad, así como tu vida en la prostitución, si yo no me hubiera comportado cerca de como lo hace un violador, un asesino. —Reflexionaba, Jandro, con pesar, con quintales de tristeza.

—En eso estamos de acuerdo. —Admitió, Bel, cabizbaja. —Probablemente, yo tampoco te habría perdonado tu comportamiento similar al de un agresor sexual, al de un homicida, si yo no te hubiera puesto los cuernos tan sangrantes y miserables, ni me hubiera dedicado a vivir dos años de los tíos.

Volvieron a guardar silencio. Se miraron, pero ahora desde una distancia mucho más corta, desde donde los ojos no pueden esconder nada. A ella no se le pasó por alto aquello que Adal había dicho:

«...*yo no te habría perdonado tu infidelidad...*».

En forma automática, se preguntó para sus adentros:

«*¿Es que me ha perdonado?*»

Esto provocó una casi imperceptible sonrisa de alegría que salía del medio de su alma. Con los ánimos a un mejor nivel, ella le ofreció:

—Si tú te tomaras otra copa de vino, de este bueno de Monterrei, yo casi me atrevería con otra. ¿Me vas a dejar sola?

—Por supuesto que me atrevo con otra copa. Cuanto me arrepiento de haberte dejado ocho años sola. Cada vez que ahora te veo me cuesta más marcharme y dejarte sola.

El sentimiento de alegría retornó a los labios de la mujer. Era como el día anterior a su boda, pero tuvo que contenerse. Él descorchó una nueva botella, casi llenó los dos copones y brindaron. A él no se le ocurrió nada para el brindis, como siempre. Ella, que conocía que él era así, después de mirarlo y sonreírle, atinó a decir:

—Por una vida sin máscaras —suspiró y levantó ella su copa.

—Por una vida sin mentiras —remarcó él, levantando su copa.

Seguidamente, Bel, rebajó un peldaño la euforia al verter unas gotas de agua sobre el fuego, diciendo:

—Sobre eso del ego y el perdón, no son comparables las culpas mías de infidelidad y de prostitución, aunque duelan, pero mucho más pequeñas, con las tuyas de violación y asesinato, mucho más graves, creo yo.

—Si lo sé. —Replicó Jandro sin necesidad de pensarlo mucho, ya que ahí estaban dentro del terreno jurídico y, ahí, él se movía en su hábitat —Vale, si se miran los hechos intrínsecamente, lo que yo llegué a pensar en Despeñaperros era una abominación; pero, si comparamos lo mío, eso que tú apuntas, violación y homicidio, que, estirándolo mucho fue solo en grado de tentativa, ya que con el pensamiento no se delinque, con lo tuyo, puesta de cuernos y ejercicio de prostitución, pero en grado consumado, entonces la cosa se iguala bastante. Por otra parte, has de reconocer que lo tuyo fue primero, mientras que lo mío, aunque pudiera calificarse como más grave, fue posterior, fue consecuencia de lo tuyo.

Ella mostró su disconformidad, manifestando con cierta firmeza:

—Eso que dices, por muy jurista que tú seas, no lo comparto. Yo te ofendí con la infidelidad y eso fue primero en el tiempo, de acuerdo. En cambio, aunque aquello de la prostitución no te guste, entiendo que no te guste, no tienes derecho a reprocharme que yo ejerciera de prostituta, puesto que ya hacía dos años que nos habíamos divorciado. Aquella ya era solo mi vida, a ti no te incumbía. Sin embargo, tú venías decidido a follarme, y por si yo no te hubiera dejado, a forzarme. Joder, y si hubieras llegado a esto, quien sabe si me hubieras tirado por el precipicio. O sea, que no compares lo que yo hice, ponerte unos cuernos, aunque fueran muy sangrantes, con lo que tú podías haberme hecho, violarme si me hubiera resistido.

El aire era muy denso, tanto que se podía coger a puñados. Las caras mostraban una seriedad extrema. Primero, ella se fue al servicio, sin saber a qué. Luego, él dio alguna vuelta por su cocina, sin traer nada consigo.

Pasó un cierto tiempo. ¡Qué más daba cuanto! Se sentaron. Otra copa de vino y algún simple intento de gracia sirvieron para que asomaran algunas sonrisas. Otro poco tiempo más y, su pasado matrimonial y su predisposición presente hicieron que arrinconaran la valoración de los delitos cometidos.

Jeza, recordó de repente, algo que debía hacer. Sin complejos, agarró su bolso, sacó una cajita acolchada sobre la que descansaban tres cápsulas, la mitad de color rojo y, la otra, negro, con dos inscripciones lateralmente. Una, la fecha de caducidad. La otra, unas iniciales mayúsculas: SKM27K.

—Para que no se me olvide; mejor deje ahora la cajita encima de la mesa. Son las raciones de hoy y de los dos días siguientes. Después debo tomarme una.

Jeza volvió a traer a sus hijos a colación. Lo hacía siempre que podía, pero esta vez era para culparse nuevamente, aunque después reaparecieron algunos reproches.

—Es muy cierto lo que apuntaste. Lo que yo hice la noche de mi treinta cumpleaños, decir que a nuestra hija la iban a secuestrar, poniéndola como testigo, cuando realmente se trataba de mi sueño de lujuria con Víctor, en nuestra propia cama, aquello fue una marranada, una ruindad por mi parte. Pero, desgraciadamente, no fue aquella sola. Fíjate. Yo tuve fibras para serte infiel. Y lo tuve porque mientras mi cuerpo estaba encendido, lo importante era mi deseo, mi piel, mi incendio, ya que ni mi marido, que eras tú, podía pararme. Sin embargo, cuando el incendio iba a menos y ya solo quedaban las brasas, entonces ya no mandaba mi piel, que ya estaba saciada, entonces empezaba a imponerse mi razón y de nuevo pensaba en mi marido, en ti, cuando ya era tarde. ¿Cómo le dices a tu marido enamorado de ti, que daría su vida por su mujer, que le acabas de poner los cuernos hasta reventar? Yo sabía que te iba a hacer muchísimo daño, más que si te quedaras en una silla de ruedas, por eso no supe cómo decírtelo y te lo escondí. No pude evitar ponerte los cuernos, pero si pude evitar hacerte ese daño diciéndotelo.

—¡Que cruel fuiste conmigo! —Reaccionó el exmarido —Si me lo hubieras dicho cuando llegaste a nuestra casa, aquella misma noche de tu cumple, de la ira me habría comido un sofá entero, pero me hubieras evitado los sapos y humillaciones que tuve que tragarme en aquel ático asqueroso. ¿Crees que eso me hizo menos daño?

—No, claro que no, pero yo no pude mirarte a los ojos y decírtelo. Tuve ovarios para serte infiel, pero no los tuve para decírtelo. Entre que no quería perderte y...
—Pretendía escudarse ella.

—Hostias, Bel, no querías perderme y por eso me dijiste en aquel ático, en mis narices, en mis cuernos:

«jódete... cornudo...».

Jezabel entró en «modo desarmada». De un lado, le gustó volver a oír su nombre de casada, Bel, aquel que solo oía de su marido, pero de otro, se llevó el mayor tirón de orejas de su vida, porque aquello de «jódete, cornudo» largado por su propia mujer a su marido, aunque hubiera sido inconscientemente dicho, era insoportable.

—Lo siento, lo siento... —Mucho lagrimeaba ella con absoluto pesar, como si aquello hubiera sucedido en la noche de ayer. —Quiero decir que lo sentí en todo mi ser. Aquella fue la mayor barbaridad verbal que yo dije en mi vida. Siempre será mi cruz y mi castigo, nunca me podré librar de aquello.

Los hechos que se estaban confesando eran durísimos. No obstante, esa sinceridad descarnada ayudaba, sin duda, a regenerar confianza, porque la confianza es el sinónimo perfecto para posibilitar cercanía, para que las semillas germinen, broten y se conviertan en fruto.

Pero, claro, que el humano más atrevido conteste a la primera pregunta que sigue:

¿Cómo un marido cornudo transforma el odio que siente, debido a unos cuernos humillantes puestos por su mujer, y consigue cambiar ese odio por... al menos, algo de afecto?

Y seguidamente, que el humano más sensato conteste a esta segunda pregunta:

¿Cómo una supuesta violada transforma el odio que siente debido a una violación intentada por su propio exmarido y, ese odio, lo cambia por..., al menos, algo de afecto?

Y, ahora, que a la tercera pregunta nos conteste el mismísimo jefe del cielo:

¿Cómo se transforma ese odio, que el esposo y la esposa mutuamente sienten, en un estado de atracción y aceptación serena?

¿Cómo? Uf, ni el que más conocimiento tiene, como se le supone al presidente del cielo, tal vez ni él sepa cómo hacerlo.

¿Tiempo? Tal vez, pero desde aquel treinta cumpleaños, momento de la infidelidad humillante, así como, desde aquella intentona macabra de violación en Despeñaperros, ya habían pasado nueve y seis años, respectivamente. E incluso así, entre ellos todavía se mantenían ciertos velos que les impedían ver el bosque con total claridad y definición. Con todo ello, y aunque cada cual sabrá su grado de picazón en su propio cuerpo, era innegable que los dos estaban contentos por lo que se habían acercado. Claro, la situación era diferente en cada uno. Mientras Jezabel casi acababa de ver cómo su exmarido se deshacía del pasado reciente, Adal hacía más de tres años que podía contemplar a la mujer que había sido su amada, calladamente, pero había tenido tres años para ir limando algunas asperezas. También era verdad que, mientras Isabel, con treinta y cuatro años había sido una apisonadora sexual, sin embargo, la Jeza actual se había convertido en una mujer parecida a una virgen arrepentida. Es más, un año después del encuentro en el embalse, ella se convirtió en una santa y casta, sin anhelo sexual alguno. Sin embargo, ella siempre creyó firmemente que su exmarido había muerto, que ella le había dado muerte en Despeñaperros, lo cual era sumamente impactante, ya que ahora, desde hacía poco más de una hora, ella se había despertado de un letargo de nueve años. El hombre que había sido el amor de su vida volvía a estar allí, en carne y hueso, y le sonreía, parecía que él le había perdonado la infidelidad más atroz que una mujer puede hacerle a su hombre y, a su vez, ella se había mucho olvidado de aquella tentativa, amago, como decía él, de violación asquerosa.

Siguieron hablando, de cualquier cosa, daba igual. Prosiguieron tomando vino, de la comarca de Monterrei, que no daba igual. Ella levantó la cabeza y con su mano intentó recoger aire y empujárselo hacía su interior, especialmente hacía su cabeza, que comenzaba a dar algunas vueltas en aviso de lo que podría avecinarse.

—Uf, me he pasado. Creo que he comprado una media borracherita. —Continuó Jeza expirando sinceridad, riéndose a carcajadas.

Ella sintió necesidad de ir al baño. Las náuseas fueron en aumento. Consiguió ponerse en pie, pero empezó a tambalearse. Adal la cogió por la cintura y la sujetó. Se la llevó medio en brazos al cuarto de baño. Con la cabeza encima de la taza del inodoro, ella comenzó a desbeber el vino. Todo le daba vueltas.

Cuando ella ya se había librado de parte del vino que contenía su estómago, consiguió levantar su vista y vio allí a su exmarido, sujetándola para que no se cayera de cabeza y soportando los olores feos de la vomitera. Ella comenzó a sentirse un poco mejor, con más fuerzas y ya con equilibrio. Sintió un poco de reparo verlo allí, con su cabeza a muy poca altura, encima de la taza del retrete, así que le pidió a él, por favor, que regresara al salón, que ya estaba mejor y pronto iría con él. Él insistió en acompañarla, pero ella le hizo ver que se sentiría más cómoda ella sola en aquella situación, que en diez minutos iría, que se encontraba ya mejor, que si lo necesitaba lo llamaría.

Él se fue al salón. Removió su pasado, arañó su conciencia y se puso en marcha. Cogió la cajita de las cápsulas SKM27K que le recetara el forense a su exmujer, las cuales pretendían protegerla a ella de contagios bacteriológicos varios. Tal vez él pensó que su exmujer se estaba envenenando con unas cápsulas innecesarias, puesto que la cirugía de su clítoris la inhibían a ella de todo deseo y lujuria. Su lívido estaba congelado.

«Si no había reacción, tampoco había infección» —Pensó él.

Adal separó las dos mitades de cada una de las tres cápsulas y vacío su contenido, el polvo con el principio activo. Se fue a la cocina y tiró el producto en polvo dentro del recipiente de las sobranzas situada debajo de la fregadera, pulsando el botón para que el sistema lo enviara todo por el desagüe. Volvió a cerrar y ajustar las dos mitades de las tres cápsulas y, hecho, se quedaron esas tres cápsulas en la cajita igual que antes, solo que ahora sin el principio activo, ineficaces totalmente, era como tomar un trozo de plástico vacío, sin más.

Vino Jezabel. Él se interesó por su estado. Ella le aseguro que mejor, pero de vino ya nada más. Hablaron de cosas menos trascendentales. Después de media hora, ella se tomó una de las tres cápsulas de la cajita con un vaso de agua. Guardó la cajita en su bolso para administrarse las otras dos en los dos días siguientes.

Seguidamente, él si entró verbalmente en algo trascendental:

—Ahora que nos hemos liberado de muchas cosas, espero poder ver a mis hijos, a nuestros hijos, Aurora y Albor, en mejores condiciones, no como antes, que los tenía que ver a distancia. —Formulaba, Adal, con vehemencia.

—Claro que sí, por supuestísimo que sí. Cuando vuelvan a ver a su padre, a verte, eh, para ellos va a ser inolvidable. —Aseguraba, ella.

Jezabel manifestó que era hora de irse. Adaljandro la llevó en su automóvil a casa de ella. Antes de despedirse, ella lo miró con muchísimas ganas de no volver a equivocarse, de no decir palabras huecas, que son tan ligeras que la brisa se las lleva consigo, pero, esta vez, suspiró y se le oyó.

—No tengo ánimos ni intención alguna de volver a mentirte. A parte de la borracherita, ¡que mal!, te aseguro que ha sido mi mejor noche desde hace diez años. —Seguía su exmujer rezumando sinceridad.

No eran exactamente diez años, eran casi nueve, aunque se le podría perdonar el redondeo. Se refería a las noches mal dormidas desde su divorcio, en las que nunca volvió a sentir la paz que de nuevo pudo gozar su ser durante las horas en que Adaljandro, Alejandro, se quitara su máscara. Habían sido palabras muy incómodas, sin piedad, que habían creado situaciones durísimas, pero la paz grandiosa que ahora reinaba en su alma valía mucho más que los sufrimientos anteriores soportados.

    Se dieron un beso en las mejillas, con ternura, sentida. Los dos hubieran preferido otro tipo de beso, pero todavía no podía ser, el trigo aún estaba un tanto verde. Se desearon buenas noches. Cuando ella se acercaba a la puerta de su casa, se giró, convencida que él la seguía mirando. Y así era, las chicas nunca se equivocan en esto. Ella le dedicó una media sonrisa, para no hacer la despedida excesivamente cálida ni tampoco fría, y le amenazó:

    —¡No se te ocurra volver a ponerte esa máscara!

    Cerró la puerta de su casa y se perdió su imagen.

31 LA CARTA: SUS HIJOS

Jezabel estaba enfrascada leyendo unos informes sobre la viabilidad en la compra de una compañía de la competencia. Levantaba la vista a menudo de los folios y no acababa de concentrarse en su contenido. Los acontecimientos de la noche de ayer, con la reaparición de su exmarido, la estaban sacando de su sitio, de su entorno, de todo.

Sonó su móvil personal. Pensó:

«*Será la loca de Luz que habrá visto al Nilo ese. ¿Qué tendrá?*».

Pero, no. En la pantalla del dispositivo, leyó: «Adal».

—Hola, Adal, ¿cómo estás?

—Hola, Bel. Bien, ¿cómo estás tú?

Los dos se dieron cuenta de que él no la había saludado con su nombre actual de Jeza, sino con su anterior de casada, Bel. Sin embargo, él no quiso rectificarlo, ni ella tampoco lo interesó, antes bien le gustó lo suyo.

—Oye, ¿qué sabes de nuestros hijos? —Preguntó rápido él.

—Están muy bien, tranquilo, esta mañana, antes de que entraran al cole, hablé con ellos. Se quedaron en la residencia de Culto. Bueno, ya sé que para ti es duro, pero hazlo por ellos. Tal vez no sería lo mejor que los llames desde aquí y les digas que has... resucitado o algo así. Aguanta, por favor. Yo, no tardando mucho, debo volver a ese satélite. Te vienes conmigo y estás con ellos cuanto quieras. Se pondrán locos de contentos.

—Vale. Aguantaré. ¡Jo, que ganas tengo! En otro orden de cosas, ¿has dormido bien? Anoche me di cuenta de que estás enamorada... del vino de tu tierra, de Monterrei. —Recordaba Adal con algo de malicia, aunque ella pensó que no se iba a referir al vino.

—Uf, sí, me pasé. Supongo que no me llamas solo para reírte de mí por la trompeta de ayer, ¿no? —Se hizo ella la víctima y, de paso, hurgaba algo del futuro.

—No, bueno, es por nuestros hijos, por lo graciosa que ayer estabas con la trompetilla que tú dices, y por algo que tengo, que es personal tuyo y supongo que querrás saberlo. —Se le oyó a él un poco más serio.

—¿Personal mío? Pues no sé. Supongo que sigues teniendo cosas mías, pero, ya me dirás qué...

—Oye, hoy es viernes, y... podría pasar por tu casa hacia el anochecer. Yo me conformo con un vaso de agua, y así te llevo esto que es tuyo y de nuestros hijos. —Ofrecía y se autoinvitada Adal.

—A las nueve. —Dijo, Jeza, simplemente. Y cerró la comunicación, sin más. No hacía falta, se habían conocido mucho; bueno, tal vez no tanto.

A Jezabel le salían los pensamientos contradictorios por los dos oídos. Por uno, le salía que las cosas volvían a ir demasiado de prisa. Por el otro, que él había sido su marido, que ojalá no fueran tan despacio. De momento, cogió su móvil personal, fue a contactos y buscó el nombre de «Adal». Lo editó y lo sustituyó por el de «Jandro».

«*Ya está. Me gusta más así*». —Se regocijó ella.

Cerca de las diecinueve horas, Jeza se propuso entrar en la ducha. Inicialmente pensó que era muy pronto, pero después se dijo:

«*No, no es tan temprano, necesito tiempo para arreglarme*». —Se dijo ella para sí, removiendo actitudes como si la vida comenzara en ese preciso momento.

Alguien podría contestarle: Vale, chica, vale. Cualquiera diría que es tu primera cita. Es el hombre que fue tu marido, con el que te has acostado durante seis años. Es el que, según tú, has amado hasta con los pies. Es el mismo que te regaló dos hijos. Ahora bien, por el hecho de que él viene a verte esta noche, ¿no estás exagerando? ¿Necesitas más de dos horas para arreglarte?

Ella podría rebatirle: Pues sí, lo perdí una vez y no volverá a pasarme. Era el mejor y lo sigue siendo. No encontré ni encontraré a otro como él.

Llegaron las veintiuna horas. Él llegó puntual, como de costumbre. Con ropa algo informal, pero elegante, como era usual. Guapo, deseable, como siempre.

Ella abrió la puerta. Se quedó parada enfrente de la misma, esperando que todo estuviera en su sitio. Él la miró de abajo hasta arriba. Ella sabía que él lo haría. Bel llevaba puestos unos zapatos de tacón alto, que, aunque no iba a salir por la calle y hacía cinco siglos que no se ponía, esta vez sí le apetecía; un vestido negro, desde los pies hasta el cuello, elegantísimo, con los hombros desnudos, pero sin escote ni oberturas, para no provocar excesivas expectativas; un cabello sedoso, recogido, para que nada estorbara; unos ojos muy abiertos y radiantes, solo con un milímetro de raya; una sonrisa que no cabía por la puerta de entrada de lo grande que era.

Con la primera mirada se destaparon algunos recuerdos:

«*Virgen de la Luz, ¿cómo he podido cambiarlo por otro?*»

Así se reprendió, ella, mordiéndose su lengua y sus encías.

«*Dios, ¿cómo he podido arrinconarla y perderla?*»

Así se recriminó, él, rechinando sus dientes y aspirando hondo.

Así se vivía entre dos humanos. En el metaverso difícilmente entenderían lo que estaba pasando. Un alienígena, más allá del universo, pregonaría sobre una rosa de los vientos:

«*Como pueden los humanos ser tan burros y tan cerditos. Tienen agua clara y fresca en casa, pero se van fuera a embadurnarse en una charca maloliente*».

Pues, sí, así había sido. Con mentiras frías, con cuernos calientes, con violaciones intentadas y con odios desacerbados.

Ella despertó primero. Se dio cuenta que llevaban un rato en la puerta, allí parados, hasta que le ofreció amablemente.

—Pasa, no necesitas un tique de entrada.

—Debí vestirme mejor. Desde que tú no estás, yo no sé vestirme. Tú sí que lo sabes hacer. Estás espectacular, uf, aunque sin trapos... —Se le escuchaba a él, que hablaba con voz tenue. Con esa voz con la que nunca se ofende al que escucha.

—Ah, sí, lo sé, sé lo que quieres decir, recuerdo esa frase tuya:

«Que los trapos son un estorbo; que sin ellos yo estaría mejor». —Resiguió, ella, con una mirada y sonrisa bastante maliciosas.

—Es cierto. Yo no adultero las palabras. Con trapos estás impresionante, pero sin ellos estarías, cómo decirlo... sublime. —Le salió a él sin esfuerzo alguno.

—Anda, anda. Sin trapos, ahora no puede ser, Jandro. —Mientras decía lo anterior, ella, tendiendo su brazo y su mano, le ofreció asiento con mucha suavidad.

—Pues, Bel, en aquella época de casados estuviste miles de veces sin trapos conmigo. —Expresó él mientras buscaba el asiento ofrecido que estaba justo delante suyo.

—Sí, también lo sé, pero como hice muchas barbaridades al final de esa época, ahora no puede ser. ¿Qué es eso tan importante que querías darme? —Movió ella el timón del barco para dirigirlo a la ruta que, aparentemente, más le convenía. Él se resignó. Puso cara de entrar en la vía propuesta.

Sin esperar respuesta, ella desapareció un pequeño tiempo. Trajo dos copas grandes de cristal con una botella de vino tinto, como no, de la comarca de Monterrei. Mientras ella acercó dos tostas de pimiento asado con una base de aguacate, algo para entretener, él abrió la botella y medió las dos copas de vino. Una vez sentados, Jandro contestó la pregunta anterior.

—Pues, hace algún tiempo que la tengo en mi poder. Es una carta. La recibieron «tus hijos», Aurora y Albor...

Bel no lo dejó continuar. Le rectificó de inmediato sus primeras palabras, puesto que no iba a pasar aquello por alto:

—«Nuestros hijos», Aurora y Albor, nunca lo olvides, Jandro. Te hice marranadas en mi vida, pero sobre la paternidad de nuestros hijos, cero dudas. —Le dio ella un fuerte tirón de orejas, rebajando la sonrisa y cambiando aquello de «tus hijos» por «nuestros hijos».

—Perdona, disculpas, no era mi intención abrir debate sobre eso. Decía que la carta la recibieron nuestros hijos, pero dada su edad y que estaban conmigo, la recibí yo. Se la leí varias veces, en forma interpretada.

Bel tenía los ojos húmedos por la emoción. Comenzó a recordar aquella carta desgarrada que ella, sin repaso ni rectificación alguna, escribiera a sus dos hijos la misma mañana que había decidido marcharse de este mundo. La tensión que ella acumulaba y las culpas propias por conductas nada recomendables, en las cuales ella había caído en los dos anteriores años, seguro que se reflejarían, sin tijeras, en dicha carta.

Jandro le enseñó la misiva. Bel, con la piel altamente sensible, le pidió a él que se la leyera despacio. Frase por frase. De punto a punto. Ella ya no recordaba el contenido concreto que había escrito en aquel papel informal, por eso esperaba con impaciencia saber que les había transmitido a sus hijos.

Él miró a la madre de sus hijos, como pidiendo autorización, y comenzó su lectura:

«Hijos míos, Albor y Aurora, os quiero tanto que siempre os llevaré en mi corazón».

A la madre se le escaparon las primeras lágrimas. Al padre, menos, pero alguna también. Sus hijos habían sido y siempre serían lo más importante en sus vidas. El padre leyó otra frase:

«*No tengo derecho a pretender vuestro perdón por el daño que os hice al poner mis debilidades corporales por delante de vosotros*».

La madre ya estaba medio nadando en lágrimas. Al padre, notándosele bastante que él personalmente había sufrido aquellas debilidades corporales, se le escapó con poco tiento:
—Pues, sí, es de alabar la sinceridad empleada al escribir, pero no me extraña que ni te creyeras con derecho al perdón, puesto que les hiciste mucho daño.
Ella reconoció que así era, mientras bajaba la cabeza. Sin embargo, Jandro sintió que lo dicho por él había sido bastante desafortunado. Tal vez no era el momento para esos reproches. Le pidió disculpas a su exmujer y dio lectura a la siguiente frase:

«*Vuestro papi es el mejor de todos los mundos, por eso yo querría que os portarais bien con él, puesto que nunca os fallará*».

Ahora fue el padre el que tuvo que pasarse el dorso de su mano para frotarse sus ojos y evitar que las lágrimas emocionales llegaran al suelo. Llevaba algún tiempo sin ver a sus hijos y, aquello, le ensanchó su alma. En forma mecánica reanudó la lectura de la carta:

«*A vuestro padre jamás lo olvidaré por lo mucho que siempre quiso a vuestra mami, mientras yo le hice cosas muy feas y malas, aunque nunca pude pedirle perdón debido a que jamás quiso hablar conmigo».*

Jandro apartó la vista de la carta, la dejó a un lado y sobre la mesa. Ahora centró su mirada sobre la etiqueta de la botella de vino, como si esta le importara algo.

—¿Es verdad que nunca me has olvidado? —Quiso saber Jandro, manteniendo la mirada sobre la botella.

—Lo es. Por desgracia, a partir de un día te mentí muchas veces, por eso tú tienes derecho a desconfiar de mí, pero esto no es mentira. Yo siempre te amé hasta con las pestañas, cada día lloré por ti —Aseveró, Bel, con el corazón en la mano.

—¿Cómo... como se quiere tanto a tu hombre, a tu marido y, al mismo tiempo, se le clavan puñaladas, en la cama, con otro hombre? —Ahora sí, él miró a su exmujer con cara fría, rasgada, sin pestañear.

Su exmujer se quedó muy cabizbaja, muy tensa, oprimida. Con sus dos manos dio varias vueltas a su copa de vino e inhaló por la boca varias veces con cierta fuerza, hasta que consiguió articular una respuesta con sentido, con coherencia. Su voz era mínimamente audible, pero sus ojos se mantuvieron fijos en los de él, hasta se podría decir que un tanto desafiantes. Eso sí, algunas de esas palabras salían heladas, como sacadas de entre toneladas de cubitos de hielo. Con esa frialdad, manifestó:

—Jandro, tú y yo somos distintos. No me refiero a que tú eres un hombre y yo una mujer. No hablo de eso. Hasta mi treinta cumpleaños, yo pensaba que era como tú, que mi cabeza controlaba a mi cuerpo y a mi entrepierna, que yo jamás te sería infiel. Pero ese día de mi cumpleaños salí a tomar una cerveza, después bajé a bailar sin ti y allí perdí la cabeza. Aquel día... «la cagué». Lo más grave es que no fue un resbalón de un día, sino que repetí, volví a serte infiel y te mentí muchas veces en nuestra casa y cama. Es más, estaba tan descerebrada que hubiera seguido repitiendo y mintiéndote si no me hubieras descubierto. Después, consciente de mis debilidades, ya te dije una vez que me sometí a una intervención quirúrgica con extirpación del clítoris. Esto me viene obligando a alejarme del sexo, lo cual me tranquiliza, porque de esta forma, sin sexo, no volveré a ser infiel... a nadie. Solo tengo que, como castigo y mientras viva, administrarme una cápsula de SKM27K cada noche. Conclusión: tú eres fiel por naturaleza; yo soy naturalmente infiel. Ahora lo sé. Esta es la razón por la que me obligo a estar muerta sexualmente, a no tener necesidad de sexo.

Allí se quedaron más que un buen rato los dos, esperando a ver si llovía. Como no lo hizo, él renovó la lectura de la carta, con su lengua pastosa, respirando con cierta agitación.

«Se que ahora, con vuestra edad, no podéis entenderlo, pero me voy con la esperanza de que algún día me podáis perdonar».

Diría algún experto en la materia que a menudo desestimamos la capacidad de los niños con edad temprana para recomponer ciertas cosas. Creemos que no son capaces de casi nada. Lo creemos así porque somos nosotros los incapaces. Cierto que no pueden asumir ciertas maldades de los mayores, porque con su pureza, tales perversidades no entran en sus cabezas. Ahora bien, dadles una pequeña palanca sana y veréis como os enseñan de qué forma se debería mover el mundo, de qué manera este mundo sería menos malvado.

El padre, con movimientos de cierta torpeza en sus manos, puso fin a la lectura de la carta, sin respetar ahora el final de las frases ni los puntos:

«*Aurora, Albor, os espero en el cielo, pero dentro de muchísimos años. Os he querido siempre, ahora mismo os quiero y, cuando yo ya no exista, os seguiré queriendo muchísimo. Adiós, mis pequeños*».

32   LA CARTA: LAS TENTACIONES

Se les hizo de día y, después, otra vez de noche. Estaban ambos ensimismados. Habrían continuado a obscuras lo que quedaba del año. Todo era silencio. No escucharon nada porque no se dijeron nada. Es curioso. Cuanto bien hace escuchar, escuchar sobre eso que se llama conflicto, pero los humanos ocupan demasiado tiempo en hablar, por eso no se enteran cuando deberían escuchar.

Incluso así, era incuestionable que, en este preciso momento, ella y él habían ganado muchísimos enteros en confianza, sobre todo desde que él dejara de tener un acceso impenetrable a su corazón. Ahora habían recuperado sus nombres de casados, ya no eran Jeza y Adal. Él le llamaba, Bel. Ella le nombraba, Jandro. No tuvieron que pedir ni concederse permisos para ello, era lo que de sus interiores les brotaba naturalmente, era lo que alegraba sus corazones.

Por fin, empezaron a despertar. Jandro sirvió otras dos copas de vino. Ella dijo que no tomaría más vino. La borracherita de ayer no podía repetirse. Hablaron de los recuerdos primeros, de aquellos cuando solo eran novios, en La Nariz, en Verín. Recuerdos que fueron despejando la niebla y propiciando un buen manojo de sonrisas, despreocupadas, con las que no se finge ni pretenden nada a cambio.

Bel se fue de nuevo a la cocina. Jandro dejó deambular su vista por los cachivaches de los alrededores. Ella regresó con otras dos tostas integrantes de pimientos asados, cultivados en el municipio orensano de Oimbra. Eran los mejores del mundo y sus alrededores. Jandro casi devoró su tosta sin descanso. Ella sonreía satisfecha.

—Jandro... —Bel se detuvo para poder verbalizar lo que le había dictado su corazón, hablando con sus labios apretados —desde que ayer se me fueron mis creencias de que habías muerto y la realidad me situó en que estabas vivo, necesito que me contestes a tres preguntas. Ya no somos niños. Yo te dije toda la verdad, con todos los detalles, absolutamente con todos, respecto de mi desgraciada infidelidad. Ahora necesito, tanto como respirar, que me cuentes toda la verdad, también con todos sus detalles, por secos y duros que sean. Si me entero de que me has omitido alguna cosa o me has cambiado algo, por mi Virgen de la Luz, soy capaz de arrancarte la lengua. —Bel hizo una pausa, para que sus últimas palabras quedaran grabadas en el cerebro de Jandro. —Verás. A mí no me gusta nada, pero que nada, remover cualquier cosa relativa al asqueroso y desgraciado ático, ni al Víctor aquel, pero como los hechos no pueden hacerse desaparecer, la primera pregunta es esta:

—A mí me dijeron, alguna vez, que un marido enamorado podría haber hecho algo más que quedarse mirando detrás de la ventana...

—Te dijeron que fui un cobarde, ¿no? —Cortó él la cuerda de forma muy abrupta, hablando con voz grave, bastante fría.

—Bueno, perdona, para mí también es difícil. —Se resituó ella con un tono de voz parecido al de él —Yo no quería plantearlo tan bruscamente, pero sí, me han dicho que fuiste un poco cobarde, porque tenías que haber pegado un puñetazo al cristal de la ventana y haber machacado al chulo que se estaba degustando a tu mujer...

—Vamos a ver. —Saltó, Jandro, sin tardanza, muy soliviantado, con el pecho hinchado y los ojos medio en llamas. —Para resituar la pregunta y sentar la respuesta, desde mi lado, tengo que decirte.

Primero: puede que a ti no te guste remover el pastel podrido del ático con el chulo del Víctor aquel dentro, y, puede que te resulte muy difícil hablar de ello, vale, pero imagínate lo que resulta para mí, porque no olvides que allí el «toreado» fui yo.

Bel se movió un tanto incómoda, pero no dijo nada.

Segundo: no acierto a ver dónde está tu interés en esta pregunta, como no sea el de ver si tu exmarido te reconoce que fue un cobarde y, así, intentar justificar tu desenfreno sexual en aquel ático.

Bel se removió de nuevo en el asiento. Quiso clarificar su pregunta, pero siguió escuchando.

Y tercero: respecto a lo de ser un cobarde, eh, te voy a ser del todo sincero. Quieres sinceridad, pues escúchala. Puede que la siguiente sea una respuesta un tanto jurídica, pero yo no puedo dejar de ser un jurista. Es verdad, en esa reacción de pegar un puñetazo al cristal de la ventana y matar a alguien allí dentro, también estuve yo muy cerquita de caer, pues contuve mi puño apretado y ya pegado al cristal de la ventana cuando estaba a punto de hacerlo saltar en cientos de pedacitos. —Él se tomó un breve descanso, mostrando un alto nivel de rabia —Pero, dime: de haber yo reventado el cristal y, tras ello, haberle cortado las arterias al cerdo de tu amante y las venas a mi mujer, a ti, ¿habría yo sido, según tú, más valiente, menos cobarde? —Bel se había quedado tan encogida que no se atrevía a mirar a su exmarido a los ojos, ni siquiera, con ánimos para abrir su boca. Ella era un nudo de trapos —No se para ti, pero si yo hubiera entrado y hecho eso, yo como juez que era, sabía que yo habría cometido dos delitos de los gordos. Fíjate a lo que llamáis cobardía: yo al Víctor aquel, si por mí corazón fuera, le habría arrancado los huevos allí mismo. Seguro, pero él no había cometido ningún delito, tan solo se había dedicado y conseguido enredar sexualmente a una mujer casada, que ella se había dejado enredar, y eso era muy poco delito para destriparlo y cortarle las arterias hasta que se desangrara. Él ni siquiera estaba cometiendo delito suficiente para romperle la ventana. Si por mi furia y sufrimiento fuera, Dios, le habría reventado «sus dos cabezas» en su propia casa, joder... pero a él no podía exigirle nada. ¿Y a ti? Tú, en aquel ático, sí estabas cometiendo pecados, delitos dolosos, tú sí me debías explicaciones. ¿Habría sido yo más valiente, menos cobarde, cortándote a ti las venas y dejándote desangrar? —Jandro estaba descompuesto, tanto que muy mal se aguantaba en equilibrio. Bel estaba peor— Si yo hubiera hecho eso, al día siguiente habría estado en el Juzgado y en los informativos de la televisión: ¡Mira, un juez maltratador y asesino de mujeres! —Él se mordía sus uñas y hasta la manga de su camisa —Si quieres hablamos de cómo me sentía yo, de cómo sangraba yo. Unos cuernos, aunque me habían dejado hundido y sin vida por lo inhumanos que fueron para mí, no pueden compensarse acabando con la vida del que llaman «el torero», ni de la llamada «la picadora», ni siquiera dándoles una paliza con una silla hasta dejarles los huesos molidos. Eso es lo que te pide tu cuerpo, pero yo no podía hacer eso, por mi trabajo de juez lo sabía y me ataba. A mí, al que me llamaron «el toreado», solo me quedaba tratarte con desprecio absoluto e ignorarte completamente.

Jandro, como él mismo se acababa de definir en forma fina, «el toreado», o sea, al que sus colegas burlones le llamarían «el cornudo», bastante alterado estaba. Mientras tanto, Bel, a quien sus amigas cretinas la llamarían «la picadora», es decir, la que le ponía las banderillas al torito, estaba desequilibrada, con la tensión arterial seguro que por las nubes. Un tiempo considerable después, consiguió levantar algo su cabeza y respirar profundo, hasta que pudo afirmar, casi sin voz:

—Te pido mil veces perdón. Nunca he olvidado que allí el ofendido fuiste tú. Yo nunca estuve orgullosa de lo que hice. Perdí toda razón y... fue una canallada llena de crueldad. En cuanto al interés por la pregunta que te hice, yo solo pretendía tener idea de cuanto duele una infidelidad sangrante como aquella, para así poderte entender un poco más, porque debe ser mucho más que horrible. Jamás pretendí justificar algo que nunca tuvo justificación. Tú no te lo merecías. Puedes estar tranquilo. Allí la... cabrita, la malnacida fui yo.

Se fueron suavizando un poco las espinas. Ciertamente, las palabras últimas de Jeza, dichas con toda el alma, ayudaban.

Adal le sugirió que le hiciera la segunda pregunta. Cualquiera diría que él estuviera impaciente por quitarse las otras dos preguntas de encima cuanto antes. Ella, con algo de temor, pero formuló:

—Aquel día en Despeñaperros, ¿cómo conseguiste sobrevivir, no caerte por aquel precipicio?

—Supongo que soy un tipo con suerte. Aquella cazadora de montaña que llevaba puesta se enganchó en unos tubos gordos de hierro que salían del muro. Sobresaldrían un medio metro. Supongo que formarían parte del encofrado del muro de contención del embalse. Con el golpe contra el hormigón debí quedarme inconsciente, y allí estuve colgado por mi cazadora de aquellos tubos un tiempo. Cuando desperté, con mucho sufrimiento conseguí encaramarme y subir, pero tú ya no estabas. En los tiempos siguientes permanecí siguiendo tu devenir. Pedí excedencia en la Magistratura, me convalidaron la gran mayoría de asignaturas y aprobé la única plaza de oposición que se ofertó a la Notaría Mayor. Después decidí que la mejor forma de seguir estando cerca de ti, sin que tú me aborrecieras por lo que había intentado hacerte en Despeñaperros, era convirtiéndome en otro hombre diferente y que no pudieras reconocerme. Así resultó, en síntesis.

Aunque a ella no se le pasó por alto aquello de que «era la mejor forma de seguir estando cerca de ti», cada cual trató de pensar en sus cosas, pero ninguno dijo nada, no estaba la fiesta para añadir copas.

Pasó otro tiempo en silencio, después de lo cual, ella planteó.

—Y, la tercera pregunta es esta. —Apuntó Jezabel— Creo que es la más dura, pero pido solo la verdad, sin escusas. Si un día descubro que no me has dicho exactamente la verdad..., o que me has omitido algún detalle por no ofenderme, te saco las tripas y lo que tienes por debajo de ellas. Eh, ¿venías con la intención de violarme y, después, echarme al precipicio? — Exclamó ella con la cara arrugada y los párpados apretados, todavía removiendo imágenes y sentimientos que no tenía nada claros.

El motor de Adal entró en modo ralentí, casi dejó de circularle la sangre por sus venas. Por su anterior profesión de juez e, incluso, como actual notario, conocía que cualquier intención o tentativa de violación, con posterior posibilidad de lanzamiento al vacío, era lo más rastrero, terrorífico e inhumano que podía intentar un cobarde al que le decían hombre. Escondió sus ojos, cara, cabello y vergüenza entre sus manos abiertas. Sintió que su cara estaba pálida, que se sentía débil y que su cabeza empezaba a girar en forma circular. Eran signos claros de lipotimia. Jeza, que lo observaba, se levantó de su asiento y se sentó a su lado. Le amparó lo que pudo sus hombros y, en aquella posición, permaneció algún tiempo, intentando que él le escuchara palabras de calma. Adal ganó un cierto nivel de fuerzas, notó un buen alivio y se recuperó lo suficiente para, con la mirada encima de sus zapatos, comenzar a decir:

—Yo había asistido en mi trabajo como Juez, ¡era horrible!, a muchas declaraciones sobre violaciones y asesinatos. Unos eran relatos muy duros y otros durísimos, pero nunca pensé que yo pudiera verme envuelto en semejante atrocidad, aunque solo fuera en forma de tentativa. Reconozco que cuando en mi cabeza, muy descentrada, se formó la macabra idea de subirme al coche e ir al embalse de Despeñaperros aquel, Dios, la intención era de machacarte tus pechos, tu sexo y todo aquello que tu amante te había tocado. Sin embargo, aquella idea miserable perdió muchísima fuerza durante el camino. Al llegar cerca del muro donde estabas, una parte de mí me empujaba a que diera la vuelta y regresara, pero la otra parte quería darte un... un escarmiento, un susto, un no sé qué. Te vi y no pensé en como estabas tú, solo en que yo estaba muy dolido por cómo me habías humillado y menospreciado con tu infidelidad y tus mentiras. También, por... imaginarte ejerciendo de prostituta, dejándote meterla por cualquiera que tuviera cuarenta euros en el bolsillo. —Jandro respiraba con dificultad. Su cara estaba roja. Le faltaba oxígeno —Es cierto que al principio te sujeté las manos y que, durante un rato, limité tus movimientos con las mismas. Supongo que, precisamente por estar haciendo eso, yo mismo empecé a sentirme un miserable. Creo que fue por eso por lo que, en buena medida, dejé de sujetarte las manos. Me había quedado medio atenazado y, cuando quise darme cuenta, me vi estrellándome la espalda contra el cemento del muro. Caí hacia el lado del precipicio y con el golpe me quedé inconsciente. Estuve colgado por la cazadora en unos hierros, que estarían a un metro desde la parte superior del muro. —Ahora, él, era un niño llorando, perdido en sus recuerdos — Joder, no sé si fue un intento, un amago de agresión o un no sé qué, pero allí, cuando estábamos forcejeando, solo expresaba rabia, puesto que nunca tuve intención alguna de... violarte. En aquel momento, te aseguro que mi miembro no estaba, en absoluto, en condiciones para una penetración. ¿Y de lo que tú has dicho de asesinato? Yo estaba rabioso contigo, pero nunca te habría arrojado a ningún sitio. Nunca he asesinado ni a una mosca. Me habría tirado yo antes por el precipicio. ¡Hostia, qué mierda! Esto es lo cierto. Lo que tú pienses, eh... es tu derecho.

Jandro lloraba más que un niño abandonado. Estaba encorvado y hundido. No pudo articular ni una sola palabra más hasta que no transcurrieron muchos minutos. Mientras tanto, Bel, intentaba que Jandro se calmara. Cuando él se había recuperado un tanto, ella comenzó a pensar en algunas frases que le había oído a su exmarido durante la época en que estaban casados y él ejercía de Magistrado:

«*Uno no se hace asesino un día por simple mala suerte; el asesinato se trae en los genes, en la sangre*».

Ella pensó de nuevo y se contestó:

«*Mi exmarido no tiene sangre de asesino*».

También recordó otra frase, que él siempre dijo que era una máxima jurídica:

«*Los hechos por si solos no dicen mucho. Estos hay que integrarlos en el contexto para poder sacar conclusiones*».

Y Bel llegó a las siguientes conclusiones:

«*Lo que él ha expresado tiene sentido. Mi exmarido tiene mucha más fuerza que yo. Si él tuviera intención seria de agredirme, muy difícilmente yo habría conseguido lanzarlo al vacío. Aquello de que había sido una reacción de indignación por los cuernos y la humillación sufrida, es muy creíble en él. Aguantó lo inaguantable detrás de la ventana del ático, pobre, mientras se tragaba las marranadas que yo hacía con Víctor, y no por ello utilizó la violencia. Desde que lo conozco, jamás vi en él ningún tipo de agresión, ni coacción, ni nada parecido*».

Después de un tiempo de acompañamiento verbal y visual, con simples inicios de caricias, la serenidad fue regresando a palacio. Ella sirvió otras dos copas de vino. No debería, pero ahora las necesitaban.

Hablaron un buen rato de sus hijos. Sobre ellos nunca se producía discusión alguna. En esta noche habían padecido momentos de tensión altísima, pero ahora habían entrado en horas de calma. Los dos comenzaron a mirarse durante más tiempo, sin que en el aire se apreciaran situaciones incómodas, tal vez debido a la inercia de años disfrutados dentro y fuera de la cama.

Transcurrieron muchos minutos con buenas sonrisas. Con algún movimiento de manos amigas. Un mechón de pelo que colgaba por encima de uno de los pechos de ella. El pantalón de él que le hacía una arruga por debajo de su bajo vientre. Una sombra que ella tenía en el lado derecho de su cuello. Eran cositas pequeñas, con muy buenas intenciones, pero ella comenzó a sentirse más inquieta, un poco nerviosilla. Se levantó, como si fuera a por algo a la cocina y, tras ordenar su cabello y su sujetador, se confesó consigo misma:

«A ver, tía, ¿qué te pasa? ¿Por qué esta excitación? A Jandro lo conoces mejor que a nadie. Si tienes calor, quítate el vestido, y así le das a él una alegría visual, porque otra cosa nada. Seguro que esta temperatura es producto del vino».

Pero, no, no estaba el horno bastante caliente como para meter pan a cocer, ni tampoco para que ella se quitara la ropa. De momento, no dejaba de preguntarse por la causa de ponerse así de «templada». Su exmarido seguía estando tan bueno como un bizcocho, vale, pero tampoco era un nuevo súper ligue para sentirse otra vez tan inquieta.

Regresó al salón sin traer nada. Pero, antes, se fue con un vaso de agua a un cuartito pequeño y abrió un cajón. Extrajo la cajita de las cápsulas SKM27K y se tomó una. Esta era la segunda toma de cápsula que se hacía sin polvo como principio activo. La tomó para cumplir con la prescripción del médico forense, aunque ella no sabía que las cápsulas estaban vacías. Y aunque lo supiera, el hecho de que las cápsulas estuvieran vacías supondría una bajada de eficacia preventiva en infecciones, pero no un aumento de la temperatura sexual de ella.

Siguieron las bromas verbales y alguna frase graciosa. Los dos estaban en estado de gracia. Tal vez el mérito fuera del vino de Monterrei. Lo cierto era que aquello era nuevo para los dos, mejor dicho, era nuevo por segunda vez. Jandro se encontraba tal como era, iluminado, riéndose felizmente con Bel, su exmujer, sin máscara ni restricciones. Ella continuaba cada vez más eufórica. De un lado, las dos copas y media de vino ya empezaban a mover alguna montaña. De otro, una sensación de excitación cada vez mayor seguía teniéndola sorprendida. Se dijo que tenía que controlarse, puesto que ya no era una niña.

En medio de esa fuerza natural, a ella se le ocurrió otra pregunta, que no era transcendental, pero esperaba satisfacción con la respuesta, y la lanzó. Estaba con un hombre muy conocido, fiable. No era ningún extraño, había sido su novio un año, su prometido medio año y su marido seis años. Eso lo hubieran jurado hasta los santos del cielo.

—Oye, Jandro. Ahora no me refiero a ningún asunto de cama. Quiero que me hables de cosas más sencillas. En esos siete años que estuvimos juntos, ¿dime algo que te gustara físicamente de mí?

Jandro pensó:

«¿*Otra pregunta? Otra vez voy a acabar llorando delante de mi exmujer*».

El movió los ojos por los alrededores en busca de algo que le diera pistas. Acabó fijándose en el vestido de ella, concretamente, en la zona de sus pechos. Bel se percató, pero disimuló. Por la cabeza de Adal se le pasaron algunas ráfagas en forma de imágenes del pasado, pero desistió, no se atrevió a hablar sobre esos recuerdos. Bel pensó que él tardaba mucho, seguramente, porque ya le costaba recordar cosas que le gustaran de su figura. Hasta que a él le escuchó decir:

—Que nunca me dabas las gracias cuando hacía o te decía algo que te gustaba. Siempre me dabas un beso.

Sin esperar reacción alguna a la respuesta, él formuló su nueva pregunta.

—¿Y a ti? ¿Qué te gustaba de mí?

—Bueno, mi pregunta era sobre mi físico, pero dada tu respuesta: A mí me gustaba que tú te aprovechabas de mi beso, para darme tú otros tres más.

A Bel le salió la respuesta de su corazón, de inmediato, mezclada con una sonrisa dulce y grande como la casa. Jandro también sonreía y disfrutaba las últimas frases oídas.

Las miradas cada vez eran más intensas, más profundas. Los ojos de Jandro llegaban hasta muy dentro del cristalino de ella; los de Bel entraban hasta el mismo nervio óptico de él.

Con ese estado de esperanza, de ánimo y de deseo, sus labios comenzaron el acercamiento, muy despacio, un milímetro cada hora. A esa velocidad tardarían un mes en ganar la distancia de menos de medio metro que les separaba. Pero, todo llega. Los dos sintieron una suave corriente de placer al primer y mínimo roce de los dos labios de él con el labio inferior de ella.

Sin tardar mucho, ella fue retirando, sin brusquedades, sus labios de los de él. Lo hizo en contra de su corazón y de todo lo que tenía dentro de su ser, pero lo hizo. Aquella retirada, que apenas había empezado, causó algo de sin sabor en Jandro, como si hubiera algo de rechazo en ello.

—Bel, entiendo que tengas cierto temor hacia mí. El comportamiento que tuve contigo en Despeñaperros, aunque mayormente fuera solo de pensamiento, fue... deplorable. No volverá a pasar. —Él expiró todo el aire de sus pulmones. A ella le pareció que resoplaba. —A mí me gustaría que fuera como antes, sin... cuernos, claro.

—Jandro, yo ya me he olvidado de lo que pasó en Despeñaperros. —Hablaba Bel con semblante ciertamente serio, pero mirándolo a los ojos, sin desfallecer —Me gustaría, muchísimo, que tú olvidaras lo que pasó con mi infidelidad. ¡Por Dios y por nos! Esta retirada de ahora no ha sido un «no», no lo es en mi corazón, el problema es que yo no puedo darte la felicidad completa que tú te mereces. Ahora no puedo sentir placer, ni tampoco demostrarte que vibro contigo... Dios, que burra fui, inutilizar mis zonas de placer, tal vez, fue otra cantada más en mi vida.

Y, como un acto impulsivo, tal vez por la fuerza del hábito de tiempos pasados, ella cogió la mano de él. El contacto de las manos hizo que a ambos les recorriera una corriente eléctrica cargada de vainilla y coco. Al primer contacto pareció que hubiera habido algún ademán para separarlas, pero no, se quedaron tocándose, sin movimientos acariciatorios, de momento, pero el avance había sido grandioso, kilométrico.

Bel comenzó a sentir que su respiración se aceleraba. Se ofrecieron una mirada tan dulce como dos enamorados. En aquel preciso momento no resultaba fácil medir el grado de amor que se tenían. Ahora bien, si nos atuviéramos al tópico de que «donde mucho hubo, una parte se retuvo», seguro que allí se habría encontrado algo, bastante, mucho amor.

Los dedos se fueron acariciando de un lado a otro, sin pretenderlo, pero los dedos tenían vida propia, por eso no hacía falta que recibieran instrucciones. Antaño lo habían hecho muchísimas veces. En la cabeza de los dos y en el cuerpo de ambos todo volvía a ser como antes, bueno, muy parecido. Él acercó sus labios la mitad de la distancia, pero se detuvo temeroso de estarse pasando. Ella no, no tuvo ningún temor ni pudor en acercarse la otra mitad hasta que los cuatro labios se fundieron y se quedaron en dos solamente. Las manos de los dos comenzaron a moverse sin restricciones, se movían solas. En ambos cuerpos se iniciaron sentidas vibraciones. La mano izquierda de ella acabó entre las piernas de él, cuya mano percibió, a pesar del pantalón, la vida de aquel miembro totalmente despierto. La mano derecha de él se paseó sin prisas por el exterior de la braguita de ella. Bel empezó a sentir los temblores de un terremoto doméstico. Las lenguas de los excónyuges no podían permitirse un descanso. Él, inconscientemente, dio un salto más y llevó su mano al interior de la braguita de ella, pasando por el monte de venus en tormenta, hasta que alcanzó su vaguada llena de pequeñas ondulaciones. Allí, la yema del dedo medio rozó las dos faldas de la vaguada durante un tiempo. Luego, retrocedió y se encontró con un pequeño cerrito que lo esperaba con anhelo, cuyo dedo fue acariciándolo cual culebrilla paseando por una rotonda pequeñita.

Bel sintió el contacto. Aquel roce suave y circular sobre su garbancito la dejó sin aire, tanto que se le escapó un buen ahogo desde la parte más escondida de su cuerpo. Repentinamente, ella, como si un relámpago nocturno la visitara, hizo un movimiento sin control y se quedó separada de su exmarido cerca de medio metro. Su desconcierto era total. Volvía a sentirse mujer, eso le parecía imposible. Sin embargo, lo que más la tenía descolocada era esa reacción y estímulo de su entrepierna, ese placer tan especial por el que mataban los humanos, que no lo esperaba ni en sueños.

—¡Dios, que me pasa! —Expresó ella casi con un grito, con los ojos muy abiertos, quedándose medio paralizada de cuerpo y mente.

Él se levantó bastante sobresaltado. Dudó, dos segundos, y mostrando cara de asustado, de espantado, solo acertó a decir:

—Lo siento. Si te hice algún daño, lo siento muchísimo. Mejor que me vaya.

Recogió sus cosas, cerró la puerta tras de sí y se marchó. Allí se quedó ella. Descolocada. Aturdida. Desolada. Preguntándose, una vez tras otra, que le pasaba a su sexo:

«¿*Cómo puede ser que me haya puesto como una gallina clueca? Yo vivía serena, sin excitaciones, en total calma; pero, desde hace una hora, desde que me acerqué de nuevo a mi marido, a mi exmarido, se me desataron todas mis cuerdas y se me hincharon todas mis fibras, muy especialmente, en cuanto me tocó por dentro de mi braguita. Joder ¡Si yo no debía sentir nada entre mis piernas! ¿Por qué se me puso todo como si entrara en celo?*»

Pasaron algunas horas. Ella se sentía muy mal. La reacción emocional de ella a su propia reacción sexual fue algo desmedido. Lo peor había sido que, en un momento ya dulce de la reconciliación entre ambos, Jandro se había ido desorientado, pensando que había sido culpa suya, cuando el pobre no había roto ni medio plato. Pero, claro, que ella se hubiera sometido a acciones quirúrgicas para orientar sus comportamientos sexuales en pro de la abstinencia sexual, y que todo aquello hubiera sido desmontado por las manos de su exmarido, precisamente, de su exmarido, todo eso la estaba dejando absolutamente desconcertada. En todo caso, ella estaba muy preocupada. Su corazón consiguió que ella llenase sus bolsillos de esperanza y, cuando estuvo en mejor disposición anímica, estableció una videollamada con Jandro para suavizar los picores sufridos. Cuando las imágenes de ambos aparecieron en los dos dispositivos, Jandro saludó con un cierto grado de seriedad.

—Hola, Bel, ¿estas bien?

—Hola, Jandro. Estoy apenada, mucho, porque lo estropeé todo yo solita. Lo siento, fui una niña.

—No, bueno, yo tampoco fui un ejemplo, porque me marché de una forma muy poco elegante. Eh, Bel, ¿qué hice mal, por Dios?

—Nada mal, Jandro, todo lo que hiciste estuvo muy bien. Fue culpa mía, que me sorprendí yo misma. Yo estaba segura de que ya nunca más podría saborear la dulzura de la miel, porque entre mis piernas me rasparon hasta los huesos, por eso no esperaba lo que me pasó. Sobre todo, ten seguro que no reaccioné contra ti, por Dios, ni te lo imagines, mi amor...

Bel, dándose cuenta de ese «mi amor» declarado, se sonrojó hasta las orejas, tanto que no quiso o no pudo seguir la conversación y cerró la videollamada.

Se fue a la ducha. Cuando regresó al salón se acurrucó en el sofá, sola. Se sintió nuevamente acalorada, inquieta.

«*Uf, tía, hacía tiempo que no me sentía tan... caliente como en este día. Yo no tendría que estar excitada como lo estoy. Hasta le dije a Jandro que era «mi amor». Debe estar echo un lío. Jonás, primero, me arrimo; después, me aparto; y, luego, se me escapa y le digo «mi amor». ¿Qué estará pensando de mí?*»

Cualquiera entiende a los humanos, decía otro Dios, el «*Dios de los alienígenas de la galaxia*

EGSY8p7». Qué difícil es saber por dónde anda el sí y por dónde camina el no en los humanos. Bel había vivido la felicidad celestial con su marido en tiempos de casada (eso ella decía), pero puede que no fuera tan celestial, porque se fue al ático a gozar otros temblores, tal vez más celestiales, con otro hombre que no era su marido. Cuando lo del ático se fue río abajo, se dedicó a vivir de las tormentas sexuales pagadas, hasta que decidió que la cirugía le quitara la miel de sus labios, pero ahora mismo se arrepentía. Mientras tanto, su marido, hundido por la infidelidad y la mala vida en el sexo cobrado por ella, hasta pensó en violarla. ¡Increíble! Y, ahora, su marido y ella vuelven a comportarse como dos quinceañeros, a incendiarse como si nunca nada hubiera habido entre ellos, y hasta se quedan sin respiración por un simple «mi amor». ¡Dios de la Tierra! Si fuera cierto que los humanos son hijos tuyos, te has lucido. ¡Se supone que tú podrías haber hecho mejor a tus hombres y a tus mujeres!

El sol siguió girando y la tierra también. La noche pasó y el nuevo día llegó.

A las ocho de la mañana, la heredera puso sus pies en el suelo. El cuerpo le pedía movimiento, por eso se fue a correr por la ladera baja de la sierra de Collserola. Las personas que corren por los parques también son muy corporativos, así que entabló una conversación amena con otro corredor del mismo sendero. Poco después, este pretendía movimiento en la cama, pero ella despertó y puso tierra de por medio.

Un poco más tarde, ella recibió de Jandro un mensaje de texto que simplemente ofrecía:

«¿Un café?»

Ella le escribió escuetamente, pues era suficiente:

«A las 12:00 horas, en «*Bicioci Bike Café*».

A las nueve y media de la mañana regresó a su casa. Era sábado. Se ducho largo, con agua casi fría. Estableció una radiollamada de media hora con sus hijos que estaban en Culto. Que alegría, los niños estaban muy bien. El importe dinerario de esa comunicación era altísimo, pero el coste económico no era su problema.

Seguidamente, ella estableció contacto de audio nuevamente con Culto, ahora con Luz Serena, quien se estaba vistiendo de gala para un almuerzo de descanso con otros cansados.

—Y a ti, ¿cómo te va por ese viejo planeta Tierra? —Se hacía oír, Luz, con júbilo, desde el nuevo satélite.

—Yo estoy bien, muy bien. —Hablaba Jeza con voz alegre. —Tú sabes que yo últimamente era una moneda de dos caras: la una, era trabajar en el despacho. La otra, era pudrirme en casa. Ahora me estoy lanzando. De hecho, no sé lo que me pasa, pero esta mañana he ido a correr por Collserola y casi me enrollo con un tío.

—¿Sí? Me alegro. ¿Quieres decir que no has acabado recientemente de pasar la regla? A mí me pasa.

—Buscaba razones Luz.

—A ver, hoy estoy en... el sexto día después de limpiar. Eso ayuda a que se me suban los colores, vale, pero es que no hablo de eso, es que estoy como una hembra en celo, y esto hacía años que no me pasaba.

—Intentaba bajar la voz Jezabel.

—¿Te has metido hormonas, pendón? —Se lanzó, Luz, sin piedad.

—No, madrina, no me las metí. A propósito, tú sí que vas a necesitar antitérmicos para bajarte la temperatura por lo que te voy a contar. Siéntate y agárrate: antes de ayer y ayer estuve con... ¡Jandro!

El dispositivo comunicador se quedó en silencio. Tras media vida, por fin se oyó a Luz decir:

—¿Te has chutado, tía?

—No, no me he chutado, nada —Expresaba Jeza gran júbilo —Se que te aseguré que a mi exmarido lo había despeñado, pero no, ¡vive! Ya te contaré porque es largo. El caso es que estos dos últimos días estuvo conmigo. Y ayer, Virgen, casi lo hago con él, pero cuando más cerca estaba la cosa, voy yo y la fastidio. No sé cómo acabará hoy, que he quedado para un café con él dentro de poco, pero tal como estoy de templada, Dios, no sé si aguantaré.

En toda la tierra, en todo Culto, y, hasta en Andrómeda, se oyó igual de fuerte y de explosiva la voz de Luz Serena:

—¡JESUCRISTO, VUELVE, ¡ESTO ES UN CATACLISMO!

33 EL CATACLISMO: QUINCE SEGUNDOS

A las 12:00 horas se encontraron en «*Bicioci Bike Café*» del barrio de Gracia de Barcelona. Él seguía siendo fiable y puntual; ella, actualmente, lo conseguía prácticamente siempre.

Jandro, vestía ropa informal, pues los sábados no había que cuidar la imagen profesional. Era ropa despreocupada, pero no fría. Unos zapatos tipo mocasín, sin utilizar calcetines. Bel, tampoco portaba prendas formales, aunque sí eran un poco más mimadas, ya que las féminas siempre daban un paso más en cuidado personal. Unos zapatos cómodos, brillantes, con un poquito de tacón; una falda larga, hasta el empeine de sus pies, lo escondía todo perfectamente; una blusa de entretiempo, con un bonito escote redondo, muy prudente; el pelo recogido por una pinza de oro blanco, dejando moverse una cola de un palmo; dos ojazos radiantes como dos soles; y, una sonrisa espléndida, lo más hermoso que llevaba.

Jandro la vio llegar, porque el caballero siempre espera. La observó. No era su derecho, pero se alegró de que su exmujer no vistiera como en aquel tiempo de desenfreno carnal, sino como lo hacía en tiempos de casados. No era ese el aspecto fundamental de la persona, ni lo pretendía, pero él no reprimía sus alegrías. Se saludaron en forma comedida, con un par de besos en las mejillas. Se sentaron y pidieron café, sin más. Era menos importante el bienestar del cuerpo que el alimento del alma.

—Oye, Bel, anoche no me porté bien contigo. —Entró, él, en un río caudaloso.

—¿Por qué? ¿Acaso te arrepientes de lo «casi nada» que hicimos? Esperaba que, para ti, aunque solo fuera un poco, hubiera valido la pena. —Fue diciendo, ella, sin prisas, marcando las vocales.

—No, no me arrepiento de lo que hice. Te aseguro que valió muchísimo la pena, pero algo yo debí hacer mal, porque te apartaste como «insultada». —Ahora era Jandro quien pretendía conocer la causa de haberse apartado ella como sacudida por una fuerza invisible.

Bel daba muestras de encontrarse muy falta de orgullo, muy dominada por aquel sentimiento de culpa que la había martirizado desde su treinta cumpleaños. Habían pasado unos nueve años desde aquella noche en que se le cruzara el demonio con cara de Víctor, tiempo considerable para que ese sentimiento de culpa hubiera ido a menos. En cambio, ella seguía maldiciéndose por haber perdido la cabeza y haber arruinado su vida maravillosa hasta entonces. Con énfasis, comenzó a oírsele:

—No, Jandro, ya te lo dije. No fue culpa tuya. Tú fuiste mi marido y te perdí por mi culpa, por comportarme como una cabra irresponsable. Me maldije tanto y te eché tanto de menos que me obligué a quitar de mi cuerpo toda posibilidad de disfrute sexual. Y con los demás hombres lo había conseguido a rajatabla, totalmente, pero en estos dos últimos días, desde que tú volviste a mi vida, todo ha cambiado. Yo no tenía necesidad de estar con ningún hombre, ni siquiera de mirarlos, pero ahora contigo me estoy... encabritando. No sé lo que me pasa. Esto no se lo habría podido decir a ningún otro hombre, pero a ti sí puedo, sigo pudiendo.

Los dos se quedaron buscando el tiempo perdido, sin saber cómo reanudar aquello. Ella metió la cucharilla en la taza de café para removerlo, para ir mezclando y suavizando su sentimiento de culpa con el gran amor que todavía le profesaba. Al sacar la cucharilla de la taza, se cayó una gotita de café sobre la mesa. Bel, mientras que con sus oídos pretendía escuchar lo que él pudiera decir, con sus ojos puso su dedo índice encima de la gotita e, inocentemente, dibujó un círculo sobre la mesa. Jandro, como si el propósito de ella no fuera dibujar un círculo, resiguió lo dibujado con su dedo, lo rectificó y consiguió que en su lugar quedara un corazón precioso.

Levantaron sus miradas, que seguían en el corazón dibujado, y se encontraron. No se dijeron nada verbalizado, pero, sentimentalmente, ambos supieron que las fuerzas dormidas volvían a estar preparadas para empujar hacia el cielo en cuanto ellos las despertaran, en el momento en que la naturaleza las reclamara.

Se había echado encima la hora de comer. Entre sensaciones y miradas, ninguno de los dos se había dado cuenta del tiempo transcurrido.

—¿Tienes alguna preferencia sobre dónde comer? —Preguntó, Bel.

—No. Si quieres pinchamos algo aquí, a mí ya me sirve. —Repuso Jandro.

—Jo, que bien, sigues siendo fácil en todo, en la comida también. Vale, a mí ya me está bien, pero el vino lo pido yo. —Exclamó, Bel, con una voz muy cálida.

Comandaron algo de comer. Él pidió una botella de vino tinto denominación de origen «Monterrei», elaborada en la comarca sureña de Ourense. Ella hizo un amago de reprenderlo por habérsele adelantado en pedir el vino, si bien no era una reprensión, era un motivo de alegría por comprobar que él seguía recordando sus preferencias, por eso ella le dijo con suavidad.

—¿No quedamos en que yo pediría el vino?

—Sí, pero yo sé que tú prefieres el de Monterrei. A mí ya me gustaría volver a Verín y a Mourazos, como antaño, pero contigo, claro.

A ella se le iluminaron los ojos. Pudo evitar que sus labios evidenciaran una sonrisa de satisfacción enorme, pero no quiso evitarlo. Actualmente, ya sabía fingir, no como en sus treinta años, pero ahora no iba a hacerlo. Con su exmarido no lo haría. Estaba dispuesta a ser real en todo.

Los dos estaban bastante embobados. Parecía como si estuvieran en fase de novios, durante las primeras citas, aunque no, los dos se conocían muy bien. No quedaba tanto margen para la sorpresa.

Terminaron de comer y llegaron otros dos cafés. Los saborearon casi en silencio. Pidieron otros dos. Cada cual, siguió pensando en sus cosas, si bien los dos pensaban casi en lo mismo, por deseos y por recuerdos.

Una mano de Bel andaba sobre la mesa. Jandro alargó un poco la suya y sus dedos se tocaron. Él le dijo, como escusa, que seguía teniendo unas uñas muy bien cuidadas. Pero ahora no importaban las uñas, sino las sensaciones deliciosas que el contacto de los dedos les proporcionaba. Así estuvieron un tiempo, encantados. Por el roce de los dedos y por las miradas de ambos ojos. De repente, Jandro le escuchó a ella pronunciar:

—Si yo te propusiera irnos ahora a mi casa a..., a ver fotos de nuestros hijos, ¿tú qué harías? —Se miraron ambos como para embarcarse juntos a Júpiter.

—Yo te haría muchas cosas, si tú quisieras. —Exclamó Jandro a media voz.

La respiración de Bel, que ya andaba a media altura, subió un escalón más. Los dos sabían que esa última respuesta de él tenía poca relación con lo preguntado por ella, pero no todo tiene que ser dialécticamente perfecto. Se entendían, que era lo importante. Y debido a que el sol no cesa de girar, otra vez, de repente, irrumpió ella con la energía de un terremoto, con más fuerza que las mismísimas cataratas de Iguazú:

—Inténtalo. ¡Hoy tienes la ocasión de reconquistarme! —así, así se había lanzado Bel, a tumba abierta, con tanta confianza y atrevimiento como si siguieran casados, puede que incluso más.

Muy poco después de que ella terminara de pronunciar lo anterior, él tomó la decisión más visceral y emocional del año. Con la ayuda del pie izquierdo, se sacó el zapato derecho. Comenzó a estirar, poco a poco, esa pierna derecha, hasta que su pie sorteó la falda de ella, donde se encontró con los dos pies juntos de su exmujer. Ella notó el contacto del dedo del pie de Jandro sobre el empeine de sus pies. Ella supo rápidamente lo que iba a pasar, lo sabía, lo cual provocó un acelerón en sus pulsaciones. Jandro avanzaba despacio, muy despacio, pretendiendo dejar patente que no iba a forzar nada, que daría marcha atrás al primer síntoma de desacuerdo. Pero, como a él no le pareció que se planteara ninguna disconformidad, fue subiendo despacio su pie por delante de sus piernas, rozando solamente con su dedo mayor del pie, hasta alcanzar las rodillas de ella. Allí se quedaron, el pie y el dedo mayor de Jandro, esperando a que el corazón de ella les abriera la puerta del castillo. Bel se preguntó a sí misma, sorprendidísima:

«¿*Se va a atrever a meterme mano aquí, bueno, pie, en el mismísimo restaurante?*».

Pasados cerca de quince segundos, Bel, desató una parte de sus ataduras y separó un poco sus piernas. Ella no apartaba sus ojos de los de él. Jandro fijó su mirada sobre la blusa de ella y zona de los pechos, como intensificando su concentración y esperanza, mientras prosiguió moviendo su pie con la rapidez de un caracol, medio milímetro cada quince segundos, realizando minúsculos movimientos ondulares. Ese pie prosiguió avanzando desde las rodillas hasta que se introdujo unos veinte centímetros. Encontró una ligera resistencia al disponer de menos espacio para el avance entre los muslos de ella. Él detuvo su avance. Se miraron fijamente, ofreciéndose el mundo. Ella suspiró desde su corazón y abrió sus extremidades inferiores otro poco, ofreciéndole sendero para el avance. La respiración comenzaba a hacer estragos en ella. Jandro alcanzó, al fin, con el dedo mayor de su pie derecho, la braguita de su exmujer. Presionó un poco por delante de su vulva, cuya presión provocó en ella un suspiro tan sentido como hacía mucho tiempo los dos no percibían.

En la sala donde ellos estaban había otros comensales, pero no importó. Jandro y Bel habían iniciado un juego moralmente reprimido en un comedor público, sí señor, pero eso, precisamente eso, añadía un plus de excitación a su juego.

Jandro siguió tocando y presionando con el dedo mayor de su pie derecho sobre la braguita de ella. Ni él, ni ella, con sus cuarenta años y andanzas por ambos vividas, habían suspirado nada parecido. A ella ahora se le habían cerrado los ojos, manifestación clara de las sensaciones que sentía; sus pechos subían y bajaban, sin que el sujetador pudiera sujetarlos; sus labios bucales estaban entreabiertos para facilitar la entrada de aire a sus pulmones, ya que por sus fosas nasales no entraba suficiente. Jandro, encontrando que los muslos de ella ya estaban bastante abiertos, inclinó lo suficiente su pie hasta que consiguió salvar su braguita por un lateral y, ¡hala, una explosión! La humedad melosa facilita muy bien el deslizamiento de la piel del hombre. El dedo del pie de Jandro se fue casi entero hacia adentro. ¡Aaah! A ella se le escapó un gemido de placer audible, tanto que los comensales cercanos se giraron. Aquello era de lo más delicioso, sobre todo cuando ya has alcanzado el altar y ya estás viviendo cerca del cielo, pero claro, no eran dos críos, y con aquello que acababan de hacer ya habían traspasado todas las fronteras morales del firmamento.

En ese punto, Bel miró a Jandro con sus ojos muy abiertos y llenos de ternura. Hizo pequeños movimientos horizontales con su cabeza, al tiempo que sus muslos se le cerraron lo suficiente para que el pie masculino quedara un tanto apretado entre los mismos. Jandro, que permanecía algo más consciente que ella, se dio cuenta que había que bajarse del altar, así que fue retirando su pie hasta sus rodillas, después hasta sus pies y, finalmente, lo dejó descansar encima de su zapato.

Bel no dijo nada. Se levantó y, en quince segundos, regresó del servicio. Parecía un poco menos descontrolada. Jandro pagó la cuenta, se dirigieron a su coche ubicado en el aparcamiento subterráneo y en el auto se sentaron.

Ella intentaba pensar con calma, pero no lo conseguía:

«*Por mi Virgen, tía, estás ardiendo. ¿Cómo te ha puesto así? Yo tenía que estar insensible. Estás como una motosierra encendida*».

Él pretendía reflexionar con mesura, pero no encontraba la medida:

«*Por Dios, tío, estás morado. Tienes que comportarte. Te has puesto a tope*».

Se miraron dentro del automóvil. No aguantaron más: se lanzaron en busca de sus labios, a los que dedicaron quince segundos. Sus lenguas se mordisquearon y enrojecieron durante los quince segundos siguientes. Otros tantos después, la saliva de ambos ya era una sola. Ella le arañaba su cuello. Él le estrujaba sus pechos.

—Aquí no es un sitio seguro, cariño. Nos pueden hacer daño. —Alertó, Jandro, tras haber oído un ruido por los alrededores.

—Sí, vale, amor, pero ¿dónde vamos? —Inquirió ella sin dejar de abrazarlo, dando muestras de que la seguridad debía conservarse, pero lo que habían empezado no iban a pararlo.

—¿Vamos a ver esas fotos de nuestros dos angelitos? —Recogió ahora él una propuesta anterior de ella.

—Vamos. —Aceptó simplemente ella, intentando cara de normalidad.

Él automóvil se puso en marcha. Mientras las calles iban quedando atrás, él intentaba centrarse en la conducción, lo cual no siempre conseguía. Ella llevaba cogida una de las manos de él, la cual besaba con mimo. No se supo cómo, pero la falda larga de ella se le había subido hasta las mismas caderas. El auto se detuvo al cambiar el semáforo a rojo. A Bel, como en un acto reflejo, se le separaron bastante sus rodillas. Nadie lo había ordenado, pero la mano libre de él acabó otra vez rozando la braguita de ella, siguiendo los humedales de su vaguada. Tenían quince segundos. En un acto necesitado, Bel le robó la lengua de Jandro; él hizo lo propio con la de ella. Oyeron el claxon del coche de atrás que se había cansado de esperar. Jandro tuvo que descender del cielo a la tierra y ponerse a conducir.

Bel criticó, rebeldemente, al conductor de atrás:

—Jonás, ¿no podías esperar un poco? Haberte ido por otro sitio.

Después se enfadó, fieramente, con el semáforo:

—Jobar, y tú, semáforo idiota, ¿no podías quedarte en rojo? Eso haces otras veces.

Él automóvil siguió rodando con alguna dificultad, porque a veces el conductor necesitaba las dos manos, como cuando tenía que cambiar de velocidad, pero esa mano no siempre la encontraba disponible. En un momento dado, ella se percató de la orientación y sentido que llevaba el coche y le preguntó:

—Cariño, yo suponía que íbamos a ver las fotos a mi casa, pero por aquí no se va. ¿Dónde vamos?

—No, por aquí no se va a tu casa, pero veremos igualmente esas fotos. Confía en mí. —Le prometió su exmarido.

Ella pensó para sí, como pasa muy a menudo, pues los pensamientos importantes se quedan dentro con excesiva frecuencia:

«*Claro que confío en ti. Tú nunca me has fallado. Mi problema no fuiste tú, fui yo solita, fui yo con mi vagina*».

El automóvil prosiguió su marcha. Jandro miró los ojos de su exmujer, después miró la zona de sus pechos y, posteriormente, por debajo de su ombligo. Ella no se sintió incómoda, lo había visto hacer eso otras muchas veces. Le gustaba. Él volvió a pincharla con que sin trapos estaría mucho mejor. Bel, entre que ya no era ninguna niña, y qué ellos dos habían sido esposos, lo miró desafiante e hizo que las cosas posibles se hicieran realidad: se metió sus manos por dentro de la blusa y consiguió que su sujetador saliera por un brazo, dejándolo por allí cerca. Después, introdujo sus manos debajo de su falda e hizo que su braguita saliera por sus pies. Seguidamente, murmuró:

—Ya está. Lo que llevo por fuera, aquí en la calle no puedo quitarlo. Lo que tengo dentro, espero que te siga gustando.

Él sonrió algo sorprendido y complacido. Su mano regresó al triángulo entre los muslos de ella, pero poco después, la velocidad del auto tuvo que ser aminorada. Jandro accionó el mando a distancia y la puerta de un garaje comenzó a abrirse. A ella se le abrieron grande los ojos y la boca. Exclamó con gran sorpresa:

—¡Anda, si estamos en nuestra casa de casados! Uf, nueve años sin venir aquí. Cómo me gusta volver a mi casita. Anda, el garaje está como siempre...

Eso iba expresando, Bel, mientras el coche se detuvo dentro del garaje existente debajo de la casa y la puerta se cerró tras ellos.

—Dios mío, como eché de menos está casa. —Se le escuchó a ella, hablando con total añoranza.

—Y..., ¿a mí? —Se le oyó ahora a, él, nadando entre nostalgia.

Ella se giró hacia él. Se quedaron mirando casi quince segundos, con tanto amor como si siguieran casados; como muy enamorados. Y no, no seguían casados, pero sí, seguía habiendo mucho amor, seguían brutalmente enamorados. Bueno, todo indicaba que sí, aunque con los humanos nunca se sabe, si bien esta vez mucho parecía que sí.

—¡Muchísimo más que a nadie en el mundo! —Se confesó ella, ya con los ojos, los labios, el corazón y el resto de sus órganos abiertos —No te lo voy a negar, ya que ahora no puedo mentirte. Desde que te perdí estuve con otros, lo admito, pero nunca sentí ni un gramo de amor por ningún otro hombre. ¡Jamás te olvidé!

Aquella confesión salida de las profundidades del alma de ella supuso la ignición imparable de sus deseos. Durante quince segundos fundieron sus labios en un beso caliente y dulzón, enorme. Después, otros quince para entregar sus lenguas como sanguijuelas enrojecidas. Se buscaron sus sexos con sus manos hasta desgastarlos, mientras pasaban los quince segundos siguientes.

Se separaron sus labios, pero no sus miradas. No se dijeron nada, no era necesario, habían dormido juntos durante seis años seguidos. Cada cual abrió la puerta de su lado del auto. Salieron corriendo hasta situarse cada uno a la altura de los dos faros delanteros del coche. Allí, a metro y medio de distancia, se detuvieron un casi nada, mirándose con desespero, con necesidad de engullirse. Galoparon dos pasos cada uno y se fundieron otra vez en el abrazo y el beso más inmenso del universo. Sin espera ni control, Bel le quitó de un tirón el polo de él; este le arrebató la blusa suya. Ella le mordió en el cuello; Jandro le reventó sus pechos. La exmujer, que iba por delante, con más furia, le soltó el cinturón y le bajó calzoncillos y pantalones de golpe, los cuales salieron por los pies. El exmarido, que aquí lo tenía más fácil, le pegó un tirón a un pasador de velcro y la falda se fue por los aires. Bel le repasó su cuerpo desnudo en quince segundos. Confirmó que seguía estando para perderse, con su palote hinchado, gordote, irguiéndose hasta por encima del ombligo de él. Jandro le masajeó sus pechos en otros quince segundos, cuyos pezones, hermosos y duros, le dejaron sofocado. Después, bajó hasta la entrepierna de ella, comprobando que seguía siendo la más excitante de este mundo. Bel, que seguía mandando, como si fuese la más necesitada de los dos, le puso una mano en su cuello y la otra en su pecho y lo empujó lo suficiente para que él quedará tumbado con la espalda contra el capó del coche. Su palote sobresalía más que un abeto esbelto. Ella tenía su sexo como un paño semiempapado, puesto que la tensión y ganas acumuladas en el día habían sido grandiosas. Se subió encima del capó, dobló sus rodillas, sentó sus nalgas a la altura del ombligo de él y, con su boca abierta y los ojos cerrados, se dejó caer despacio, muy despacio, sintiendo como cada centímetro del palote de su hombre se le iba introduciendo y hundiendo hasta los confines de su cuerpo. Gimió fuerte, pero soportó aquellos primeros latigazos de placer. Se prestaron quince segundos sus lenguas. Él, que sabía que su exmujer era clitoriana, metió su mano hasta esa parte íntima y comenzó un masaje circular, para empezar y, de vaivén, para continuar. Mientras tanto, Bel se puso en «modo egoísta y furiosa». Se levantó hasta que su sexo abrazaba poco más que la cabeza del pene de su exmarido. En ese punto, ella comenzó un frenético movimiento de entrada y salida con recorrido corto, de cuatro o cinco centímetros, hasta que, entre los dedos de él y los movimientos de ella, le llegó el desplome total. Bastante perdió la conciencia. Gimió y gritó como para oírsela en Culto. Tembló más que con fiebre de cincuenta grados. Y, finalmente, se desprendió de su miel hasta quedarse extenuada. Tras las sacudidas del orgasmo gozado, se quedó inerte. Hacía tiempo que no temblaba, y esta vez se desquitó, más que la primera vez, más que cualquiera otra vez.

    Estuvo quince segundos inmóvil, pero como no se había recuperado, prosiguió otros quince, cual desmallada, y otros quince más, como muy debilitada. Por allí comenzó a tomar conciencia de que su hombre seguía armado insultantemente, hasta la altura del cinturón. Abrió sus ojos, le miró con gran dulzura y le susurró:

—Ahora te toca a ti. Espero que tu postura favorita siga siendo la del misionero, pero tú eliges.

34 EL CATACLISMO: SU FINAL

Se intercambiaron las posiciones. Entre beso y beso, ella se tumbó de espaldas sobre el capó, dobló sus rodillas y las subió por encima de su vientre. Él le fue regalando besos. Uno, cinco, diez, quince, arriba y abajo. Pero dado que la naturaleza y la física tienen sus propias reglas, estas te zarandean cuando no las respetas.

Y así fue. Él resbaló con una cáscara de plátano que algún mono había dejado por allí tirada (quien sería; solo Jandro tenía llaves de aquella casa), se fue de narices al suelo y arrastró a Bel en su desplome. Ella se arreó un golpe en un hombro que la dejó pálida de dolor, mientras que el sufrió un golpe en la cabeza que le causó un medio desmayo.

Medio arrastrándose, se dejaron caer encima de una alfombra grande que por el suelo del garaje andaba. Intentaron incorporarse, pero no era cuestión de ganas, sino de fuerzas, que había poquitas. Allí permanecieron estirados. Ella, más despierta, intentaba reanimarlo.

Pasaron entre veinte y treinta minutos hasta que ellos se recuperaron bastante de su accidente. Inicialmente pensaron en irse al hospital, pero viendo que el dolor de ella había sido temporal y que él ya estaba bastante orientado, decidieron darse un poco de tiempo, llenándose de mimos, pero sin furia, pues no era el momento de los empujes ni de los sobresaltos. En este sentido, Bel orientó, sin disimulo alguno, sus ojos hacia el miembro masculino. Percibió que estaba en completa calma y reposo, así que, siendo totalmente razonable, le dijo a su hombre con mucha quietud:

—Cariño, te has quedado sin premio, pero tranquilo, mi amor, ahora es momento de calma, no de reanudar ni forzar nada. Tiempo tendremos para que acabes intensamente premiado, ya me cuidaré yo de que así sea.

Jandro se puso en pie. Se subió sus pantalones, sin ningún otro trapo en su interior. Le dio a ella un beso en el ombligo y le dejó encima de su cuerpo su vestido, confirmando con ello que aceptaba sus palabras de calma. Para demostrarle lo que él iba a esperar de ella, cuando llegara el momento, simplemente formuló:

—Vale. Espero que el premio sea con intereses.

Ella sonrío con picardía. Vio que él se fue a una sala contigua al garaje, donde había una cocina rústica muy poco equipada, aunque sí disponía de un fogón de gas de los buenos. Descolgó de la pared un asador de castañas, artilugio que en algunas partes de Galicia llamaban *tixolo*. Luego, con la ayuda de una llave picoloro, abrió un cilindro de acero inoxidable conteniendo unas castañas inmejorables. Vertió en el interior del asador alrededor de dos kilos de ellas. Mediante una cadena al efecto dispuesta, colgó el *tixolo* de una barra superior y comenzó a asarlas con muy buena disposición y canturreando.

—Viva mi vida, la, la, la. Viva mi suerte, la, la, la.

Bel se percató de lo que su hombre estaba haciendo, y de su cantarela. Se levantó, se dejó caer por su cabeza el vestido que la cubría casi toda ella, para no presionar, y se acercó sorprendida.

—¡Anda, eso es un *tixolo*, como me gusta! Y castañas de mi tierra, del municipio de Riós, las mejores. ¿De dónde las has sacado si ahora no es época de este privilegio?

—Sí, este es el *tixolo* que tenía nuestro vecino Gustavo, en Mourazos, a quien medio se lo robé. Ahora, por cinco besos, te lo podría regalar yo a ti. —Ella se acercó. Le dio un beso que valía por diez. Él prosiguió asando y hablando. —Es cierto, ahora no es tiempo de castañas, pero este cilindro metálico lo llenan de cinco kilos de las mismas, hacen un vacío casi perfecto dentro y, milagro, esta maravilla del bosque se conserva todo el año como recién caídas del castaño.

Mientras él hacía su trabajo de asador, ella se llevó a la mesa una botella de vino tinto, de Monterrei, claro. No había nada más, ni tampoco era necesario. Comieron castañas asadas, como dos hambrientos. Tomaron vino joven, como dos sedientos.

Terminó el tiempo de la comida. Empezó el momento del juego. Sentados, como dos solitarios, se mantuvieron un tiempo besándose con los ojos, solo tocándose con la nariz.

Luego, ella le confesó a su marido, que no lo era, pero como si lo fuera:

—Cariño mío, cuando llegamos y te tumbé encima del capó, uf, fui bastante egoísta, pero es que estaba enormemente necesitada, muy desesperada. Me apretaste tanto desde esta mañana que no aguanté. Yo pensaba que era insensible, enteramente frígida, pues me habían operado para eso, pero desde que tú has vuelto a ser tú es como si entrara en celo y hubiera recuperado, en forma multiplicada, mis neuronas del placer. Dios, estoy desconcertada.

Los dos escucharon el ladrido simpático de un perrito pequeño que andaría por las inmediaciones. A la exmujer se le ocurrió:

—No importa. El perrito a lo suyo. Nosotros a lo de nuestro.

Él tiró lentamente del vestido de ella hasta subirlo cerca del ombligo. Los ojos de Jandro, que para eso estaban, se fijaron en la cintura estrechita de Bel, a pesar de sus cercanos cuarenta años y de haber traído a sus dos hijos a este mundo. Esos ojos descendieron otro poco y se recrearon con suma atención en sus dos nalgas, las más apetecibles para cualquier hombre vivo. Su palito comenzó a estirarse hasta convertirse en un gran palote, lo cual fue observado por la fémina, a quien le invadió un buen cosquilleo.

—Preciosa, ¿vamos arriba? —Sugirió él con voz bastante ronca.

Ella no verbalizó una respuesta, siendo consciente de que quedaba mucha noche por delante. Le dedicó una sonrisa, muy, muy dulce. Luego, le regaló un beso lleno de amor, no en vano habían tumbado juntos muchas catedrales. Bajó su mano derecha, acariciando su pecho y ombligo con dos dedos del revés, hasta que se encontró con el palote de su hombre, al cual le propinó un apretón que le marcó la mano y a él se le encogió su vientre. Otro beso de ella impidió que a él se le escapara nada por su boca. Se levantaron. Bel, intencionadamente, se puso delante, dándole la espalda a él, aunque muy apretaditos. Las manos de la exmujer buscaron las de su exmarido. Se las dejó por debajo del ombligo femenino. Allí las manos masculinas no se perderían, conocían muy bien el sendero. Comenzaron a serpentear, pasito a poquito. Jandro, entretanto, besaba el cuello de Bel, besito a piquito. La parte alta de la hendidura interglúteos de la mujer iba percibiendo y sintiendo el roce provocado por el pene eufórico del hombre. Ella, sabedora de que ese polluelo sería más aprovechable de otra forma, lo recogió con su mano derecha y lo recondujo hasta el interior de sus piernas, quedando ahora en contacto directo con el sexo de ella, quien comenzó a recibir las sensaciones del roce con cada paso que daban.

Alcanzaron la escalera que comunicaba el garaje con la planta de la casa, a donde torpemente se dirigían. Ellos alzaron su pierna izquierda para salvar el primer escalón, lo que conllevó que la punta del pene un tanto presionó la entrada de la vagina. Bel reaccionó con un pequeño estremecimiento, pues aquello parecía provocado. Llegó el segundo escalón. Las piernas tuvieron que ser alzadas de nuevo para proseguir la subida. Esta vez la cabeza del palote se introdujo casi toda dentro del sexo femenino. Aquello ya no pudo ser disimulado por ninguno de los dos, cuyas pulsaciones subieron hasta el tejado. Las manos de Jandro, por instinto, subieron y apretaron en redondo los pechos de ella, los cuales notaron el intencionado desgaste. A ella se le cerraron los ojos. Naturalmente, entraba en el mundo de las sensaciones deliciosas, al tiempo que la respiración de ambos se iba agitando. Se detuvieron, no para preguntarse qué iba a ser lo siguiente, sino para que ella tirara su cabeza hacia atrás y sus lenguas pudieran entremezclarse, pues ya no era momento de seguir a la razón, sino a su pasión. Los dos necesitaban dar el siguiente paso para progresar en la escalera, así que ella levantó su pierna izquierda al tiempo que su hombre movió sus caderas; el resultado fue uno de los posibles: la cabeza del miembro masculino recorrió de atrás hacia adelante la totalidad del miembro femenino con un roce intenso. Él tomó aire; ella necesitó doble ración. Ya no podían seguir subiendo hacia la primera planta, puesto que la temperatura de ahora ya demandaba atender a otras necesidades irrenunciables. Bel se cogió a la baranda de la escalera, se inclinó hasta donde le pareció y mediante un susurro le rogó a su hombre:

—Hazme feliz, mi amor.

Estaban en la casa que había sido su hogar durante el tiempo que estuvieran casados. No era la primera vez que aquella escalera compartía empujones y emociones vividas por ellos, si bien la presente siempre mejoraba cualquiera de las anteriores. Aquí, no se cumplía el tópico que decía: «cualquier tiempo pasado fue mejor». No señor. «Agua pasada no mueve molino». Sabe mucho mejor lo que te estás devorando en esta cena, que lo que te has tomado en la anterior.

Jandro se estaba derritiendo. Necesitaba sentirla entera. Todo lo más que pudiera. Medio metro si pudiera. Con esa intención, se inclinó lo suficiente para que sus labios sintieran el sabor de la piel de la espalda de Bel, llenándola de besos intensos. Su mano izquierda apretaba con cierta delicadeza el pezón derecho de ella, lo cual le excitaba un montón y tres cuartos más. El dedo medio de su mano derecha percibió la humedad templada del órgano clitoriano de ella, lo que aceleró las pulsaciones del corazón femenino. Y, para que la felicidad fuera completa, él fue empujando la totalidad de su palote, un poco, otro poco, último empujón, hasta que acabó introducido e impregnado por completo de las mieles y placeres que el sexo de ella le iba regalando. Siguió su movimiento lento de labios, dedos y caderas. A medida que los jadeos de ella se hicieron casi escandalosos, el aceleró un frote continuo sobre su clítoris y un movimiento furioso de sus caderas, sacando totalmente su palote y entrándolo nuevamente hasta las profundidades.

Ella comenzó a estremecerse. Los dos llegaron a las últimas, sin aire. Él apretó su trasero, sus párpados y soltó chorros como el caño de una regadera. Ella, mucho más expresiva, gritó al cielo, se retorció, se arqueó sin control cerca de quince segundos y se desprendió de nuevo hasta quedarse casi sedada, agotada, sin una sola gota dentro, vacía.

Un tanto después, se quedaron media vida sin movimiento, paralizados. Tan solo algún beso de él en la espalda de ella, hasta que los jadeos y la respiración fueron a menos, y más o menos cesaron.

Él consiguió levantarse. Ella no podía. Jandro viendo a su compañera fundida, reunió fuerzas, la cogió en brazos y se la llevó escaleras arriba hasta el sofá del salón, aquel mismo sofá donde se habían sentado y amado cariñosamente en tiempos de casados.

Ella recuperó un tanto sus fuerzas. Pudo levantar un poco sus párpados y mirarlo con dulzura, como lo había hecho en otro tiempo.

—Uf, Dios. —Se le oía a ella muy bajito. —Que tú... tú hombre te «deje pal arrastre» y él, poderoso como *King Kong*, te traiga en brazos al sofá, es para rezar y darle gracias al cielo.

—No es mérito mío. Eres tú, que estás irresistible.

—Le confesó él con cara de adolescente inocente, como si hubiera sido la primera vez; nada más lejos.

Ella rodeó el cuello de él con sus manos, se lo atrajo hacia sí y le entregó el beso, seguramente, más dulce de su vida. Un beso de labios abiertos, sin control de tiempo, para expresar lo que ella estaba sintiendo. Después continuaron mirándose, no se cansaban de mirarse. Ella le acariciaba su pecho, y su cara, embelesada; él le acariciaba su cadera, y su cabello, embobado. Biengastaron su tiempo todo lo que quisieron. Una hora, seguramente bastante más. Era el tiempo de descanso de los gladiadores.

Allí, acurrucados, agradecieron al cielo la paz que les estaba facilitando. Sin haberse dormido, comenzaron a despertar y a iniciar algo de movimiento, pues en algún momento tenía que suceder lo que estaba escrito. Ella quiso ir preparando el futuro, para lo cual comenzó a regalarle los oídos a su hombre:

—Jandro, sigues siendo muy fuerte. Después de esa batalla intensa en posición de perritos, que os desgasta lo suyo, tuviste fuerzas para traerme en brazos hasta aquí. Tal vez yo no te desgasté lo suficiente.

—Pues será porque yo soy poco agradecido, porque con todas estas maravillas tuyas, cualquier otro hombre se quedaría extasiado.

El cielo había descendido y estaba mucho más próximo que antes, muy cerca de aquella casa. Hablaron de cosas varias, como hablan los satisfechos. En un momento dado, como para generar más confianza, Adal le confesó que él supo, sin dudas, que la mujer que se desmadró torrencialmente haciendo el amor con un actor porno, para superar la Condición Tercera, no había sido Bel.

—Yo te conozco y supe que no eras tú, que aquel no era tu cuerpo, que tú no eres como ella expresaba sus sentimientos en la cama, ni su forma de hacer el amor.

—Pero, sabiendo que no era yo, aun así, declaraste cumplida la Condición Tercera. ¿Cómo...?

—¡Toma!, no te iba a hacer una judiada por haber hecho un truquito de nada —Respondió Jandro con mimo, mientras sus ojos seguían a su dedo medio que recorría la cadera de ella.

Se rieron los dos, con mucha complicidad. A ella le gustaba oír esas expresiones de su exmarido, siempre le había gustado. Mientras él decía lo anterior, siguió moviendo su mano derecha. Ahora las yemas de sus tres dedos intermedios recorrieron el cuerpo lateral externo de ella, desde la rodilla hasta por encima de su cintura. Bel miró el miembro de Jandro, admirable, incluso en medio reposo. Le ofreció, a ese miembro masculino, una media sonrisa, y lo recorrió cuan largo era con un suave roce de su dedo índice. Él puso dos dedos en el bello del pubis de Bel y comenzó a juguetear por encima, con pequeños tirones. Una corriente agradable se inició por debajo del ombligo de la mujer y se alargó hasta sus pechos. Ella comenzó a sentir que la tarde no había terminado. Así era, su cuerpo volvía a revolucionarse, alcanzando certeza que volvería a subir al cielo y a clamar por toda la corte celestial, por cuánto, su exmarido nunca la había dejado colgada y, ahora, tampoco lo haría.

—Mi amor. Desde esta mañana, eh, yo tengo que darme una ducha. Espérame, ahora vengo.

Bel se fue contoneándose a la ducha. Ella sabía que él la estaba siguiendo con la vista, por eso se esmeró todo lo que pudo, y podía mucho. Entró en la ducha. Abrió el grifo y dejó que el agua resbalara por su cuerpo. Sin oírlo llegar, debido al ruido del agua, ella alucinó con el calambre de un beso en su cuello. Sus pezones se le pusieron de punta. Se giró, le regó su cuerpo con la ducha y se lo enjabonó con la esponja por entero, dedicando un repaso especial a su aparato sexual completo. Llegó el turno de Jandro. Nada de esponja. Con su mano, totalmente abierta, para abarcar más, extendió gel por todo el exterior del cuerpo de ella y, después, por alguna zona interior. Quiso cerciorarse que también sus partes interiores se quedaban limpias, por eso introdujo suavemente su dedo medio en la vagina de ella. Repitió varias veces. Exploró su contorno interior con delicadeza, mientras ella ya mostraba un alto grado de derrumbamiento. Se dieron una repetición de besos con revuelto de lenguas. Él descolgó una toalla grande, secó sólo un poco los cuerpos de ambos y, de nuevo, se llevó en sus brazos a su chica hasta el sofá del salón.

Estuvieron un tiempo sintiendo la felicidad con sus labios, diciéndose cosas con los ojos. El sol de la tarde ya se había ido. Bel se sentó en el sofá con el deseo y la intención de darle un beso grande y apretársela hasta que pasara del rojo al morado. Cuando se estaba incorporando para situarse adecuadamente, ella hizo un giro un poco forzado con su pierna y notó un pinzamiento muy doloroso por detrás de la rodilla. Se quedó un ratito quejándose e inmóvil, frotando la parte posterior de la misma hasta que se le calmó un tanto. Jandro, que intentó ayudarla en el infortunio, le preguntó:

—¿Cariño, eso es del golpe de antes en el garaje o te has hecho daño al levantarte?

—No, esto ya no viene de ahora. —Jezabel le comentó resumidamente a su hombre, de dónde y desde cuándo venía —La cosa viene de lejos. Unos treinta o cuarenta días después de separarnos, yo todavía andaba un poco, como decirlo, bastante sonámbula. Estaba en el piso de mis padres, donde entonces ya malvivía. Recuerdo que iba desde mi habitación hacia la cocina, y al pasar al lado del baño, de su puerta de entrada al mismo que estaba semiabierta, se me vino entre las piernas una escalerilla de aluminio de cuatro escalones que apoyada en la pared estaba. La ventana del baño estaba abierta, hacía bastante viento aquella tarde y, supongo, que la escalera se movió y, uf, medio me mato. Suerte que no caí hacia la puerta de entrada al piso, que no sé qué hacía abierta, porque si caigo escaleras abajo, Dios, allí la hubiera palmado, seguro.

—Vale, pero ¿qué tiene que ver eso con el dolor de ahora? —Quiso saber el exmarido.

—Pues, sí, porque en esa caída noté un dolor intenso en esta misma zona de la rodilla, pero como que yo entonces no estaba para muchas tonterías, nunca fui al médico por aquello. El caso es que cuando ahora hago algún esfuerzo con esta pierna, ese dolor vuelve a recordarme la caída y el golpe de entonces. —Hablaba Jeza ya más recuperada.

—Y dices que la escalera se te vino de lado, ¿no pudiste apartarte? —Preguntaba, él, sorprendido.

—No tuve tiempo. Lo raro es que... nunca entendí que hacía la puerta de la escalera abierta, porque habitualmente estaba cerrada. Además, como en la caída me arreé un buen golpe contra el suelo y la pared, yo no estaba para muchas observaciones, pero poco después tuve la sensación de que en el baño había alguien y que la escalera no se movió sola. Luego me fui a la cocina, me froté unos cubitos de hielo por la rodilla y, cuando volví, cerré la puerta de la escalera y ya no vi nada.

Lo que acababan de hablar sobre aquel accidente se fue quedando en el recuerdo, era agua pasada para los dos. Ella, encontrándose ya mejor, se fue a una habitación contigua. Allí, abrió un armario, que ella conocía bien, y sacó una camisa de Jandro, que a ella le iba bastante ancha y larga, pero era perfecta. Solo se abrochó un botón, el que quedaba a la altura de su ombligo, y se fue a la cocina. No necesitaba indicaciones, también la conocía perfectamente, había sido su cocina durante años. No le fue difícil encontrar medio queso semicurado, del cual cortó unas cuñas. Vertió unas olivas en un cuenco. Se llevó una botella de vino tinto de la comarca de Monterrei, por supuestísimo, y entre los dos se zamparon todo lo sólido y se vaciaron todo lo líquido. Queso y aceitunas con la mano. Que gloria. Él vino, a morro, ambos por la misma botella, como se hace cuando no tienes que fingir ni aparentar nada.

—Qué forma de comer. Primero las castañas, ahora los pimientos, uf, me estoy poniendo redondo. —Admitió, él.

—Es que está siendo un día de mucho esfuerzo. La necesidad de proteínas es muy alta. Y yo tengo que alimentarte, no todo van a ser exigencias —Concluyó ella con una sonrisa de niña traviesa.

Después pasaron a lo esperado. Le dedicaron alrededor de hora y media para ver dos docenas de fotos de sus hijos de hacía algún tiempo, en las que ella no había participado ni había visto. Se quedaron embobados.

—Esta foto de los dos niños es perfecta, es la que más me gusta de todas —aseguraba él.

—Para mí, la última. Aurora está preciosa con esa sonrisa —ratificaba ella.

Bel estaba más que encantada. No había vuelto a pisar aquella casa desde que se divorciaran, pero de la época anterior había infinidad de recuerdos.

Jandro se levantó para ir al servicio. Cuando regresó al sofá, lo hizo desnudo, con su longaniza fresca moviéndose de un lado a otro de sus muslos. Bel la miró sin disimulo alguno, no hacía falta. A la fémina se le subió una mariposa revoloteando hasta su garganta, pues últimamente no había visto nada parecido en hermosura. Ella tomó conciencia de las necesidades de su hombre, y también de las suyas. Le regaló un beso de pasión, rebañando todo lo que encontró cerca, y, tenuemente, le dijo:

—Pobrecito mío, que burra soy, te tengo abandonado. Desde las escaleras, por unas cosillas o por otras, todavía no has vuelto a darme la savia de tú vida. —Bel se agachó. Cogió el miembro masculino con las dos manos, con tanta suavidad como si hubiera cogido a su hijo recién nacido. Se lo acarició hasta verlo y sentirlo crecer como si de un milagro se tratara.

Jandro ya se sentía un tanto embriagado, pues la erección de su miembro ya andaba por lo máximo, pero él estaba totalmente decidido a estirar y retardar sus pretensiones, a no precipitarse, todo ello en beneficio de las necesidades de su exmujer, ahora compañera de guerra.

Por lo mismo, aguantó. Levantó en brazos a su exmujer y la trasladó hasta la cabecera del sofá, dejándole la cabeza y medio cuerpo estirados a lo largo del mismo, mientras sus caderas y glúteos quedaron encima del apoyabrazos. Estos permanecían un palmo más alto que el resto de su cuerpo, lo que propiciaba que todo el aparato genital femenino quedara a la vista y en forma muy idónea para ser explorado.

Ella sabía que su exmarido le iba a regalar las estrellas, puesto que ese regalazo lo había gozado otras veces cuando él era su marido. Fue uno de los regalos que más echó en falta desde aquella infidelidad suya, por la cual ella seguía culpándose, por la que seguía martirizándose, pero ahora no era el momento para esos auto reproches.

Jandro tomó la posición esperada por ella. Le dedicó una mirada dulce al sexo de su amada, como preguntándole si podía empezar; ella le devolvió la mirada, más dulce, como contestándole que comenzara ya. Jandro se apoyó en sus dos rodillas y tomó el pie izquierdo de Bel, cuyo cuerpo subía y bajaba al ritmo de su respiración ya agitada, puesto que él se movía muy despacio y ese martirio de lentitud la estaba matando. Acarició el pie de ella con sus dedos y después le succionó su dedo gordo, hasta que ella escuchó circular su sangre por sus venas. Desde la rodilla siguió más lentamente la ruta interior del muslo de ella, con un mundo de besos, hasta que alcanzó su ingle, por donde repartió setenta besos más. Bel comenzó a mostrar síntomas de embriaguez, de asfixia. Por fin, ella sintió el primer beso arrastrado que el hombre le repartió sobre sus labios mayores. Ella gimió. De repente, él se detuvo. Alzó su cabeza, miró los ojos de la mujer que se encontraban cerrados, y le consultó:

—Creo que no te gusta mucho, por eso, mejor lo dejamos...

Ella lo miró con ganas de ahogarlo por lo necesitada que estaba. Ahora que ya empezaba a ver la entrada del palacio celeste, viene San Pedro, le cierra la puerta y allí la deja, esperando, con más desespero que nunca.

—Por Dios, eres un... un... Uf, por mi Virgen, sigue, mi amor, demuéstrame que me quieres, no me dejes...

Jandro regresó al medio muslo, le entregó doce besos y se fue hacia el norte, hasta su monte de venus. Con las yemas de los dedos removió el vello de la mujer, dándole algunos apretones a contrapelo. Ella quiso insultarlo. Después, él abrió muy poco los labios mayores hasta encontrar su clítoris. Lo rodeó con un masaje muy suave y circular de su dedo medio. A ella se le escaparon algunos retuertos desde su garganta. Él prosiguió dando vueltas lentamente a la rotonda clitoriana, hasta que colocó un dedo encima de ese cerrito y lo acarició como a lo más preciado del mundo, mientras que el otro dedo medio de su otra mano se introdujo en la vagina con un movimiento circular y de entrada y salida. Bel comenzó a gemir alto, la borrachera de placer ya era incontenible. Ella prosiguió ondulando su cuerpo ya muy excitado. Jandro detuvo nuevamente sus manos, se puso en pie y se colocó al lado de ella.

Él, sabiendo la batalla crucial que se acercaba, cogió otra vez a su Bel en sus brazos y se la llevó a la cama de los dos, a la cama de casados, a la que había sido su cama durante las noches de seis años. Se quedaron, casualmente o no, con sus cuerpos cambiados, como el seis y el nueve, y a eso se dedicaron. Ambos se conocían aquellas interioridades, mucho, pero seguían siendo los interiores más deseados de todos los tiempos. Se acariciaron y se lamieron con furia. Se arañaron, sin perdonarse. Cuando la temperatura del verano ya se había alcanzado hasta su máxima, Bel, acelerada como una motocicleta, se tendió de espaldas y levantó sus piernas hacia el cielo en posición de uve y de victoria. No hacían falta palabras, ni peticiones, nada. Él clavó... sus rodillas en la sábana y colchón, y ayudado con su mano, deslizó una, y siete, y quince veces la cabeza de su palote a lo largo y sobre el sexo femenino. En la parte sur del recorrido, hizo cortas entradas y salidas del túnel de la vida. Así un tiempo, hasta que el horno ya era más bien un volcán. Ella movía enérgicamente su rostro de lado a lado. Gemía, con su vientre apretado y contraído, pues ya no le quedaba mucho para bendecir al hombre que la estaba martirizado de placer. Jandro inició, en forma desesperadamente lenta, la bajada por el túnel de la vida de Bel. Bajó todo lo que pudo, pobre, ya no tenía más. Ajustó y movió su bajo vientre y alrededores de su tronco contra la vulva de ella en forma circular y verticalmente, apretando y frotando con pasión los labios y clítoris de la mujer, quien no pudo aguantar más y perdió un momento su conciencia. Cuando volvió a su mundo estaba pálida, temblando como un flan zarandeado por las sacudidas que seguía soportando. Su cara estaba hecha una servilleta arrugada. Un gemido de finalización se extendió por todos y cada uno de los agujeros de la casa. Bel se quedó, diría un anestesista, como sedada. Jandro, por su parte, ya estaba en la puerta del hospital, a punto de morirse. Tres o cuatro golpes desde fuera hasta lo más adentro fueron suficientes para que su embalse se desbordara, las compuertas se abrieran y los chorros salieran a presión, provocando el intento de que nada, ni siquiera sus ovoides, se quedasen fuera del nido de ella. Mientras Bel seguía en el cielo, percibió una maravillosa sensación, que solo había percibido otras dos veces en su vida. Fue mientras se había quedado embarazada de sus dos hijos, pero dado que eso no era algo empíricamente probado, pasó a formar parte de los recuerdos.

Tampoco tenían apoyó científico los hechos acabados de vivir, puesto que ella debería estar sexualmente muerta. Sin embargo, sí era real, innegable, que ella había experimentado una explosión de su sexo, un reventón sexual inigualable. Había gozado los mejores orgasmos de su vida, puesto que hacía varios años que no había temblado como ahora, ni siquiera con aquel ventajista de Víctor de antes de divorciada. Fue sobrenatural. Cruelmente inaguantable.

Recuperaron la calma, la que sigue al vendaval, y allí se quedaron. Siempre sucedía eso. Así se mantuvieron. Estaban enroscados en su cama de casados, donde habían compartido y gozado muchos temblores desenfrenados, muchas alegrías apoteósicas.

Eso de las alegrías era muy cierto, pero, desafortunadamente, también lo era que en esa misma cama habían escondido muchas verdades sangrantes, donde se habían infligido mentiras y humillaciones espantosas. Y, claro, dado que decir mentiras o callarse las verdades crea hábito, esa costumbre vuelve, regresa en el momento menos esperado.

—Cariño, podríamos volver a vivir aquí, juntos, como antes. —Proponía, Bel, con voz de recién casada, con la intención de ser sincera. —Nunca, jamás volveré a... «hacerte daño» como la otra vez. Te lo aseguro.

Jandro pensaba para sí. Lo pensaba dentro de sí, donde se quedan los pensamientos verdaderos, donde se conciben las mejores bondades y, por supuesto, también las perores canalladas:

«¡Qué liebre eres, golfa! Me la pegaste con treinta años, y ¿todavía pretendes que me crea que no me la vas a pegar, otra vez, ahora con cuarenta? No, no, no voy a permitir que me vuelvas a torear, que vuelvas a humillarme como hiciste. Proseguiré con mi plan hasta el final, que es el que realmente satisface mi alma».

Así es la vida en esta tierra. Jandro se cayó sus pensamientos, los reales, se los quedó para él, mientras que a su exmujer le hizo ver otra cosa. Así no hay forma de llenarse de confianza, puesto que entre el amor y el odio de los humanos hay medio paso de los pequeños.

—Yo más bien creo que deberíamos vivir el presente, sin que nos empuje el pasado, ni tampoco nos retenga el futuro. Si tú quieres, hoy nos quedamos aquí y, mañana, ya iremos viendo. —También pretendió él sinceridad.

Bel también pensaba para sí, en ese rincón de la cabeza donde piensas palabras amables y, luego, permites otras judiadas. Ella ahora tenía el cuerpo lleno de ilusiones. Así se sentía y así se expresaba en su interior:

«*Esta vez no volveré yo a destrozar la vida maravillosa que tenía. Ahora vuelvo a ser feliz con este mismo hombre. Espero no atreverme a poner, de nuevo, el deseo de mi piel por delante de la cordura de mi razón. Es cierto que los desprendimientos torrenciales que gocé con aquel cabrón de Víctor durante la primera semana fueron a lo bestia, pero, por una semana en el cielo, quemé toda mi vida, una vida enteramente feliz que tenía. También arruiné la vida de mis padres, la de mis hijos y la de este hombre que ahora tengo conmigo, todo por unos pocos días donde únicamente mandaba mi entrepierna hinchada; pero, eso no volverá a pasar, nunca, jamás*».

Qué frágil es la voluntad de los humanos. Es cierto que la cordura de Bel parece ser ahora más terca que antes, pero mucho más terca es su piel, con sus deseos y sus reventones. Sí, Bel, sí, ya reventaste en una época anterior. No, Bel, no, nunca digas, nunca, jamás. Promete solo lo que puedas cumplir; no prometas algo que, tal vez, no vas a poder ni, posiblemente, vayas a querer cumplir.

35 CONDICIÓN SEXTA: LAS ALEGRÍAS

—Cariño, cómo sabes, puesto que la semana de paro sexual por la regla no te gusta nada, hace algunos días que debía haberme bajado el período. No sé, se me está retrasando un poco. —Le explicaba, Bel, a su hombre, poniendo cara de circunstancias. —Seguro que es debido a «mi cambio sexual del nada al todo». A veces, a las chicas, nos pasa.

—¿Qué quieres decirme con eso del «cambio sexual del nada al todo»? —Se interesó el hombre, quien también puso cara de no tenerlo claro.

Ella lo miró con sus ojos grandes y le contestó en medio de una sonrisa, un tanto pícara:

—Porque, desde hacía varios años en que me hice la cirugía sexual, hasta que volviste a aparecer tú, no como Adal, sino como Jandro, yo era un cero en mi lívido, una «nada» sexualmente; pero, desde que volvimos a esta casa, he pasado a ser una leona carnal, una «toda» marcha sexual.

—Pues a mí me gusta muchísimo más, no lo dudes, que seas una leona carnal, que no una nada sexual. —Le contestó él devolviéndole la mirada algo picarilla.

—Sí, vale, pero volviendo a lo de la regla, este retraso debe ser algún desajuste, porque no hay posibilidad alguna de que pudiera estar preñada.

Los dos se miraron levemente, pasando de puntillas. Ella no quería remover antiguas promesas incumplidas, precisamente ahora que no había fémina más feliz que ella en la tierra. Pero, hay momentos en la vida que, si quieres cruzar el río, tienes que, al menos, mojarte los pies.

—En eso del embarazo, bueno, no será porque tu edad te lo impida. —Aseguró Jandro.

—No, por mi edad, no. —Se apresuró Bel a clarificar algunas cosas de forma algo incomoda. —Pero, yo pongo mi cabeza en el fuego que, desde hace más de tres años, solo lo hice en esta casa, solo contigo. Si le añadimos que contigo no puedo quedarme embarazada, la conclusión es sencilla: nada de embarazo. O sea, ya me bajará cuando quiera.

Jandro bajó los ojos en busca de la copa de vino, tomó un buen trago y, notándosele que ahora era él quien parecía muy incómodo, cuestionó parte de lo anteriormente apuntado por ella:

—Bueno, eso de no ser posible un embarazo conmigo era antes, mientras estuvimos casados. Ahora no sé si, en forma efectiva, vuelvo o no a ser fértil. El caso es que, hace algún tiempo, me sometí a una pequeña intervención quirúrgica para hacer reversible la vasectomía de entonces y...

—Joder, Jandro, has podido decírmelo, ¿no? De eso no sabía nada. —Atropelló Bel con cierto mal humor.

Él le pidió disculpas sentidas. Que se había olvidado. Qué ellos dos siempre lo habían hecho sin parones ni condones, además de otros cuantos argumentos.

—Se me pasó, lo siento. De todas formas, tranquila, que a mí edad ya se tardan años en dejar embarazada a una mujer. Si quieres, a partir de ahora lo hacemos con preservativo, es un rollo, pero...

Ella lo vio un tanto afectado, así que, quitó leña del fuego. Le dio dos besos para restablecer el orden y se fueron cogidos de la mano, viviendo en la tranquilidad de que el agua volvería a su cauce, y la menstruación también.

Con ese grado de felicidad moviéndose por el aire, se les echó encima el día señalado para terminar con la última de las condiciones testamentarias impuestas por Villasevil, ya que esta era la sexta y última, aunque quedará la Quinta por resolver.

Aquella mañana, Bel y Jandro estaban acabando de tomar su desayuno. Llevaban viviendo juntos algo más de mes y medio. Su situación amorosa era envidiable, como la de dos quinceañeros recién escapados de sus casas. En su actual vida privada eran, Bel y Jandro, aunque públicamente se seguían comportando como Adaljandro y Jezabel.

—Cariño, me voy a la notaría. Recuerda que a las diez tenemos la apertura de la última condición. Allí nos vemos. —Decía él mientras se levantaba de su asiento para dirigirse a su centro de trabajo.

—Allí estaré, cielo, aunque estoy bastante preocupada con el contenido que pudiera albergar esa condición. No me fío del cerebro retorcido del viejo Villasevil y, además, siendo la última, espero que no haya querido lucirse y nos sea imposible de cumplir.

—Tranquila, podremos con ella. —Animó el notario.

Los dos hablaban en plural, pues ahora ya no consideraban aquella condición testamentaria como un problema individual o exclusivo de ella, sino de ambos.

—Cariño, antes de que te vayas quiero comentarte una cosa, que es personal, mía, aunque estoy segura de que tú la sientes también como tuya. —Decía ella despacio, como alargando el misterio, mientras se cogía del cuello de él y le daba un beso de los grandes. —Hace ya bastantes días que me tenía que haber bajado la menstruación, pero nada. Con todo el ajetreo que me traigo en la Corporación, el estrés de las condiciones testamentarias, los viajes a Culto y, últimamente, tus apretones, seguro que se me ha retrasado. Ahora bien, tenemos que decidir si queremos o no más niños. Recuerda que, antes de casarnos, hace unos ocho o nueve años, tú me prometiste seis hijos. ¿Sigue vigente la promesa?

Se rieron, primero. Se besaron, después y, finalmente, se prometieron hablar y decidir por la noche sobre eso del embarazo. Ella salió, un tanto después, hacia la notaría. Las chicas suelen tener más pelo y tardan más en arreglarlo. De camino se encontró con Luz, quien andaba por las inmediaciones para asistir a la reunión sobre la Condición Sexta.

—Chica, debes vivir en el cielo, porque estás guapísima. —Aseguraba, Luz, apreciando el brillo de Jezabel.

—Sí, estoy muy contenta. —Simplificó Jeza.

—¿Qué estás muy contenta? ¿Eso es todo lo que vas a decirme, mala amiga? —Esas eran las pretensiones de la asesora. —Desde que te casaste hasta tu divorcio no me contaste ni una sola de las virtudes de tú marido. Entre vuestro divorcio y la resurrección de tu esposo me contabas, si un tío te besaba, hasta como tenía la lengua. Y ahora, que ha vuelto tu marido, ya volvemos a las andadas, no sueltas ni media. ¿Qué te da tu marido, tía?

—No es mi marido, rascabarrigas. Y lo que me dé no es cosa tuya, chismosa. —Acusaba, Jeza, casi en «modo casada».

—¡Ya te digo, esto no lo hace una buena amiga! —Se defendía la asesora.

Se fueron a la Notaria Mayor. Hicieron acto de presencia las cuatro personas habituales. El notario, maestro de ceremonias; la representante de la Corporación, Jane Brandy; así como, las dos recién llegadas, Jezabel, como heredera y, Luz, como asesora.

Abierto el acto de la Condición Sexta, tuvieron lugar los pormenores iniciales. Estos ya se desarrollaron con menos gloria, pues ya eran un tanto rutinarios. Seguidamente, el notario dio apertura al pliego separado al efecto, anunciando que comenzaba la lectura del folio correspondiente:

—«CONDICION SEXTA:
La heredera, Jezabel Ártemis, debe quedarse embarazada del notario, Adaljandro del Olmo y Penumbra, y, tras la oportuna gestación, dar a luz un bebé que viva, al menos, un mes».

Jezabel Ártemis se cubrió su cara con sus manos en forma inmediata, evitando así que su rostro manifestara si aquello era un motivo de gran alegría o de alta preocupación. Ella se contuvo y escondió sus sentimientos, aunque para sus adentros se dijo, casi con euforia:

«Por fin, el abuelo Indalecio, se despidió como un grande. Esta vez ha pensado en algo completamente idealista. Esta no será para mí una condición horrible como las anteriores, sino un regalo divino. Gracias, Villasevil».

La asesora, Luz Serena, conocedora de la actual situación de convivencia entre Bel y Jandro, valoró rápidamente la condición anunciada. En un segundo, le lanzó una mirada llena de malicia a su amiga, con cuya mirada le decía:

«Anda, tía, ¿qué has escrito tú esa condición? Para cumplir con esa fiesta no me vas a llamar, no me vas a decir que me necesitas como asesora. Esta la vas a cumplir tú solita, con tu Jandro, todo entero para ti, claro, ¿eh, bandida?».

Jane Brandy, la representante de la corporación, se mantuvo impasible, como siempre, es decir: ni sí, ni no, sino todo lo contrario.

El notario, dándose por aludido, intervino sin hacer uso de turno de palabra.

—Les puedo asegurar que estoy muy sorprendido con el contenido de esta Condición Sexta. —El propio notario ponía cara de mártir, tanto como un arzobispo flagelado. Hizo una pausa, y continuó. —Dado que esta es una condición que afecta a la vida privada y derechos de dos personas, de la señorita Ártemis y la mía propia, ruego la consideración de los presentes respecto de mi decisión de dar por terminado el presente acto, convocándoles nuevamente para dentro de una semana, a la misma hora, donde espero podamos presentarles a ustedes nuestras decisiones al respecto. Gracias por su consideración. Buenos días.

La señorita Brandy se levantó de su asiento, hizo un gesto con su mano a modo de despedida y se marchó de la notaría, como si quisiera indicar que su cometido en aquel acto ya había concluido. Por su parte, Luz Serena, un poco arrugó la nariz. Pensó que, para el cumplimiento de esa condición, ella no tenía nada que rascar en medio de aquella pareja de palomos, así que, les dedicó una sonrisa de cortesía, se colgó su bolso en bandolera y se quitó de en medio.

Ahora, ya una vez se quedaron los dos solos, Jandro bajó de su pedestal y se sentó al lado de Bel. Se miraron un tanto expectantes, pero no había malas caras, ninguno de los dos veía aquella última condición difícil de cumplir, en principio. Más bien era otra oportunidad para apretarse, unirse y regalarse lo mejor que cada cual tuviera, incluido el incremento de un buen número de horas en la cama.

Él salió un minuto de aquella sala para dar un par de instrucciones. Después, recogieron sus cosas y se fueron a la casa de ambos, dando por acabada la jornada de trabajo en este día. Se tumbaron en el sofá sin muchas formalidades, pues estaban solos y estaban en su casa. Él trajo del refrigerador dos cervezas y unas nueces ya cascadas y comenzaron a tratar lo conveniente.

—¿Qué te parece, mi amor? —Preguntó Jandro tras cogerle su mano y acariciársela con mimo. —Siempre hay que pensárselo a la hora de traer un hijo a este mundo, pero en este caso estaría justificado.

—Claro que sí, cariño. Sería nuestro tercer bebé —respondió ella en forma automática, mostrándole sus ojos iluminados.

—Sí, pero no olvidemos que para tener un hijo hay que... fabricarlo, y no sé si mi fábrica está ya para muchas creaciones.

Eso dijo el notario. Es verdad que detrás del verano viene el otoño, donde aparecen los primeros chaparrones. También se sabe que el otoño avanza hasta que nos encontramos de cabeza con el invierno, con fríos y lluvias intensas. Pues, mira por dónde, aquí comenzó ya, Jandro, a salpicar las primeras gotas de agua sobre el fuego de las ilusiones, lo cual hizo que esas ilusiones empezaran a diezmarse sensiblemente.

—¿Qué no? —Contradecía, Bel, manteniendo los ojos brillantes. —Me dejaste embarazada por dos veces, al primer empujón, y fue con esa misma embutidora, o sea que, no te hagas el modesto, chiquitín.

—Sí, sí, pero eso fue hace unos cuantos años, ahora con la vasectomía revertida, no sé. Claro que siempre nos quedaría «buscarte un acompañante para ti». —Ahora ya no se trataba de gotas de agua, esta vez él ya estaba vertiendo un buen chaparrón sobre la hoguera de las esperanzas, mientras miraba hacia ningún destino concreto.

Aquello cogió tan desprevenida y desarmada a Bel, uf, que lo miró muy incrédula, sin entender nada de lo que había querido decir. Ella levantó la cabeza, como hacía cuando estaba ofendida, y le repreguntó directamente:

—¿Qué quieres decir con eso de «buscarme un acompañante para mi»?

—Bueno, si yo no pudiera darte este hijo, alguna solución alternativa para cumplir la Condición Sexta habría que buscar, por tu bien como heredera, claro. Tal vez así no serían... unos cuernos propiamente dichos, sería una necesidad profesional. Por otra parte, es innegable que tú alguna experiencia en eso tienes.

Esta vez ya no caía un chaparrón sobre el fuego de las expectativas, sino que Adaljandro había provocado un invierno lluvioso y persistente sobre las mismas. Esas expectativas que Jezabel había acariciado y abrazado por segunda vez, con el mismo hombre, se empezaban a agrietar como paredes de adobe zarandeadas por un terremoto.

—Vamos a ver, Alejandro. —Esta era la primera vez, en esta segunda etapa de convivencia, que ella no le llamaba por su diminutivo, Jandro, sino que lo hizo por su nombre completo, Alejandro, lo cual indicaba siempre alta tensión. —No quiero volver a oírte algo parecido, ni en broma. Los dos hicimos barbaridades en otras épocas, pero ahora no podemos volver a las andadas. ¿Insinúas que me meta un «acompañante» en nuestra cama, entre tú y yo, para que me haga un hijo en tu nombre? ¿De verdad me estás proponiendo eso? A ver si queda claro, Alejandro. Los cuernos, cuando estábamos casados, los sufriste tú, vale, pero si no puedes superarlo, más vale que nos alejemos para siempre y nunca más.

Jandro intentó rectificar y matizar lo dicho con poco tino. Añadió que podía ser algo hablado y pactado, un acto profesional, sin placer.

—¿Sin placer? —Reseguía, Bel, ya con cara de mula cabreada, con las mandíbulas rotas. —¿Cómo cojones se hacen esas cosas... sin placer, Alejandro? Porque si otro hombre, ese «acompañante» que tú dices, me va a dejar preñada, ya me dirás cómo ese tío lo va a hacer sin placer, ¿qué crees?

—Vale, sí, pero sabiéndolo de antemano por estar concertado, contratado, puede que así doliera menos, sería más suave. —Remendaba, Jandro.

Ella volvió a rebelarse. Seguro que, incluso ahora, con mayor furia. Lo hizo en forma terrorífica, pretendiendo clarificar totalmente y para siempre su postura:

—Déjate de monsergas, tío. —Ahora ya no le llamaba Alejandro, como había hecho antes, sino tío. Bel gritó considerablemente, separando las palabras para remarcarlas. —Cuando una mujer se va a la cama «con - otro - hombre», ¿qué crees que va a hacer? Pues a follar, ¿o es que te sigues creyendo que a los hijos los trae la cigüeña?

Un cierto tiempo tuvo que transcurrir para que la hemorragia se contuviera. Después, el exmarido volvió a pedir disculpas, puesto que la propuesta del «acompañante» para ella había sido totalmente desafortunada. Por su parte, la exmujer se quedó bastante indignada. Puede que las palabras utilizadas por Isabel en sus respuestas hubieran sido excesivamente duras, pero lo de meter un acompañante para ella en la cama, en esta nueva etapa, no había sido nada bien digerido por ella. Las cosas se fueron suavizando y volvieron a darse algunos besos. La situación mejoró, pero como que nada pasa sin más, ella tuvo que lidiar con la sensación de que él seguía teniendo atragantados los cuernos. Pensó que, según las situaciones y circunstancias, la infidelidad que ella había cometido antaño volvería a ser restregada por delante de sus ojos en cualquier momento del futuro, no en vano ahí estaba el recordatorio, ahí había quedado ese «tú alguna experiencia en eso tienes».

En la tarde siguiente, Jandro se levantó del sofá y se fue a la cocina. Bel oyó salir el agua de un grifo y algún ruido de platos. Él intentó sacar algo para llevarse al estómago, ya que la comida sana y moderada tiene efectos relajantes. Salió con una bandeja de fresas y dos cuencos con dos cucharas.

—¿Te apetecen unas fresas, cariño? —Ofreció, Jandro, con amabilidad.

Bel miró la fuente de fresas. Fue automático. Le entraron unas náuseas que tuvo que salir disparada al lavabo. Jandro la acompañó con mucho mimo. No pasó a mayores, puesto que ella pronto comenzó a encontrarse mejor.

—Oye, oye. —Exclamó, él, con los ojos abiertos. —Cuando tú estabas embarazada no podías ni ver las fresas. ¿Quieres decir que no estás preñada?

36 CONDICIÓN SEXTA: ESCARAMUZAS

Bel se quedó buscando mariposas, empezando a rehacer cálculos que, al presente, no importaban mucho, ya que ahora lo decisivo era si estaba o no preñada. Ella se levantó del sofá diciendo que se iba a comprar una prueba de embarazo a una farmacia. No se fiaba mucho de los «*test ultrarrápidos*» que entregaban a domicilio, pues prefería aquellos que había que esperar media hora para tener el resultado, mucho más fiables.

—Voy contigo. En esto estaremos juntos ya desde ahora. —Escuchó, ella, que él prometía.

Bel se giró, se detuvo delante suyo y le dio un beso, con amor. Cuando ellos estaban casados no se daban las gracias, ni se pedían las cosas por favor, se daban besos en señal de sintonía y confirmación. Continuando con las buenas costumbres, ella puntualizó:

—Cariño, me gusta tu buena predisposición, pero todavía no sabemos si estamos embarazados.

—Es cierto, pero el hecho de comprobarlo también forma parte del embarazo mismo, así que voy contigo.

Bajaron a la farmacia, se trajeron dos pruebas de embarazo, por si accidentalmente pasaba algo con una de las dos. Ella se fue al baño. Él se fue detrás.

—Mi amor, después veremos juntos el resultado, pero, mientras esté recogiendo la muestra de orina, ya lo puedo hacer yo solita. —Sugería ella con una sonrisa particular.

Él no aceptó sugerencias, no iba a apartarse de su lado hasta conocer el resultado. Bien, eso tenía su lado bueno. El apoyo y la participación en esos momentos es muy gratificante. Pero, claro, mientras ella esperaba sentada en el servicio para recoger la muestra de orina, porque esa necesidad fisiológica no siempre es automática, él permanecía de pie mirándola, sin más. Esa no parecía una estampa idílica, pero el comportamiento de los humanos tiene estas sorpresas. Recogieron la orina e hicieron la prueba. Tras ello, se fueron a esperar la media hora recomendada por el fabricante. Estaban como dos jilgueros, nerviosillos, como si se tratara del primer embarazo y ambos fueran menores de edad.

Ella pasó a quedarse un poco ausente. Comenzó de nuevo a manejar fechas y a hacerse cálculos.

—Oye, Bel, si el resultado fuese positivo, ¿estarías tú contenta?

La pregunta no obtuvo respuesta. Ella concluyó sus cálculos y, sin atender a la pregunta anterior, expuso con cierta incredulidad.

—Ya sé que lo que voy a decir no es ciencia exacta. Ahora bien, de estar yo embarazada, ello significaría que me habrías dejado preñada el primer mes de nuestro reencuentro. A ver, más concretamente, habría sido durante la primera semana; que digo, en el primer día; o sea, en el primer polvo. ¡Qué toro! Igual que con los dos hijos anteriores. Uf, si hubiéramos seguido juntos ahora tendríamos doce hijos, por lo menos.

Se rieron con la misma satisfacción de aquellos que son felices. Se miraron como dos pajaritos. Había que esperar otros cinco minutos por el resultado. Esperaron. En su situación no se cumplía el tópico de que: «el que espera, desespera». Sin embargo, como no se comprueba un posible embarazo cada noche, a la media hora en punto allá se fueron los dos, cogidos de la mano. Se acercaron. Se acercaron un poco más. Se oyeron dos chillidos en la mayor parte del mundo. Se dieron cinco besazos de enhorabuena.

¡Positivo!

Allí estaba. Faltaba la confirmación sanguínea y todas esas cosas, pero estas pruebas eran bastante fiables y podía asegurarse que el embarazo era un hecho. Poco después, ellos empezaron a pensar en esas cosas asociadas. ¿Sería niño o niña? ¿Qué nombre le pondrían? ¿Qué cuna comprarían? Así, etcétera. Y también se acordaron de sus otros dos hijos, Aurora y Albor, que ahora estaban en el colegio, ya afincados de nuevo en Barcelona:

—«Se van o volver locos con su hermanita, o lo que sea» —Aseguraba, Bel, tan contenta como la primera vez.

—Anda, vaya buena suerte la nuestra... —Estaba formulando, Jandro, con júbilo.

—¿Suerte? —Repitió, Bel, en forma de pregunta, mientras llenaba de besos cariñosos los labios de su compañero. —No es cuestión de buena suerte, machote. La buena suerte no deja preñada a la mujer. Para eso, una debe tener en su cama un hombre que, en los momentos deseados, lleve hasta el fondo de tu nido su buen cañón, tan bueno que te llegue hasta la entrada de tu útero, y, de cuyo cañón salga el maná con fuerza explosiva para que se meta dentro del mismo. Esa es la buena suerte, torito mío.

Se rieron a lo grande los dos, otra vez, felices como niños. ¡Qué bien estamos cuando estamos bien! Pronunciaba san Feliciano. Cuando nos reímos somos como niños, y a veces lo somos, solo a veces.

Siguieron las risas, los besos y los abrazos. Algún extraterrestre que no conociera su historia diría que sus corazones estaban tan necesitados el uno del otro como si hubieran estado juntos desde los quince años, sin separarse ni una sola hora. Claro que esa no era su historia, pero allí estaban, encantados, sin pensar en nada más. En un momento dado, Bel abrió sus ojos y, al mismo tiempo, se le abrió el corazón de alegría. Parecería que la noticia de un tercer hijo había relegado todo lo demás a un segundo plano, a un nivel menos importante y, en grandísima medida, así era, pero, claro, si además de estar un nuevo hijo en camino, eso mismo hacía que se cumpliera con la Condición Sexta y, por ello, se fueran a recibir toneladas de dinero y de poder, ¡por todas las madres del mundo!, tampoco eso sucedía cada día.

—Dios santo, mira por dónde. Vamos a tener un pequeñín y, al mismo tiempo, vamos a cumplir con la Condición Sexta. Virgen de la Luz, que contenta estoy. Este próximo verano prometo ir a mis dos pueblos favoritos, a Mourazos y a Verín, y llevarle personalmente un gran ramo de flores a mi Virgen de la Luz y a todas las vírgenes que por allí encuentre. —Eso prometía, Bel, cuya promesa seguramente cumpliría, pues para ella parecía fácil de cumplir.

Jandro miró con cierta admiración a su compañera, a su exmujer. Él, contrariamente a lo que pudiera parecer, no era tanto de santos ni de vírgenes como Bel. Esta tenía especialmente fe en aquellos que hacían sus milagros por la comarca gallega de Monterrei, de los que ella solía acordarse cuando las cosas salían bien. Jandro se sentía más práctico, más tomasino, por eso ya había dado el siguiente paso, sin pensar que con ese paso iba a levantar una buena polvareda, una gran tormenta de arena en el desierto.

—Cariño, necesitamos hacernos una prueba de H2LC, con la cual...

—¿Una prueba de H2LC? —Repitió ella separándose de los brazos de él y mirándolo en forma muy incómoda, se diría que más bien en forma «repelente».

—Claro. Esa prueba determinará la maternidad y la paternidad... —Pretendía explicarse, Jandro, pero como los humanos poco escuchan, después pasan cosas que podían haberse evitado.

Así comenzó a levantarse polvo, mucho polvo. Bel no tuvo la templanza suficiente como para esperar hasta la explicación entera y, una vez completada, después valorar los pros y pensar en los contras. No señor, no reflexionó sobre los contras; no pensó en ese punto donde suelen aparecer los malentendidos, y hasta pueden llegar a ser muy desatendidos, muy ofensivos.

—A ver, a ver. —Se enfureció ella ya puesta en pie, con su frente arrugada y las manos crispadas, como una loba acorralada. —¿Para que necesitas esa prueba de paternidad? Yo ya sé que soy la madre, ¿es qué tú no estás seguro de si eres el padre? No me jodas, Alejandro. Si todavía no has superado lo que pasó con el Víctor aquel, vaya un futuro que nos espera juntos.

—Joder, Bel. —Se puso él en pie, también, con cara de muy cabreado. —Primero, que no es tan simple olvidar por completo una infidelidad tan miserable de la mujer a la que amas. Si no la hubieras disfrutado, no habríamos nunca discutido sobre eso. Segundo, que si me escucharas sabrías lo que quiero decir, y no así, que tú te preguntas y tú te respondes.

En todo caso, ella seguía rabiosa, indignada, por la supuesta duda de Alejandro sobre si él era el padre de la criatura que estaba iniciando su vida en el vientre de

Bel. Aquello la ofendía muchos montones, ya que ella sabía que esta vez no había habido infidelidad, ni siquiera de pensamiento. Pero, claro, como ella se había pasado algunos kilómetros con sus palabras, sin escuchar, tuvo que admitir que Jandro tenía razón, que no podía comportarse tan a la ligera. Luego, no le quedó más que, ahora sí, envolverse con la manta de la sinceridad, pedir perdón y arreglarlo de la mejor forma posible:

—Lo siento, lo siento mucho. A veces me disparo y me pierdo. Es verdad, los cuernos son atroces en todos los casos. Es cierto que siempre se verán con muy diferente intensidad si los has gozado, que tenderás a quitarle importancia, o si los has sufrido, que hasta pueden hundirte. Sé que son atroces porque, hasta yo, que fui la culpable, nunca he podido olvidar el daño que te hice. Espero que algún día me perdones de verdad. Por otra parte, con mi pasado, yo debería entender que tú quieras asegurarte de si eres el padre. Eh, juro que hace años no estuve con más hombre que contigo. Este hijo no puede ser, no es hijo de otro. Y ahora ya te dejo hablar, que es lo que debí hacer antes.

Jandro se sentó, ya más pacífico. Para que digan que las palabras sanas no calman a las fieras. Le tendió la mano y le ofreció a ella que también se sentara, lo cual hizo. Se dieron un beso. Ahora sí, ahora que las ruedas del carro ya chirriaban menos, ahora Jandro continuó.

—Bel, yo espero que pueda olvidar del todo tu infidelidad, pero, aunque yo la olvidara, eso no significaría que la misma ya nunca hubiera existido. Los hechos no desaparecen con el olvido. Pero, yo no pensaba ahora en eso. Tienes, tenemos una Condición Sexta que cumplir. Para ello, debemos tener un hijo nuestro, y lo vamos a tener, de hecho, ya lo teníamos antes de conocer el contenido de la Condición. Ahora bien, para que esa Condición Sexta se tenga por cumplida, tenemos que demostrar jurídicamente que es hijo de los dos, tuyo y mío. Qué es hijo tuyo es fácil de demostrar, pero para probar que también es mío, necesitamos esa prueba de paternidad, H2LC, realizada y certificada por el equipo médico de un laboratorio que así lo determine. Sólo con ese certificado, yo podré declarar cumplida esta última Condición Sexta. Es un formalismo, pero, como notario, es necesario que así sea.

Bel no pudo alzar su miraba de las rodillas. Estaba muy avergonzada. No lloró porque no pudo. Había llorado tanto en otras épocas que ya no le quedaban lágrimas dentro. Ella puso de su parte todo lo que tenía para remendar aquel roto. De hecho, le propuso hablar abiertamente de lo que quisiera, prometiéndole solamente la verdad, por cruda que fuera. Él dijo que sobre aquello de la infidelidad ya lo habían hablado en su día, con pelos, placeres y señales, que no le apetecía nada volver a reeditarlo. No obstante, metidas sus manos en harina, Jandro quiso añadir un apunte sobre eso de como entiende cada cual una infidelidad, para lo cual, contó una historia verdadera:

—Yo tuve un asunto judicial donde el marido resultó condenado por agredir físicamente a su mujer y a su amante con un paraguas. Casi los agujerea. El marido se ganaba la vida como actor porno. Una tarde llegó a casa antes de lo previsto y, sorpresa, se encontró a su mujer enroscada con otro en la cama. El marido, cada tres o cuatro días lo hacía y se vaciaba con una actriz porno diferente. Esto lo hacía mientras se filmaba la película de turno. Sin embargo, no aguantó que su mujer hiciera algo equivalente con otro.

«*No es lo mismo*» —razonaba el marido condenado, en pro de su defensa. —«*Yo no me vaciaba dentro de la actriz, lo hacía fuera y porque me lo exigía el guion, mi trabajo. Lo hacía por responsabilidad, y de ahí comíamos mi mujer y yo. Sin embargo, el mamón del amante de mi mujer eyaculaba dentro de ella, por eso siempre sostuve que ella lo hacía por vicio y placer, disfrutaba poniéndome los cuernos, y eso no se lo aguanto*».

Que bien. El «yo» siempre por encima del «tú». ¿Cómo se eyacula sin gozar? Si yo me lo monto con otra, es porque estoy trabajando, y no disfruto, mi mujer tiene que entenderlo; pero, si ella lo hace con otro, es una infiel, ella sí disfruta, hay que hundirla. Curiosamente, esta historia real había creado buen ambiente entre la exmujer y el exmarido. Seguramente era así porque la historia se refería a otra pareja, no a ellos.

Bel quiso añadir otro punto de vista sobre el tema, de forma que comenzó a relatar otra historia verdadera:

—Hace unos años atrás me contó una vecina que se dedicaba... a la mala vida, que una tarde pilló a su hombre gozando en el sofá de su casa con otra mujer. Esta vecina mía entró en cólera y medio los descuartizó a los dos con los alicates y unas tijeras de manicura que portaba en su bolso. Después, ante el juzgado, ella no negaba las cuchilladas a los infieles, sino que se defendía argumentando que ella había respetado siempre a su hombre. Sostenía que «nunca había disfrutado de un solo orgasmo con ninguno de los tíos que le habían pagado, ni siquiera se había excitado ni sentido placer alguno en ningún acto sexual con otro. Sin embargo, acusaba que su pareja se había puesto las botas con aquella guarra hasta desbordarse los dos como una pareja de perros».

La conclusión de la mujer vecina era que a ella se la metían cada día quince o más tíos, pero consideraba que nunca le había puesto los cuernos a su pareja, porque aquella era su forma de ganarse la vida y nunca había gozado con ninguno de aquellos tíos. Ahora bien, no aguantó que su hombre se lo montara con otra, aunque fuera solo con una, al considerar que su hombre sí sabía lo que ella hacía y lo consentía, mientras que él le había sido infiel al hacerlo a sus espaldas y escondérselo.

¡Pobres terrícolas!, se oía por el espacio. Otra vez más dominados por el «yoismo». Muchos de los humanos necesitan un arreglo consistente. Algunos tienen algo de razón, pero a la mayoría no hay forma de entenderlos. No se sabe si hay más microbios en su entrepierna o en su cerebro. Cuando los humanos se extingan en la tierra, lo que quede de ellos, su aroma, sus ilusiones, sus recuerdos seguirán poniéndose los cuernos entre ellos.

Jandro, tras escuchar el caso explicado por Bel, perdió su mirada por los alrededores. Le confesó a ella, a menos de media voz, que a él no podía volver a serle infiel, que no lo aguantaría, una segunda vez, no. Hablaron de la confianza, tal vez para darse ánimos. De como hierve la sangre a los treinta años, y a los cuarenta, y a los cincuenta, también. ¿Tienen los cuernos tanta importancia como para romperlo todo? Los dos coincidían que sí, que lo rompen todo. Eso fue lo que pasó en la vida de ambos. Prueba de ello es que nadie lo soporta, ni los profesionales del sexo lo aguantan. Cuando uno de los dos se va a disfrutar fuera de su casa, la falta de consideración personal se entiende como una falta de respeto, y si en la pareja falta el respeto, se acaban las risas, los besos y todo se va a desembocar al río.

Siguieron hablando del pasado de ambos. Ella prosiguió hablando con total franqueza:

—Recuerdo aquellos seis años de felicidad desbordante contigo, hasta que yo cometí la sinrazón de encapricharse del búfalo aquel de Víctor, quien, a los pocos días, ya me había estafado mi dinero y engañado con otras, pero ya no podía deshacer lo hecho. Después todo se fue al garete: tú estabas intratable, y lo entendí siempre, porque yo no habría estado menos. El caso era que contigo no podía contar, mis padres, pobres, murieron del disgusto, y yo tuve que hacer muchas barbaridades para sobrevivir. Primero, por las necesidades de nuestros niños, Albor y Aurora y, después, por mi soledad inmunda, sola como una apestada por ser una prostituta, hasta que no... ya no veía más salida que quitarme la vida.

—Si el día del cumple, como tú has dicho, de la primera golfada en el baile El Cielo Total, me lo hubieras dicho, seguramente nos hubiéramos separado igualmente —Jandro rezumaba pesares por todos los poros de su piel —Yo te quería tanto que el solo hecho de pensar que otro hombre te había tocado, y que tú te habías dejado, no lo aguantaría. Eso sí, nos hubiéramos separado de otra forma, sin mentiras, sin escupirme en la cara y de la forma tan trágica y sangrienta como ocurrió.

Volvieron a prometerse franqueza y sinceridad total. Ella prometió expresamente que así sería. Prometió por su piel y por su razón que jamás le mentiría, que jamás le manipularía la verdad, sin escondérsela y ocultársela para que pareciera otra cosa, que sexualmente le sería fiel y, mentalmente, sincera por entero.

¡Qué maravilla! Se mofaba un Arcángel en el cielo. Que bien mienten los humanos. Tan bien, que resultan más creíbles sus mentiras que sus verdades.

Disfrutaron un rato del silencio. Ella, enroscada en Jandro, como hacían de casados, le preguntó:

—Oye, ¿por qué te pusiste el segundo apellido de «Penumbra»?

—Porque vivir sin ti era como vivir en constante penumbra, era horrible, por eso se me ocurrió ese apellido para que el mundo supiera, indirectamente, lo que sufría sin ti.

Ella volvía estar embelesada con su exmarido, porque de sólo él escuchaba estas cosas.

También hablaron del futuro próximo. De su próxima visita ginecológica, de una primera revisión y confirmación del embarazo, que aprovecharían para que les certificaran la maternidad y paternidad biológica de ambos respecto del hijo que esperaban, con lo cual, los requerimientos jurídicos para declarar cumplida la Condición estarían salvados.

La revisión ginecológica confirmó el embarazo sin problemas y les proporcionó el certificado de paternidad interesado. Paternidad certificada para el presente hijo, claro.

El notario convocó a las interesadas al acto donde se les informaría de la resolución sobre la Condición Sexta. Tras la presentación protocolaria, el notario les entregó una copia del certificado de maternidad y paternidad biológica de ambos. Y resolvió:

—Conforme al contenido del certificado del «Laboratorio A favor de la Vida», cuya copia han recibido, queda acreditado que la heredera, señorita

Ártemis, y este notario, Del Olmo, son los padres biológicos del hijo que esperamos nazca con salud dentro de unos seis meses. —Y prosiguió.

—Para tener definitivamente por cumplida esta condición hay que esperar a que el bebé nazca y que tenga un mes, pero yo estoy seguro de que así será. En su consecuencia, adelanto que debo declarar y declaro provisionalmente que la heredera Jezabel Ártemis ha CUMPLIDO satisfactoriamente con la Condición Sexta impuesta por el testador, señor Villasevil.

Gracias por su asistencia.

La asesora, Luz Serena casi se abalanzó sobre Jezabel para felicitarla muy efusivamente.

Jane Brandy, la representante de la Corporación, se ahorró toda pérdida de tiempo y todo tipo de esfuerzos en una felicitación que no sentía, pues se limitó a una correcta y seca «enhorabuena» y dejó la sala. En todo caso, pensó para sus interiores:

«*Vale, esta vez te salió bien, porque el notario este es un flojo y lo has embaucado, pero en la Condición Quinta, pendiente ante el Tribunal Suprajusticia, te vas a orinar en los pantalones. Este notario nos empieza a defraudar*».

Poco después, los dos ex, llenos de alegría, fueron a buscar a sus dos hijos al cole. Cuatro o cinco horas más tarde, ya en la cama, Jandro, a quien se le torcía la vena con más frecuencia de la debida, le preguntó a Bel:

—¿Estarás contenta? Ya te falta poco para dominar el mundo, incluido a mí mismo.

—Anda, tonto. Dominaremos el mundo juntos. Además, contigo siempre estaré en posición de igualdad. —Afianzaba ella posiciones de esperanza.

—Bueno, ya solo te queda por salvar la Condición Quinta ante un Tribunal duro, sin concesiones. —Remarcó, él, de nuevo.

—No me asusta que sea duro. Si es justo, ganaré. —Aseveró ella como aseguran los que tienen un as en la manga.

Él no contestó a esa afirmación, pero por dentro pensó:

«*No estés tan segura, listilla. Yo en materia jurídica sé más que tú. Esta vez ante el Tribunal Suprajusticia la vas a palmar, y ya verás después, cuando te quedes sin nada, como me voy a reír. El que ríe el último ríe dos veces, y hasta puede que tres*».

Así son algunas personas; una parte de los humanos; una buena parte de ellos. Qué forma de voltear los adjetivos: por dentro eres roñoso, eso es real; por fuera eres maravilloso, eso parece.

Alejandro volvió a superarse a sí mismo, y le confesó:

—Bel, cariño, esto tendría que haber acabado ya, pero, en su momento, yo tuve que declarar la Condición Quinta como no cumplida. Lo siento, yo no podía hacer otra cosa...

—No, no, tú hiciste lo que debías; yo impugné tu decisión porque era lo que tenía que hacer yo. Cada cual hizo lo que debía. —Repartió ella la baraja a partes iguales.

Seguían en la cama. Después de los avatares del día, ahora ya reinaba de nuevo la calma. Ahora bien, que estén en calma no significa que no surjan dificultades, porque los pensamientos no descansan y porque la vida de la cama es muy dura.

—¿Seguiremos estando juntos, así, todos los años? —Pretendía Bel una confirmación, poniendo cara de niña embobada.

—Yo no puedo. —Explotó Jandro a media voz, como si un volcán hubiera enfurecido y explosionado debajo de su casa.

Ella se incorporó con mala cara y se sentó en la cama. Él se quedó mirando los pechos desnudos de ella. Esta, en un arrebato de ira, dio un manotazo a parte de la sabana y se cubrió sus pechos con la misma, expresando así su alto malestar.

—No puedes vivir conmigo, pero si puedes follarme desesperadamente, ¿eh? —Navajeó ella con mucha rabia.

—No te sulfures tanto, preciosa, que peor me las hiciste tú en los últimos días de nuestro matrimonio, que vivías a mi lado y dormías junto a mí en esta misma cama, pero no te dignabas a follar conmigo porque venías harta de hacerlo con tu amante, con el chivo del Víctor aquel. —Así fueron devueltas las cuchilladas por él.

Se dieron media vuelta, espalda con espalda, sin contacto ni tacto, e intentaron dormirse. Adoptaron la postura, pero la indignación nunca duerme. No era lo mismo que antaño, puesto que esta vez no había infidelidades, pero nadie se libra del pasado, de su pasado. Se puede olvidar, pero no se puede quitar, no se puede hacer desaparecer, por eso siempre nos perseguirá hasta la muerte y nos estará mostrando y reprochando continuamente nuestras cabritadas.

37   EL CUARTO FOLIO

El procedimiento judicial siguió su curso. El Tribunal, antes de lo previsto, convocó a las partes para la celebración del juicio. En su vista se iba a practicar la prueba admitida, oír las conclusiones de las partes y, finalmente, dictar la oportuna sentencia. Esta resolvería definitivamente la demanda interpuesta por la heredera Jezabel Ártemis contra la resolución del notario Adaljandro del Olmo declarando incumplida la Condición Quinta.

Jezabel había escrito el Cuarto Folio en el yate el Tránsfuga, cuyo contenido siempre fue desconocido por Villasevil de la Torre y, también, por el notario Del Olmo y Penumbra. El Documento de Buena Convivencia, donde había quedado integrado aquel «Cuarto Folio», estaba precintado con una nota sobre su cubierta que impedía su apertura hasta estas fechas. Nada menos que mil quinientos días tuvieron que pasar para que el misterio dejara de serlo. En todo caso, el Tribunal decretó, a petición de la demandante, la señorita Ártemis, el desprecinto y la apertura del pliego donde se encontraba ese «Cuarto Folio» con sus dos cláusulas 8A y 8B, ello al objeto de poder dar lectura al mismo y que su contenido produjera sus efectos jurídicos como prueba documental decisiva.

La vista del juicio se celebró a presencia de Doña Jezabel Ártemis, con NIF 00000000S, presidenta provisional de la Corporación Villasevil Torre, en calidad de parte demandante, quién estaba asistida por la letrada Sra. Velázquez. Por la parte demandada intervino el Notario Mayor, Don Adaljandro del Olmo y Penumbra, con NIF 99999999A, asistido del abogado Sr. Planas.

Obviamente, no asistió en codemandado, Sr. Villasevil de la Torre, ello por constar como fallecido. Asistían al acto, pero en calidad de oyentes, Doña Jane Brandy y Doña Luz Serena.

Iniciado el acto de la vista, por disposición del Tribunal, se entregó una copia del Cuarto Folio, con sus dos cláusulas 8A y 8B, a todas las partes en conflicto.

El notario, como Magistrado que había sido, dio medio vistazo rápido al contenido de las dos cláusulas, debido a lo cual, él empezó a sentirse incómodo. Comenzó a intuir que algo malo para sus propios intereses estaba aconteciendo.

Mientras el presidente del Tribunal recomponía sus cosas, solicitó de la Letrada de la Administración de

Ultrajusticia, que procediera a dar lectura, de viva voz, a la primera disposición del Cuarto Folio.

Así se oía la voz de la Letrada:

«CLÁUSULA 8A:

Yo, Indalecio Villasevil de la Torre, declaro, sin coacción alguna, que actualmente me considero en total plenitud de mis facultades mentales. Así lo expresa también el informe neurológico de fecha de ayer, emitido por el Gran Neurólogo Egeo, adjunto a mi testamento, si bien dicho informe refleja que pronto aparecerá una situación de deterioro cognitivo incesante.

Debido a ello, es mi voluntad manifestar mediante esta cláusula 8A, las razones que me llevaron a declarar a la señorita Jezabel Ártemis como mi única y universal heredera.

Desde los cincuenta y ocho años, perdí el apetito sexual por completo, de forma que, desde entonces hasta hoy, no había vuelto a sentir ninguna erección ni, por tanto, a disfrutar de un solo orgasmo.

Hoy, sin embargo, con Jezabel en mi cama, con su mirada abrasadora, con su sonrisa fascinante, con sus caricias deliciosas y con el cuerpo desgarrador de esta mujer «diez», he vuelto a sentirme hombre, he vuelto a sentir mi miembro vivo y galopante, tanto que hoy entre sus piernas saqué los placeres más intensos de toda mi vida. Es por ello por lo que, teniendo para mi mucho más valor lo que ella con su cuerpo de ángel me ha dado, que todos los bienes materiales míos, he decidido transmitirle a ella todas mis propiedades y derechos, puesto que es lo menos que puedo hacer por este ángel, ya que no será Jezabel la que esté en deuda conmigo, sino yo con ella».

Cuando el notario tuvo conocimiento del contenido y alcance de esta primera cláusulas del Cuarto Folio, mordiéndose los labios y clavándose las uñas en las palmas de sus manos, no pudo evitar remover el interior de su cabeza hasta decirse a sí mismo:

«¡Qué cabrona, la Jezabel esta! ¿Cómo pudo llegar a pensar tanto por sí misma y a organizarse a tan alto nivel para discurrir y llevar a cabo todo esto? ¿Cómo pudo colarle esta pulla, por detrás, a un zorro legendario como Villasevil?»

Y siguió el notario removiendo y pensando para su interior, valorando algunas causas que dieran explicación a lo que estaba ahora viviendo:

«*Claro, esta tía toreó a muchos gusanos, sobre todo en su época de mujer callejera, que la obligaron a no fiarse de nadie, ni siquiera de Villasevil, a pesar de que este se lo estaba ofreciendo todo en bandeja».*

Y concluyó sus pensamientos:

«Joder, ¡que burro fui!, la subestimé, la menosprecié. Pensé que, a mi exmujer, la iba a manejar fácilmente y, hostia, me va a meter su dedo otra vez de costado».

La heredera Ártemis permanecía impasible, con un semblante bastante cercano al de quién espera saborear un triunfo enorme, pero tocaba esperar.

El notario Del Olmo y Penumbra no salía de su asombro. Proseguía lamentándose y removiendo sus adentros:

«*Es que no me lo puedo creer. La primera conclusión solo puede ser esta: si lo que aquí afirma Indalecio en esta cláusula 8A es cierto, joder, tío, como me la has jugado. ¿Cómo has podido ponerte así de ciego en la cama con la que era o había sido mi mujer? Si vivieras te machacaría los cojones.*

Por otra parte, la conclusión segunda tiene que ser así: Claro, si esto que firmó el viejo se lo hubiera colado ella por detrás y eso de la cama no fuera cierto, esta Bel, esta Jezabel es muchísimo más lista e inteligente de lo que yo nunca llegué a pensar. ¡Esta tía es la hostia!».

Y así era. La conclusión segunda era la correcta y real, ya que Jezabel e Indalecio nunca estuvieron apretados en la cama, ni siquiera habían dormido nunca juntos en la misma alcoba. En esas dos cláusulas del Cuarto Folio estaba su seguro de vida, la póliza de seguro que ella tanto había pensado tras la propuesta de heredera que, en forma gratis y graciosamente, Villasevil le hiciera en el yate. En aquel entonces, ella venía de sus andanzas callejeras y hoteleras, las cuales le habían aconsejado:

«Jezabel, los hombres no son de fiar».

El notario salió de sus pensamientos cuando escuchó al presidente del Tribunal anunciar que, seguidamente, la Letrada de la Administración de Ultrajusticia iba a dar lectura a la siguiente disposición:

«CLAUSULA 8 B:
Dadas las razones expuestas en la anterior cláusula 8A, yo, Villasevil de la Torre, manifiesto y declaro: que el legado de todos mis bienes a la señorita Jezabel Ártemis, que por testamento tengo instituido para después de mi fallecimiento, no puede quedar sujeto al cumplimiento de condiciones que menoscaben sus derechos sexuales, ni su dignidad sexual como mujer. En su consecuencia, si por algún motivo pasajero, caso de algún tipo de enajenación o trastorno transitorio mío, se reflejara en mi testamento u otro documento anterior al de esta declaración, alguna condición de carácter sexual que atentase contra la voluntad sexual femenina de la señorita Ártemis, fuera contraria a sus principios sexuales o limitara su libertad de elección sexual como mujer, dichas cláusulas o condiciones deberán ser tenidas por no puestas, ineficaces e inválidas, sin que su negativa a cumplirlas afecte o restrinja el legado de mis bienes que a Jezabel Ártemis tengo adjudicados».

El Notario Mayor, esta vez, entró en trance. La rabia lo devoraba. Él, como jurista, comenzó a darse cuenta de que, con estas dos cláusulas, cuya existencia él desconocía, tenía muy pocas posibilidades de que su plan y previsiones pudieran seguir adelante con éxito.

Concluyó la vista del juicio. Pasó una semana. El Tribunal dictó sentencia y convocó a los mismos interesados para notificársela a todos ellos y, a su presencia, darles lectura de la misma.

El Tribunal de Ultrajusticia, como parte importante de su sentencia, interpretó las dos cláusulas 8A y 8B contenidas en el Cuarto Folio del Documento de Buena Convivencia, cuyas clausulas fueron determinantes en el sentido del fallo.

Dada lectura a la referida SENTENCIA, los presentes se olvidaron rápidamente de los apartados de menor importancia jurídica, manteniendo vivos en sus memorias solo los ordinales considerados importantes y decisivos, los cuales tenían el tenor literal siguiente:

HECHOS PROBADOS:

SEGUNDO: Que, él Código de Sucesiones en nuestra Confederación vigente desde el año 2015 establece en su artículo 112, a efectos hereditarios, que:

Primero: preferentemente, se estará a lo dispuesto por el testador en su testamento.

Segundo: solo en el caso de que no se hubiera otorgado testamento o que el mismo fuera declarado nulo, entonces se deberá estar al sistema legitimario por el orden de línea descendente, esto es, primero heredarán los hijos, y si no hubiere, le seguirán los sobrinos, cerrándose en estos la línea sucesoria y sin que herede el resto de los parientes.

CUARTO: Que, la resolución del Notario Mayor, Don Adaljandro del Olmo y Penumbra, de fecha arriba indicada, declaró como «incumplida» la Condición Quinta por la heredera testamentaria, la señorita Ártemis, ello en base a que la heredera se negó, categóricamente, a someterse al fin de semana sexual exigido por el testador, sin justificación alguna. Esa resolución del señor Notario Mayor fue impugnada ante este Tribunal por la expresada heredera, alegando que se habían vulnerado de pleno sus derechos sexuales, conforme en su demanda se expone.

FUNDAMENTOS DE DERECHO:

SEGUNDO: Que, las Cláusulas 8A y 8B contenidas en el Folio Cuarto del Documento de Buena Convivencia, las cuales forman parte del testamento de Don Indalecio Villasevil de la Torre, entendemos que no infringen ninguna ley vigente de nuestra Confederación; asimismo, no habiendo sido controvertidas ni impugnadas de contrario, se consideran las mismas ajustadas a derecho, y, en su consecuencia, deben ser consideradas plenamente eficaces y válidas.

TERCERO: Que, siendo estas Cláusulas 8A y 8B contenidas en el Cuarto Folio del Documento de Buena Convivencia de fecha posterior, por un día, a las cláusulas del propio testamento contenidas en los folios 6 y 7, eso implica que las expresadas Cláusulas 8A y 8B deben ser tenidas como las últimas voluntades del Sr.

Villasevil de la Torre y, por consiguiente, anulan a las del testamento en todo aquello que menoscabe la libertad sexual de Doña Jezabel Ártemis.

QUINTO: Que, existiendo testamento otorgado legalmente por el testador Don Indalecio Villasevil, lo único que se discute en este litigio es si la expresada heredera cumplió o no con la Condición Quinta, ya que, para el caso de declarar esta condición como cumplida, la heredera se convertiría en la propietaria de todos los bienes hereditarios. Sin embargo, si dicha condición se declarara incumplida, el proceso hereditario seguiría su curso por el sistema legitimario, y, debido a que el testador no dejó hijos que pudieran sucederle, ni más sobrinos que el propio notario, Don Adaljandro del Olmo, este sería el único heredero destinatario de toda su herencia.

SEPTIMO: Llegados a este punto, este Tribunal considera que, si bien es cierto que en los dos folios 6 y 7 del testamento de fecha antes expresada, el testador imponía a la heredera el cumplimiento de la Condición Quinta para tenerla como acreedora efectiva a los bienes de su herencia, sin embargo, es decisivo que el Documento de Buena Convivencia, con el Cuarto Folio conteniendo las cláusulas 8A y 8B aportado por la heredera, es de fecha posterior a aquel testamento, en un solo día, pero suficiente para considerar al Cuarto Folio como la última voluntad del testador y, en su consecuencia, este documento deja sin efecto cualquier estipulación anterior que contradiga lo dispuesto en estas cláusulas 8A y 8B.

NOVENO: Así las cosas, la razón le asiste a la demandante, la señorita Ártemis, al considerar este Tribunal que su negativa a someterse al fin de semana sexual estaba plenamente justificada.

Legalmente, la discriminación se presenta en cuanto que su compañero sexual en las 48 horas maratonianas podía aceptar o no la petición de disfrute lascivo, dependiendo de las cualidades de la fémina, las cuales ni habían sido por él examinadas. Sin embargo, la demandante, señorita Ártemis, no tuvo opción alguna de elegir a su compañero de lujuria en la cama, que le venía impuesto, lo cual atenta contra el Principio Fundamental de Igualdad previsto en el Precepto 3 de nuestra Ley Suprema.

Contractualmente, esta prohibición de no vulnerar los derechos sexuales de la señorita Ártemis viene recogida en la declaración firmada por el testador mediante la cláusula 8B, disponiendo en ella que «toda cláusula anterior que atentara contra los derechos sexuales de la señorita Ártemis debía ser tenida como no válida y nula, sin que esa nulidad pueda restringir sus derechos hereditarios».

Por todo lo anterior, debemos revocar la resolución administrativa notarial y declarar que la Condición Quinta ha sido cumplida por la demandante y heredera, Doña Jezabel Ártemis.

FALLO:

Que, estimando enteramente la demanda presentada por la demandante, Doña Jezabel Ártemis, contra la resolución dictada por el demandado, Don Adaljandro del Olmo, revocamos y dejamos sin efecto esa resolución administrativa notarial y, en su lugar, declaramos que la Condición Quinta impuesta por el testador, señor Villasevil, a la heredera, señorita Ártemis, se debe tener por «CUMPLIDA» y, consiguientemente, habiendo dicha heredera ya cumplidas el resto de las Condiciones y aceptado la herencia, declaramos a Jezabel Ártemis titular y dueña definitiva de todos los bienes y derechos que el testador, Villasevil de la Torre, poseía».

Contra la presente resolución no cabe interponer recurso alguno.

¡Toma! ¡Toma! ¡Toma! Aquí estaba el verdadero cataclismo. Todos los presentes se quedaron medio muertos. Ese era el efecto que producían las llamadas resoluciones explosivas. Dado que la sentencia de este Tribunal era firme y, por tanto, irrecurrible, Jezabel Ártemis había dejado de ser la heredera, la pretendiente, para ser ya, oficialmente, la titular y propietaria de todos los bienes de la herencia, incluido el ochenta y seis por ciento de la Corporación Villasevil Torre.

Tras aquel golpetazo recibido en todas sus partes, el Notario Mayor, Don Adaljandro del Olmo y Penumbra, había quedado en una situación jurídica y personal extremadamente penosa y lamentable.

No hubo manifestaciones al uso. Había pretensiones e intereses muy contrapuestos. Ahora sí, el perfume de la venganza ya pronto comenzó a percibirse en el ambiente. Cada cual escurrió el bulto de las felicitaciones como pudo.

La representante Jane Brandy se levantó y se fue, medio temblando.

El notario, hundido económica, jurídica y moralmente, con una felicitación muy cicatera, se quedó más pobre que ninguno.

Luz Serena expresó un poco más de alegría. Cuando ya salían, Luz pasó cera de Adal, como si fuera a darle su sentido pésame, pero no, le consoló diciéndole muy bajito, para que solo él lo oyera:

—Bueno, eres su pareja, ¿no? Ya que no lo vas a tener todo, confórmate con la mitad. Y, a mí, recuérdame.

Jezabel, que se percató de los gestos de Luz, pensó para sí misma:

«*A esta chica, muy últimamente, le pasa algo*».

Solo la diosa Jezabel Ártemis rebosaba orgullo contenido. Bueno, no contenido del todo, porque bastante se le notaba en sus mejillas ese: «*Por fin, ya era hora*»

Por supuesto, con más de tres cientos mil millones de euros en la cartera, quien se contiene del todo. Más de siete millones de euros en beneficios se añadían cada día a su bolsillo, como para contenerse.

Ella pensó, y se felicitó, y se relamió, y bastante lo gozó en su interior mientras se aseguraba a sí misma:

«Este es el verdadero orgasmo».

«Esta es la auténtica dicha y bienestar personal».

«¿Que majadero dijo que el dinero no da la felicidad?».

Siguiendo el curso de la vida, el notario continuaba yendo a su casa todos los días, puesto que aquella casa era suya y allí estaban los suyos. El problema era que, emocionalmente, aquella casa empezaba a mostrar ciertas grietas, y no era en las paredes, sino en su alma, ya que estaba dejando de ser su hogar. ¿Y cómo era posible? Era su casa, allí estaban sus hijos, su compañera anhelada hasta hace día y medio, ¿y estaba dejando de ser su hogar? Sí, se llamaba confrontación entre lo que se piensa o se siente y lo que se dice o se verbaliza. Ese era el problema; siempre lo había sido. La libertad de pensamiento es la única libertad que, de momento, es libre de verdad, que fluye y se mueve internamente con absoluta franqueza y sinceridad, mientras que lo que se dice mediante la voz es un churro, demasiadas veces deforme y manipulado respecto del pensamiento inicialmente generado en la mente.

Si los humanos leyéramos el pensamiento seríamos personas sanas de verdad, encontraríamos que la muy mayoría de manifestaciones que se expresan, que se verbalizan y que nos llegan a los oídos, son muy distintas de lo que se mueve en el cerebro, especialmente en los pensamientos sexuales. Pensamientos que todos los humanos tienen, pero que todos esconden.

Decía un sabio muerto de hambre, porque nadie le hacía caso:

«*La felicidad sexual de los humanos nunca es completa, siempre les falta algo, y aunque no les falte, se van fuera a buscar algo distinto. El vecino se va fuera pensando que va a encontrar algo mejor que lo que tiene en casa, mientras que el de fuera, viene buscando lo que el vecino tiene en su casa*».

¡Jesucristo, arreglarles la cabeza!

Y aquí, en su día grande, estaba la ya multimillonaria Jezabel Ártemis, que no iba a ser menos que el resto de los mortales, sobre todo ahora que podía hacer lo que quisiera con el cinturón, el vestido y sus interiores. Era cuestión de tiempo. Ella que, en este acto presente, se había mantenido en un plano prudente y con pocos aspavientos, levantó sus párpados y miró directamente a Adaljandro. No se lo dijo sonoramente, pero se lo dejó en el aire, para que empujado por la gravedad se le fuera bajando hasta los pulmones:

«*Quiero hacer unas comprobaciones, Jandrito, que me llevarán algún tiempo, pero como se confirmen mis sospechas, me vas a oír cuatro cosas, Adaljandro, y te vas a tragar otras tantas*».

38 CONFIANZA A LA BAJA

Jezabel y Adaljandro seguían viviendo en la antigua casa de casados. Nunca se plantearon abiertamente la idea de volver a casarse, de forma que oficialmente seguían siendo divorciados. La opinión al respecto de él, sobre ese posible nuevo matrimonio entre ambos, no era conocida. ¿Y la de ella? Si a ella se la hubieran preguntado hace poquitos meses atrás habría respondido que seguramente sí, pero actualmente la cosa ya estaba un tanto más fría. Ahora, seguro habría contestado que: «este no es el momento», como contestan los humanos cuando no quieren expresar algo definitivo, cuando no quieren mojarse.

Actualmente, la relación entre ellos dos se caracterizada por acercarse bastante a una montaña rusa, aunque ya perduraban mucho más los niveles bajos y anodinos que los recorridos emocionantes y de altura. Era cierto que había un hijo de ambos en camino, cuyo hecho ayudaba y acercaba actitudes, si bien la posición actual de superjefa de Jezabel no era nada bien asimilada por los genes de Adaljandro, quien se sentía en segundo o tercer plano. Durante los anteriores años en que ellos estuvieran casados, ella había ejercido de puericultora en una guardería, rica en trabajo y pobrecita en dinero, mientras que él había sido el magistrado de un alto tribunal, un señor, ganando bastante más dinero y con mucho más prestigio que ella. El problema real era que actualmente, Jezabel, se había convertido en la mujer con más poder y dinero de los dos mundos conocidos, puesto que la titular de todo era solo ella, mientras Adaljandro no pasaba de ser un casi don nadie, un técnico en paro.

Una de las decisiones que ella tomó, unilateralmente, dos semanas después de la sentencia que la había nombrado titular del imperio de Indalecio, fue cambiar el nombre de «Corporación Villasevil Torre» por el de «Corporalma Ártemis». Tal como ella definió ese nombre el día de su presentación oficial al mundo, Corporalma venía de «corporación con alma». La siguiente consecuencia fue la de cambiar en pleno a los miembros del Consejo de la Corporación, en su día designados discrecionalmente por Villasevil. Pasaron de los anteriores doce miembros masculinos, a quedar ahora solamente seis, tres mujeres y tres hombres, si bien esa paridad se deshacía a favor de las féminas cuando ella ocupaba su asiento de Conductora.

Aquella noche, cuando ya la decisión se había oficializado, Jandro le preguntó por los motivos de haberse cargado un Consejo de miembros realmente eficientes y con treinta años de experiencia, que era garantía de estabilidad y congruencia. Ella le contestó en forma genérica, para cubrir el expediente, pero con poquitas concreciones a las que agarrarse.

—Con el cambio de los miembros del Consejo de la nueva Corporalma quise controlar algunas desviaciones poco afines al ideario por mí diseñado, pues entre los miembros anteriores se habían arraigado ciertas inclinaciones que esta actual Conductora no alababa.

Un anochecer, cuando el estado de gestación de Bel ya estaba bastante avanzado, se pusieron a remover hojas ya caídas del árbol, hojas del pasado. Ella comentó que desde que se divorciaran no había vuelto a encontrar un hombre de verdad en la cama, no como él. Y le preguntó:

—¿Y tú, Jandro? ¿Estuviste con muchas mujeres desde que nos separamos?

—Pues no, no podía. Una vez me metí en la cama con una chica guapa, ni mucho menos como tú, pero que no estaba mal, y la cosa acabó en un fiasco. Terminé yéndome humillado, porque no pasé de la media erección y, qué palo, no pude llegar a la penetración, por lo que ella se sintió muy mal, no deseada, y yo tuve que irme acobardado. —Él hizo un descanso, poniendo un punto y aparte, para comprobar si ella se lo compraba.

—En cuanto a eso de que no encontraste a ninguno como yo, pues, no sé si creerte, ya que habiendo tú estado con docenas de tíos, es difícil pensar que no te hayas enroscado con varios mejores que yo. Fíjate, como ejemplo, el Víctor aquel, que me cambiaste por él sin dudarlo y allí se rompió nuestra felicidad.

—Dios, no hagas que vuelva a morderme mi conciencia. —Asentía ella con cierta desgana, mirando a las cortinas — Lo de Víctor fue un terremoto la primera semana, nunca lo negué, pero después se convirtió en un animal...

Jandro saltó de inmediato, como si la respuesta ya la supiera y él ya tuviera el ataque preparado:

—Sí, no niego que después te arrepintieras y sufrieras por lo que me hiciste, pero en los primeros días, él era mejor que yo, por eso no follabas conmigo mientras te hartabas con él. Mira, contéstame con total sinceridad a esta pregunta: si mañana te cruzaras de nuevo con Víctor, no con el tío cabrón del final, según tú, sino con el Víctor del comienzo, aquel amante tuyo del que te colgaste en la discoteca El Cielo Total, ¿te irías con él, otra vez, y volverías a dejarme tirado en nuestra cama?

Con la petición de sinceridad que él le había hecho, todavía acabada de entrar por sus oídos, Bel esperó el tiempo suficiente para que la pregunta bajara hasta su corazón, y, mirando al horizonte, primero y, a los ojos de Jandro, después, le contestó palabra a palabra, para que la claridad fuese de un día claro de sol:

—¡No - lo - sé! ¿Quieres sinceridad? Pues aquí la tienes. Tú deberías saber que, en materia de cama, no puedes pedirme hoy que te asegure lo que voy a hacer mañana. Hoy, mi razón puede mucho, pero mi piel también sigue pudiendo lo suyo. No sé lo que haría si me volviera a encontrar con el cabrón del Víctor en la misma situación que aquella tarde en El Cielo Total. Sí estoy completamente segura de que, en cualquier otro tiempo posterior a la primera semana, no le permitiría ni un mínimo roce, pero con aquel hombre guapo y amable de El Cielo Total y de los cinco siguientes días, no te puedo asegurar que no volviese con él. Tú tienes derecho a sacar tus conclusiones y a tomar tus decisiones. Yo, si aquello pudiera volver a suceder, que no puede porque Víctor está muerto, no sé lo que haría, pero posiblemente volvería a hacer lo mismo.

Él se levantó y se fue a dar un paseo por el baño, o por donde fuera. Solo intentaba asimilar aquello último oído. Esa era ella, tremendamente cruel en el contenido de su oratoria, pero inmensamente sincera desde el fondo de su pensamiento. Esa era Bel, Jezabel, tanto por fuera como por dentro. Jandro, Adaljandro, sin embargo, supuraba por otro tipo de grietas, al menos desde hacía algún tiempo. Él era sereno y caliente por fuera, pero ruin y frío por dentro; la máscara física ya se la había quitado hacía algún tiempo, pero permanecía todavía detrás de su mascara espiritual muy escondido.

Nació el tercer hijo de ambos. Un niño precioso, largo como sus padres. Lo llamaron Ceus. Comenzó a crecer paso a paso. Cumplió un mes de vida, lo cual certificó el cumplimiento definitivo de la Condición Sexta por parte de Jezabel, puesto que ahora sí, desde ahora era la mujer más admirada por todos y la más odiada por muchos. Ceus era feliz, a su manera, si bien, el pobre, no había llegado en un mundo de paz total entre sus padres, por cuanto ellos todavía se seguían aguantando, pero ya casi nada se admiraban ni deseaban.

En uno de aquellos días, Jandro comunicó a Jezabel que el Gobierno Interconfederal le había retirado su habilitación como Notario Mayor de la Confederación. Según Jandro, aquello era un atropello sin fundamento, pero la decisión era firme. Jezabel pensó que en algo lo debería ayudar. Era verdad que los arrumacos ya no estaban para hacerse favores, pero él era el padre de sus hijos, había sido su marido y, aunque ya no dormían entre las mismas sábanas, sí que todavía dormían bajo el mismo tejado, así que se vio en el deber de hacer lo que pudiera por él. Y no fue poco, porque lo nombró Gestor General de Recursos Mineros, cuya Organización delegada gestionaba la extracción, almacenaje y envío a la Tierra del altamente rentable mineral hirosoma. A ella, tan solo se le escapó una mala intuición: «*Espero no haberme equivocado*».

Pasaron tres meses. Ceus, ya vividos sus tres primeros cumplemeses, siguió creciendo, aunque sus cuidados personales en casa estaban a cargo, muy mayormente, de una puericultora particular, pues las exigencias profesionales de madre y padre hacían que ellos anduvieran por otros senderos. No era exactamente eso, pero parecería que con el objetivo de tener un hijo para salvar la Condición Sexta ya quedara todo cumplido. No obstante, era cierto que sus padres hacían todo lo posible por compartir su vida con sus tres hijos, puesto que, aunque Albor y Aurora ya eran mayorcetes, siempre serían sus niños igual que Ceus.

En todo caso, la relación personal entre Jezabel y Adaljandro ya se había deteriorado considerablemente. Todavía se iban aguantando, pero muy poco y muy mal. Su posición social era muy distinta, lo cual provocaba frecuentes tiranteces. La cuerda que los había unido estaba cada vez más descordada, cada vez más rota.

La semana siguiente, los deberes profesionales llevaron a Jezabel a una cena de descanso. Bien, la llamaban de trabajo, pero era más bien de descanso. Cumplido el objetivo profesional de la jornada, a la hora en que el calendario cambia al día siguiente, ella se dio una vuelta por la planta subacuática, para tomarse una copa e irse a dormir. Esa era posiblemente la intención, pero alguien diría que su intención buscaba algo más. El restaurante con zona de cenas y de copas estaba ubicado en una nave espacial cerca de las estrellas, donde, efectivamente, resplandecía una estancia con gran variedad de plantas subacuáticas preciosas.

Ella iba resplandeciente. Un vestido largo hasta los pies, color lila, precioso, desnudo de hombros y escote pronunciado, lo cual mareaba la vista de los varones y también de más de una fémina. Zapatos negros impecablemente limpios, con tacón de vértigo, lo que facilitaba un movimiento de caderas cual culebra emocionada. Pelo recogido, dejando ver cuello y cara de gacela encantadora. Ojos abiertos, vivos, como correspondía a la reina del universo. Un bolsito negro portado en la mano, destinado al móvil y a una cajita privada. Completaba el monumento vivo, maravilloso, una sonrisa eterna, despreocupada, envolvente.

A tres o cuatro metros delante de su vista, ella encontró a un grupito de cinco hombres. Cuatro de ellos llamaban muy poco la atención; eran gorditos, más bien poca cosa. El quinto, sin embargo, que permanecía de espaldas a ella, sobresalía sobre los demás en más de medio metro, con unos pantalones perfectamente diseñados para su cuerpo, cuya prenda remarcaba un trasero para hacer con él un montón de travesuras.

Uno de los gorditos reconoció profesionalmente a Jezabel y, como a la diosa de los negocios que era, corrió a saludarla. El quinto hombre, delgado, casi en construcción, con veintidós añitos y montado en sus dos metros de estatura, giró su mirada y se encontró con la de Jezabel.

Ella se dijo para sus neuronas:

«*Es realmente guapo. Está para romperme el corazón, y todo lo demás*».

Él pensó algo parecido para sus células:

«*Es guapísima. Está para sofocarme hasta reventar y quedarme agotado*».

Durante la segunda mirada se reconocieron. Se dedicaron una sonrisa desenfadada, atrevida. El guapo era hijo de Tito y de Laila, aquel chico que cuando él no alcanzaba los dieciocho años ya se había metido en la cama de ella, entonces ya divorciada. El jovencito, al presente, se llamaba Nilo. Para algunos era Nilo

Valiente, si bien para la mayoría era Nilo Cañón. La casualidad había querido que se encontraran esta noche, aunque si esa casualidad no hubiera querido que fuera esta noche, habría sido en cualquiera otra. La razón era que la chica con más poder económico de la tierra solía moverse por laberintos no muy lejanos a los que frecuentaba Nilo, ese chico con casi tanto poder como ella en Culto, aunque tal poder fuera sucio y corrompido por proceder de droga envenenada mezclada con pan incomible.

Se saludaron con cortesía, mucha, y con efervescencia, bastante.

Nilo estaba acostumbrado a moverse por carreteras panorámicas y llenas de curvas, muy a pesar de su juventud. Se desembarazó de los cuatro gorditos y, delicadamente, con su mano cogió a Jezabel por su cintura. La chica con poco menos de cuarenta años, el chico con poco más de veinte. Ella se dejó conducir, con su sonrisa contagiosa, hasta una zona menos concurrida, qué el chico conocía bien. Se sentaron en una mesa, ambos expectantes, sabiendo que la noche era bella. Hablaron, casi todo Nilo, de aquellos tiempos en La Mansión, donde ambos, por motivos diferentes, vivieran y sufrieran lo suyo. También hablaron, casi todo Jeza, de la negativa de él al fin de semana sexual exigido por la Condición Quinta.

—Disculpas. Fui un capullo. Si hubiera visto tus fotos me habría puesto de rodillas para irme contigo a aquel maratón sexual, seguro, pero ya está. A mí me gustaría mucho poder... intentarlo, esta vez, para compensarte por el agravio que hayas padecido. Y..., ¿y si nos vamos ahora, al sitio que tú quieras? Yo no me llevaré ningún problema, solo las ganas que tengo de ofrecerte treinta mil besos — Reventó Nilo, declarando intenciones, mientras cogía la mano de ella, como si fuera un hombre hecho y experimentado de diez años mayor que ella.

Después de media hora echando leña al fuego, él se dijo para sí mismo, con contundencia, con fervor:

«*Aunque sea lo último que haga en esta vida, tengo que vivir una noche sexual de gran tormenta y chaparrones con esta mujer, que es lo máximo que me pone en ese momento*».

Ella, removiendo en sus intimidades, pensó casi exactamente lo mismo:

«Uf, para devorarnos hasta los huesos. Mi cuerpo ya está temblando, esperando que este hombre, con cara de niño, se convierta en mi anhelo sexual más intenso».

No había obstáculos, por tanto. La decisión, en aquel punto, ya estaba tomada. Pero, dado que, en este tiempo, Jezabel no pensaba solo con su piel, sino que también empujaba su razón, se dijo que ahora no podía irse a saco con Nilo, porque Jandro y ella, aunque ya casi nada quedara entre ellos, la inercia hacía que, alguna vez, todavía durmieran en la misma cama, y tan inhumana no era. Era terráquea y era cultana, pero tanta humillación a Jandro no podía hacerle sufrir de nuevo.

Ella y Nilo quedaron para el día siguiente a las veintiuna horas para cenar y, vivir, vivir, si la vida lo pidiera.

Se despidieron igual que se encontraron. Con una sonrisa muy desenfadada, mucho más desenfadada en la chica, que en eso casi siempre les ganan a los chicos.

Cerca de las cinco de la madrugada, Jezabel le envió un mensaje a Adaljandro. En este le pedía que pasara por casa a comer este mediodía, ya que quería hacerle saber algo importante. Qué no faltara, por nada.

Poco antes de las dos de la tarde, llegó Adaljandro a casa de ambos. Hasta no hace mucho eran «mi cielo, y, mi amor»; ahora se saludaron de forma nada intensa, con un beso de labios, por la costumbre, pero sin ardores, ni siquiera pequeños.

—¿Pasa algo con nuestros hijos? —Preguntó él sin sentarse, pretendiendo iniciar eso que tenía que saber.

—No, no, los niños están bien. —Afirmó ella con semblante bastante serio. —Iré al grano, porque no quiero alargar esto; no me siento nada cómoda. Tengo dos cosas que debo decirte ahora mismo: una cosa que «no voy a hacer», y otra que «sí voy a hacer».

Ella había dispuesto de toda la mañana para prepararse lo que debía decir y como lo tenía que enfocar. Él se quedó desconcertado. Los niños estaban bien, era importante. Pero, sobre eso de una cosa que ella «no iba a hacer» y otra que «sí iba a hacer», esperaba explicaciones para entenderlo.

Bel sacó dos copas de vino, para tener algo detrás de qué esconderse.

—Eh, verás. Actualmente, mi razón tiene mucho más peso que tenía cuando estuvimos casados, lo que me permite ser menos impulsiva. A parte de esto, nuestra relación de pareja ahora ya es..., ya es peor que mala, eso lo sabes. Incluso así, ¿qué es eso que «no voy a hacer?» Pues, no volver a engañarte como hice en su día con Víctor. Me dolería muchísimo que tu sintieras en tu corazón que yo hubiera vuelto a serte infiel por... segunda temporada. Por eso quiero que lo sepas, antes de que eso pase. Yo sé que eso va a pasar, igual que lo supe la otra vez, pero entonces te mentí y no te lo dije. Esta vez ya te lo estoy diciendo.

Se hizo el silencio, pesado, intenso, como en Culto antes de que el hombre lo invadiera. Él tardó mucho en digerir lo dicho por ella, por eso no alcanzó a pronunciarse al respecto. Jezabel, esperó alguna reacción de Adal, que no acababa de producirse, de modo que ella pasó a anunciar lo que sí iba a hacer.

—En todo caso, siendo cierto que mi razón ahora manda más, también lo es que mi piel sigue empujando mucho. Debido a ello, ¿qué es lo que «sí voy a hacer?» Pues, esta noche, voy a cenar con otro hombre y, seguramente, acabaremos en la cama.

Él levantó su vista y su orgullo. La miró. De sus ojos salía de todo menos comprensión. Últimamente, las cosas ya no iban nada bien entre ellos, pero seguían viviendo juntos, al menos, compartían las mismas paredes, lo cual hacía muy difícil valorar cuántas explicaciones se debían la una al otro y viceversa.

Adal empezó remover el potaje que se estaba cocinando en su cabeza. Él pensó que no se merecía una segunda temporada de cuernos y, con muy mala fortuna, también pensó que alguien tenía que pagar por esa terrible afrenta. Llenó sus pulmones de aire, intentó reprimir sus sentimientos y se dejó caer en el sofá, mientras, sin pretenderlo, bastante repetía las palabras de su exmujer:

—Te irás a cenar y... después a la cama con otro. Y esto es lo que vas a hacer, según tú. ¿Puedo saber quién es el Víctor de ahora?

Jeza movió horizontalmente su cabeza en señal de desacuerdo e incomodidad, porque a ella no le parecía que estuviera repitiendo lo que en su día hiciera con Víctor. En su momento había sido una canallada, una puesta de cuernos en toda regla, siempre lo había reconocido, pero ahora, según ella, no estaban casados y, oficialmente, no eran pareja. De hecho, ya en forma práctica no dormían juntos. Esta vez no podía admitir que se tratara de una nueva infidelidad. Pero, incluso así, quiso decírselo antes de hablar con hechos consumados.

—Bueno, no sé si nos debemos, ni siquiera si nos convienen tantas explicaciones. —Hablaba, Jeza, con bastante distanciamiento. —Aun así, por nuestros hijos, preferiría que no te sintieras mal. A ver, ayer me encontré casualmente con Nilo, tomamos algo y... por poco no acabamos en la cama. Yo me pude contener, no por falta de ganas, sino porque quería que tú lo supieras antes. Esta noche quedé con él y va a pasar, lo sé, porque sé cómo estaba él y como me puse yo. Esto es todo. —Dio ella por concluidas las explicaciones.

—¿Y lo dices así, sin más? —Se le ocurrió señalar a él con un tono de voz bastante elevado.

—¿Sin más? ¿Cómo quieres que te lo diga? ¿Qué te invite por si quieres verlo? —Se le escapó a ella sin medir las consecuencias.

39 CONFIANZA MUERTA

Un segundo después, Jezabel reaccionó con gran pesar. A su mente, aunque tarde, regresaron aquellas imágenes tremendas en el ático de Víctor, donde, quién era entonces su marido tuvo que tragarse lo intragable, lo que no bajaba ni con sonda gástrica. Por eso ella le pidió perdón, sentido y sufrido, por lo que acababa de decir, una vez tras otra.
—Decirte eso ha sido muy estúpido por mi parte. Disculpas, otra vez, pero esa estupidez no evitará que esta noche pase lo que tenga que pasar.
—Pero, si es un niño, tiene veinte años menos que tú, le doblas la edad, tanto que podrías ser su madre... —Apuntaba Jandro descolocado y alterado, con sus ojos avinagrados.
Ella se levantó de la silla con un semblante bastante serio. Por aquella situación creada, estaba muy incómoda, pero quiso dejar claro que «eso iba a hacer», que no iba a admitir reproches, ni reprimendas, nada,

porque era decisión de ella, era deseada y estaba tomada. Después de un rato, no obstante, como si ahora ya defendiera a su nueva conquista, quiso, necesitaba desmantelar eso de que Nilo era un niño y cosas parecidas, argumentándolo largamente, sin detenerse:

—Sí, sí, eso que dices parece cierto. Nilo es un crio comparado conmigo, podría ser mi hijo, vale, pero eso es así cuando se piensa solo y enteramente con la cabeza, como tú. Yo, en cambio, tengo dos cerebros, el primero, encima de los hombros y, el segundo, entre las piernas. Ahora mismo este segundo cerebro me está diciendo que eso de la reencarnación es un cuento, que la vida se vive una vez y debe vivirse cuando el cuerpo te pide acaloradamente vivirla. Y, te aseguro, que ahora mi cuerpo me quema, mi piel me pide rabiosamente vivirla con ese hombre al que tú y los que sólo tenéis un cerebro como tú, le llamáis un niño. Fíjate en esto, en lo que ahora es Nilo:

Primero: un niño que, con veintidós años, seguro tiene una fuerza imparable entre las piernas. Ya la tenía con cerquita de dieciocho añitos, pues ahora, después de cuatro años más, fíjate, seguro que para morirme.

Segundo: un niño que mide dos metros de alto, algo más que tú; que tiene una musculatura imponente, más que tú; y, si lo tiene todo proporcionado, como ya lo tenía entonces y ahora seguro que más, su palote debe ser la hostia, para volver loca a cualquier mujer. Ya sé que el tuyo está muy bien, no te sientas mal, pero el de Nilo tiene que ser irresistible.

Tercero: un niño que es guapísimo. Pregunta al *Ranking de los Deseados*, a las mujeres que votan en el concurso, tanto si tienen cincuenta años como si tienen veinte. Ahí verás quien es el mejor, verás quien quita el sueño a las mujeres, y a mí también, por eso sé que no podre resistir sin cenarme a Nilo esta noche. Lo que pretendo evitar es que tú te vuelvas a sentir... cornudo, así que, tú y yo podemos alejarnos definitivamente y que cada cual siga su camino, o tu verás. Ayer estuve hablando con Nilo Cañón, y casi me lo como. Me aguanté porque me había jurado que te lo diría antes, pero ahora que tu honor ya está a salvo, puesto que ya no llevarás cuernos, por cuanto eso es lo que más os preocupa a los hombres, yo ya no voy a reprimirme, en absoluto. Además, fíjate lo que os inventáis los machos: dado que yo te lo estoy diciendo ahora, aunque esta noche me vaya a follar con Nilo hasta más allá del amanecer, como tú ya lo sabes, yo no te pongo los cuernos. Sin embargo, si yo ayer me hubiera ido toda la noche a la cama con Nilo, pero sin decírtelo, entonces sí que tú hoy te sentirías un cornudo. Buf, esto a las mujeres no nos pasa.

De nuevo se hizo un silencio muy pesado, tanto que oprimía, aplastaba. Eso pasaba siempre que los argumentos eran poderosos y, sobre todo, cuando eran duros. Lo eran, tanto que en Adal empezaban a aparecer los primeros síntomas de que algo iba a descarrilar, porque, aunque él mostraba más calma aparente que real, manifestó con mucha irritación:

—Pero... eso que dices sobre el honor y la infidelidad, en todo caso, es un invento de todos los humanos, no es exclusivo de los machos, porque eso a las hembras también os pasa. Bueno, tal vez a ti no te pase.

—¿Ahora me vas a decir que yo no soy una hembra, o que no me comporto como tal? —Contestó ella con otra pregunta porque no había entendido lo que Adal había planteado.

—No, no, de que no seas una hembra ni se me ocurriría. Digo que a ti no te pasa eso de sentirte cornuda porque no fui yo el infiel. Joder, fuiste tú, tú la que te metiste en la cama con otro, por eso dicen que nadie siente el dolor del corazón ajeno, sino el de su propio corazón. Además, la opinión tuya sobre la infidelidad, si me la hubieras dicho unos años atrás, cuando éramos prometidos o en los primeros años de casados, me hubiera valido, pero la de ahora, tras haber sido prostituta, ahora ya no me sirve.

El cielo se estaba oscureciendo. El huracán ya casi estaba encima. Sus ráfagas de viento lo esparcían todo sin remedio.

—Ah, claro, claro, ese es el núcleo de la cuestión, que yo fui una mujer de la calle es lo que te escuece, por eso cuando te digo que quiero tirarme a otro tío, tú te crees que vuelvo a hacer de prostituta, y eso es lo que no soportas, ¿eh? —Iba descargando Jezabel con un tono de voz apretada, que mezclaba rabia con ira.

—Claro que no lo soporto, no lo aguanto porque no hace mucho que has vuelto a prometerme que esta vez no te irías con otro, y no ha pasado casi nada que ya te estás relamiendo, o ve a saber si ya te has relamido, porque tus verdades huelen a mentiras, por eso no puedo seguir contigo. —Adaljandro bastante gritaba. Era un humano, y los humanos se comportan así —No puedo seguir a tu lado, ya que por fuera me dices unas cosas y por dentro estás pensando otras, y así es imposible disfrutar, ni siquiera tolerar, una relación estable. Ahora resulta que, para ti, ser una buena esposa, es decírmelo antes de ofenderme, pero después te vas a la cama con otro y, como ya me lo has dicho, tu conciencia ya se queda tranquila, ¿no? Yo tuve la esperanza de que lo tuyo con Víctor había sido un calentón de una semana, un accidente muy duro de tragar, pero un accidente. Pero, no, ahora veo claro que no. Cuando te sube la fiebre, tu entrepierna tiene un poder de acción y de mando mucho más intenso que tu cabeza. Por eso no te aguantas, así que, aquí y ahora, entierro mis esperanzas y ya no voy a sufrir más. La pena que tendría que cumplir y pagar por seguir contigo sería insostenible para mí, así que, suerte en tu camino, siempre te recordaré, pero no me harás sufrir más.

Jezabel se había quedado muy desinflada con lo escuchado de su exmarido. Su cabeza le decía que en cierta medida él tenía razón, pero Adal la trataba de infiel, como si siguieran casados, como si todavía se debieran explicaciones completas, y eso ya no era así. Pensó:

«*Joder, vivimos aquí, pero ya, de hecho, no dormimos juntos. Si él se fuera hoy con otra, pienso que yo no me sentiría cornuda. No sé cómo entenderlo: puede que los tíos amen más intensamente que nosotras y, por eso, les cueste más eso de separarse de la amada. O puede que los hombres tengan un sentido de la posesión un tanto desarreglado. Tal vez, por eso, les cueste más asumir y aceptar que la que fue su mujer ya no les pertenece, que ella con su cuerpo puede meterse en la cama con quien quiera*».

En todo caso, ella pretendió cerrar una conversación de reproches y malas pulgas que, tal vez, no debería haber empezado nunca, pero una vez hecho, iba siendo hora de cerrarla. Eso sí, no se lo pensó mucho, o, de nuevo, no tuvo fortuna. Lo hizo en forma durísima, con palabras heladas, granizadas:

—No puedo contradecirte en todo, porque en ciertas cosas estás en lo cierto. Yo también te recordaré, pero soy distinta a ti. Tú eres fiel por naturaleza, tu cabeza le puede a tu entrepierna y cumples lo que prometes. Yo, sin embargo, no soy así, yo soy naturalmente infiel, por cuanto, aunque nunca dejé del todo de quererte, mi piel y mi sexo no se someten a mi cabeza ni a mi razón, por eso, de tanto en tanto, mi piel se enciende y necesita una lengua y un polluelo diferentes.

Esta vez, el agua de las tejas había adquirido forma de carámbano. Las palabras congeladas de Jezabel habían conseguido que el agua se quedara helada, solidificada. Todo estaba petrificado. Pasó algún tiempo hasta que algo comenzó a descongelarse, momento en que Adal sacó el cuchillo de veinticinco centímetros para acuchillarla verbalmente:

—Y cuando la noche haya pasado y la fiebre conejera se te haya bajado, ¿qué vas a hacer? Tus padres ya no están. ¿Qué va a pasar, volverás a la prostitución?

Aquellas palabras, dichas como él las había soltado, eran una traición con alevosía. Por supuesto que lo eran, pero los humanos pueden llegar mucho más allá, no tienen límites. Jezabel, se tomó su tiempo, aunque no en exceso, ya que su estado rabioso, de irritación y de colera era tal que sacó su sable, con hoja de medio metro y, con los ojos en llamas, comenzó a enterrar sus sablazos con voz cortante y algunos gritos incontrolados:

—¿Qué? ¿Quieres qué te diga lo qué voy a hacer? Pues, seguir dominando el mundo. Ahora tengo montañas de recursos más que tú; tengo muchísimo más dinero que tú; y, también, tengo millones de toneladas de poder más que tú. «Ya - no - te - necesito». ¿Te he sido suficientemente sincera? —Clavó, Jezabel, levantando la cabeza y mirándolo directamente a los ojos, desafiante, como una anaconda indignada. —Por otra parte, cuando nos divorciamos, tú problema era que yo te lo había ocultado. Era esto lo que me habrías reprochado cuando te puse los cuernos con Víctor, ¿no? Que me callé y que no te lo dije, y por eso te sentías cornudo. Pues ahora ya te lo he dicho. Esta noche haré lo mismo que entonces, solo que ahora ya no te voy a poner los cuernos, ahora tu honor de hombre, de macho, ya está salvado y ya puedes dormir tranquilo.

    Adaljandro pensó, pero no lo repensó, y por eso le dio voz:

    —¡Que cabrona! La cabra tira al monte. Cuando tienes una cabra en casa, antes o después se va al monte, porque va a gozar su vida con el cabrón que ella ya ha vuelto a elegir, puesto que esta cabrona siente la misma necesidad que su cabrón que la espera. No puedes enjaular a una cabrita montesa, se muere antes que aguantarse sin enroscarse con su cabrito de turno.

    Jezabel, que no iba a ser menos, pensó y verbalizó:

    —Tuve que aguantar sin vivir mi vida como yo deseaba durante los primeros seis años de casada, hasta que mi piel se dio cuenta que esa no era mi vida. Reconozco que mi razón tardó un poco más en darse cuenta, pero ahora mi razón y mi piel van juntas a vivir su vida, la vida de mi piel y la vida de mi razón. Eso de la fidelidad es un cuento para inocentes. Yo no permitiré que mi vela se vaya apagando tristemente, como pasa con las buenas esposas que se quedan en casa cada noche mientras sus maridos golfean por las estrellas. No, no, yo anhelo eso de vestirme con poca ropa, de calzarme con tacones de un palmo, de arreglarme mis cosas íntimas e irme de caza cuando el cuerpo me lo pida, con chaparrón final a lo grande. Eso es lo más sano, lo más relajante y lo más saludable de este y del resto de los mundos.

Entre ellos se había terminado la prudencia, y la templanza. Ya no quedaba nada. De la vida a la muerte, eso son los terrestres.

Ella se fue hasta la puerta de salida, la abrió de par en par para que quedaran claras sus intenciones, y esperó hasta que su exmarido se diera por aludido. Y así sucedió. Adaljandro se fue y, Jezabel se quedó. Por segunda vez, sin despedida, sin un «que te vaya bien», sin un «suerte», sin un «adiós».

Jezabel no saltaba de alegría, pero tampoco estaba excesivamente afectada por esta segunda ruptura un tanto descarnada. Más bien sentía decepción por haber derramado tantas lágrimas por un hombre que ahora empezaba a sentir que no se lo merecía. Cada vez tenía más sospechas de que aquel hombre, del que ella se había enamorado perdidamente, tenía mucho más paja que grano, y el poco grano que tenía estaba lleno de gusanos. Claro que ella tampoco era una santa y, también, su grano contenía bastante paja, tanta como para llenar un pajar entero.

Y así va la vida entre los humanos. En términos regios se diría:

«A rey muerto, rey puesto».

Tanto que pasada la primera media horilla, para que las últimas brisas se llevaran las sensaciones amargas, ella se arregló, con alegría, conforme a sus expectativas e ilusiones. Nada de cuarentona, sino de mujer viva, como la Diosa Jezabel que era. Tacones de vértigo. Falda corta. Blusa semiabierta. Pelo al viento. Cabeza alta. Si Nilo exhibía cuerpo de veintiuno años, ella lo enseñaría de veinte.

Allá sobre las nueve y media de la noche, Jeza y Nilo se encontraron en el mismo lugar, para evitar despistes. En la sala donde se encontraba la mesa de la noche anterior no había nadie, como si expresamente se hubiera vaciado totalmente aquel ala. Nilo estaba sentado, con una copa de vino blanco en la mano. Cuando ella se acercó, él se levantó y se saludaron. Con un beso en los labios. Que bien. Prometedor. La noche empezaba muy prometedora.

La noche llegó y la mañana pasó, como siempre, ya que el sol nace cada día y se pone cada noche. Sin embargo, no siempre las expectativas se cumplen. Esta vez, tampoco, ni con la luz del sol ni con el resplandor de la luna. Ella regresó a su casa con más pena que gloria, bastante chascada. Su primera aventura de esta nueva época, en plan veinteañera, ni siquiera podía alcanzar una nota que se acercara al cinco pelado y, ese chasco, tras haber acumuladas tantas expectativas febriles, solo podía ser recordado como un claro fiasco.

¡Qué desastre! Te lo juegas todo, incluido aquello mediano que tienes en casa, a la carta ganadora, con enormes esperanzas, y, vuelves a tu alcoba con la barriga hinchada, llena de aire y repleta de ventosidades. Ya lo decía el refrán: vale más pajarillo pequeño en tu mano, en tu misma alcoba, que gran pajarón con mucha apariencia, volando por las alturas.

***

Por otra parte, si la aventura con Nilo en el ámbito placentero había resultado un charco de ranas, sin embargo, aquello le sirvió para recopilar impresiones personales y ciertos datos relativos al súper negocio sucio de la droga dominado por Nilo. Jezabel sufría por sus hijos en el ámbito escolar, puesto que era muy complejo pretender garantías totales de verlos aislados de las presiones y tentaciones de la droga. Además, ella no podía controlar ni incrementar influencias en cuanto a la respuesta judicial ni policial establecidas. Eso nos llevaba a que tal avalancha de oferta envenenada, sin lugar a dudas, por parte de los clanes mafiosos en heroína y substancias de laboratorio era tan asfixiante en Culto, que las consecuencias que conllevaba eran desastrosas.

Jezabel ya caminaba muy cerquita de los cuarenta años. Era una mujer hecha, puede que no derecha, pero ni mucho menos desecha. Aquella pretensión de situarse a la altura temporal y emocional de un chiquito de poco más de veinte añitos había sido una mala idea. Los repliegues vivos de su piel no acabaron ni mínimamente satisfechos. Era cierto que en el *Ranking de Deseados* todas botaban a Nilo Cañón, pero, en la realidad de la noche, sus brasas calentaban menos que un brasero ya extinguido.

Una vez en su casa, se puso una bata encima y se desprendió de su imagen de veinteañera. Ya con su razón empujando, y puede que bastante frustrada por la mala experiencia con Nilo, decidió emprender su cruzada particular contra esa lacra inaceptable de la droga. ¿Cómo? Ahora que ya disponía de grandes recursos como titular de Corporalma Ártemis, movilizó todo su equipo legislativo y jurídico para adentrarse en otro mundo intoxicado. Así era, las leyes no nacían del pueblo, como se vendía en los mentideros conceptuales de la democracia, sino de los monstruos corporativos que concebían las leyes según sus propios intereses, si bien, en este caso, el mayor interés contra la droga debería ser del propio pueblo, por ser este el realmente perjudicado.

La misma Jezabel se embarcó en la configuración y defensa de una nueva ley Interconfederal, cuyo objetivo era fijar que el precio en el mercado por unidad de droga fuera inferior al actual en forma drástica.

En la tribuna, delante de diputados, senadores y audiencia televisiva, la Conductora de Corporalma Ártemis defendía y fundamentaba:

—Si esta Ley Interconfederal entrara en vigor, fijando el precio de la unidad de droga en menos de cincuenta céntimos de euro, se conseguirían los siguientes efectos:

a) Que a los grandes laboratorios no les resultaría, en absoluto, rentable elaborar drogas químicas, las cuales suponen el noventa y seis por ciento del movimiento del mercado actual, por cuánto la droga de cultivo en plantas ya es muy residual.

b) Que a las grandes mafias de distribución de esa droga ya no les interesaría mover ni una píldora, puesto que ya no existiría negocio.

c) Que a los consumidores ya no les haría falta cometer delitos, como robar en domicilios habitados, para adquirir una dosis al precio actual de cincuenta euros, ya que, por la mitad de un módico euro cubrirían sus necesidades durante dos meses.

Y así, se acabaría la droga, al menos, comercialmente. Ya no habría razones para fabricarla, ni para distribuirla, ni para robarla.

—Y con los consumidores y sus necesidades, ¿qué hacemos? —Preguntó un Senador, muy senado.

—Esto no es una iluminación mía, se supone que Sus Señorías lo saben. —Atacaba y concretaba la ponente Jezabel Ártemis. —Los consumidores ya muy enganchados, se morirán, es inevitable; a los poco enganchados, denles algo de tiempo y ayuda seria para que puedan crearse algún aliciente en la vida y, con eso, lo superará una buena parte de ellos; los no iniciados, elegirán su camino, pero la muy mayoría no se enganchará. No lo harán porque, de un lado, los camellos ya no les empujarán, no tendrán interés en ello y, de otro, encontrarán mejores incentivos en su vida, siempre que Sus Señorías y esta sociedad, con su egoísmo y usura, les permitan que sus aficiones y esperanzas puedan hacerse realidad.

—Señorita Ártemis. De un lado, acaba de mencionar el término de «usura». Supongo que usted tiene espejos en su casa. De otro lado, ¿y si algún «alacrán» decide vender droga a un precio muy superior al que marcara esta ley, ¿qué hacemos con él? —Preguntó un Diputado muy putado.

—Demuestre, Señoría, que usted si tiene espejos en su casa votando a favor de esta Ley. ¿Me pregunta qué se hace con el alacrán? Pregunte a los del desierto y le dirán: pie encima de la cabeza y las cabras dormirán más tranquilas. Ahora bien, si los señores diputados quieren ser muy decentes, que ese alacrán tenga un Juicio con garantías absolutas, y, si resulta condenado, al paredón —Lacónica y secamente respondió la señorita Ártemis.

—Las garantías en un juicio nunca son totales, la justicia nunca será infalible. Eso del paredón es una propuesta inaceptable, es incompatible con la democracia. —Formuló otro senador con mucho amor a su posición.

—Vale, pues sigan entreteniendo a los ciudadanos y blanqueando a los delincuentes. Que parezca que cambia algo para que todo siga igual. Los hijos del pueblo y sus hijos seguirán cayendo en la barraca, víctimas del «alacrán» que los mata con aguijonazos y, mientras tanto, ustedes sigan jugando a la democracia.

La ley contra la droga no fue aprobada. Los mafiosos como Nilo seguirían utilizando su aguijón para forrarse a costa de las esperanzas y la vida de los hijos, de los unos y de los otros, ya que el mal no respeta género ni posición social.

40 LAS VERDADES DOLOROSAS

Jezabel había entrado en una fase de cierta desconfianza y apatía, tanto profesional, como personal e, incluso, socialmente. Profesionalmente, había perdido una parte de su apetito devorador de proyectos innovadores. Las grandes corporaciones funcionan con maquinarias muy pesadas, tanto que avanzar un paso podría suponer meses, o años, a veces décadas. Esto no era lo que satisfacía su espíritu.
A ella le habían dicho:
—Pero, mujer, tú eres la jefa. Si tu Corporalma va en tercera velocidad, cambia a la sexta directamente, tú puedes hacerlo.
Ella había contestado:
—No, no puedo luchar contra el mundo. El planeta funciona así y yo no puedo crear otro astro nuevo.
Últimamente se encontraba un poco cansada, se podría decir que había perdido un tanto su fe.

Personalmente, empezaba a sentir que las ventajas de ser una mujer multimillonaria no eran tan maravillosas como se imaginan los pobres desde su balcón, pues no es más feliz el que más tiene, sino el que más se conforma. No obstante, un pobre desde su balcón le había ofrecido:

—Sí, claro, vente a mi casa y verás que felices son las ratas que corretean por aquí cerca. Yo no me conformo, ¿te conformarías tú? Anda, vente, te lo cambio.

En todo caso, ella empezaba a echar de menos algunos tiempos pasados, especialmente los de casada, un pasado que ella, con sus dientes y mandíbulas, había triturado. En aquel entonces, viviendo feliz en su matrimonio, ella se reía cuando sentía ganas de reírse, mientras que ahora sonreía cuando lo exigía el protocolo.

Socialmente, vivía una especie de soledad lunar. Sus relaciones familiares se ceñían exclusivamente a sus hijos, ya que los contactos con Adaljandro, desde su verbena de fuegos artificiales con Nilo, eran solo relativos a los niños o referentes a la gestión del mineral hirosoma. En lo que a sus relaciones sociales se refería, estas eran cercanas a nulas. Con su amiga Luz ya casi no se encontraba. Esta se había auto independizado. Ya no era su asesora, porque se debía a los deberes propios de sus negocios. Jeza le había sugerido:

—Bueno, pero ¿podemos vernos algún finde? Para hablar, que alguna botella de vino denominación de origen Monterrei aún me queda.

Pero Luz estaba muy ocupada. Como enamorada, dedicada al afortunado y enigmático nuevo amor. Si Jeza no contactaba, Luz tampoco.

Una mañana, algo lluviosa, comunicó en Corporalma que desde este mediodía se iba a tomar una semana de vacaciones. Solo atendería a emergencias mayúsculas, nada más. Hecho. Por la tarde, abandonaba Barcelona y viajaba con sus tres hijos y la cuidadora infantil rumbo al Delta del Ebro. Desde allí, al maravilloso paraje donde estaba ubicado su yate, el Emancipado. Para los dos niños mayores, Albor y Aurora, aquel barco y sus alrededores eran mucho mejor que cualquier otro sitio conocido. Ceus, todavía debía crecer algo más.

Jezabel saludó a Luna, la ciberasistente. Lo hizo muy efusivamente, sin abrazos, porque no podía. Enseguida le pidió, le ordenó:

—Luna, necesito toda tu capacidad disponible. Libérate de toda actividad de cálculo, gestión y aplicativa que no te sea imprescindible. Cierra toda comunicación con Culto, de momento, cuando lo necesitemos ya haremos las incursiones ilegales necesarias. Quédate enterita conmigo. Te quiero funcionando solo para mí, sin intromisiones ajenas, los siguientes siete días.

Luz seguía callada, sin decir nada. Hay que ver, hasta las máquinas saben escuchar más y mejor que los humanos. Jezabel prosiguió con sus órdenes.

—Vamos a descender hasta tus entrañas para identificar los catorce archivos bloqueados que tienes allí grabados, los cuales en su día ocultó Villasevil de la Torre mediante una coraza «Código Cero». Una vez que ya transcurrieron los mil quinientos días de bloqueo y hermetismo, el sistema debería poder ser desbloqueado. Vamos a comenzar la ruta, sin más dilación.

Jeza conectó su computadora personal al fentoprocesador principal del sistema y, sin retardo, configuró su dispositivo auxiliar con lenguaje en Sistema de Inteligencia Natural (SIN) de última generación, modificado ampliamente por ella misma. Acto seguido se dispuso, con ansia temeraria, a navegar por el pasado, a conocer las tripas de la Corporación Villasevil Torre y de su benefactor Indalecio.

A pesar de que el sistema que ella utilizaba y manejaba en SIN era lo más rápido que existía, su unidad puntera tardó diecisiete minutos con veintidós segundos en abrir el primer archivo de los catorce disponibles. Eso, informáticamente, eran siglos. Sin duda, la coraza «Código Cero» insertada por el viejo Villasevil era tremendamente segura y ciega, pero esta tuvo que ceder y desnudarse ante los actuales medios más potentes utilizados, tanto en *hardware* como en *software*, por Jezabel.

Comenzaron los segundos, los minutos, las horas de, posiblemente, más ansiedad, intriga e incertidumbre de la vida de Jezabel.

La sorpresa inicial que se llevó ella, fue MAYÚSCULA. Se produjo cuando su dispositivo personal le mostró que el «Código Cero», ensamblado en el núcleo del sistema principal, no lo había ideado ni ejecutado Villasevil, como ella esperaba y habría jurado, sino el exnotario Adaljandro, es decir, su exmarido, Jandro. Aquello le dio un golpe moral que la llenó de náuseas y la revolcó por el suelo.

—Joder, ¿Por qué consta aquí qué tú, Adaljandro, entraste en este sistema hace tanto tiempo? Este archivo tiene fecha de grabación de hace siete años, justo el día en que yo fui con la intención de poner fin a mi vida y nos encontramos los dos en Despeñaperros. ¿Qué hacías tú, ya entonces, en este sistema, Adal? Qué mentiroso. Me lo has escondido todo. Tuviste que empezar a aprender SIN mientras todavía estábamos casados. Hay que ver, te tuve cientos de veces entre mis piernas y nunca llegué a conocerte en forma real. Cuántas patrañas. ¡Qué camaleón!

El sistema consiguió abrir el primer archivo y Jezabel accedió a su contenido. Una de las preguntas que más le quemaba en la cabeza de Jezabel era:

—¿Por qué Indalecio me nombró la heredera de todos sus bienes? ¿Por mi cara bonita?

La respuesta estaba allí, en el archivo abierto: la razón concreta era que Indalecio era tío de Adaljandro.

—¡Anda, la hostia! —Exclamó, ella, como si hubiera sonado un petardazo.

Sí señor, por eso Villasevil siempre se comportó personalmente con Jezabel con una delicadeza exquisita, por respeto a que ella anteriormente había sido la mujer de su sobrino. Indalecio y Jezabel nunca habían estado juntos en la cama, ni en el sofá, ni besos ni abrazos, nunca, nada de nada. De hecho, el nombre de Indalecio era un nombre comercial, Indalecio Villasevil de la Torre, pero su nombre propio y privado era Antonio del Álamo Vizconde, hermano del padre de Adaljandro. Es cierto que este, su marido, desconoció la existencia de su tío multimillonario durante la mayor parte del tiempo que duró el matrimonio de él con Bel. Sin embargo, también lo era que lo supo un año antes del final de su relación matrimonial entre ambos.

—¡Que cabrón! Nunca me dijo nada. Me mintió, mucho más que yo a él. —Comenzaba a erizarse la piel de Jezabel.

Adaljandro había sido el gran cerebro de todo aquello, de designarla heredera, de redactar el contenido del testamento, así como de elucubrar Las Seis Condiciones y del resto de burradas relativas a la herencia. El notario siempre lo negó. Eso son los humanos, les encanta mentir. Es con lo que más disfrutan, con un buen orgasmo y con una buena mentira. Bel, la esposa perfecta, habría negado su infidelidad, eternamente, si no fuera por las evidencias innegables, por la mirada directa a los ojos entre los dos cónyuges en el ático, mientras a ella todavía le temblaba su propio sexo. Por su parte, Adal habría negado, permanentemente, ser el artífice de todo, si no fuera por lo que ahora ella estaba descubriendo y que podría evidenciar documentalmente. Además, él preparó un simulacro de violación y homicidio en Despeñaperros para hacerla sufrir, aunque no contaba con que él mismo fuera el lanzado, que casi la palma. Planeó que Indalecio la acogiera en su yate el Tránsfuga y hasta le regalara ese mismo barco; claro que sí, la cara de ella era bonita, pero tal vez no compensara tanto. Configuró su nombramiento de heredera, con todo el circo organizado durante el proceso testamentario. Lo planeó todo, menos los nuevos cuernos con Nilo, que le jodieron casi tanto como los primeros con Víctor.

Qué curioso. Adal, sin el consentimiento de su exmujer, había vaciado las cápsulas inhibidoras del deseo sexual que ella tomaba tras la supuesta ablación de clítoris, sin pensar que con ese hecho estaba despertando el deseo impetuoso de Jezabel, que estaba realmente contribuyendo a que la segunda infidelidad, como él sostenía, fuera posible y bastante merecida por su contribución al haber potenciado el ímpetu lujurioso de ella.

La siguiente cuestión que descubrió Jezabel del archivo abierto respondía a la pregunta de quién controlaba realmente el Sistema de Inteligencia Natural. No era el tío Villasevil de la Torre, sino el sobrino Del Olmo y Penumbra. Este, un año antes del divorcio de Bel, se había introducido en el SIN de la mano de otro genio pirata, un tal Amanecer, nombre falso, claro. No obstante, no era tan genio como Fore, puesto que el pirata no poseía conocimientos como aquel en el mundo de la psico (psicología, psiquiatría, psicoanálisis), así como tampoco en el campo de la cirugía superficial, tal como la llamaba Jeza, pero en el mundo exclusivo del SIN era tan bueno como el forense.

La respuesta era que ambos, Jeza y Adal habían conseguido adentrarse profundamente en el SIN, pero debido a que los humanos convivientes eran todo incógnitas, ninguno de los dos sabía lo del otro, ni siquiera que se habían iniciado en ese campo, ya que cada cual actuaba con absoluto secreto, incluso de sus más íntimos, requisito necesario si querías tener éxito y acabar sin problemas.

Así juegan los humanos. Están en su casa. Una dice:

«¿Me darías tu vida? Yo te daría la mía».

El otro contesta:

«¡Seguro, mi cielo! Sin pensarlo dos veces».

Eso es el arte y el desastre de fingir, de esconder, tanto que se pasan la vida juntos, pero nunca se conocen de verdad.

Respecto del testamento de Villasevil, fue Adal quien ideó el testamento a favor de ella y todo lo que conllevaba.

—¿Por qué? Se preguntó ella, una vez más.

Por vengarse de su exmujer. Ponerle el caramelo delante de sus narices, nombrándola heredera y, al final, arrebatárselo sin piedad y quedarse él con todo. Los cuernos seguían anclados en la cabeza de Adal. Le impuso, ideadas por él, «Las Seis Condiciones» a cumplir, algunas de las cuales tenían contenidos nada defendibles para ser exigidas a su propia exmujer, como aquella de la sesión sexual a presencia de extraños con un actor porno. Otras, parecían casi imposibles de superar, como quitar el hambre de África durante un año, sin coste alguno para la Corporación. Pero no solo era venganza, sino falta de confianza y reconocimiento, puesto que siempre creyó que ella no las superaría y que, en consecuencia, los bienes de la herencia de su tío acabarían, seguro, en la mochila de él. Con lo que no contaba, aun cuando él había sido su marido, era que su exmujer tenía una entrepierna muy explosiva, además de una inteligencia mucho más fina y extensa de lo que él nunca pensó.

Jezabel se puso de pie, enfurecida, y formuló en voz alta:

—Claro, ahora lo entiendo. Conforme a la sentencia sobre la Condición Quinta, si el Tribunal hubiera dictaminado como no cumplida esa Condición, que era lo que Adal esperaba al no conocer la existencia de las cláusulas 8A y 8B del Folio Cuarto, el testamento habría sido declarado ineficaz por el Tribunal y, por consiguiente, al no existir hijos y el notario ser el único sobrino del testador, la herencia total habría recaído en su cartera. Joder, Adaljandro, que malvado eres. Pretendiste torearme como heredera, hacerme sentir tonta e incapaz, para después, humillándome, quedarte con todo. Pero te jodiste, ¡come carroña, muñeco pelele ¡

La conclusión y cabreo de Jezabel eran correctos y más que justificados. Esa humillación de proponerla como heredera, con condiciones denigrantes o imposibles, para después quitárselo todo, formaba parte de la venganza que él había gestado todos esos años en silencio. Con la vista a media altura, en su interior avergonzado, por no haberle dado a su mujer lo que ella había ido a buscar fuera de casa, aquello que si le daba aquel carnero de Víctor en el ático. Y, mientras Adaljandro vivía una vida de tristeza, traumatizado, fue gestando su venganza, al tiempo que su exmujer, en aquella época, se movía entre los empujones de un hombre y los del siguiente, bajo los dictados de la prostitución. Sí, era su trabajo, es lo que dicen las mujeres que viven de la calle, pero los hechos eran que por la entrepierna de la que había sido su mujer, su amada, en ese tiempo estaban pasando varias docenas de tíos a la semana. Por eso, se acumuló tanto rencor en sus bolsas testiculares.

    Jezabel, respirando hondo, volvió a sentarse delante de su torre de control en el Emancipado. Iba entresacando de aquel archivo, la información sintetizada. Tiempo tendría para los análisis profundos. Abrió otro de los archivos, donde se reflejaban notas y apuntes sobre su intimidad profunda. Volvió a levantarse de su asiento más cabreada que una víbora maltratada, silbando por su boca:

    —¡Cabrón, que miserable es este Adaljandro! Él lo sabía, sabía mi petición de ablación de clítoris y lo de las capsulas recetadas. Jugó con mi intimidad. Joder, llegué a pensar que yo había enfermado, porque con la cirugía practicada en mi sexo yo no podía ponerme desenfrenada con solo tocarme mi ex, como me pasó en aquel restaurante con el dedo de su pie. ¿Y el forense? Menudo farsante. No me practicó ninguna ablación de clítoris que calmara mis ímpetus, sino que, contrariamente, me había potenciado la densidad de terminaciones intracelulares por todos mis genitales, lo cual estimulaba mi deseo carnal hasta niveles inaguantables y, por eso, caí rendida ante mi exmarido. Claro, para que yo no sospechara y pudiera estar apagada sexualmente, me había prescrito una cápsula diaria de Asexclipirina, que yo debía tomar sin excusa, la cual eliminaba mi apetito sexual, pero cuando Adal se quitó su máscara y me vació el principio activo de las cápsulas, me puse como una loba en celo.

Jezabel estaba rabiosa, reventando de ira, tanto que no se aguantaba de pie.

—Qué malnacido. Me enredó peor que el Víctor aquel. Los dos igual de cafres —Gritaba, Jezabel, con los ojos hinchados y la boca muy abierta, respirando a golpes.

Del quinto archivo abierto como «código cero», ella tuvo conocimiento que fue Adal quién obligó al forense para que este no le practicara la clitoridectomía, por eso su exmarido sabía que retirando de las cápsulas el principio activo en polvo que contenían, ella volvería a convertirse en la auténtica mujer que era. Más aun, con sus terminaciones nerviosas potenciadas y sin el freno de la Asexclipirina, ella sería algo parecido a un volcán sexual en activo.

—¡Qué malvados los dos, el forense y, sobre todo, mi exmarido! Se tiene que acumular mucha infección de microbios en el cerebro para jugar con la intimidad de tu exmujer. —Clamaba, ella, a la Santísima Trinidad.

Jezabel se sentía muy mal. Su exmarido y el forense habían manipulado su intimidad, habían adulterado su decisión de ser lo que ella quería ser, sexualmente inactiva. Qué canallas. Nunca se lo perdonaría a ninguno de los dos.

En su día, ella había encargado que le practicaran una «ablación de clítoris», y eso creía que le habían hecho, ya que los preparativos previos y de entrada en el quirófano se hicieron, pero el mierda del forense no lo hizo. ¿Por qué? Porque su exmarido, que era su jefe, se lo impidió, pero también porque, Fore, se moría en deseo de una orgia sexual con ella. Pero, claro, el forense no quería hacerlo con una mujer muerta en ese aspecto, como si lo hiciera con una de esas hembras en estado de cadáver a las que había practicado autopsia, sino que quería conservarla en forma activa, con todo su ardor y fuego. Por eso no le hizo una extirpación de la glándula sexual por excelencia en las mujeres, sino que, con una intervención "infranaser" le había potenciado todo el aparato genital de ella. Una canallada, porque eso era modificar la personalidad sexual de Jezabel sin su consentimiento. Y para colmo, el Forense se decía a sí mismo que ella se lo agradecería, que ella nunca le pagaría el favor que le había hecho, puesto que cualquier otra mujer mataría por esa gran mejoría lujuriosa, solo que ella no era otra mujer cualquiera.

Y debido a que la supuesta cirugía no podía causar el efecto esperado por sí sola, porque no había sido practicada, Fore le había recetado una cápsula que ella debía tomar cada noche antes de acostarse. Según le vendió Fore, ese era el peaje de su decisión por la ablación, para prevenir invasiones bacteriológicas. Qué bestia inmunda. Las cápsulas de Asexclipirina no tenían ninguna función anti bacteriológica, sino inhibir toda sensibilidad genital y toda actividad sexual; era la fórmula para que ella se creyera que le había practicado la ablación pedida y se sintiera una desgana total de sexo y, por tanto, pudiera cumplir su deseo de quedarse muerta en lo sexual. De esta forma, mientras ella se siguiera administrando esa capsula, seria inerte sexualmente, pero si la dejaba, antes de cuarenta y ocho horas despertaría y se convertiría en una gacela en celo, ya que todo su sistema genital amplificado la volvería un ciclón sexual.

Jezabel salió hasta la barandilla del yate. Sus piernas no la aguantaban de pie. Se mal sentó en un lateral. Se mordió sus labios. Su rabia la estaba atenazando. Su cara se mostraba muy encogida, descompuesta. Después de un tiempo sin mirar a ningún sitio, se fijó en una pequeña lámina de plástico que, plácidamente, se dejaba transportar por las aguas mansas del rio.

«*Quién pudiera navegar en forma tan despreocupada y sencilla como lo hace esa lámina*», pensó Jezabel.

Cuando la lámina, con su deambular, se fue, Jezabel regresó a las fechorías de su exmarido.

—¿Qué pretendías, Adaljandro? —Se repreguntó y, seguidamente, se contestó ella misma. —Venganza. Hacerme sentir tanta humillación como yo te había hecho sentir a ti con los cuernos en aquel ático.

Así funciona la cabeza de la mayoría de los humanos. El notario era un experto en maquinar planes, pero estos no siempre salen bien. Con lo que no contaba Adaljandro era con la gran capacidad, sin duda, muchísimo mayor que la suya, de quién había sido su amada esposa. No lo sabía, pero, aunque lo hubiera sabido, él nunca hubiera creído que ella pudiera asumir y dominar las materias del Sistema de Inteligencia Natural, realmente duras. Y no lo sabía porque el forense, que estaba a las órdenes de Adal, siempre se lo ocultó. Esta parte de la Inteligencia Natural la mantuvo en secreto por dos razones poderosas. Primera, alrededor del SIN había muchos problemas políticos y personales, lo cual aconsejaba prudencia y boca cerrada. Eso el forense lo sabía muy bien. Segundo, porque, en el fondo, lo que pretendía el cochinillo del forense eran dos noches en una cabaña, en un hotel, o, donde fuera, con Jeza. Su idea era mantener esta parte en secreto para así intentar algún tipo de chantaje, ya que este seguía descomponiéndose por la epidermis de ella, incluida alguna zona más profunda, claro.

Jezabel regresó a su despacho y sala de control, al que ella atrás bautizara como «Mundo Jeza». Y como no hay preocupación que cien años dure, ni fresa que no madure, se recompuso algo y prosiguió desnudando el contenido del resto de archivos ocultos, volviendo a centrarse en las marranadas de su exmarido:

—Y profesionalmente, ¿cuál era tu plan definitivo, queridísimo Adaljandro? —Se animó ella con la suerte prácticamente ya aireada.

Pues, muy loable, mucho, si consideramos que la afectada era su exmujer. Desde el fallecimiento de Villasevil hasta que el Tribunal la nombrara titular oficial de su imperio, la intención del notario era utilizar a Jezabel como una mujer de paja, para así él ser el controlador real de la Corporación. Adaljandro, en la sombra, mandaba en la Corporación Villasevil Torre, puesto que tenía bajo su control y yugo a todos los miembros del Consejo, especialmente al vicepresidente y a la representante Jane Brandy; pero, lo que no esperaba el notario es que su examada, a través de su dominio de la Inteligencia Natural concentrado en el yate, el Emancipado, iba a desmontar los planes que él tenía de hundirla. ¿Cómo? Pues, de un lado, porque ella acababa de cambiar la identificación fiscal y el nombre de «Corporación Villasevil Torre» por el de «Corporalma Ártemis», lo cual dejaba al notario fuera de juego. Por otro lado, y esto era lo importante, ella había sustituido por entero a los miembros del Consejo de la misma, incluida a la delegada Jane Brandy, que era un ave de rapiña de cuidado. Tanto la malquerida Jane, como los miembros del Consejo, como el propio Adal, esperaban que la Condición Quinta se tuviera finalmente por incumplida y que, consecuencia de ello, el único sobrino, Adaljandro, fuera nombrado propietario de la fortuna Villasevil. Pero, no, Jezabel les dio la vuelta con las cláusulas 8A y 8B del Cuarto Folio; por ello, el Tribunal sentenció a su favor.

Prosiguió abriendo archivos del sistema. Viendo las fechorías que se iba encontrado de quien, en su día había sido su amado marido, ella decidió irse a Culto para comprobar y evaluar los daños ocasionados por su exmarido y, actualmente, su expareja con su gestión nefasta y fraudulenta del mineral hirosoma. Así era, Adaljandro, como responsable de toda la logística relativa a ese mineral preciado, estaba boicoteando todo el sistema de extracción y distribución del mismo, haciéndoles creer que las minas prácticamente se habían agotado y que estaban llegando a su fin.

—¡Qué cabrito, qué carnero! Ahora sé cómo es la cornamenta de los carneros. Nunca más me volveré a sentir mal por la infidelidad que te colgué, desgraciado.

En otro orden de cosas, y de cara al futuro financiero de su Corporalma, a ella no le preocupaba en exceso las corruptelas económicas de su exmarido. Claro que sí. Jezabel, con los mejores medios materiales de Inteligencia Natural consigo, y la aportación inestimable de la ciberasistente, Luna, acababa de desarrollar una fórmula que conseguía modificar la circulación de «síntomas y flujos» utilizable en el sistema de teletransporte de personas y mercancías. El golpe era redondo. Había sido bastante por casualidad, pero técnicamente había conseguido un avance totalmente espectacular: reducía la masa de la persona u objeto teletransportable en algo más de un noventa y nueve por ciento, trasladando solo un escaso uno por ciento de la misma, es decir, transportaba una muestra de su ADN para después, en origen, restituirla en iguales condiciones psíquicas y físicas. Es más, la restituía con mejoras, ya que en su apariencia se rejuvenecía entre un siete y un once por ciento, dependiendo de la edad del teletransportado. Esto estaba suponiendo una bomba de empuje para Corporalma, tanto a nivel publicitario como de economía práctica.

Por tanto, el interés en marcar a Adaljandro de cerca, no era tanto profesional y relativo al hirosoma, sino de tipo personal. Deseaba desenmascarar definitivamente a su exmarido, quitándole totalmente la máscara de buena persona que siempre había pretendido ser y que, hasta el presente, lo había conseguido. Durante aquella etapa de casados, había confiado plenamente en él. Siempre pensó que la bruja había sido ella misma por su infidelidad. Y en esta segunda fase, ella volvió a confiar en él, pero las evidencias de que intentaba hundirla eran tantas que la cabeza le daba vueltas como una noria en un pozo.

Antes de irse a Culto, Jezabel inició su plan desenmascarador de la personalidad real de Adaljandro. En el yate, el Emancipado, con la capacidad de razonamiento y técnico que ella ahora atesoraba, unida a la capacidad de cálculo de Luna, desarrolló y programó un dispositivo tipo móvil estelar, al que nominó como

«Fidelis». Le colocó, como batería, una plaquita de mineral hirosoma del tamaño de una uña, para que le suministrara energía durante un año seguido. Después, lo transformó en un buscador de audio y de imagen. Aquí estaba lo grandioso de Fidelis. Este era capaz de registrar la conversación de personas, desde unos cuatrocientos metros en cualquier dirección, así como visualizar las imágenes de esas personas en el mismo radio. Una vez grabados esos archivos de audio e imagen en su memoria, Fidelis los podía remitir mediante ultraradiofrecuencia hasta el centro de control el Emancipado. Para ello tuvo que conseguir que las ondas de luz que utilizaba no sólo viajaran en forma recta, sino en forma curva y, también, en espacio angular. Esto solo había sido posible con los progresos alcanzados por ella en todo el Sistema de Inteligencia Natural.

    Y, ¿cuál era el objetivo de este super móvil estelar? De un lado, establecer línea directa y segura con el yate el Emancipado, sin pasar por compañías de telecomunicaciones, que eran moldeables y maleables. En este yate estaba su centro de operaciones secreto, con todo el equipo de SIN y la ciberasistente, Luna, quien no fingía, no mentía, no traicionaba, nunca urdía planes subterráneos o paralelos. Esta era la mejor compañera, sin duda, eficaz y fiable.

    Qué pena, lo que eran los humanos, ella confiando más en un holograma que en una persona. De hecho, ahora confiaba más en una máquina, en Luna, que en quien había sido su marido y padre de sus tres hijos. ¡Qué gordo!

De otro lado, el objetivo importante era vigilar por entero a Adaljandro, ubicarlo y saber lo que decía y lo que hacía. Le había declarado la guerra nuclear, hasta hundirlo. Ese era el objetivo.

Dios, pero esa herramienta impía de control, con la que se podía desnudar en cuerpo y alma a una persona, esto es, controlar totalmente sus movimientos y sus pensamientos, si cayera en manos de según que piraña, se convertiría en un recurso aterrador: el lobo cuidando a las ovejas. Claro que sí, esto ella lo sabía, pero en la guerra de ex contra ex valía todo, y si alguno de los dos tuviera más, algo más horrible, también valdría. El fin de machacar al ex siempre justificaba los medios por terribles que fueran. Jezabel y Adaljandro se conocían, conocían sus fallos, e iban a por ellos como sanguijuelas a por la sangre. El amor se convertía en odio, y en el caso de ellos dos, era la segunda vez, por tanto, doble odio.

41 EL NOTARIO IMPERFECTO

Jezabel Ártemis, conductora de la organización financiera y económica bautizada por ella misma como Corporalma Ártemis, había vuelto al satélite Culto. Podía decirse que había llegado de incognito, como ella prefería, sin ramos de flores de bienvenida en las manos, ni moqueta roja en los pies.

Su primera misión se llevó a cabo con total éxito. Identificó e intercomunicó señales entre Fidelis, el dispositivo móvil llevado por ella a Culto, y el Centro de Control de SIN ubicado en el Emancipado, cuyo yate estaba anclado en el Delta del Ebro. La intensidad de señal estaba a un 92% del total, mientras que su calidad se mostraba al 87%. Ambos parámetros eran realmente buenos. La ciberasistente Luna estaba totalmente vigilante.

Su segundo cometido fue acercarse por los dominios de su exmarido, sin que se detectara su presencia. Mediante Fidelis, Jezabel escuchó la voz de tres hombres, sin que en la conversación de ellos tuviera interés la misma. Sin embargo, al momento se incorporó la voz de un cuarto hombre, la cual ella reconoció enseguida, porque era la de Adaljandro.

—Pleno. —Se le escapó a Jezabel llena de un interés casi mórbido. —Ahora, configuraré Fidelis para que esa voz sea reconocida como la de Adaljandro y quede fijada en el localizador para su seguimiento permanente. A partir de aquí, todo lo que los ojos de ese ventajista de Adal vean, cualquier cosa que oiga y la totalidad de lo que su lengua diga, incluso en sueños, será enviado en tiempo real al yate el Emancipado y, allí, recogido, procesado y guardado para cuando me haga falta.

¡Por todas las tormentas siderales! Qué sangre más averiada y vengativa circula por las venas de algunos humanos, de esos humanos que se autodenominan «animales racionales y caritativos», cuando mejor deberían llamarse «bichos resentidos y retorcidos». Controlar a alguien de esa forma, a sus espaldas, aunque ahora ese alguien ya fuera más su enemigo, era espantoso. Era una exmujer contra su exmarido. Eso es lo que pesa el amor en los humanos: ayer le adoraba y hoy le acuchillada.

Por la noche, Jezabel efectuó un barrido visual y auditivo por lo recibido y grabado de su exmarido. Este hablaba con otro hombre, cuya imagen y voz ella no reconocía. Adaljandro le comunicaba a su acompañante:

«*En los tres primeros días de esta semana hemos añadido a nuestro haber un total de setenta y ocho millones de euros, casi todos ellos procedentes del hirosoma, cuya extracción sigue a pleno rendimiento*».

—Estafador. —Se contraía la exmujer. —Y este Adaljandro del Olmo nos sigue informando que las minas están muy agotadas. Nos está robando y pretende que le pidamos perdón. Sigue arañándonos con que está decepcionado con Corporalma, insistiendo en que él se merecía un encargo y delegación de mucho más nivel. ¡Qué guarro!

Jezabel se hartó y reventó. Citó a su exmarido en una zona despejada, en una especie de parque de aquel satélite, para que nadie se escandalizara por lo que pudiera oír:

«*Este cocodrilo me va a oír. No pienso ni dejarle hablar*», respiraba la señorita Ártemis por todos los poros de su piel.

Al día siguiente, se encontraron a la hora concertada mediante mensajes. Adaljandro estaba de espaldas, entretenido con algo. Jezabel se acercó a unos dos metros y se detuvo en seco, no quiso acercarse más, no fuera que ella le salpicara con la saliva al pronunciar alguno de los muchos improperios que iba a regalarle. Cuando él percibió su presencia, se giró y le saludó con una gran sonrisa, llena de cinismo, demostrándole que él también había aprendido a fingir muy bien. En medio de la sonrisa, el exmarido le agasajó:

—Hola, mi amor, no sabía que estuvieras en Culto, te habría ido a recibir como te mereces...
—Déjate de falsos cumplidos, cretino. Ni yo ahora soy tu amor, ni a mí me preocupa que no vengas a recibirme. Lo que sí me preocupa es que no me hayas dicho que el farsante de Villasevil era tu tío. ¿Por qué me lo ocultaste? —Dado que él no contestó, ella prosiguió —Ah, ya sé, al final lo que tú pretendías era ser el heredero definitivo y hacerte con la fortuna de Indalecio. No fue tu tío el que maquinó las seis condiciones, fue tu mente enferma la que las concibió, porque creíste que yo no las vencería, y, una vez más, te equivocaste. Querías humillarme, pero me infravaloraste, como siempre, porque tú eras el Magistrado, el Notario, el genio respetable y yo la que me dedicaba a limpiar el culete de los niños. ¡Eres un mequetrefe! —Apretaba Jeza de lo lindo, ya subiéndose al carro tirado por caballos.

Adaljandro, por el mensaje de la cita, intuía que ella traería el cuchillo afilado, pero no esperaba que entrara tan a saco. Le sorprendió, pero, incluso así, estaba dispuesto a seguir su línea y negar todo lo que hubiera y existiera debajo de las estrellas.

—Bueno, te veo un poco alterada. —Hablaba Adal, pretendiendo manejar una calma que era solo aparente. —A ver, no tuve ningún tío mientras estuvimos casados. No te oculté nada sobre eso.

—No te salgas por el tejado, maleante. Es verdad que la mayor parte del tiempo que estuvimos casados no lo sabías, pero el último año sí, y cuando yo conocí a Indalecio, tú ya sabías que eras su sobrino. Me lo callaste durante siete años. Jugaste con mi buena fe, traidor. —Jezabel empezaba a galopar encima de los caballos.

—Eh, tranqui, que pierdes belleza cuando te cabreas. —Adaljandro no pensaba dejarse avasallar. —

¿Me llamas traidor a mí? Tú que me mentiste en nuestra cama y que...

—Ah, sigues pensando en los cuernos, ¿eh? Eres un muñeco, un cobarde. Tú redactaste el testamento de tu tío; tu cabeza maquiavélica inventó las seis condiciones, bochornosas. Lo que no esperabas es que yo me defendiera con las cláusulas 8A y 8B del Documento de Buena Convivencia, las cuales me salvaron ante el Tribunal de Suprajusticia. Te he ganado hasta en lo jurídico, que era tu terreno. Jódete —Así de furiosa estaba la exmujer, con su cara contraída por el cabreo, comiéndose parte de sus cabellos que se habían enredado sobre su boca.

Ella se creía con razón. Seguramente, la tenía, por eso volvió a la carga.

—Todo el proceso hereditario fue durísimo para mí. —Jezabel estaba roja y sofocada. —Las seis condiciones testamentarias me sacaron de mi entorno y de mi juicio por lo insoportables que eran. Andando los días, supe que Villasevil estaba pasado de rosca y con los tornillos oxidados, lo que no acerté a ver era que el sobrepasado mentalmente, con neuronas y células podridas, era el Notario Mayor, era el cínico de mi exmarido.

El exnotario intentaba recomponer un plan de defensa. Pensaba.

Jezabel, a este encuentro, había venido hinchada, dispuesta a sacarlo todo. No iba a dejarlo ni respirar. Este comportamiento de solo hablar y no escuchar era infrecuente en ella, pero ahora ya no se paraba en eso. Su necesidad interior de romperlo todo era tan grande que los trozos de los platos tenían que acabar esparcidos por el suelo, de forma que siguió disparando como si estuviera en unas instalaciones de tiro al plato.

—¿Me dices que tranqui? Con mucho esfuerzo podría llegar a entender que mientras hacías el papel de notario no me avisaras de tu parentesco con Indalecio. Vale, pero, después vivimos en nuestra casa de casados, disfrutamos en la cama como en aquella época, y hasta engendramos un hijo, Ceus. No tienes cojones. En todo este tiempo te callaste que eras sobrino de Indalecio, cabrón de mierda, ¿Por qué? —La exmujer seguía encendida, moviendo sus manos y exigiendo explicaciones.

—Joder, tía...

—No me llames tía, que yo no soy tu tía. —Seguía ella en medio del incendio, a grito descarnado. —¿Qué pretendías con las condiciones? ¿Humillarme? Ideaste una condición para que yo follara con un actor porno, en público y contigo presente. Y, no satisfecho, elucubraste otra sesión polvera con el primero del *Ranking de*

Deseados. ¿Qué pretendías? ¿O es que querías ver cómo otros tíos me follaban delante de ti, cabrón? Si eso te ponía, estás rematadamente enfermo, estás podrido. ¡En la cabeza solo tienes gusanos y en las tripas solo lombrices!

Adaljandro no encajó nada bien aquellas palabras. Ahora andaba fuera de juego. Estaba claro que ella disponía de mucha información que él pensaba enterrada en un «código cero» del sistema. Ella conocía hasta pequeños detalles que solo él y su tío, ya fallecido, conocían. Decidió pasar al ataque.

—¿De dónde has sacado todos esos datos, niñita? —Clavó él su machete, si bien comenzó a imaginarlo. —Ah, claro, claro, no hay más, solo se consiguen de una forma. ¡Qué zorrita! Tú estás muy puesta en Inteligencia natural, ¿no, babosa?

—Que te crees, niñito, zorrito, que solo el que fue Notario Mayor tiene capacidad para formarse a lo grande. —Seguía mordiendo Jezabel. —No, baboso, lo mío me ha costado, pero no te envidio nada. Lo que sí me revienta son las tragaderas que tienes ahora para aguantarlo todo sin soltar nada, porque te pregunté muchas cosas y tú no has contestado a ninguna.

—Tú no tienes ni puñetera idea, ni aproximada, de lo mal que yo lo pasé tras tu treinta cumpleaños. Me reventaste la vida. Estaba desorientado, aturdido. Jamás volví a ser como de casado. —Empezaba él a ventilar su habitación.

—Ah, ¿sí? Pues te organizaste muy bien, porque hasta tuviste tiempo para contrarrestar mis decisiones sexuales. Yo había encargado, al mequetrefe de tu forense, que me practicara una ablación de clítoris, pero no lo hizo porque tú le ordenaste lo contrario. Era mi cuerpo y era mi decisión, joder —A Jeza se le habían humedecido los ojos. No vocalizaba, gritaba con la garganta. Se había quedado pálida. Su boca era el orificio de un volcán. —¿Tú te quejas? Los machos me habéis destrozado mi vida. Primero, aquel mierda de Víctor, que me convirtió en su criada, me estafó mi dinero y luego quería liquidarme; luego, el rinoceronte de Tito, que me ultrajó por donde quiso; después, entre los dos, quisieron descuartizarme en medio de un barco de heroína; posteriormente, tres cocodrilos me violaron por todos mis agujeros; y al final, tú, perro sarnoso, que quisiste violarme y asesinarme en Despeñaperros, a tu propia exmujer, ¡desgraciado! Y, como ya dije, cuando yo había encargado una clitoridectomía para apartarme del sexo que aborrecía, vienes tú, malnacido, y decidiste por mí. Lo ordenaste todo para que volviera a calentarme contigo. Determinaste en contra de mi voluntad, ordenaste que el forense reforzara mi aparato genital y que mi cuerpo fuera lo que tú querías, no lo que yo deseaba y había encargado. ¡Qué cabrón! Y para colmo, yo contaba, como mal menor, con las cápsulas inhibidoras del deseo sexual. Claro, cuando a tus cojones les apeteció, te aprovechaste de que yo estaba vomitando el vino en el baño, para vaciar el principio activo de las cápsulas y, así, que no tuvieran efectividad. Hasta eso me quitaste, chivo montés, y tú lo sabías, era la forma para que yo volviera a sentir deseo y me tirara a tus brazos. Cabrón, maldito, eres mucho más mierda de lo que nunca pensé.

Adaljandro estaba desconcertado. Ella conocía más detalles de la realidad que los que él mismo recordaba, y eso que él los había planeado. Jezabel estaba sofocada, sin más compensación que el hecho de hacerse oír, pero sin saberse escuchada, puesto que no había alcanzado una sola respuesta que calmara su alma y minimizara su rabia. Tampoco ella se callaba para que el otro hablara.

—Podíamos haber sido felices... —Pretendía, él, defender alguna idea.

—Déjate de sandeces. —Mordió ella con los colmillos. —Empecé a imaginar desde hacía algún tiempo que eras un farsante, que ya no podía fiarme de ti, pero que estafaras a tu propia mujer, exmujer, no pensé que tú ruindad llegara a tanto.

Él se hizo el sorprendido. Pensó que ella podría tener sospechas, pero como hacen todos los mentirosos, ocultó la verdad y repitió la mentira hasta que su color se pareciera al de algo verdadero.

—Yo siempre quise lo mejor para ti. —Descarrilaba él.

—No me mientas, bandolero, atracador. —Se le oía, a ella, desde todos los rincones del parque. —Ten cojones para decirme la verdad, que solo en los tres últimos días me robaste setenta y ocho millones de euros. Te delego para darte de comer y, ¿me lo agradeces así? ¡Eres peor que la peste!

Las cosas se ponían muy feas. Ella pretendía que él tuviera redondas para contarle la verdad, cuando ella misma tampoco las tuvo cuando le negó otras verdades a él. Así somos la mayoría de los que vivimos en estos mundos, entre otros, Tierra y Culto: los demás tienen que cumplir en todo, pero nosotros nos reservamos el derecho de «trágala».

Él no sabía de dónde sacaba ella esa información, pero ya percibía claro que, seguir fingiendo, negándolo todo, no resultaría. En ese punto, mientras digería la última frase sobre «...para darte de comer...», se le hinchó el hígado y, no pidió perdón, no señor, eso era reacción de pobres, él no, contraatacó con lo primero que asomó a sus narices.

—¿Qué no te mienta? —Salpicaba el exmarido. —¿Qué me das de comer? Igual que hice yo. Te estaba dando de cenar y me mentías encima de la cama. Te hinchabas a follar con el Víctor aquel y, después, en mi cama te dolía la cabeza...

Jezabel tenía que tragarse, sin excusa, aquel comportamiento de cabrita que ella había tenido en la última etapa de casados. Siempre sería su talón de Aquiles. ¿Cuánto más tendría que pagar por aquella cabritada, por aquella marranada?

—Dígame con franqueza, señor del Olmo. ¿Yo que fui para usted? —Tratándolo de usted, como si acabaran de presentárselo, había entrado, Jezabel, en una dimensión radioactiva, peligrosa.

—Hasta tu treinta cumpleaños, la mejor, en cuerpo y en alma. Después, la peor, en maldad y en ruindad. Basura —confirmó Adal.

A su exmujer se le quedaron pequeños sus zapatos. Volvió a montarse en un impulso con cola de caballo, y, como una madre que han violado a su hija, espetó con ira implacable:

—Ah, ¿sí?, ¿Por qué te puse los cuernos pasé de la bondad a la ruindad? ¿Ya era solo basura? Que burros sois los machos. Pues mira, yo habría tenido para ti, mi marido, y también para mí amante, Víctor. Sí, sí, habría tenido para los dos y, seguramente, aún me quedaba marcha para algún otro más. Pero tú nada, tú solo conmigo y yo sola contigo. Los machos sois una vía de sentido único, no podéis compartir nada, y tú eras incapaz de compartir mi coño con otro hombre, o con otro más. Solo así me habrías tenido toda la vida, a medias con otro, o con dos, sí, pero como no lo soportaste, chulo de postín, te quedaste sin nada.

Ahora era Adaljandro el que resoplaba, el que miró a Jezabel con ojos envenenados, incontrolados. Se había quedado sin una respuesta. Bueno, respuestas sí que tenía, pero no lo suficientemente punzantes como él buscaba, porque de eso se trataba, de ver quién resultaba más herido y sangraba más por haber recibido más navajazos y más fuertes.

—Pero, puta campestre, ¿estás diciéndome que compartiera tu coño con dos o tres tíos más? ¿Me estás diciendo eso? Nunca pensé que llegaría a oír algo semejante de tu boca. —El contuvo algo sus dientes que le tintineaban como copas de cristal al tocarse. Y siguió mordiendo. —Ah, claro, olvidaba que tú puedes, tú puedes entregar tu culo, no solo a tres, sino a treinta tíos al día, olvidaba que eres una prostituta.

Aquello era un campo de batalla cuerpo a cuerpo, encarnizada, como una cacería de dos gladiadores romanos dándose golpes hasta la muerte de uno de los dos; como un combate de dos guerreros samuráis japoneses hasta sacarse la última gota de sangre.

—No, no, precisa un poco, abejorro. —Volvió Jezabel al combate. —Aunque sí lo fui, ya no soy una mujer de la calle. Me sobra lo que a ti te falta. En todo caso, como prostituta, siempre tuve más honor y vergüenza que tú, un cafre con dos profesiones de señor honrado y santo. Eres un desecho. En tu ser solo hay venganza. Solo pensabas en humillarme y enterrarme. Eres tan cobarde que hasta abandonaste a tus hijos por vengarte. Los dejaste cinco años con tía Elena, porque tú estabas ocupado perfeccionando y ejecutando tu plan vengativo. ¡Estás infectado, lleno de microbios!

Estas eran las lindezas que se profesaban un hombre y una mujer que se habían casado perdidamente enamorados, que se lo habían entregado todo y que, en otro tiempo, habrían dado su vida el uno por la otra y la otra por el uno. ¿Se puede subir y vivir durante siete años en el cielo maravilloso y, después, descender hasta el infierno más asqueroso? Pues, sí, se puede. Ninguna otra especie puede, pero los humanos pueden hasta más allá de la ficción. No es cuestión del sexo masculino o femenino, ni mezclados. Los humanos están muy mal hechos. Bel y Jandro habían sido felices de casados, pero todo se fue por el desagüe debido a la fiebre de la entrepierna. Después, egoísmo, humillaciones, venganza. No hay forma. Generación tras generación, es lo mismo, es la herencia del genoma.

Cuanto «yoismo» nos sobra y cuánto «parejismo» nos falta.

42 CULTO SE OCULTA

Seguían en aquel parque cultano, a tres cientos mil kilómetros de la tierra, despellejándose como dos hienas en la pradera africana.

Se habían arrojado de todo, pero como que no hay límite, nunca los exconvivientes alcanzan el grado suficiente para saciarse en materia de insultos, por eso continuaron escupiéndose flores, arrepintiéndose por cualquier obra buena que en el pasado hubieran hecho el uno por el otro o la otra por el uno.

Jezabel, indignada, en el límite de sus pulsaciones ya envenenadas, le inyectó todo el veneno que pudo:

—Debí dejarte morir en aquel hospital cochambroso, sin oxígeno, con la lengua fuera.

Adaljandro, con sus neuronas intoxicadas al máximo, le aserró:

—Debí haberte tirado por el precipicio de Despeñaperros, que te comieran las lampreas.

Ella estaba hecha una fiera, por cuanto comprendió que seguramente sí existió violación en Despeñaperros; además, si él no la lanzó fue porque ella se le adelantó y no pudo, sino sí que la hubiera despeñado. Se agarró a lo que encontró en aquel momento y volvió a clavarle donde ella sabía que a él le dolía, por donde él sangraba.

—Los cuernos te los puse solo con un tío, en el ático aquel, pero debí hacerlo mucho antes, incluso con dos de tus compañeros, quienes más de una vez se me habían declarado. Un cobarde como tú no se merece respeto.

A él se le fue la cabeza hasta los pies y, sin pretenderlo, le confesó con toda la ira del mundo:

—Tú que coño sabrás, ignorante. Un mes después de separarnos, yo fui al piso de tus padres. Tú no me viste, pero yo estuve allí. Aquella tarde debí romperte la escalerilla de aluminio en la cabeza y después tirarte escaleras abajo, so cabrona —Le clavó, Adal, sin tregua.

Ella reaccionó más que indignada. Vino a su cabeza aquel recuerdo de la caída en el suelo del piso de sus padres, con la escalerilla metálica entre sus piernas.

—¡Aaah, claro, ahora lo entiendo, miserable. Tú te quedaste con llaves del piso de mis padres, las cuales tenías desde cuando estábamos casados. Entraste, dejaste abierta la puerta de entrada al piso y te metiste en el baño. Cuando yo pasaba delante de su puerta, me lanzaste la escalerilla metálica entre mis piernas con la intención de que yo me fuera dando vueltas escaleras abajo y me rompiera la cabeza y columna. Que cabrón. Por eso yo aprecié como un reflejo, tuve la sensación de que en el baño había alguien. Claro que sí, estabas tú, pero cuando regresé de la cocina tu ya te habías largado con tu plan fallido. ¡Que asesino, asqueroso! Cómo puedes tener tanta basura en tu cabeza. Cómo pude enamorarme de ti con veintitrés años.

No pudieron aguantar más tiempo. Se dieron media vuelta y se fueron. Ella mirando hacia el norte. Él mirando hacia el sur.

Cuando al día siguiente el sol ya se había puesto en Culto, Jezabel recibió una comunicación desde el yate el Emancipado, anclado en la Tierra, en el territorio catalán del Parc natural del Delta de l'Ebre, en cuya comunicación su ciberasistente, Luna, solo le adelantaba:

«Señorita Ártemis, tengo registrado un hecho que me temo le vaya a gustar poco. Si tuviera interés, consúltelo en el móvil Fidelis».

Jeza se preguntó por ese hecho. ¿Por qué Luna no le puso en antecedentes como hacía siempre? Ella reinició el SIN de su móvil Fidelis y este la situó en las coordenadas de ubicación de una persona con la que tuviera mucha complicidad hasta hacía poco, pero que esa persona se había distanciado de ella, en los últimos tiempos.

—Anda, si es la ubicación de Luz Serena, la que en otro tiempo fuera mi asesora y amiga, aunque ya no es mi asesora y no sé si, ahora mismo, es tan amiga.

Pues mira, aprovecharé para hacerle una visita y ver cómo le va.

Y allá se fue, hasta las coordenadas exactas que le proporcionaba Fidelis. No quiso espiar a Luz, a ella no, había sido y era, probablemente, su mejor amiga, su amiga eterna. Uf, eso de eterna rasca un poco. Jezabel se situó a la entrada de la casa de Luz, dentro del área de influencia para que el detector de visitantes le permitiera el acceso. Eso era lo esperado por Jeza, puesto que así había sido la vez anterior que ella visitara la casa de su amiga. Pero, esta vez no fue así, el detector de visitantes no le abrió la puerta porque no la identificó como una visitante amiga. Ella se dijo en voz alta, como se decía a sí misma las cosas desde unos meses atrás:

—¡Que raro! ¿Qué te traes entre manos, Luz? Bueno, quizás sería más ajustado decir, ¿qué te traes entre piernas, Luz? —Ese pensamiento surgió debido a que, muchas veces, cuando algo va mal entre dos personas es porque hay unas piernas de por medio.

Jeza hizo una llamada de voz a su amiga. No obtuvo respuesta. Le hizo otra llamada de imagen. La respuesta fue la misma. Ya desconcertada se preguntó:

—¿Por qué Luna dice que un hecho, que está en Fidelis, no me va a gustar? A ver qué es lo que pasa.

Así era. La ciberasistente no comprendía ciertas reacciones de los humanos, por eso no se atrevía a valorar algunas ideas de Jezabel. Esta, en busca de una respuesta, puso su móvil Fidelis en función de investigación, en modo espía, el cual, debido a que Luz

Serena estaba situada dentro del campo de recepción física, comenzó a mostrarle las primeras imágenes:

—Joder, que guarros, se lo están montando los dos, el capullo de Adaljandro y la capulla de Luz, aquí, ahora mismo, en esta casa. —Se sacudía las plumas, Jezabel.

A ella le dominó un arrebato tal que muy poquito le faltó para estampar su móvil Fidelis contra la cristalera de un ventanal que daba al lateral derecho de la casa. ¿Quién dice que los cuernos no duelen? Esta vez no eran cuernos, solo una falta de consideración, y aun así a Jezabel le dolieron aquellas imágenes. Sin embargo, reaccionó justo a tiempo para evitar perder su móvil salvador. En su lugar, agarró el recipiente de una papelera metálica que al lado estaba y, esta sí, la estrelló contra la cristalera. El impacto del recipiente y el estruendo de los trozos de cristal, que al suelo se desplomaron, fueron más que suficientes para sacar de su edén a la pareja que dentro gozaban lo suyo. Dado lo inusual de aquel nivel de ruido en la zona, los dos salieron a la entrada, con casi nada encima, para ver qué pasaba.

El encuentro visual entre los tres, Luz, Adal y Jeza fue bastante desagradable, más que nada por lo que habían sido, no tanto por lo que al presente eran.

—Sois un par de gusanos. —Se le ocurrió a Jeza.

—¿Gusanos? —Repitió Luz con mucho desparpajo, con una sonrisa cínica y de gran victoria. —No me digas que estás celosa. Si tan necesitada estás, podemos hacer un trío. El cañón de Adal da para mucho, tú deberías saberlo, ¿O es que tú nunca te lo has metido a fondo y, por eso mismo, te dejó y se vino a buscar una mujer de verdad como yo?

Adaljandro no participó en aquellas acusaciones. Él más bien estaba en una posición de espectador, viendo las cosas desde atrás, sintiendo como dos hembras amigas se discutían por él, por un macho común. Qué bueno, dos mujeres emprendedoras peleándose por un estafador. Jeza se encaró con su amiga, solo con ella, como si aquello fuera una cuestión entre las dos féminas.

—Vaya una víbora. Hasta hace nada vivías en mi espalda como una garrapata, ¿y ahora te las das de importante? Siempre serás una segundona, como en tirarse a Adal, que primero fui yo, y ahora, tú recoges las sobras. Díselo, macho Adaljandro, dile qué lugar ocupa, como una bolsa de basura. Y ahora viene esta guarra y se cree que es mejor que yo... —Se iba embalando Jeza.

—Pero ¿a ti que te pasa, tía? Adal se enamoró de mi cuerpo aquella tarde durante la sesión porno de la Condición Tercera. Acéptalo. Tú ya no pintas nada aquí, ¿o es que todavía te crees con algún derecho? ¡Lárgate a implorar a otra parte! —Fusiló, Luz Serena, sin contemplación alguna.

Era cierto, Jezabel ya no pintaba nada en medio de aquella relación entre, Luz y Adal, puesto que ninguno de los dos le debían explicación alguna. Ahora bien, escondérselo y tratarla con esa pedantería y cochinería era poco considerado, máximo cuando Jeza no venía a pedir cuentas, sino a realizar una visita de cortesía. Y ¿cómo se entendían aquellas reacciones acaloradas de Jezabel? ¿eran sentimientos de cuernos? No, cuernos no eran, no soplaba por ahí el viento. Ella no se sentía cornuda, por aquello. Entonces, ¿qué eran? ¿Celos? Después de las marranadas mutuas, ¿había celos en ella? Puede. Si Adal, no hubiera significado gran cosa para Jezabel, el olvido habría sido fácil y seguro. Pero, claro, Jandro había sido el hombre más importante en su vida, el único hombre al que había amado hasta las encías, por eso nunca lo podría olvidar del todo, porque de donde no hay no se puede sacar, pero donde hubo tantísimo, aunque se hubiera destruido mucho, una parte puede que aún quedara.

Jezabel dirigió su mirada hacia los dos. Primero buscó a Luz, a la que había considerado su amiga, pero que ya no volvería a tratarla como tal, por eso le dedicó poca atención. Después, también miró con poco detenimiento a Adal. Lo que Jezabel empezaba a comunicarles iba dirigido a los dos, por eso Jeza acabó dirigiendo su vista, alternativamente, del uno a la otra. La cara de Jezabel Ártemis se había quedado granizada, y con voz de témpano, dijo:

—Una hecatombe irresistible va a suceder en pocos días. —Esta decisión tan drástica había sido tomada por ella en un segundo, y le había sobrado la mitad. —Si queréis seguir con vida, iros de Culto durante los próximos ocho días. Quién permanezca aquí al noveno día, morirá.

    Jezabel giró sobre sí misma y desapareció. Adal le aconsejó a Luz:

    —Nada, ni caso, pretende impresionarte para que le dejes el campo libre. La conozco, finge más que una rosa en invierno. Quiere que yo vuelva a su cama. Vamos a lo nuestro, que ahí es donde vivimos de verdad.

    No más de media hora después, Jezabel contactó mediante su Fidelis con el Emancipado e instruyó secamente a Luna:

    —Activa ahora mismo el programa de destrucción del oxígeno en Culto. Quiero que comience la cuenta a tras de los nueve días, de inmediato.

    —Señorita Ártemis. Permítame recordarle que, una vez ejecutada la orden, ya no podré detenerla, no habrá marcha atrás, produciéndose el cierre de todo suministro de oxígeno en Culto, cuyo satélite se convertirá en irrespirable para los humanos en, exactamente, tres horas y treinta y cuatro minutos.

    —Lo sé. Quiero ver el reloj de la cuenta atrás en marcha. —Exigió, Jezabel, en forma incontestable.

    Luna avanzó un paso en su programación. El contador inició su cuenta hacia cero. Con el comienzo, el fin de los días de vida en Culto estaba definitivamente sentenciado. Drástico, terrorífico, pero así iba a suceder. Y cuál era el plan siguiente, ¿dejar morir a todo ser viviente en Culto, sin más? No, ella había hecho alguna cosa poco perdonable en su vida, pero no era una asesina de inocentes. Había un plan de evacuación del satélite.

Comunicó al mundo la siguiente proclama:

«Entre todos los humanos que hemos pisado este satélite lo hemos aniquilado y, dado que, la Corporalma Ártemis que presido, contribuyó a eso más que ninguna otra, yo he tomado la decisión de devolver a Culto lo que es suyo: su silencio y su destino. Quiero que vuelva a permanecer oculto. Las personas que deseen voluntariamente regresar al planeta Tierra serán evacuados durante los ocho siguientes días, sin coste alguno, mediante el sistema de teletransporte que Corporalma tiene funcionando. Todo el que se quede, al noveno día dejará de respirar. Morirá. Esto no se anuncia como un simulacro, eso será inevitablemente real».

Ella, como si fuera la mismísima Virgen María, decidió que todo ser humano que quisiera regresar, que conservara un alma aprovechable y que fuera humilde de mente, iría de regreso a nuestro mundo. En ese planeta Tierra, era de esperar, que los humanos no ultrajaran a la naturaleza, sino que se aliaran con ella, que la respetaran. La felicidad de los hombres y mujeres en la tierra no podía depender del Hirosoma, sino de su propio conformismo para desterrar el egoísmo puro y duro.

Muy bien, y, ¿cómo se determinaba cuando una persona tenía un alma aprovechable y era humilde de mente? Ella respondía:

«*Si te quedas en Culto eres egoísta, el hirosoma te ha infectado las pupilas, tu alma ya no es aprovechable. Si te vas a la Tierra eres humilde, tu mente sigue siendo sana, vivirás en paz contigo mismo*».

Vale, pero alguien podría sostener que Jezabel Ártemis se había convertido en la nueva profeta del siglo XXI. Pues sí, no era nada exagerado. Eso hace el poder, decidir por los demás. Esa decisión procedía de una venganza personal, si señor. Decidió por los humanos en base a una represalia personal contra su exmarido. Que duro. En todo caso, las personas de la calle, los corderitos, no nos enteramos de nada.

La práctica totalidad de personas de buena voluntad abandonaron Culto, el satélite oculto. Adaljandro del Olmo y Luz Serena, con su equipo de diez secuaces, se quedaron. Fueron los únicos que permanecían en Culto al noveno día de la cuenta atrás. ¿Por qué se quedaron? Porque, de una parte, Adal les convenció que Jezabel iba de farol y, de otra parte, él se había fabricado su propio plan. Este consistía en utilizar la energía de noventa y tres kilogramos de mineral hirosoma para generar el suficiente oxígeno en Culto y, en poco tiempo, colonizar el satélite con Adal como rey y Luz como reina. Eran doce los colonizadores que permanecieron en aquel astro.

Mientras se estaba realizando el cierre de puertas de la nave, la ciberasistente, Luna, que al frente del SIN seguía y controlaba todo el plan de evacuación, contactó con la jefa Ártemis, y le preguntó:

—Señorita Jezabel, ¿cómo es que el señor del Olmo se queda?

—Ya lo sabes. Él tomó su decisión de quedarse. Yo tomé la mía de marcharme.

—Morirá, mañana. Ya no podemos volver. —Adujo Luna buscando las esquinas.

—Sí, morirá, pero ya nadie volverá. —Dijo la jefa.

Jezabel, con la cara contraída, cerró su móvil Fidelis y se fue a un muy pequeño reservado. Solo metro y medio este tenía, al que solo ella accedía, porque de abeja madre solo una había. La invadieron sentimientos diversos, cruzados. De felicidad vivida, procedentes de su época de casada, con Jandro amándola. De culpa sentida, provenientes de su etapa de libertaria, con Víctor picoteándola. De ira contenida, por las traiciones engullidas e infligidas por Adaljandro, atormentándola. Dios, que calvario, una parte menor de ella, con él se quedaba, pero la parte mayor de ella, de él se alejaba.

Esos son los dictados del señor tiempo, del caballero don pasado. Los hechos consumados no pueden dejar de serlo, por eso Jezabel de nuevo lloraba. Hacía tiempo que así de consternada no estaba, y ahora cuando Jandro iba a morir ahogado, ella habría esa muerte parado, si hubiera podido, pero los hechos pasados son el castigo de todo humano.

Los terráqueos pueden cambiar de ruta, cuando todavía es futuro, pero no pueden cambiar lo ya recorrido, cuando ya es pasado.

Si pudiera, Jezabel, daría marcha atrás cuando toreó a su amado; quitaría de sus alforjas aquel tiempo en que disfrazó y cambió las verdades por mentiras sobre la cama de Jandro; borraría las barbaridades en la prostitución sufridas; pero ya no podía. Seguramente, Adal no habría intentado, ni siquiera pensado, la violación, el asesinato, ni las manipulaciones hereditarias ejecutadas, pero aquellas consumadas ya estaban. En todo caso, hay que ver cómo somos algunos humanos, como era la jefa Jezabel:

«Ella le pone los cuernos a su marido, sin pensarlo, y, después, le llora un montonarro; no hace mucho que fríamente le confesó, que posiblemente hacerlo otra vez volvería; y ahora mismo, que si pudiera deshacerlo nada de eso haría».

¡Dios, vuelve, y arregla la parte que has hecho mal en los humanos!

Los últimos habitantes del satélite Culto iniciaron el viaje de regreso hacia nuestro planeta durante el octavo día de la cuenta atrás, todos ellos conscientes de que allá no volverían. Esta última nave, con Jezabel a la cabeza, alcanzó en debida forma su base en la tierra. Al noveno día, una vez transcurridas tres horas desde el mediodía, la falta de oxígeno ya comenzaba a apretar los pulmones de las doce personas que se habían quedado. El equipo siniestro de Adal intentaba que su invento, sin ensayo alguno previo, funcionara. No lo consiguió. El generador con noventa y tres kilos de mineral hirosoma, más potentes que una bomba nuclear de dos toneladas, una vez alcanzado el estado de fusión, provocó tal explosión de neutrinos que invadió el satélite Culto, dejándolo inhóspito, como en sus orígenes y antes de la llegada de los humanos. La mala noticia, o, vaya usted a saber si, la buena noticia, fue que una atmósfera radioactiva provocada por la explosión del hirosoma, hacía imposible la vida en el satélite. Esa mal llamada nube radioactiva ocultó otra vez al satélite, como antes. Se calculó que, al menos, en unos treinta siglos ningún humano podría acceder a Culto, al satélite oculto.

Jezabel se percató del fenómeno ocurrido. Cerró sus ojos hasta su ceguera total, apretó los labios al punto de clavarse sus propios dientes y, sangrando por todas las maldades y miserias de Adal recibidas, se repitió dos veces para sí, las dos bajito, para que el cielo no pudiera enjuiciarla:

«*En esta ocasión no te vas a quedar colgado de unos hierros, esta vez morirás, no te salvará ni San Salvador*».

Los doce humanos colonizadores, Adal, Luz y los otros diez miembros del equipo fallecieron en dos segundos tras la explosión radioactiva.

Descansen en paz.

Sí, descansen en paz, —decía un búho al anochecer, vigilante desde una rama de un castaño —pero dudo yo que todo el mundo merezca esa paz, pues tan injusto es ser desagradecido con alguien que te hace buenas acciones, como alabar a ese alguien por acciones que solo merecen aborrecimiento.

43   LA HUMILDAD

Comenzó a escribir una fémina nonagenaria, quien tenía la vista cansada por las maldades percibidas, pero con un oído muy fino por lo mucho que lo había ejercitado. Empezó a repasar los amaneceres recientes de la mujer más rica del mundo, o que lo había sido. Con convicción, comenzó a escribir en un formato como si en verso fuera.

Jezabel, en su casa de Barcelona, asentarse pretendía
Ella tomó su última y gran decisión en aquel hermoso día
Lo dejó todo, arrinconó su pasado, sólo conservo su osadía
Aunque tal decisión, muy difícil, más bien humilde parecía.

Sus cargos en Corporalma Ártemis abandonado había
Si bien, conservando las acciones en Corporalma seguía
No tanto por sí misma, pues ya pocas cosas ella exigía
Sino por sus tres hijos, que en este mundo por ellos vivía.

Jezabel ya no trabajaba, bastante cantaba, mucho paseaba
Ya no más pasteles que los mortales sencillos necesitaba
A sus tres hijos convenció, a los tres seres que más amaba
Al pueblo de Mourazos se los llevó; cerca de Verín estaba.

nos comemos a los pobres de dos en dos. Los ricos también morimos, pero cada uno vivimos por dos o por tres pobres».

Ella, dejándose repasar por su conciencia, por hechos pasados, se lamentaba profundamente:

«Pero ¿qué coño nos pasa a los humanos? *Las parejas nos prometemos amor eterno y, antes de acabar el año, la promesa se nos cae hasta los pies, nos mentimos y nos insultamos. Nos estafamos y nos maltratamos. Hasta nos quitamos la vida, si podemos. Dios, ¡qué calamidades somos!*

Se levantó, cambió el surco de riego, y se volvió a enfrascar en lo mismo, pensando despacio, no tenía prisa alguna.

«*Pudiera ser entendible que las reacciones de odio y desprecio por la puesta de unos cuernos fueran desproporcionadas, pudiera ser, no se sabe lo que pasa por una cabeza humana ofendida, ni tampoco nadie sabe lo que duele una cuchillada hasta que te clavan el cuchillo. Y mucho menos yo puedo saber lo que duele una infidelidad, porque yo no recibí el navajazo, fui yo la que clavo la navaja. Aun así, aunque eso estuviera cerca de ser inaguantable, tanta ruindad no es justificable, ni puede ser asumido por cabeza humana alguna, tanto como para llegar a una tentativa de asesinato, como el pretendido por mi exmarido con la escalerilla de aluminio en el piso de mis padres. No puede aceptarse tanto odio desprendido de unos cuernos, como para planearse el intento de violación y homicidio en Despeñaperros sobre* tu propia excompañera. Hasta nunca, Alejandro, Adaljandro ¡Qué te desintegres en polvo y te volatices en Culto! Una cucaracha menos aquí abajo.».

Poco después, cambió de latitud. Alzó su cabeza y ojos para mirar al cielo, y, en forma un tanto somnolienta, le dijo a sus vecinos de Mourazos, a todos los humanos de la tierra que quisieran escucharla, así como a los habitantes del reino de los cielos:

«El cielo está aquí abajo, en la tierra. Para sentirlo y vivirlo solo hay que liberarse de dos pequeñeces: primera, desprenderse de casi todo el egoísmo propio. ¿Para qué te sirve si, cuando mueres, todo lo que crees poseer se queda aquí abajo? Segunda, desprenderse del ansia de hablar. Deja un minuto de hablar para así poder escuchar, mirando a los ojos, tal cual se observa una flor. Solo hay que inspirarse en la sencillez del rocío que se va depositando, sin anunciarse, sin ruido, sin estridencias. Únicamente hay que contemplar el anochecer que se aleja con la tarde y el amanecer que se acerca con el día, en silencio, sin pedir nada a cambio. Para percibir el anochecer y el amanecer, tan solo tienes que abrir los ojos y observarlos; y, si por allí se acercara algún humano de buena fe, abrir tus oídos y escucharlo».

Aquella calma de su pueblo chiquito a Jezabel encantaba
Y aunque tecnológicamente de medios escaso andaba
Ese tipo de cosillas superfluas, a ella ya poco le importaba
Ya que, en la casa del pueblo, sencilla, allí quedó ubicada.

Era un 28 de junio, con un calor que sofocaba. La enseñanza escolar había concluido hasta septiembre, por eso con sus tres hijos ella jugaba. Jezabel, en otros tiempos, el barrio veterano de Ourense visitaba y alababa, pero ahora ni siquiera la villa de Verín pisaba.

Ella, por los senderos de su Mourazos, con sus hijos andaba. Nueve horas al día dormían. Otras tantas jugaban. Comían en tres, y las otras tres en el huerto de las Nabarizas disfrutaban. Con tomates y con pimientos, sus juegos preferidos organizaban. Con un cubo, en el río Támega pescaban, y, hasta que se rendían, sus bicicletas el cerro de Muradella allanaban. ¡Aquello era vida, la que más amaban!

Pero, aunque alguien fuera inmensamente feliz, siempre había algo que a los humanos faltaba. ¿Faltaba o sobraba? Un poco de humildad para ensalzar algunas cosas pequeñitas en su vida faltaba, aunque también un puñado de apretones de los mal vividos con algunos machos contaminados, a ella le sobraba.

La abuelita nonagenaria pensó que ya era hora de dejar las rimas, de hacerlo más fácil y volver a la prosa. Y así continuó.

Después del «código cero» conteniendo las maldades ideadas por su exmarido, Jezabel dejó de creer en los hombres. Sentía, decía ella, aversión por sus testículos, por eso se fue a Somalia y se sometió a una intervención de «infibulación», sin muchos miramientos, casi sin anestesia y con medidas sanitarias en desinfección e higiene un tanto discutibles, al menos para los pudientes.

Ahora, sí, esta vez la intervención en sus genitales no había sido una pantomima. Demasiado real, atrozmente real. Jezabel estaba contenta, como si de un logro excepcional se tratara. Era su logro, subjetivamente. Era feliz, angelicalmente. Era su vida, conscientemente. Era su muerte, sexualmente.

En la casa de los cuatro, Jeza y sus tres hijos, en Mourazos, no sonaban alarmas para despertarse. No consultaba reloj alguno porque no tenían. Comían cuando tenían hambre. El móvil permanecía dentro de un cubo lleno de agua. Nadie les importunaba con llamadas inesperadas, impertinentes. Solo se respetaba lo necesario; bastante lo superfluo se despreciaba.

Casi cada anochecer, ella regaba su huerto de tomates en el área de las Nabarizas, al lado de aquel tranquilo y reposado pueblo de Mourazos, la mejor zona de tomates de la tierra. Mientras el tiempo pasaba y el agua por el surco llegaba, contempló unos momentos como una araña se zampaba una mosca que había engatusado. Esta mosca se había cenado antes un mosquito que por su frente había pasado. Contemplando aquella araña, pensó:

«*Somos animales, bichos, alimañas. Nos comemos los unos a los otros, solo que los poderosos*

www.ingramcontent.com/pod-product-compliance
Lightning Source LLC
Chambersburg PA
CBHW052008290426
44112CB00014B/2162